21世纪

经济管理新形态教材

国际经济与贸易系列

U0645443

Digital Trade

数字贸易

杨水根　刘导波◎编著

清华大学出版社

北京

内 容 简 介

以数字贸易发展为主线,推动我国从数字贸易大国向数字贸易强国迈进,实现数字贸易高质量发展,是未来我国贸易创新发展的重要内容。本书围绕"探究数字贸易成长、解密数字贸易运营、洞察数字贸易变革"主线,聚焦数字贸易导论、数字贸易理论、数字贸易环境、数字贸易战略、数字贸易技术、数字贸易平台、数字贸易支付、数字贸易营销、数字贸易物流、数字贸易规则、数字贸易风险、数字贸易展望等内容,精选有代表性的案例,结合数字贸易知识进行分析与讨论,内容丰富,形式新颖,特色鲜明。

本书可满足多样化教学需要,既可作为高等院校数字经济、国际经济与贸易、贸易经济、经济学、电子商务、跨境电子商务、国际商务、市场营销、工商管理、物流管理等本科专业数字贸易课程的参考教材,也可以作为世界经济、国际贸易学、产业经济学、国际商务、数字经济、工商管理等硕士研究生专题讨论课、课外研究性学习的参考教材,或是供贸易与商务类相关从业人员及热爱数字贸易的相关人士阅读。

图书在版编目(CIP)数据

数字贸易 / 杨水根,刘导波编著 . -- 北京:清华大学出版社,2025.8
21 世纪经济管理新形态教材 . 国际经济与贸易系列
ISBN 978-7-302-62159-1

Ⅰ.①数… Ⅱ.①杨… ②刘… Ⅲ.①国际贸易－电子商务－高等学校－教材 Ⅳ.① F740.4-39

中国版本图书馆 CIP 数据核字 (2022) 第 213247 号

责任编辑:胡 月
封面设计:李召霞
版式设计:方加青
责任校对:宋玉莲
责任印制:沈 露

出版发行:清华大学出版社
　　　　网　　　址:https://www.tup.com.cn,https://www.wqxuetang.com
　　　　地　　　址:北京清华大学学研大厦 A 座　　　　邮　　编:100084
　　　　社 总 机:010-83470000　　　　邮　　购:010-62786544
　　　　投稿与读者服务:010-62776969,c-service@tup.tsinghua.edu.cn
　　　　质 量 反 馈:010-62772015,zhiliang@tup.tsinghua.edu.cn
印 装 者:三河市东方印刷有限公司
经　　销:全国新华书店
开　　本:185mm×260mm　　　印　　张:19.75　　　字　　数:461 千字
版　　次:2025 年 8 月第 1 版　　　印　　次:2025 年 8 月第 1 次印刷
定　　价:59.00 元

产品编号:096808-01

前　言

党的二十大报告要求：推动货物贸易优化升级，创新服务贸易发展机制，发展数字贸易，加快建设贸易强国。党的二十届三中全会强调：创新发展数字贸易，推进跨境电商综合试验区建设。随着数字时代的到来，物联网、云计算、区块链、大数据等信息技术得到广泛应用，直接推动贸易格局进入新的发展阶段。作为数字经济的重要组成部分，数字贸易是以数字技术为内在驱动力，以信息通信网络为主要交付形式，通过互联网技术发挥关键作用的商务和贸易活动。据世界贸易组织（WTO）统计，2023 年全球可数字化交付服务出口额为 4.25 万亿美元，同比增长 9.0%，占全球货物和服务出口总额的 13.8%，超过新冠疫情前水平的 50% 以上。同年，中国可数字化交付的服务进出口规模达 2.72 万亿元，同比增长 8.5%；2024 年上半年，该规模已达 1.42 万亿元，同比增长 3.7%，规模再创历史新高①。跨境电商蓬勃发展，2023 年，我国网上零售额达 15.42 万亿元，跨境电商进出口规模 2.38 万亿元，同比增长 15.6%②；2024 年，我国跨境电商进出口总额高达 2.63 万亿元，实现了 10.8% 的显著增长，这一增长率高于同期我国外贸整体增速 5.8 个百分点，跨境电商进出口占整个进出口的比重提升到 6%③。可见，数字贸易日益成为全球贸易发展的重要趋势、经济增长的新引擎。

数字贸易为经济增长提供了强劲动力和广阔空间，也迎来了至关重要的"黄金机遇期"。《中华人民共和国国民经济和社会发展第十四个五年规划和 2035 年远景目标纲要》强调立足国内大循环，协同推进强大国内市场和贸易强国建设，形成全球资源要素强大引力场，促进内需和外需、进口和出口、引进外资和对外投资的协调发展，加快培育参与国际合作和竞争新优势，打造数字经济新优势，加快推动数字产业化和产业数字化，创新发展服务贸易，提升贸易数字化水平④。《"十四五"数字经济发展规划》《"十四五"对外贸易高质量发展规划》《"十四五"现代流通体系建设规划》《"十四五"商务发展规划》等均强调加快贸易数字化发展，强化数字赋能，积极探索发展数字贸易多元化业态模式，拓展数字化应用深度、广度，努力提升贸易与流通数字化、组织化、绿色化、国际化发展水平。《关于推进贸易高质量发展的指导意见》《全面深化服务贸易创新发展试点总体方案》《关于推进对外贸易创新发展的实施意见》《关于拓展跨境电商出口推进海外仓建设的意见》等与数字贸易相关政策的出台，正是加速数字贸易快速发展的生动实践。

为顺应新时代发展要求与贸易变革，本书围绕"探究数字贸易成长、解密数字贸易运营、洞察数字贸易变革"的主线进行编著，力求从四个层次相对清晰完整地介绍数字贸易基本概念、基本原理与基本方法，阐述数字贸易发展的理论基础、基本特征与发展趋势。

---

①　中华人民共和国商务部.中国数字贸易发展报告（2024）[R].北京：中华人民共和国商务部，2024.
②　https://www.gov.cn/lianbo/fabu/202401/content_6925700.htm.
③　国家数据局.数字中国发展报告（2024 年）[R].北京：国家数据局，2025.
④　http://www.gov.cn/xinwen/2021-03/13/content_5592681.htm.

一是数字贸易的基本概述，主要介绍数字经济的内涵与界定、数字贸易的提出与演进、数字贸易的内涵与特征；二是数字贸易理论，主要介绍数字贸易背景下的典型经济事实、数字贸易对传统贸易理论的挑战、数字贸易下新贸易理论学说的发展；三是数字贸易发展实践，主要介绍数字贸易环境、数字贸易战略、数字贸易技术、数字贸易平台、数字贸易支付、数字贸易营销、数字贸易物流、数字贸易规则、数字贸易风险；四是数字贸易展望，主要探讨数字贸易的发展方向与趋势、供应链数字化、价值链重塑、平台多元化、监管网络化等。

立足中国实际，兼具国际比较，突出中国特色，涵养课程思政，这是教材编著的重要原则。本书通过对数字贸易理论和实践最新进展的系统梳理和讨论，深入分析数字贸易成长的基本规律及对我国经济高质量发展的深刻影响，力求将数字贸易研究与发展的最新前沿问题及时反映到课堂中，提升学生利用数字贸易理论和工具推进贸易高质量发展与创新的思想认识、基础知识与分析能力，充分认识数字贸易发展对于建设贸易强国的重大意义。本书是湖南工商大学国家一流本科专业建设点贸易经济、经济学和湖南省一流本科专业建设点国际经济与贸易、电子商务及国际商务专业学位重点建设的专业必修课"数字贸易"的建设成果之一，也是学校零售学、国际贸易等湖南省一流课程，湖南省课程思政示范课程的重要参考教材之一。

本书符合国家新文科建设总体要求，着力体现人才培养的新方位、新任务与新方法。在体例上，每章开篇即明确了本章讨论的主要问题与关键术语，通过章首案例引入，在章节中穿插一定的专栏与知识点拓展。章末设置本章小结、研讨案例、思考题、延伸阅读等，配套建设教学素材，方便混合式教学和研究性教学使用。本书不仅可以作为高等院校数字经济、国际经济与贸易、贸易经济等本科专业的专业课教材或电子商务、跨境电子商务、市场营销等相关专业选修课的教学参考书，还可以作为世界经济、国际贸易学、产业经济学、国际商务、数字经济、工商管理等硕士研究生学习与研究的参考，更可以作为贸易与商务相关从业人员学习与了解数字贸易相关知识的参考用书。

本书获湖南工商大学教材建设基金项目支持。在本书的编写过程中，编著者参阅了大量的相关文献，除了在参考文献中列出的部分外，其他相关分析报告、报刊文章与网络资料等未全部列出。这些资料为本书的编写提供了很好的参考和借鉴，在此向这些文献的作者表示衷心的感谢。十分感谢清华大学出版社的大力支持与帮助，感谢胡月等编审老师的专业和认真。在此，谨向所有帮助本书最终顺利出版的各位领导、同行、朋友和相关文献的作者致以最真诚的感谢。

本书的整体框架设计、总撰稿由杨水根教授负责，他承担了本书第一、三、四、五、七、十一、十二章的撰写。刘导波教授负责第六章的撰写，并协助参与框架讨论与审定。侯向群副教授负责第二章的撰写，张谦副教授负责第十章的撰写，张丹博士负责第八、九章的撰写。李建军教授、张子杰博士、徐宇琼老师、岳有福博士参与部分章节的讨论与修改。马悠弼、李倩莹协助参与书稿的整理与汇总，李贺鑫、许冠洁、谭育玲、张文凯、梁曦方、邓沛轩、王曼蝶、徐安俊、刘思缘、茹鹏、徐超前、邹可、伍盈、庄银薇、余杨杨、张雪、杨诗雨、唐婷、刘子卿、姚佳鑫、李清华、旷志缘等同学在编写工作中参与了部分资料的收集与整理工作，在此一并表示感谢。

　　由于数字贸易发展迅猛，新技术、新产业、新业态、新模式不断涌现，虽然努力想对现有业界发展进行更深入的研究和更好的呈现，但囿于时间仓促和编著者水平有限，书中浅薄疏漏之处在所难免，敬请各位专家、学者、读者谅解指正。这是一次努力的探索，我们坚信，通过不懈的研究与建设，未来一定会更好。

编著者

2025 年 4 月于梅溪湖畔

目　录

第一章

数字贸易导论

→ **本章要点**

数字经济的内涵与界定
数字贸易的产生与演进
数字贸易的研究框架

→ **关键术语**

数字经济　数字贸易

→ **章首案例**

当前，数字贸易蓬勃发展，已成为国际贸易新趋势和世界经济新增长点。党的二十届三中全会指出，创新发展数字贸易。2024 年年底，《中共中央办公厅 国务院办公厅关于数字贸易改革创新发展的意见》（以下简称《意见》）发布，进一步加大了数字贸易发展的政策支持力度。2025 年的《政府工作报告》将"扩大高水平对外开放，积极稳外贸稳外资"列为十项任务之一，并对发展数字贸易作出重要部署，提出"培育绿色贸易、数字贸易等新增长点，支持有条件的地方发展新型离岸贸易"。这为新形势下我国数字贸易高质量发展指出了具体路径。现阶段，我国数字贸易呈现三大特征：一是增长动能持续释放。2024 年前三季度，我国可数字化交付的服务进出口 2.13 万亿元，同比增长 5.3%。据海关总署初步统计，2024 年我国跨境电商进出口 2.63 万亿元，增长 10.8%。数字技术驱动的贸易新业态对传统外贸的替代效应日益显现，推动贸易结构向高端化演进。二是发展根基日益稳固。我国数字基础设施不断完善，超 11 亿网民形成全球最大的数字消费市场，云计算产业规模年增速超 30%，全国数据市场交易规模超 1600 亿元，为数字贸易创新发展提供了坚实底座。三是国际竞争力稳步增强。数字服务出口结构持续优化，云服务、数字内容等高端领域表现突出。以网络文学、国产游戏为代表的数字文化产品海外影响力显著提升，形成一批具有国际竞争力的数字服务品牌，中国数字贸易的全球价值链位势不断提升。

资料来源：《光明日报》。

第一节　数字经济的内涵与界定

党的二十大报告指出：加快发展数字经济，促进数字经济和实体经济深度融合，打造具有国际竞争力的数字产业集群。在科技飞速发展的今天，新技术、新产业、新业态、新模式不断涌现，从不同角度影响着人类社会发展的趋势和进程。2016 年，在杭州召开的 G20 峰会上，"数字经济"作为促进中国经济创新发展的重要路径之一进入了大众视野，得到了各方积极关注和响应。2017 年，"数字经济"首次被写进政府工作报告，我国已经逐步将数字经济作为国家重要发展方向和经济高质量发展的新动力。那么，什么是数字经济？数字经济会带来怎样的社会变革？如何理解数字经济推动社会的可持续发展？

一、数字经济基本概念

一般来说，数字经济是指以使用数字化的知识和信息作为关键生产要素、以现代信息网络作为重要载体、以信息通信技术的有效使用作为效率提升和经济结构优化重要推动力的系列经济活动 [1]。

数字经济中的"数字"主要包括两方面含义：①数字技术。数字技术主要涵盖当前飞速发展的各种信息技术和信息网络，如人工智能、大数据、区块链、物联网等。信息技术及网络的发展不仅能够提高生产能力、扩大经济发展范围，还能够优化资源配置、创造增量财富，推动传统产业向新实体经济快速转型升级。②数据和信息。数据是反映客观事物属性的记录，是信息的具体表现形式，经过加工处理之后的数据就成为信息，而信息则需要经过数字化转变成数据才能存储和传输 [2]。在数字经济时代，数据和信息与其他生产要素相结合，协同促进全要素生产率的提高，成为推动经济高质量发展的新动能。

数字经济的构成主要包括数字产业化和产业数字化两大部分：①数字产业化是数字经济的基础部分，即信息产业，具体业态包括电子信息制造业、信息通信业、软件服务业等。②产业数字化，也称为数字经济的融合部分，包括传统产业由于应用数字经济技术所带来的生产数量和生产效率的提升，其新增产出构成数字经济的重要组成部分。

二、数字经济的基本特征

数字经济发展受到三大基本定律的影响：①梅特卡夫法则，网络的价值等于其节点数的平方，所以网络上联网的计算机越多，每台计算机的价值就越大，"增值"以指数关系不断变大；②摩尔定律，计算机硅芯片的处理能力每 18 个月左右就翻一番，而价格则下降一半；③达维多定律，进入市场的第一代产品往往能自动撷取 50% 的市场份额，因此，任何企业想在市场上占据主导地位，首要任务是成为首个研发并推出第一代产品的创新者。实际上，达维多定律体现的是网络经济中的马太效应。这三大定律决定了数字经济具

---

① G20. 二十国集团数字经济发展与合作倡议 [EB/OL]. (2016-09-20) [2020-01-18]. http://www.g20chn.org/hywj/dncgwj/201609/t20160920_3474.html.

② 王晴月，牛英海，姚旭婷，等 . 基于 BIM 的工程建设项目规划报建审查平台搭建方案初探 [J]. 物联网技术，2022，12（3）：51-53.

有以下基本特征。

（一）快捷性

互联网突破了传统地理界限的桎梏，将全球各地紧密相连，构筑了一个高效且无缝对接的"地球村"。同时，互联网也突破了时间约束，使人们的信息传输、经济往来可以在更小的时间跨度上进行。此外，数字经济是一种速度型经济，基于现代信息网络快速方便的特点，数字经济能实现数据、资金、商品等要素的快速流动与优化配置，进一步推动全球经济的高效运行与发展。

（二）高渗透性

高渗透性主要体现在信息技术、网络技术与产业之间的高度融合。数字经济向三大产业的高度渗透，不仅加快了相关产业发展，也使第一、第二和第三产业的界限逐渐模糊，产业融合的趋势日益明显。在数字经济的推动下，传统产业被重新定义与重塑，新兴业态不断涌现，形成了一种跨界融合、协同创新的新格局。

（三）自我膨胀性

基于梅特卡夫法则，网络的价值等于其节点数的平方。网络产生的效益将随着网络用户基数的增大而呈指数级增长。在数字经济中，由于人们的心理倾向和行为惯性，在一定条件下，一旦某种优势或劣势出现并达到一定阈值，往往会触发一种自我强化的机制，出现"强者更强、弱者更弱"的"赢家通吃"的垄断局面。

（四）外部经济性

一般来说，数字经济的外部性主要体现在两个方面：一方面，数字产品在使用时自身存在外部经济性特点，即其效用不仅限于直接使用者，还可能间接惠及他人或社会整体，形成正向外部效应；另一方面，数字产品的价值体验与用户规模紧密相连，构成了一种网络效应，每个用户从使用某产品中得到的效用与使用该产品的用户总量相关，用户总人数越多，单个用户所能获得的效用就越高。

（五）可持续性

依托现代信息技术的特点，数字经济在很大程度上能更有效地降低传统工业生产对有形资源的过度依赖和能源消耗，从而在源头上降低环境污染、生态不良影响等危害，形成绿色、低碳、循环的发展模式，实现经济效益与生态效益的双赢，进一步推动经济社会的可持续发展。

■ 三、数字经济的后发优势

自20世纪90年代起，美国成功把握住了数字革命的契机，取得了显著成绩。随后，欧洲各国及日本也积极投身于推进数字革命的浪潮中，并取得显著成效。对于发展中国家而言，数字革命更是一个千载难逢的机遇。例如，印度通过对数字经济后发优势的充分利用，推动其在信息技术领域迅速崛起，并在全球范围内展现出强大的竞争力。可以说，在数字化时代，发展中国家应充分利用数字经济的后发优势，加速自身及本国经济的快速发展，以期缩小与发达国家之间的数字鸿沟。

（一）边际报酬递增的后发优势

数字经济的特征表明，在知识的创新阶段，其应用范围与客户覆盖面的扩大，能实现更多的价值创造。在知识的普及与模仿阶段，时效性的差异会导致不同的边际报酬：发达国家因知识快速普及而出现边际报酬下降，而在发展中国家，这些知识的新颖性和时间价值依然显著，使其能维持较高的边际报酬。跨入 21 世纪，信息技术的迅猛发展进一步加速了知识的普及与深化，特别是在向发展中国家扩散的过程中，不仅极大地促进了这些国家的信息化进程，也孕育和产生了更多的发展与投资机会。

（二）工业化的后发优势

21 世纪以来，很多发达国家纷纷加快步伐，将制造业的生产重心转移至发展中国家，借此优化本国产业结构、加速本国数字经济发展。这为发展中国家开辟了多重机遇与路径：一是发展中国家能借助发达国家的工业化积累，包括先进技术体系与成熟制度框架，加速自身工业化进程，促进本国经济发展；二是发展中国家可以将工业化与信息化巧妙结合，以信息化和高科技促进工业化发展，推动传统产业的转型升级，实现自身比较优势与竞争优势的重塑；三是发展中国家能通过大规模应用信息技术，在全社会范围内降低生产成本和交易成本，加速培育市场体系，逐步形成强大的物流、资金流和信息流，推动市场经济走向繁荣。

（三）客户开发的后发优势

发展中国家以其人口众多、经济增长迅速，展现出巨大的市场潜力和丰富的客户资源，并形成其客户开发的后发性优势，显著区别于发达国家。如果考虑这一发展趋势，几乎所有的发展中国家都是有待开发的潜力市场。发展中国家的客户资源与发达国家在知识、网络技术方面的优势相结合，将会快速推动世界经济的发展。同时，发展中国家市场潜力的强大吸引力会促使发达国家的技术、资本源源不断地流入，使发展中国家的产业结构、技术水平和人力资源出现根本性变化，从而缩小数字鸿沟，提高发展中国家的收入和生产力水平。

（四）科技教育的后发优势

随着各国综合国力竞争的日益激烈，发展中国家对科学技术和教育的重视程度不断提高，使其知识禀赋不断累积，尤其是获取、传递和应用知识的能力逐步提升，这为发展中国家创造了科技教育的后发性优势，使之在全球产业链中处于较为有利的位置，进一步推动其数字经济的蓬勃发展。例如，印度软件业的"离岸开发"已经成为带动其国民经济发展的重要工具。

（五）信息化的后发优势

就发展中国家而言，信息化比工业化更易实现赶超，这主要是基于信息化本身所具有的特征。相较于制造业，信息化设备的投资成本相对较低，技术成熟度更高，且信息技术知识具有共享性和外溢性等特点，使得学习成本较低。同时，信息技术具有巨大潜力，其不断迭代的特征使自身在快速发展的同时，也为发展中国家高效推动数字经济的发展提供了多样化的路径选择。

■ 四、数字经济的发展

（一）数字经济的演进历程

20 世纪 40 年代以来，计算机、大规模集成电路的出现与发展，极大地加速了数字技术与其他经济部门的深度融合。随后，互联网技术的不断革新催生了数字经济的萌芽与成长。20 世纪 90 年代，信息技术的繁荣为互联网技术的广泛应用奠定了坚实基础，不仅加速了传统行业的数字化转型，还深刻重塑了传统商业模式，催生了电子商务等新型业态。在这一技术与经济发展背景下，唐·塔斯考特在《数字经济：网络智能时代的机遇和挑战》一书中，率先深入剖析了互联网对人类社会生活的深远影响与变革，因此，他被认为是最早提出"数字经济"概念的学者。尼古拉·尼葛洛庞帝等则在《数字化生存》一书中将数字化比喻为原子向比特的转变，这是因为在数字经济时代，信息储存于虚拟化的比特而非实体化的原子之中，原有工业经济时代的运输、出版等方式将发生颠覆性的变化。

随着进一步研究，美国经济学家托马斯·梅森伯格对数字经济的范围进行了界定，将其划分为三大核心组成部分，即数字化的软硬件基础设施、数字化的商务网络与组织及电子商务中交易的产品。可见，数字经济逐渐在全球范围内开启了全新的发展阶段。《全球数字经济白皮书（2024）》显示，2023 年，美中德日韩五国数字经济总量已突破 33 万亿美元，同比增长超 8%，且数字经济占 GDP 比重为 60%，较 2019 年提升约 8 个百分点。整体来看，中国、美国与欧洲依托其市场潜力、技术创新及规则制定等方面的优势，持续加大对数字经济发展的投入与推动，促使数字经济规模持续扩张，全球数字经济三极格局持续巩固。与此同时，新兴国家数字经济发展进一步加速，全球数字经济发展的多极化趋势加强。

在互联网信息技术广泛应用的背景下，各国政府将发展数字经济作为推动经济增长的重要抓手，如图 1-1 所示。早在 1999 年，美国就成立了网络与信息技术研究与发展计划（Networking and Information Technology Research and Development，NITRD），并先后布局了计算机、网络和软件的科研；欧盟也在 2010 年公布了欧洲数字议程，其中对数字经济与工作等 7 个行动领域进行了具体规划；英、德、法等国家也发布了各自的数字化转型战略，以推动本国数字经济的蓬勃发展；中国则于 2006 年发布了《2006—2020 年国家信息化发展战略》，将推进国民经济信息化作为发展重点，走中国特色信息化道路，不断推动经济更快更好地发展。

在全球数字经济发展中，数字经济的发展指数与国家（地区）的人均 GDP 呈现高度相关，人均 GDP 超过 1.2 万美元的有美国、英国、日本、韩国、西班牙等，这类国家（地区）中的大部分其数字经济发展指数在 0.4 以上，高于大多数人均 GDP 低于 1.2 万美元的国家（地区）。随着互联网、大数据、云计算等新一代信息技术的发展及传统产业的数字化转型，2018—2020 年全球数字经济规模持续上涨。2020 年，全球经济衰退。统计范围内的 47 个国家 GDP 平均同比下降 2.8%；同年，全球数字经济规模达到 32.61 万亿美元,占 GDP 比重为 43.7%,同比名义增速为 3.01%,高于 GDP 增速 5.8 个百分点①。数字经济增速远超 GDP 增速,成为全球经济主要引擎。在 2024 全球数字经济大会主论坛上,中国信通院院长余晓晖分析指出:2024—2025 年全球数字产业的收入增长趋势将显著回升,各国政府正加速布局,聚焦数字经济的关键领域,力求在数字产业化、产业数字化及数据要素的高效利用上抢占先机,以此稳步夯实数字经济发展基础②,全球将进入数字经济时代。数字经济已不仅是一种新的经济形态,还成为新的转型升级驱动力,更成为全球新一轮产业竞争的制高点③。

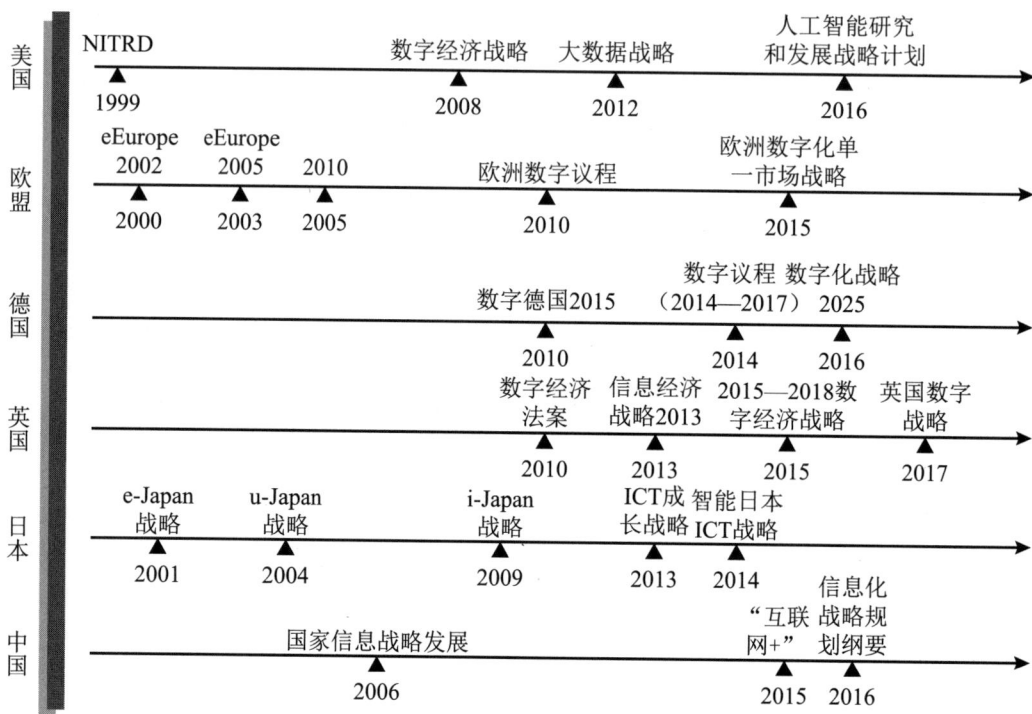

图 1-1 全球数字经济发展部署

资料来源:公开数据,前瞻产业研究院整理。

(二)数字经济发展的影响因素

影响数字经济发展的因素很多,其中以下因素有着重要的影响。

1. 软件体系

应用软件体系在数字经济中发挥着非常重要的引领与制约作用,是数字经济发展的重要载体和表现形式。这是因为数字经济是以数字化知识和信息为关键生产要素,以现代信息网络为重要载体,以信息通信技术的有效使用为效率提升和经济结构优化的重要推动力

① 张国成.2022 年全球数字经济行业市场规模及发展前景分析数字经济规模占全球 GDP 比重超 40%[EB/OL].前瞻研究院(2021-12-01)[2022-12-08]. https://www.qianzhan.com/analyst/detail/220/211201-a94eb2f3.html.
② 程靓.《全球数字经济白皮书(2024 年)》发布:主要国家产业数字化占比高达 86.8%[EB/OL].北京商报网,(2024-07-02)[2024-09-30]. https://www.bbtnews.com.cn/2024/0702/520550.shtml.
③ 姚小涛,元晖,刘琳琳,等.企业数字化转型:再认识与再出发[J].西安交通大学学报(社会科学版),2022,42(3):1-9.

的一系列经济活动①。因此，作为信息化的核心要素，应用软件体系在数字经济建设中占据了特别重要的地位。

2. 信息技术

信息技术的有效使用是数字经济发展的基础。信息技术的应用，特别是互联网技术的不断提升，极大地降低了政企之间、企业之间、个人与企业之间合作沟通的信息成本。在未来，信息技术与数字经济的融合将越来越紧密，其中大数据、5G、区块链等前沿技术的发展，正成为数字经济快速发展的强大驱动力。

3. 教育水平

成功的数字经济发展战略体系需要多部门的协同与共建，其中，网络连接性和数字技能至关重要。尽管网络连接性已普遍受到政府与企业的重视，但数字技能的系统性培育机制建设尚需深入探索与系统布局，特别是相对于其他类型的经济活动，数字经济的多领域创新与应用涉及跨技术、跨学科与跨技能的深度融合，也因此更加依赖人力资本的质量而非简单的人口数量，而人力资本质量的提升离不开高质量的教育水平，可以说，教育成为影响数字经济发展的重要因素。

4. 数字贸易发展

数字贸易是数字经济发展的强大引擎。随着5G等数字技术的应用和发展，以B2B为主导的产业互联网正逐步构建起企业间数字贸易的桥梁，成为推动数字经济发展的另一强大引擎。要在此基础上顺势而为，充分发挥我国在电子商务领域的先行优势，依托消费互联网与产业互联网双轮驱动策略，加速数字贸易的全面发展，进一步提升我国数字经济的效益与质量②。

5. 数字经济政策

适时且可行的政策引领是数字经济在新时代迅速发展的基本前提之一。对于政府而言，需要统筹做好数字经济发展的顶层设计，通过制定行业规则、确立设施标准、科学规划布局及促进互联互通等，引导数字基础设施的有效投资和有序建设。这不仅要求政府具备高瞻远瞩的战略眼光，还应具备细致入微的执行力，以确保数字经济能在健康、稳定的轨道上持续加速前行。

（三）数字经济在全球的发展特点

随着数字技术的快速发展，数字经济发展呈现出很多显著特点。

1. 与实体经济深度融合发展

近年来，全球经济形势复杂多变，新冠疫情的冲击增加了经济下行的压力。在此背景下，各国经济高质量发展的主要动力仍然是实体经济。数字化时代，数字经济将以实体经济为基础，并与其深度融合，不断挖掘并释放自身内在潜能，为各个领域注入新动能。各个国家和地区将会进一步利用大数据、互联网和人工智能等前沿信息技术赋能先进高端制造业，深化数字经济战略的实施，积极推进从生产要素到创新体系、从业态结构到组织形

---

① G20. 二十国集团数字经济发展与合作倡议 [EB/OL].（2016-09-20）[2020-01-18]. http://www.g20chn.org/hywj/dncgwj/201609/t20160920_3474.html.

② 崔艳新. 加快推进"十四五"数字经济高质量发展 [N]. 经济日报，2020-07-24（11）.

态、从发展理念到商业模式的全方位变革突破，持续催生如个性化定制、智能化生产、网络化协同、服务型制造等新模式、新业态，推动形成数字与实体深度交融、物质与信息耦合驱动的新型发展模式，以大幅提升全要素生产率，有效推动全球经济增长的质量变革、效率变革和动力变革[①]。

2. 以开放协同为导向的全球创新体系加快重塑

创新是推动经济数字化发展的原动力，受技术开源化和组织方式去中心化的双重影响，知识传播壁垒开始显著消除，创新研发成本持续大幅降低，创造发明速度明显加快，群体性、链条化、跨领域创新成果屡见不鲜，颠覆性、革命性创新与迭代式、渐进式创新并行。创新主体、机制、流程和模式发生重大变革，不再受既定组织边界束缚，资源运作和成果转化的方式更多依托互联网展开，跨地域、多元化、高效率的众筹、众包、众创、众智平台不断涌现，凸显全球开放、高度协同的创新特质，支撑构建以数据增值为核心竞争力的数字经济生态系统。

3. 国家和地区的核心竞争力延伸至信息空间

全球范围内，国家和地区核心竞争力的构成要素呈现数字化发展趋势，传统产业加速向数字化、网络化、智能化转型升级，互联网、大数据、人工智能与实体经济的融合日益深入。人类社会、物理世界的二元结构正在转变为人类社会、物理世界、信息空间的三元结构，国家和地区之间的竞争和博弈重心逐步从土地、人力、机器的数量、质量转移至数字化发展水平，从物理空间延展到信息空间，并将很快呈现出以信息空间的竞争和博弈为主导和引领、"强者愈强、弱者愈弱"的格局。掌握信息空间核心竞争优势的国家和地区，将在全球新一轮国际分工博弈中占据先机，努力攀登价值链制高点。

4. 数字技能和素养推动消费者能力升级

当前，众多新型数字产品、应用与服务应运而生，并创造了一个巨大的消费市场，这在客观上对消费者提出了新的要求，即为了更好地理解数据价值、使用数字产品和享受数字服务，消费者须具备一定的数字技能和知识。可以说，有效掌握数字化资源的获取、理解、处理及应用能力，已成为衡量消费者能否充分享受数字消费红利的关键指标，直接影响数字经济的增长速度、发展质量及整体效益。在此背景下，主要发达国家越来越重视公民数字素养的培养，把不断提高公民数字素养水平提升至打造国家新兴战略竞争力的高度，致力于通过增强公民的数字能力来刺激数字消费、拓展国内市场以及激发内生动力。

5. 数字城市加快启动规划、建设和管理

随着信息基础设施的规模扩张、功能升级和网络构建，以及新一代信息技术在城市运行管理过程中广泛深入地推广应用，大量连续、系统且具备一致性、关联性与价值性的城市数据将被持续获取，为构建与现实物理城市精准映射、智能交互、虚实融合的数字孪生城市提供了可行的基础。一些技术和人才集聚发展、产业规模与创新能力较为突出的城市率先尝试数字城市的规划、建设和管理。为匹配海量数据的采集、传输、存储及高效处理需求，专注于数字城市运行管理决策的系统级平台将得到持续开发与完善，并逐渐形成可

[①] 吴永. 全球数字经济十大发展趋势 [N]. 经济参考报, 2018-09-18（A08）.

推广复制的标准体系①。

（四）数字经济在中国的发展

中国是目前全球拥有最多网民的网络大国，且拥有庞大的年轻移动消费群体。近年来，中国在电子商务、移动支付、智能物流及互联网就业等方面飞速发展，正引领着新一轮产业革命的浪潮，加速向全球数字经济强国迈进。

2016 年，为应对全球经济增速低缓、复苏乏力的挑战，中国作为二十国集团（G20）主席国，首次将"数字经济"列为 G20 创新增长蓝图中的一项重要议题，阐述了关于数字经济的深刻内涵。尽管受到新冠疫情冲击，但我国数字经济逆势崛起，并保持良好的增长态势。如图 1-2 和图 1-3 所示，数字经济的总体规模由 2005 年的 2.6 万亿元增长到 2020 年的 39.2 万亿元，2020 年的增长速度远高于同期 GDP 的增长速度，达到了 9.5% 的增速。同时，在 2020—2023 年间，我国数字经济规模与 GDP 水平仍维持在一个较高的增速水平。可以说，在新兴信息技术革命、产业结构升级变革及疫情等因素的影响下，数字经济已经成为最具活力和创新力的新经济形态，是中国经济高质量发展的核心增长极之一。

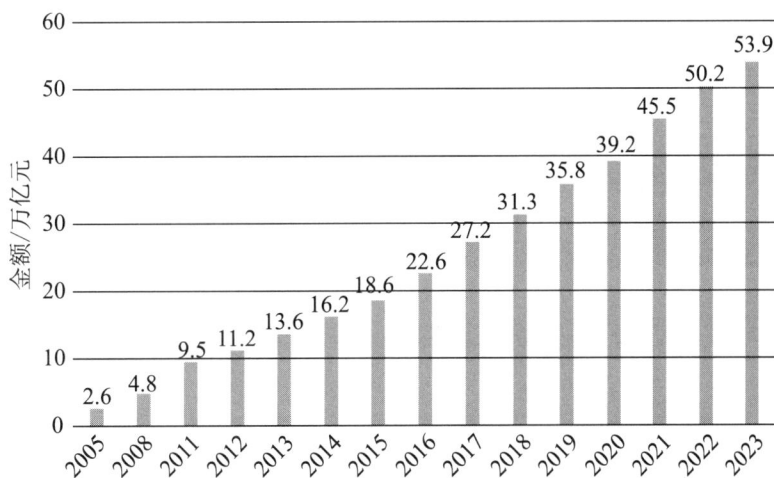

图 1-2　2005—2023 年我国数字经济规模

数据来源：中国信息通信研究院。

数字经济在国民经济中的地位进一步凸显。一方面，数字产业化加速发展，新兴信息技术持续催生新应用场景与业态，以该技术为核心的企业不断创新发展，产品供应链日益完善，正奋力向全球产业链的中高端攀升。据统计，2022 年我国数字产业化规模达到 9.2 万亿元，占 GDP 的比重为 7.6%，同比名义增长 10.3%，占数字经济比重为 18.3%。另一方面，产业数字化抢抓加速发展的新机遇，电子商务、平台经济、共享经济等数字商业新模式不断涌现，工业互联网、智能制造等全面加速，为工业与服务业的数字化转型开辟了广阔前景。特别是在新冠疫情期间，从政府机构到社会组织，再到企业与个人，广泛采用数字化手段实现信息互联、社会服务与管理，企业也积极利用大数据、工业互联

---

① 中国电子学会 . 数字经济大趋势 [J]. 中国中小企业，2020（12）：31-33.

网等工具加强供需精准对接、高效生产和统筹调配。从某种意义上说,这场疫情成为数字化转型的强大催化剂,推动了在线办公、在线教育、网络视频等数字化新业态、新模式的发展。2020 年数据显示(见图 1-4),我国服务业、工业、农业数字经济占行业增加值比重分别为 40.7%、21.0% 和 8.9%,产业数字化转型步伐加快,融合发展向深层次快速推进。

图 1-3 我国 GDP 增速与数字经济增速对比

数据来源:中国信息通信研究院、国家统计局,经作者自行整理计算而得。

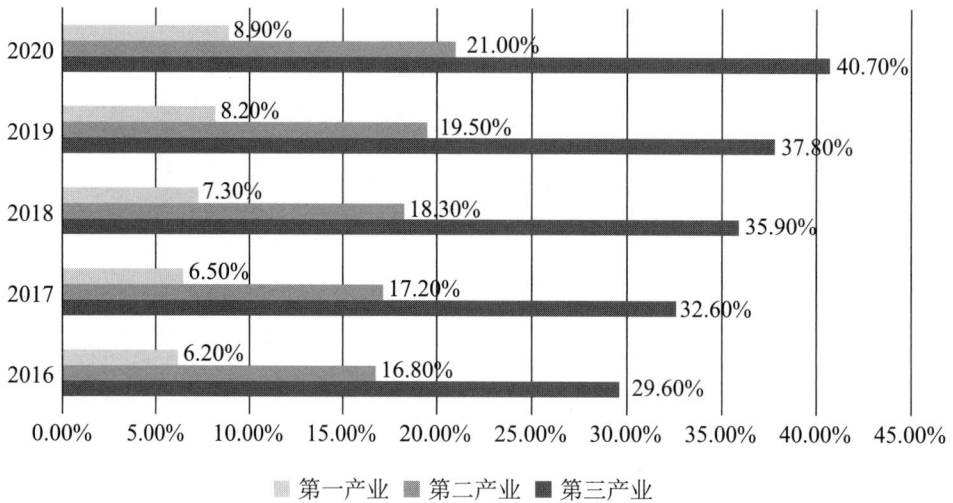

图 1-4 我国数字经济渗透率

数据来源:中国信息通信研究院。

总之,数字经济在中国的发展正以前所未有的速度和规模重塑经济结构、改变社会面貌,并指引着经济社会高质量发展的方向。从数字产业化的蓬勃发展到产业数字化的深度融合,从核心技术的突破创新到广泛应用场景的拓展,从政府的科学引导扶持到市场主体的积极参与,每一个环节都紧密相连,形成了中国数字经济发展的广阔前景。这不仅能为国内经济增长带来新引擎、新活力,也为全球数字经济发展提供极具价值的实践样本和发展思路。在未来,中国数字经济将继续秉持创新、协调、绿色、开放、共享的新发展理念，向着更加智能化、普惠化、国际化的方向迈进，进一步释放数字红利，助力实现中华民族伟大复兴的中国梦，并为人类命运共同体的建设贡献中国智慧和中国力量。

专栏阅读 1-1
中国高性能
计算加速发展

第二节　数字贸易的产生与演进

■ 一、数字贸易内涵与特征

（一）数字贸易内涵

数字贸易的兴起源于数字经济，其早期的表现形式主要为电子商务，是全球化和数字经济发展到一定阶段的产物[①]。截至目前，学术界尚未对数字贸易形成权威的准确定义，较被认可的一种概念是：基于互联网及其技术的国内商业和国际贸易活动。其中，互联网及其技术在组织协调、生产或者传递产品、服务方面扮演着重要的角色。

数字贸易的本质（见图 1-5）在于贸易方式数字化和贸易对象数字化。一方面，贸易方式数字化是指数字技术与国际贸易开展过程的深度融合，带来贸易中的数字对接、数字订购、数字交付、数字结算等变化；另一方面，贸易对象数字化是指以数据形式存在的要素、内容和服务成为重要的贸易标的，导致国际分工从物理世界延伸至数字世界[②]。

图 1-5　数字贸易本质

数据来源：中国信息通信研究院。

随着跨境电子商务在中国的蓬勃发展，业界对数字贸易形成了更具中国实践特色的见解。2017 年 12 月，在第四届乌镇世界互联网大会上，敦煌网创始人兼 CEO 王树彤指出："随着中国从消费互联网向产业互联网迈进，以敦煌网为代表的中国互联网企业开创了全新的集独创的商业模式、可推广的行业标准及可复制的创新实践三大特征于一体的'数字贸易中国样板'，为更多国家带来了新的发展机会，赋能更多中小企业通过数字贸易走向全球市场。"此外，在制造业智能化转型的浪潮中，业界结合中国电子商务，特别是跨境

[①]　肖宇，夏杰长.数字贸易的全球规则博弈及中国应对 [J]. 北京工业大学学报（社会科学版），2021，21（3）：49-64.

[②]　杨晓娟，李兴绪.数字贸易的概念框架与统计测度 [J]. 统计与决策，2022，38（1）：5-10.

电子商务在世界范围内率先实践的有益尝试，以及 G20 杭州峰会关于"数字经济"的权威解读，提出了进一步完善的数字贸易定义，即数字贸易是指以现代信息网络为载体，通过信息通信技术的有效使用，实现传统实体货物、数字产品与服务、数字化知识与信息的高效交换，进而推动消费互联网向产业互联网转型并最终实现制造业智能化的新型贸易活动。简而言之，数字贸易是传统贸易在数字经济时代的拓展与延伸①。

（二）数字贸易发展特征

数字贸易，作为一种依托于数字技术的贸易形态，其运作机制深刻体现了技术的驱动作用与平台的连接价值。从技术层面出发，移动支付、物联网、大数据及云计算为数字贸易发展奠定了坚实的技术基础，移动支付贯穿了贸易过程中的各个支付环节，大数据和云计算将全球数据进行实时集成，提升了贸易中各个环节的效率。同时，数字平台作为数字贸易的核心载体，扮演着信息桥梁与交易枢纽的双重角色，表现为：数字平台将买家与卖家紧密连接在一起，为双方提供了一个跨越地域限制、高效便捷的在线交易平台，使交易双方可以在网上进行商务谈判，并利用数字技术完成合同签署、物流跟踪及支付结算等全链条操作。进一步分析，数字贸易的贸易对象同样展现出对数字技术的高度依赖。可以说，数字技术在整个数字贸易过程中扮演着举足轻重的角色，使数字贸易发展呈现三大特征，即以安全有序的跨境数据流动为驱动、以平台和平台服务体系为支撑及以跨界融合的全球性数字化生态为发展方向。

1. 以安全有序跨境数据流动为驱动

麦肯锡全球研究院（MGI）发布的《数据全球化：新时代的全球性流动》报告深刻揭示了数据流动在全球经济格局中的新角色。其中指出，自 2008 年金融危机以来，尽管传统商品贸易、服务贸易及资本流动的增长都普遍缓慢，跨境数据流量却异军突起，不仅成为支持并加速其他各类跨境流动的关键力量，而且其对全球经济增长的贡献已显著超越传统商品贸易。跨境数据流动展现出显著的多重效应。一方面，它极大地促进了国际信息交流，优化了全球价值链的资源配置与协同效率，引导物流、服务、资金流等要素向成本更低、效率更高及更贴近消费者需求的方向流动；另一方面，跨境数据流动为数字服务贸易的蓬勃发展开辟了广阔空间，使一系列基于数据流动的新兴商业模式与业态不断涌现，并逐渐融入国际贸易体系，为全球经济增添了新的增长点。然而，值得注意的是，跨境数据流动也伴随着个人隐私保护、商业秘密安全及国家安全等敏感问题。因此，构建一个安全、有序、可信的国际贸易数据流动体系显得尤为重要，只有这样才能减少各国间的数据流动壁垒，确保跨境数据流动的顺畅进行，进而推动数字贸易的持续健康发展。

2. 以平台和平台服务体系为支撑

根据《数字经济报告（2019）》，过去十多年间，以数据为基础的数字平台在世界各地快速涌现，成为驱动数字经济蓬勃发展的主要力量。这些平台超越了国界限制，展现出显著的跨国运营特征，以微软、苹果、亚马逊、谷歌、Meta、腾讯和阿里巴巴等超大型平台尤为典型。它们通过最大化服务覆盖范围，广泛收集数据并吸引用户，进一步发挥其在

---

① 马述忠，房超，梁银锋. 数字贸易及其时代价值与研究展望 [J]. 国际贸易问题，2018（10）：16-30.

资源整合、生态建设中的重要作用。平台企业在跨境贸易与数字贸易领域的深度融合，主要体现在以下几个方面：一是跨境平台服务直接体现了数字服务的本质，平台企业作为服务出口方，面向全球用户提供服务；二是交易平台构建了一个高效、透明的国际贸易环境，促进了进出口双方的无缝对接与交易便利化；三是创新平台加速了全球数字领域的专业化分工，各国在软件、技术等服务领域的提供商深度融入平台建设的国际分工体系，实现了资源的优化配置与能力的互补共赢。

3. 以跨界融合的全球性数字化生态为发展方向

随着 IT、金融、咨询、物流等生产性服务业线上服务能力的持续增强，以及制造业与农业数字化转型的深入推进，产业分工日益精细化，服务外包需求呈现出显著增长趋势，进一步驱动跨界数字化生态由国内向全球范围扩展。为顺应这一趋势，需要采取相关策略构建更加高效协同的数字化经济体系：一方面，应加速构建"研发＋制造＋供应链"的数字化产业链，致力于打通产业链上下游企业间的数据壁垒，以数据为桥梁，推动产业链各环节的高效协同与信息共享，实现全渠道、全链路范围内的优化配置与精准对接；另一方面，积极培育"生产服务＋商业模式＋金融服务"深度融合的数字产业生态，强调生产性服务业与其他行业的跨界融合与协同发展。

二、数字贸易发展基本阶段

在数字经济蓬勃兴起的背景下，涌现出一系列新业态、新模式，其中最重要的是数字贸易。作为全球经济一体化深化及数字经济发展到一定程度的必然结果，数字贸易发展大致可划分为三个阶段。

（一）数字产品与服务贸易阶段（2010—2013年）

在数字产品与服务贸易阶段，数字贸易的标的主要是数字产品与服务。2010年，韦伯在其研究数字经济时代国际贸易规则的文章中提出，一般意义上说，数字贸易是指通过互联网等电子化手段传输有价值的产品或服务的商业活动，数字产品或服务的内容是数字贸易的核心。2011年，熊励等学者将全球范围内的数字贸易概括为以互联网为基础、以数字交换技术为手段、为供求双方提供互动所需的数字化电子信息，实现以数字化信息为贸易标的的商业模式。这被认为是当时国内外最早有关"数字贸易"概念的论述。2012年，美国商务部经济分析局（USBEA）在《数字化服务贸易的趋势》中提出"数字化服务贸易"概念，常被用于衡量美国的国际数字服务贸易，是指由于信息通信技术进步而实现的服务跨境贸易，具体分类为：版权和许可费、金融和保险产品、长途通信、商业、专业和技术服务等。2013年，美国国际贸易委员会（USITC）在《美国与全球经济中的数字贸易Ⅰ》中正式提出数字贸易定义，即通过互联网传输产品和服务的国内商务和国际贸易活动，具体的交易标的包括：音乐、游戏、视频和书籍等数字内容，社交媒体、用户评论网站等数字媒介，搜索引擎及其他产品与服务①。在这一阶段，无论是韦伯、熊励等学者的界定，抑或是美国有关部门的界定，都将数字贸易的对象聚焦于数字产品与服务领域。然

---

① 陈红娜.数字贸易与跨境数据流动规则——基于交易成本视角的分析[J].武汉理工大学学报（社会科学版），2020，33（2）：110-120.

而，在这一界定方式下，数字贸易的标的物范围显得较为局限，难以全面反映其在实际经济活动中的广泛性与复杂性。因此，随着认识的不断深入，更为宽泛、贴近实际的新观念逐渐取代了这一早期认知，从而推动了数字贸易概念的进一步丰富与发展。

（二）实体货物、数字产品与服务贸易阶段（2014—2017 年）

在这一阶段，数字贸易的交易标的范围得到拓展，实体货物被纳入其中，并强调数字贸易是由数字技术实现的贸易。2014 年，美国国际贸易委员会在《美国与全球经济中的数字贸易Ⅱ》中对数字贸易的概念进行了修改完善，将其解释为互联网及互联网技术在订购、生产、递送产品和服务中发挥关键作用的国内商务和国际贸易活动。数字贸易的标的具体包括：使用数字技术订购的产品与服务，如电子商务平台上购买的实体货物；利用数字技术生产的产品与服务，如存储软件、音乐、电影的 CD 和 DVD 等；基于数字技术递送的产品与服务，即该机构发布的前一版定义中所包含的内容[①]。此后，2017 年美国贸易代表办公室（USTR）在《数字贸易的主要障碍》报告中进一步拓宽了"数字贸易"的概念范畴，指出其应当是一个更广泛的概念，不仅涵盖个人消费品在互联网上的销售及在线服务的提供，还涉及全球价值链的数据流动、支撑智能制造的服务，以及众多基于数字技术的平台和应用[②]。

（三）数字贸易快速发展阶段（2018 年以后）

1. ICT 服务贸易先导性作用凸显

信息与通信技术（information and communications technology，ICT）是推动数字化转型的关键力量，其服务领域对数字化水平提出了更高要求，整个服务流程——从展示、交付到结算等环节，均实现了线上操作。在全球信息通信网络不断织密、国际网络互联互通日益增强的背景下，ICT 服务贸易中以软件与信息服务为代表的业务展现出强劲的发展势头。据统计，2010 年至 2019 年间，全球 ICT 服务出口年平均增长率达 8.7%，是细分数字服务中成长速度最快的部分，占数字服务出口总增长的 26.8%，且 IDC（Internet Data Center，互联网数据中心）数据显示，2022 年全球 ICT 市场总投资规模接近 4.7 万亿美元，并有望在 2027 年增至 6.2 亿美元，五年复合增长率（CAGR）为 5.8%。此外，ICT 服务及其贸易活动对全球贸易格局产生了深远影响，展现出显著的带动效应。无论是何种类型的数字服务企业，在跨境提供数字化服务时，必然会涉及通信、云计算、人工智能等 ICT 技术的支持。因此，对于数字服务供应商而言，其能否从国内外市场获取高质量、高效率的 ICT 服务，将直接影响数字服务质量。

2. 经济服务化与服务数字化构建新增长动能

随着经济社会分工的持续演进，制造业、农业均呈现出服务化快速发展趋势，服务要素在产业投入和产出中的占比也稳健提升，标志着生产模式由单一的生产制造向"生产＋服务"的复合型模式转变，销售策略也从单纯出售产品转向出售"产品＋服务"的综合供

---

① 李为，田伟东. 大力发展数字贸易拓展福建外贸新动能新空间研究 [J]. 发展研究，2020（10）：52-57.

② 李轩，李珮萍. 数字贸易理论发展研究述评 [J]. 江汉大学学报（社会科学版），2020，37（5）：44-57，125-126.

给。在此基础上，数字技术使服务的制造和供给模式发生了翻天覆地的变化，赋予服务前所未有的可存储性、可复制性和线上即时交付能力，极大地降低了服务的边际成本，部分服务甚至实现了成本趋近于零的突破。同时，服务的内容与范围也得到了极大的扩展，用户能享受到"一点接入、全网服务"的便捷体验。以音乐和影视服务为例，曾经分散存储于 CD、DVD 等物理介质的内容，现已汇聚于云服务器中，用户只需通过互联网即可随时随地享受高质量的视听盛宴。在国际贸易领域，经济服务化、服务数字化正深刻改变着传统服务贸易的观念与格局，使数字服务贸易的应用范围得到极大的拓展。

3.跨境数据、数字服务引发国际经贸治理新挑战

跨境数据流动与数字服务的兴起，对国际经贸治理体系构成了新的挑战。首先，在数据归属应用方面，鉴于大量数据产生于数字服务消费过程，其归属权的界定及应用规范的建立不仅深刻影响着数字服务的运作模式与生态系统，还直接关系消费者的个人隐私保护。其次，数字服务算法价值导向问题日益突出。随着技术的广泛应用，人们越发认识到在算法设计中融入道德因素的重要性；若忽视这一点，可能引发诸如"大数据杀熟""信息茧房"等负面现象，损害消费者权益与社会公共利益。再次，平台在数字经济与数字贸易中的角色定位及责任认定亦需明确。作为提供公共服务的"类政府机构"，平台不可避免地参与监管治理，需要承担起相应的监管治理责任。最后，面对数字贸易背景下的平台垄断治理问题，以及"赢家通吃""一家独大"等现象从国内拓展到国际的局面，如何对超大型跨国平台实施有效监管成为各国关注的焦点。

4.知识产权保护成为贸易标的保护核心

数字贸易发展极大地促进了数字内容和服务的传播与扩散，但同时也对相关知识产权保护制度的完善提出了更高的要求。产权制度是市场交易的前提条件，明晰的产权归属、完善的产权保护，可以确保权利人通过抵押、出租、转让等方式实现财产的有效使用和价值交换。传统货物贸易的产权保护主要表现为对货物商品的物权保护[①]，即防范海盗打劫船只、抢夺货品。数字贸易的产权保护主要表现为防范数据、算法、商业秘密等信息被黑客等不法分子窃取。若数字贸易中的数字商品与服务未能得到有效保护，其易于存储、复制并迅速在互联网上广泛传播的特性将可能引发严重的负面效应，制约数字贸易的健康发展。以美国为例，美国商会全球创新政策中心（GIPC）与经济研究协会经济咨询公司（NERA）联合发布的《数字盗版对美国经济影响》的报告指出，随着视频流媒体行业的发展，数字视频盗版行为急剧增加，每年约数以亿计的用户选择观看盗版电影与电视剧，给美国经济带来高达数百亿美元的损失及大量就业岗位流失，对影视产业的可持续发展构成了严重威胁[②]。

■ 三、数字贸易与传统贸易的异同

数字贸易与传统贸易有着紧密的联系，但也有显著区别。

---

① 岳云嵩，霍鹏.WTO 电子商务谈判与数字贸易规则博弈 [J]. 国际商务研究，2021，42（1）：73-85.
② 陈伟光，钟列炀 . 全球数字经济治理：要素构成、机制分析与难点突破 [J]. 国际经济评论，2022（2）：6，60-87.

（一）相同之处

1. 贸易的行为本质相同

商业贸易历史悠久，源远流长。随着生产力的发展，人类社会逐渐超越了自给自足的初级阶段，开始追求更加多样化、高品质的生活需求，通过相互间商品和服务的自愿交易来实现。历经上万年的演进，即使贸易的形式与手段随着科技的进步而日新月异，从传统贸易逐步发展到数字贸易，但其核心本质始终是在各个主体间进行商品、服务和生产要素的流动。因此，尽管实施的方法不断革新，但交易的本质并未改变。

2. 贸易的内在动因相同

无论是国内区域间贸易，还是跨越国界的国际贸易活动，其内在动因都是一致的。以绝对优势理论、比较优势理论为代表的古典国际贸易理论是研究贸易动因的经典理论，这一分析框架同样适用于国内区域间的贸易研究。根据这些理论，国家间技术水平的绝对（相对）差异产生了绝对（相对）成本的差异，一国应当生产并出口具有绝对（相对）优势的产品，同时进口那些自身处于绝对（相对）劣势的产品，通过这种分工与交换机制，贸易双方都将获得更高的福利水平。进一步而言，专业化生产与劳动分工的深化，以及由此产生的规模经济，可以视为传统贸易和数字贸易的内在动因。

3. 贸易的经济意义相同

数字贸易作为贸易的一种新形态，与传统贸易一样具有丰富的经济意义和价值：首先，无论是数字贸易还是传统贸易，两者都能克服各类资源在各主体间流动的障碍，调整各个区域内资源的供求关系与价格；其次，两者在贸易过程中均加强各主体之间的经济联系，发挥弱化信息不对称的作用；最后，通过贸易能实现资源在更合理的结构上得到利用，使各主体均可发挥其资源、技术的比较优势，激发各主体的创新活力，提高生产效率与经济效益。

（二）不同之处

1. 贸易的时代背景不同

第一、第二及第三次工业革命，作为人类历史进程中的里程碑事件，深刻重塑了人们的生产生活方式。火车、铁路等运输工具的问世实现了长途运输；通信技术的发展使即时通信成为可能；蒸汽机和内燃机的大量使用使机械取代了人工，导致货物贸易规模不断扩大。这一系列变革共同促进了传统贸易的蓬勃发展与繁荣。随着第三次工业革命的深入发展，一种新的贸易形态——数字贸易应运而生。数字技术的广泛应用不仅改变了原有的通信、传输方式，还赋予数据全新的经济价值，使之成为驱动经济发展的关键生产要素，进一步促使传统产业踏上数字化、智能化的转型升级之路。

2. 贸易的时空属性不同

传统贸易模式下，交易过程往往伴随着较长的周期，且易受商品价格波动及货币汇率变动等外部因素影响，在一定程度上增加了交易的不确定性与风险。相比之下，数字贸易依托先进的数字技术，实现了交易效率的显著提升，同时也大大减少了交易时间的不确定性。此外，传统商业交易在地理空间上往往受到诸多限制。然而，在现代信息网络高度发达的今天，买卖双方的空间属性已不再受到严格约束，地理上的限制也得到了极大缓解。

3. 贸易的行为主体不同

传统贸易体系中，交易过程常涉及诸多中间环节与机构，使交易双方并不直接进行交易。然而，在数字贸易中，信息与通信技术可以实现供需双方的直接交易。与此同时，数字贸易还促进了商业模式的多元化发展。特别是 B2C、C2C 等新型商业模式的兴起，使个人消费者在市场交易中的参与度与影响力日益突出。展望未来，随着智能化技术的不断成熟与应用，客对商（C2B）、客对厂（C2M）等更为先进的商业模式将进一步涌现，以强化消费者在市场交易中的作用。

4. 贸易的交易标的不同

相较于传统贸易以货物、服务及生产要素等为主要交易标的，数字贸易的交易标的则相对复杂。数字贸易强调数字技术在订购、生产、配送等方面所起的关键作用，因此，其涵盖的主要标的有传统的实物商品、数字产品和服务，以及作为重要生产要素的数字化知识与信息。

5. 贸易的运作方式不同

在传统贸易的框架下，交易活动往往依赖于固定的交易场所，并伴随有实体的证明材料与纸质单据等作为交易有效性的依据。然而，数字贸易充分利用互联网的广泛连接性，实现了交易活动的全面电子化。从物流层面来看，传统贸易中的货物运输通常涉及大规模、高价值的商品，以海运、铁路运输等方式为主。在数字贸易领域，数字商品和服务交易采取数字化形式，且货物的交付方式更加灵活多样。对于个人消费者而言，他们可以通过电子商务平台轻松订购各类实物商品，并依托邮政、快递等方式寄送；而部分企业则采取海外仓、保税仓模式。

6. 贸易的监管体系不同

在传统贸易领域，各国海关、商务部门等监管机构及世界贸易组织（WTO）等国际组织共同构成了贸易监管的主导力量。国家内部的贸易制度和国际贸易协定是约束贸易活动的重要法律准则。然而，随着数字贸易的兴起，贸易监管的范畴与要求也随之发生了深刻变化。数字贸易的管制制度在继承传统贸易监管框架的基础上，进一步拓展了对数据等新型生产要素的监管范畴。它除了需要遵循传统的贸易监管与法律规范外，还需要特别关注数据的安全、流动与利用等问题，以确保数字贸易的健康发展与国家安全不受损害。

第三节　数字贸易发展典型事实

一、全球数字贸易发展特征

（一）贸易方式与贸易内容数字化

当前，全球贸易发展的重要趋势表现为贸易方式与贸易内容的数字化，这对全球经济产生了深远影响。贸易方式的数字化意味着信息技术与传统贸易各个环节的深入融合渗透；贸易内容的数字化则是指数据和以数据形式存在的产品和服务成为国际贸易中的重要对象。从分类上来看，数字贸易可分为：①数字货物贸易，是指通过网上平台实现的实物商品交易，跨境电子商务是其中的重要组成部分；②数字服务贸易，包括数字旅游、在线教育、远程医疗、互联网金融、数字娱乐及网络服务平台等数字内容服务；③数据要素贸易，主要指数据的跨境流动。随着数据价值的日益凸显，生产、销售等环节中产生的各类数据资料成为潜在的交易对象。实际上，信息技术与传统贸易的融合渗透，提升了交易效率、降低了交易成本，而数据及数字产品更是扩大了交易的广度和深度①。

（二）数字服务贸易占比持续上升

联合国统计数据显示，2009—2019 年，全球数字服务贸易出口规模实现了显著增长，从 1.7 万亿美元攀升至 3.2 万亿美元，年均增长率达 7%，其中欧盟与美国数字服务贸易出口额分别为 1.6 万亿美元与 5342 亿美元，在世界范围内共同占据了 65% 以上的份额。2020 年，全球遭遇新冠疫情的重大冲击，各地纷纷采取了相应的防疫措施，传统货物贸易因此遭遇严峻挑战，而跨境电商凭借其跨越地理界限、交易便捷等优势，展现出强大的韧性与活力。以我国为例，2020 年 4 月，国务院常务会议决定线上举办第 127 届广交会，让海内外消费者足不出户即可完成交易。在数字服务贸易领域，信息通信服务贸易增长势头尤为迅猛，2011—2020 年年均增长率高达 7.7%。特别是在疫情背景下，信息和通信服务贸易的重要性更加凸显，其在 2020 年数字服务贸易总额中的占比达 22.2%。从全球视角来看，2020 年，美国、爱尔兰、英国、德国与中国在全球数字服务贸易规模上位列前五。此外，《全球数字贸易发展报告 2024》显示，2023 年，全球所有国家数字贸易规模约为 7.13 万亿美元，占国际贸易比重为 22.5%，近 3 年的年均增速达 6.2%。全球数字服务贸易正朝着健康可持续方向发展。

（三）现代服务贸易加速转型升级

现代服务贸易作为全球经济发展中的关键领域，正经历着深刻的加速转型升级过程。在科技革命与产业变革深度交织的时代背景下，随着信息技术的迅猛发展，服务贸易的内涵与外延得以不断拓展。在大数据、人工智能、区块链等新兴技术成为驱动现代服务贸易变革核心力量的同时，全球产业结构的优化调整为现代服务贸易的转型升级创造了更为广阔的空间与机遇，渗透至服务贸易的各个领域。在跨境交付领域，基于数字技术的应用，服务贸易外包实现了从"成本节约"向"价值创造"的转型，如利用大数据分析进行网络流量监测等。同时，在服务贸易的国外消费环节，数字支付已经逐渐成为其中的一个热门话题。世界银行发布的《2021 年全球金融包容性指数报告》显示，截至 2021 年年底，我国国内成年人数字支付使用率达 82%。此外，根据韩国贸易协会 2020 年 7 月发布的《全球电子商务的发展及思考》，随着跨境支付管制及国际标准的统一，数字支付对促进数字贸易发展的支撑作用将进一步增强。在商业应用方面，数字化对投资方式也产生了较大影响，跨国数字企业凭借其数据统一存储、全球财务一体化结算、物流资源全球调配等能力，实现更加高效、灵活的商业运营。在自然人流动方面，网上行为的数字化也展现出了

---

① 刘斌 . 数字贸易发展现状及展望 [J]. 中国外汇，2021（10）：14-17.

巨大的潜力与优势。特别是在新冠疫情防控期间，"健康码"等数字化服务的推出，不仅有效助力了对疫情的精准防控，还促进了人员的有序流动与企业复工复产的顺利进行。

■ 二、我国数字贸易的发展特点

（一）规模保持较快增长

我国数字贸易的发展，主要得益于国内电子商务的迅猛发展和网络电商平台海外市场的扩张。海关统计数据表明，2023 年我国跨境电商进出口总额达 2.38 万亿元，同比增长 15.6%，远高于传统货物贸易 0.2% 的增速。虽然数字服务贸易起步较晚，但发展势头迅猛。根据联合国的统计，2019 年，我国数字服务贸易进出口总值约 2718 亿美元，以每年 11% 的速度增长，其中出口 1435 亿美元、进口 1283 亿美元。2015 年后，我国数字服务贸易逆差出现了转变，主要原因是近年离岸服务外包、数字支付、数字内容服务等领域的迅速增长。例如，2020 年支付机构外汇收付业务近 16 亿笔，较上年同期增加了 80%；再如，由于 2020 年疫情的影响，居民在家的时间越来越多，推动手游、云音乐、短视频等数字内容服务海外份额大幅扩张。截至 2023 年，我国数字服务进出口总额达 3666 亿美元，同比增长 3.5%，服务贸易规模创历史新高，并保持着强劲的发展势头。

（二）产业基础不断夯实

数字贸易的快速发展离不开坚实的产业基础。随着数字经济的稳健增长，我国数字经济核心产业增加值占 GDP 的比重不断提高，2023 年已经达到了 10%[①]。此外，我国网民规模庞大，互联网普及率高，数字消费激发内需潜力，数字应用释放创新活力，更多人群接入互联网，共享数字时代的便捷和红利，为数字贸易提供了广阔的市场空间。据统计，截至 2024 年 6 月，我国网民规模接近 11 亿人（10.9967 亿人），互联网普及率达 78.0%。此外，云计算、大数据等数字技术的快速发展也为数字贸易提供了强有力的支撑。例如，中国云计算市场规模在 2023 年达到了 6165 亿元，增长了 35.5%。数据要素市场也逐渐焕发出新的活力，2023 年数据生产总量达到了 32.85ZB，增长了 22.4%。这一系列的发展都为数字贸易的改革创新奠定了坚实基础。

（三）竞争实力显著提升

近年来，在数字贸易领域，我国加速形成"中国方案"，不断提高国际竞争力。我国企业积极响应政府号召，不断提升自身竞争力，并取得良好成效。一方面，"云端经济"生态逐步形成，催生出众包、云外包、平台分包等服务外包新业态、新模式。这些新业态、新模式不仅提高了服务效率和质量，还推动了数字贸易的创新发展。另一方面，我国数字贸易企业在国际市场上的表现也越来越亮眼。据统计，2023 年我国离岸服务外包执行额达到 1513.6 亿美元，自主研发游戏海外销售收入达 166.7 亿美元，多款头部游戏在海外广受认可。此外，网络文学出海市场规模也突破 40 亿元，海外访问用户约为 2.3 亿人，网络文学生态出海格局初步形成，贸易内容得到进一步拓展。

---

① 刘萌 . 我国数字贸易快速发展呈现三大特点 [N]. 证券日报，2024-09-19（A02）.

（四）政策支持力度加大

为了进一步推动数字贸易的发展，我国政府积极部署推出相应的法律法规，并主动参与国际规则制定。目前，我国在构建数字服务贸易的法律框架方面已取得较快进展。自 2016 年起，相继颁布了《中华人民共和国网络安全法》《中华人民共和国电子商务法》《中华人民共和国数据安全法》及《中华人民共和国个人信息保护法》，这一系列法律为数字经济的健康发展提供了法律保障。同时，积极对接国际高水平经贸规则，推动数字领域制度型开放，积极参与数字贸易国际规则制定 ①。现已成功签署《区域全面经济伙伴关系协定》（RCEP），并积极推进《全面与进步跨太平洋伙伴关系协定》（CPTPP）和《数字经济伙伴关系协定》（DEPA），努力提升我国在全球数字贸易中的话语权和影响力。

■ 三、数字贸易对传统贸易的冲击与优化

随着数字经济和数字贸易的蓬勃兴起，知识与信息的传播及交易过程的便利化不仅推动了技术进步，还提升了经济效率，但信息的便捷和加速传播给传统经济学分析也带来了新的挑战。传统经济学理论体系的构建往往基于两大核心假设：一是信息的充分流动性；二是价格具有充分弹性。这些假设在理想状态下为经济行为的预测与解释奠定了坚实基础。然而，在现实经济活动中，由于价格黏性和信息不充分流动等因素的普遍存在，经济学家通常需要对这些基本原理进行修正，以适应复杂的经济现实。数字经济和数字贸易的快速发展，在一定程度上能促使原本看似接近现实的修正性发展出现回归和逆转 ②，通过一系列方式方法对传统贸易产生冲击，并使其不断优化升级。

（一）商业结构扁平化

数字经济与数字贸易的蓬勃发展，极大地促进了信息的直接流通和高效获取，促使企业组织结构向扁平化趋势演进。其核心在于网络化基础架构，它赋能企业高效处理、精准搜索、智能分类与即时推送信息的能力。由此，许多企业得以跨越传统多层销售体系，直接与终端用户建立联系，实现 B2B、B2C 乃至 C2C 的灵活交易模式。扁平化消除了中间层，使信息传递更为直观、顺畅，既能减少交易成本，又能提升信息传递的速度与精确度，这意味着中间层级的消失不仅没有损失效率，反而通过成本结构的优化，进一步提升了企业的运营效率，充分展现了扁平化的优势。托马斯·弗里德曼（2008）提出"世界是平的"观点，他着重指出，这并不是说世界就是平等的，而是因为人们能够以更加平等、快捷、经济的方式进行联络、竞争与合作，这是技术革命对经济活动的根本改变，也是技术革命的真正影响，推动了全球经济格局的深刻调整与效率的飞跃提升。

（二）市场竞争的强化

数字经济时代，平台全网搜索的功能极大地促进了经济信息的自由流动，不仅简化了全面获取数据的途径，还打破了地理范围的限制，显著增强了信息可得性并拓宽了潜在的市场受众范围，这在某种程度上降低了市场准入的门槛。从供给侧来看，信息的无界流

---

① 李俊. 培育数字贸易竞争新优势 [N]. 经济日报，2024-01-25（010）.

② 孙杰. 从数字经济到数字贸易：内涵、特征、规则与影响 [J]. 国际经贸探索，2020，36（5）：87-98.

通加剧了行业内企业的竞争态势；在需求侧，消费者可以减少搜寻与对比的费用，进而提高市场的竞争程度。此外，由于信息的直接流动与便捷获取，企业间的跨区域竞争更加激烈，这不仅模糊了企业的地域，而且会引起替代厂商之间的激烈角逐，使市场竞争的范围更加广泛、产业间和地区间的竞争更加频繁。可以说，数字经济和数字贸易的发展增加了市场竞争的强度和广度，但同时也降低了市场进入的门槛，为那些传统上处于劣势地位的地区带来了经济发展的新契机，并在某种程度上推动了区域协调发展，增强了区域间的同步性和一体化，实现了区域间全面发展，从而达到了资源的最优分配。

（三）规模经济与范围经济的融合与互补

在传统经济学的分析框架下，规模经济和范围经济作为分析竞争优势来源的两大概念，各自独立且界限分明，进而衍生出基于规模经济的战略性贸易理论，以及基于范围经济的多元化经营战略理论。随着研究的深入，贸易研究中也引入了集约边际和扩展边际的概念，用以阐释企业贸易扩张路径的多样性，这些概念背后亦隐含着规模经济和范围经济的逻辑。

在传统企业模式下，企业往往聚焦于单一产品或服务，以追求规模经济效应为目标。企业集团虽涉足多元产业的生产和经营，但各业务板块相对独立运作。然而，在数字经济时代，这一点也随着企业传统盈利模式的变化而发生了改变。首先，新型平台企业大量崛起，借助网络技术的全面搜索与深度分析能力，平台企业在所提供的数字交易中能够同时享受到规模经济和范围经济；其次，数字经济的特性——信息的即时性、广泛性与易获取性，使平台企业客户规模经济的优势可以转化为范围经济的优势，并通过竞争客户资源来形成一种新的竞争优势策略，这体现了规模经济与范围经济的结合；最后，在大数据时代，数据挖掘的发展使信息处理能力越强的传统企业在市场上的竞争力越大，产品和行业的拓展能力也越强，跨界经营逐渐成为常态，可能获取的规模经济和范围经济优势也就越大，从而通过规模经济实现生产效率、成本控制与价格加成优势，更将这些优势转化为范围经济的抗风险能力。此外，在数字经济背景下，规模经济与范围经济的融合催生了"独角兽企业"的出现与"赢家通吃"的市场格局，打破了传统的垄断和竞争格局，引领着新时代的经济发展方向。

（四）政府与市场的融合

数字经济和数字贸易时代，数据可得性与开放性、大数据存储与处理能力及扁平化社会结构等特征综合起来，共同塑造了政府与市场关系的新格局。这一变化的前提在于，信息收集活动需要遵循严格的法律框架，同时，政府需要不断强化其数据整合与处理能力。在此基础上，政府监管得以实现更为迅速与高效的运作，使政府引导和预警能够与市场调控相结合。信息的即时流通和高效处理促进了供需两端的精准对接，使企业能够实时洞察市场动态，包括供应状况、需求变化及价格变动，从而做出更为明智的进入与退出决策。进一步，政府可以通过分析企业行为的变化，灵活调整产业政策工具，确保政策指导的精准性与有效性，更好地契合市场需求。此外，信息的便捷传输和高速处理，结合企业与政府的有效应对，可以在一定程度上缓解市场机制固有的盲目性，促进市场平稳高效运行。

（五）商业模式的竞争日益重要

数字经济和数字贸易时代，知识和信息的易获取性不仅可以提高企业的生产效率，还可以扩大企业的运营边界，进而增加市场的竞争性和价格的透明度。尽管数字经济使生产和消费更加具有个性化特征，但产品间的差异化并未完全消除其本质上的可替代性，这要求企业在商品定价上必须保持高度的市场竞争力。对于消费者而言，数字化技术使全球价格信息触手可及；对于生产者而言，则能更容易掌握市场的竞争状况，灵活调整经营策略。在这种情况下，企业难以长期维持超额利润，这迫使它们不断探索新的增长点。技术革新与设备更新仍是各大厂商的主要竞争方式，但新市场的发现和新的商业机会及商业模式的创新成为企业间竞争的新焦点。企业的竞争对手已不再局限于同行业内，跨行业挑战者正凭借其在规模、信息、客户资源等方面的优势，积极跨界竞争，独角兽企业的崛起便是这一趋势的鲜明例证。

（六）挑战传统的成本定价范式

数字经济和数字贸易时代，知识和信息成为关键生产要素，其传输与交易活动构成经济活动的重要内容。当知识产权获得有效保障时，知识和信息等服务，甚至一些数字经济的自身产物，不仅能实现重复利用，还可以进行零成本的再生产。这一特性深刻改变了传统成本分析的相关概念，如边际成本、平均成本、固定成本与可变成本等，进而引发成本加成机制与定价原理的改变。甚至大量的数字经济平台企业凭借庞大的用户基数，通过广告收入模式实现了部分服务与产品的免费使用。这一现象不仅颠覆了传统商业模式下成本与收益的直接对应关系，也促使众多企业重新审视其盈利模式、商业策略及经营逻辑。在数字经济时代，传统分析框架的局限性日益凸显，传统的成本定价范式受到巨大挑战。

（七）推动数字货币、支付体系和货币政策的发展

伴随数字经济和数字贸易的发展，大量跨区域乃至跨国的数字贸易与网络交易为数字货币的兴起与发展提供了广阔空间。这不仅加剧了支付系统向网络化转型的紧迫性，还因经济活动全面网络化的特性，为货币政策的制定引入了大数据驱动的决策新范式，共同驱动了数字货币的创新步伐。数字货币的运用显著降低了支付系统的运行成本并提升了交易效率，其直接效应在于减少了传统货币印制与发行的费用。更为重要的是，由于数字货币信息流和资金流的高度一致性，中央银行等发行机构能够即时、直接地掌握交易动态，省去了烦琐的银行后台清算、结算与对账等众多环节，达到点对点支付及结算的效果，极大地提升了支付效率。此外，数字货币的普及不仅优化了支付流程，还简化了货币政策的制定与执行流程。随着实体现金使用的逐渐减少，数字货币逐渐成为主流支付手段，央行得以在一定程度上借助预设的计算机程序，基于全面而实时的数据分析，自动或半自动地调整货币决策。理论上来讲，若这些决策完全依赖数据驱动且严格遵循货币政策规则，那么中央银行的主要任务将根据经济结构变化和货币政策目标进行调整，通过灵活优化其政策框架，以更好地适应经济发展的需要。

■ 四、数字贸易带来的新问题和新挑战

作为一种新型的经济形态，数字贸易的核心价值在于加速了知识与信息的流通效率，为传统工业注入了生产活力，进而推动了全球经济的深刻变革与持续发展。然而，数字贸易在展现其巨大潜力的同时，也伴随着由一系列新特点所引发的问题与挑战，亟须深入剖析与积极应对。

（一）就业挑战

数字经济和数字贸易的典型特征之一就是其广泛利用互联网技术提供多元化的数字化服务。这样就产生了一个问题：假设一名雇员可以通过一台电脑来实现多项业务，且可以通过程序自动实现，那么人力资源将得到大量节约，导致劳动力的更替加快和就业问题出现。以电子商务和网店的兴起为例，它们无疑提高了生产力，便利了人们的生活，但给实体商店带来了巨大的影响。尽管在总体上，电子商务在减少实体店就业的同时，也增加了物流业的就业，但是劳动力的专业素质要求和需求结构发生了变化，强调了在数字经济时代，服务仍需要物质性的生产与流动的现实。数字经济并非孤立的经济形态，仍是建立在传统经济的基础上，作为传统服务业的延伸和升级，其发展也依赖或取决于传统经济活动对服务需求的演变，而非简单的颠覆或取代。然而，在传统经济向数字经济发展的过程中，就业领域面临的挑战不容忽视，一方面，劳动力需求结构的转变导致结构性失业问题凸显；另一方面，劳动替代可能进一步压缩某些岗位的就业空间。

（二）初次分配的两极化

数字经济和数字贸易中扁平化的结构特征，显著削弱了中介环节的作用，进而在就业领域引发了两极分化的趋势。具体来说，这一趋势催生了一批具有较强市场影响力的大型平台企业，不仅引领了技术创新，还创造了一系列高技能要求、高收入水平的职位，这些职位往往要求从业者接受过良好的教育和职业培训，以适应数字经济的技术需求。与此同时，传统企业在数字化转型的浪潮中，对生产、经营人员的专业素质要求也日益提高，促进了传统行业的效率优化与人员精简，使从业人员数量减少而工作效率与薪酬水平同步提升。此外，在依然没有摆脱实物经济特征的传统劳动密集型终端服务业中，尽管创造了大量就业机会，但这些岗位通常仅要求工人具有基本的工作技能，而专业程度甚至行业特征都不明显，导致职位竞争激烈且生产率提升缓慢。因此，尽管就业机会存在，但从业者的收入增长却相对有限。在此基础上，可以说，数字经济与数字贸易的发展导致了初次分配领域的两极化现象。一方面，高端职位与大型企业享受了技术红利与市场优势，收入水平显著提升；另一方面，传统劳动密集型服务业的从业者则面临收入增长乏力的困境。在这两个方面趋势的影响下，整个社会的收入差距进一步拉大。

（三）知识产权保护和跨境征税难度上升

网络化和数字化的知识与信息不仅极大地便利了人们的信息交流，还通过技术手段为知识产权和信息价值提供了更为坚实的保护屏障，从而保护这些知识和信息的所有者权益。然而，不可否认的是，数字化带来的便利性与高效性也伴随着潜在的风险与挑战，其

中之一便是数字化使知识与信息的复制与传播变得异常便捷，产品的再现性显著增强，再生产成本大幅降低。因此，知识产权保护就成为数字经济时代的一个热点问题。同时，线上交易的兴起为跨境交易带来了前所未有的便利，但也给税务管理带来了新的挑战。如何对跨境线上交易进行有效监管，确保税收的公平、公正与有效征税，也成为数字经济时代的另一个热点问题。特别是对数据只使用而不占有、按需付费等新交易模式的出现，更是对传统的税务管理体系构成了冲击，使跨境征税变得更加复杂与困难，即使是关于数码产品零关税的问题，也出现了分歧。

（四）信用问题与监管难度

网络化的线上经济活动虽然方便了交易，但同时也引发了一系列复杂的问题，尤其是在争议解决与监管方面提出了更高要求。如果仅仅依靠线上交易，那么客户的鉴别难度和成本就会显著增加，特别是匿名性特征加剧了征信的难度，使用户的身份认证与信息真实性验证成为难题。此外，数字贸易还涉及诸如电子认证、电子签名等法律证明问题，增加了交易的不确定性。正因为如此，数字经济的应用和有序发展依赖于可持续交易关系的建立，也就是线上交易。在能够得到线下交易经验的有效支持时，数字经济活动方能获得更为坚实的保障，这是因为线下交易的经验与机制为线上交易提供了可借鉴的规范与风险控制手段，有助于降低交易风险、增强市场信心。随着全球价值链的进一步发展，价值链本身就是一种可持续的商业关系，为身份和信用问题的解决提供了有力支持。此时，数字经济活动也就成为一种增值服务，为全球经济注入新的活力。尽管数字经济的发展带来了诸多机遇，但上述问题依然存在，且可能以新的形式出现。

专栏阅读 1-2
服务业数字化
的创新探索

第四节　数字贸易基本研究框架

一、数字贸易的研究内容

客观上说，由于交换方式、技术与平台等的较大差异，数字贸易发展的时代背景、时空属性、行为主体、贸易标的、运作方式和监管体系等方面都与传统贸易存在明显的差异，且其发展过程中产生的各种新业态、新模式也难以用传统的贸易理论进行完全解释。随着信息技术的快速发展，尤其是 5G、区块链、大数据、人工智能等新兴前沿技术在贸易领域的深度融合与广泛应用，数字经济在世界范围内掀起了一股新的发展浪潮，因此，必须建立一套与数字经济、数字贸易发展相适应的贸易经济理论体系，同时打造具有中国特色的数字贸易学科体系。数字贸易学作为经济学的分支，其研究对象应当是数字贸易经济活动领域中的贸易活动过程、经济关系以及客观规律。

（一）数字贸易活动过程的研究

贸易是人类社会文明发展到一定历史时期所产生的一种具有丰富内涵的社会经济现象，它与人类文明的演进与发展密不可分。进入数字经济新纪元，信息技术的快速发展与运用为贸易活动注入了强劲动力，催生出一系列鲜明的新特征：一是数据和数字技术跃升为企业重要的竞争优势来源；二是互联网平台成为数字经济和协调资源配置的基本经济组织；三是服务贸易在数字贸易时代的重要性日益凸显；四是数字贸易改变了传统货物贸易的结构；五是在国际贸易中，数字贸易主体日益多元化，从大型跨国公司扩展到中小企业乃至个人消费者；六是数字贸易可能会加速全球价值链生产布局的碎片化；七是数字贸易对国际贸易监管体系一体化要求更高[①]。基于数字贸易活动区别于传统贸易的一系列新特征，对于数字贸易活动过程的研究成为数字贸易课程必不可少的内容。该课程应全面覆盖数字贸易的提出与演进、数字贸易的内涵与特征、数字贸易产业、数字贸易分类、数字贸易技术、数字贸易发展方向与趋势等关键内容，为学生构建起一个完整、深入且具有前瞻性的数字贸易知识体系，以培养适应数字经济时代需求的贸易专业人才。

（二）数字贸易活动中各种经济关系的研究

贸易活动过程是一种交换过程。数字贸易本质上仍是买卖双方的交易，是经济主体之间的经济交流，其运行过程中交织着错综复杂的经济关系网络。在数字经济背景下，流通创新与交换关系出现了一系列新的变化。例如，互联网、大数据、电子商务、人工智能等对信息交换的影响是怎样的？在电子商务环境下，城乡、工农的交易关系发生了什么变化？网购、共享、移动支付、非现金支付给消费者的交易关系带来了什么影响？人工智能、量子信息、移动互联、大数据、云计算将会对我们新一轮商业革命与交换关系的重构和创新产生什么影响？等等。随着生产力发展的时代变化，结合数字贸易活动发展的实际，深入研究数字贸易活动中的各种经济关系，探索其内在规律与发展趋势，成为数字贸易领域的重要内容。这包括但不限于数字贸易环境、数字贸易战略、数字贸易与数字货币、数字贸易合作等方面，在增强学生基础知识的同时，拓宽其眼界和视野，并在一定程度上为推动数字贸易的健康发展提供理论支持。

（三）数字贸易活动中各种客观规律的研究

数字贸易是一种新兴的经济形式，它需要对经济规律进行深入的分析，从而揭示其客观规律，并通过数字贸易活动的规律性认识，引导其遵循科学规律运行，有效预防并纠正潜在的不当行为与偏差。因此，关于数字贸易活动中各种客观规律的研究也是课程的主要内容与研究目的，其中，主要内容包括数字贸易理论、数字贸易产业发展规律、数字贸易风险等。

■ 二、数字贸易的研究方法

与传统经济学相比，数字贸易具有多学科交叉的特征，不仅涉及贸易经济学、国际贸易学、产业经济学和金融学等领域，还与计算机科学、管理学、国际法学等学科紧密相关，数字贸易的研究方法也融合了多学科的研究方法。

（一）理论与实际相结合

数字贸易是伴随着贸易新形式的快速发展形成的新课程，是一门实践性很强的前沿

---

① 盛斌，高疆. 超越传统贸易：数字贸易的内涵、特征与影响 [J]. 国外社会科学，2020（4）：18-32.

课程。课程立足于多学科融合的理论与方法，为解决数字贸易现实问题提供理论指导与分析框架。同时，随着实践的快速发展，数字贸易还处于不断发展的过程中，新技术、新业态、新模式不断涌现，应紧密结合实际，保持实事求是的风格和精神。一方面，要以理论为指导，深入剖析数字贸易的共性与个性问题，力求为数字贸易的健康发展提供科学的理论指导；另一方面，要紧密追踪数字贸易活动的最新实践动态，不断修正、完善课程的知识体系，确保教学内容始终紧贴行业前沿，促进数字贸易理论体系的持续进步与发展。

（二）实证与规范相结合

实证分析是指对经济现象、经济行为及其结果进行一种客观、科学的考察和描述性的说明，其实质是揭示经济现象之间的因果联系，而不涉及对这些因果关系进行"好或坏""应该或不应该"的价值评价。规范分析是对经济现象或经济行为进行主观价值判断性的考察，说明对于某种经济现象或经济行为应该做出什么样的判断，其经济结果是好，抑或是坏，是否应该采取某种做法或行动等。换句话说，规范分析带有主观色彩的评判。数字贸易研究需要客观描述、总结、归纳数字贸易活动的发展现状与客观规律，对其发展趋势进行实事求是的分析。与此同时，要结合我国经济发展的实际，牢固树立"创新、协调、绿色、开放、共享"五大发展理念，努力促进数字贸易更高质量地发展。

（三）定性与定量相结合

在经济学分析中，新古典经济学将边际成本等一系列范畴引入经济学领域，并进行严密的数量分析与模型推导，使经济学成为一门现代科学。新古典综合学派的集大成者保罗•萨缪尔森进一步将线性规划的动态体系分析工具及各种定量方法成功运用于经济学分析，使经济学分析形成了一套更为严谨的体系。定性与定量研究相结合成为现代经济学研究的主流方法，经济学的很多创新成果都是成功运用定性与定量研究方法研究经济理论与实际问题，产生了一批有影响的成果，对实际经济社会发展发挥了巨大的推动作用。因此，应该充分发挥现代经济研究方法的优势，在数字贸易的研究中更好地将定性与定量研究有机结合起来。

（四）守正与创新相结合

在学习研究的过程中，一方面，我们应该对数字贸易的本质、发展规律等进行认真分析和研究，充分了解数字贸易的基本运行形式、特征与发展方向；另一方面，我们应该始终保持创新的精神。从当前数字贸易的发展来看，伴随着新一轮科技革命的发展，人工智能、大数据等新技术对各行业的影响力不断扩大，数字贸易活动的规模、层次和形式也在不断地丰富和发展，尤其是随着我国从贸易大国迈向贸易强国、国内统一大市场建设加速推进，很多贸易活动的发展处于不断变化之中，在这种现实基础上，我们不可能穷尽数字贸易的理论研究，客观上说也很难将实践过程中的全部现象和前沿问题一次性反映到教材之中，很难奢望有绝对完美和理想的课程体系。

然而，必须注意的是，在习近平新时代中国特色社会主义思想的指导下，我国以经济体制改革为牵引的各项改革不断进入全面深化和攻坚突破期，在全党全国各族人民迈上全面建设社会主义现代化国家新征程、向第二个百年奋斗目标进军的道路上，我们必须认真对待和研究经济贸易理论中的诸多新问题。例如，充分发挥市场在资源配置中的决定性作用的同时，如何处理好市场与政府在数字贸易活动中的边界、更好地发挥政府作用？如何更好地理解和推动互联网、大数据、云计算、物联网时代贸易模式的创新？如何更好地推动数字贸易相关制度的创新？等等。这些都要求我们不断研究数字贸易发展中的新问题、新情况，在基本范畴、理论体系、学科内容及研究方法等方面不断创新，唯有这样，才能适应客观形势发展的要求，使数字贸易理论保持旺盛的创新活力，在推进中国式现代化建设进程中释放更大的动力。

■ 三、学习数字贸易的意义

（一）完善中国经济学知识体系

2022 年 4 月 25 日，习近平总书记在中国人民大学考察时强调：加快构建中国特色哲学社会科学，归根结底是建构中国自主的知识体系。这一重要论断为推动新时代哲学社会科学繁荣发展指明了前进方向，提供了根本遵循。改革开放以来，中国经济社会发生了深刻变革和快速发展，创造了人类历史上少有的发展奇迹，为世界发展作出了历史性贡献。"中国经验""中国道路"已成为举世瞩目的话题。伟大实践呼唤着理论的创新，中国经济学发展面临着前所未有的历史机遇。实践证明，数字贸易正逐渐发展成为推动中国对外贸易创新发展的重要力量。立足中国的数字贸易实践，解答中国数字贸易发展的问题，并从中总结数字贸易发展经验，创新数字贸易理论，有助于建设具有中国特色、中国风格、中国气派的经济学知识体系。

（二）促进数字贸易发展

我国数字贸易发展具有多重机遇。党中央、国务院高度重视数字贸易发展，明确指出要加快数字贸易发展，推进数字服务出口基地建设。在新冠疫情防控期间，人员跨境出行受限，大量依赖面对面交易的传统服务贸易纷纷转移到线上，推动了数字贸易逆势增长。全球数字经济蓬勃发展，将推动全球数字贸易保持高速增长，为我国数字贸易发展提供了广阔的市场空间。大数据、云计算、人工智能、区块链等新兴数字技术快速推广应用，为数字贸易的发展奠定了坚实的产业基础。"一带一路"倡议沿线国家合作潜力巨大，建设"数字丝绸之路"将为我国的数字贸易相关企业提供新的市场机遇和前景。可以说，数字贸易对于我国经济发展和参与国际竞争的重要性日益增加。

要立足新发展阶段，完整、准确、全面贯彻新发展理念，服务构建新发展格局，着力以更高水平的对外开放促进数字贸易创新发展。一是要加强顶层设计，深入研究国内外数字贸易发展形势，结合国内外发展实际，统筹发展和安全，推动出台促进数字贸易创新发展的政策举措；二是要加强平台建设，落实支持国家数字服务出口基地创新发展，推动建立数字贸易示范区，培育数字贸易发展的良好生态；三是要加强规则对接，进一步对接高标准国际经贸规则，完善法律法规，推动更高水平的对外开放；四是要加强国际合作，积极参与世贸组织的贸易规则谈判，维护和完善多边数字经济治理体制[①]，充分用好国际合作

---

① 白宇，赵欣悦.数字化赋能贸易高质量发展 [N].人民日报，2022-09-02（007）.

组织等机制，提出数字贸易发展的中国方案，构建数字贸易理论基础与发展框架，为把握历史机遇、促进数字贸易快速发展提供理论指导。

（三）加快数字贸易人才培养

党的二十届三中全会指出：教育、科技、人才是中国式现代化的基础性、战略性支撑。必须深入实施科教兴国战略、人才强国战略、创新驱动发展战略，统筹推进教育科技人才体制机制一体化改革，健全新型举国体制，提升国家创新体系整体效能。立足新时代新征程党的历史使命，党中央从突出创新在中国现代化建设全局中的核心地位出发，将教育、科技、人才三者置于同一战略高度进行统筹部署与集中表达，这不仅坚持了教育、科技、人才是全面建设社会主义现代化国家的基础性、战略性支撑，更强调了三者之间的有机联系，通过协同配合、系统集成，共同塑造发展的新动能、新优势。当前，数字贸易人才存在严重的供需缺口，而且随着数字贸易的快速发展，新情况、新问题不断出现，亟待进一步加深对数字贸易发展的认识，掌握数字贸易发展规律。社会普遍呼唤更多的创新型、创业型、应用型和复合型高素质数字贸易人才，以应对复杂多变的贸易环境。加快数字贸易学科的发展成为全面贯彻党的教育方针、落实立德树人根本任务、培养德智体美劳全面发展的社会主义建设者和接班人，以及助推数字贸易快速发展的客观要求和迫切需要[①]。

本章小结

数字经济是以数据资源作为关键生产要素，以现代信息网络作为重要载体，以信息通信技术的有效使用作为效率提升和经济结构优化重要推动力的一系列经济活动。数字经济表现出快捷性、高渗透性、自我膨胀性、外部经济性及可持续性等特点。软件、信息技术、教育水平、数字贸易及数字经济政策是影响数字经济发展的主要因素。

数字贸易是基于互联网和物联网技术的国内商业和国际贸易活动，数字贸易的本质在于贸易方式数字化和贸易对象数字化，以安全有序的跨境数据流动为驱动，以平台和平台服务体系为支撑，以跨界融合的全球性数字化生态为发展方向。数字贸易与传统贸易存在着相同之处，但也有显著差异。数字贸易在全球和我国不断呈现出新特征，在带来新机遇的同时，也带来了相应的挑战。数字贸易作为经济学的新分支，其研究内容应当包括数字贸易经济活动中的贸易活动过程、经济关系及客观规律。数字贸易的研究应坚持理论与实际、实证与规范、定性与定量、守正与创新的结合。学习数字贸易对完善中国经济学体系、指导数字贸易发展、加快数字贸易人才培养等具有重要意义。

① 祝嫣然. 解读二十大报告：高质量发展是首要任务 [N]. 第一财经日报，2022-10-25（A02）.

本章思考题：

1. 数字经济的内涵是什么？有哪些基本特征？
2. 如何理解数字贸易？数字贸易与传统贸易有哪些异同点？
3. 数字贸易的发展对我们生活的影响表现在哪些方面？试举例说明。

案例研讨：

本章研讨案例

延伸阅读：

[1] 宗良，林静慧，吴丹 . 全球数字贸易崛起：时代价值与前景展望 [J]. 国际贸易，2019（10）：58-63.

[2] 马述忠，房超，梁银锋 . 数字贸易及其时代价值与研究展望 [J]. 国际贸易问题，2018（10）：16-30.

[3] 贾怀勤 . 数字贸易的概念、营商环境评估与规则 [J]. 国际贸易，2019（9）：90-96.

[4] 戚聿东，褚席 . 数字经济学学科体系的构建 [J]. 改革，2021（2）：41-53.

[5] 徐兰，王凯风 . 数字经济内涵及测度指标体系研究综述 [J]. 统计与决策，2024，40（12）：5-11.

[6] 马述忠，濮方清，潘钢健，等 . 数字贸易学 [M]. 北京：高等教育出版社，2022.

第二章
数字贸易理论

→ 章首案例

　　2021年10月13日，我国商务部等24部门印发《"十四五"服务贸易发展规划》。"数字贸易"一词首次被列入服务贸易发展规划，明确提出数字产品、数字服务、数字技术和数据等四类数字贸易类型，为未来一个时期我国数字贸易发展明确了方向和路径。具体包括：持续优化数字服务贸易，进一步促进专业服务、社交媒体、搜索引擎等数字服务贸易业态创新发展；稳步推进数字技术贸易，提升云计算服务、通信技术服务等数字技术贸易业态关键核心技术自主权和创新能力；积极探索数据贸易，建立数据资源产权、交易流通等基础制度和标准规范，逐步形成较为成熟的数字贸易模式；大力发展智慧物流、线上支付、在线教育、线上办展、远程医疗、数字金融与保险、智能体育等领域，积极支持旅游、运输、建筑等行业开展数字化改造，支持签发区块链电子提单等。商务部研究院国际市场研究所副所长白明表示，未来服务贸易发展不仅要在现有领域做大做强，还要开辟更多新领域，抢抓数字经济和数字贸易发展机遇。

　　资料来源：新华网，《"十四五"服务贸易发展规划》。

第一节 数字贸易发展的理论基础

一、数字贸易的古典贸易理论基础

关于国际贸易产生原因与影响的研究，源于英国古典学派经济学家亚当·斯密在其1776年发表的《国民财富的性质和原因的研究》（以下简称《国富论》）中提出的主张自由贸易的绝对优势理论。随后，英国古典经济学家大卫·李嘉图在其1817年发表的《政治经济学及赋税原理》中提出了比较优势理论。这两个学说一般被统称为古典贸易理论。

（一）绝对优势理论

1. 理论提出背景

18世纪中后期，资本主义工场手工业在西欧各国获得了空前的发展，随之而来的便是产业革命带来的产业资产阶级的兴起。随着生产力的飞跃与市场的扩张及对国外进口廉价工业原料的需求，产业资产阶级迫切渴望打破重商主义理论对国际贸易的桎梏，反对政府对国际贸易的干预及金银外流的禁令。同时，他们不再局限于对金银货币本身的积累，而是转向了对具体的物质财富——包括生产资料和消费资料的广泛追求。在此基础上，为了适应产业资产阶级的历史需要，以亚当·斯密为代表的经济自由主义思潮开始盛行。1776年，亚当·斯密在其出版的《国富论》一书中不仅批判了重商主义的政策主张，还反对政府对经济的过度干预，倡导创立一种全新的自由主义经济理论。在国际贸易领域，他则提出了基于国际分工和自由贸易的核心理论，强调国际贸易的双方互利性，系统地提出了绝对成本说，因此，亚当·斯密成为自由贸易理论的先驱与奠基人。

2. 理论假设和主要观点

绝对优势理论建立在一系列假设的基础之上，主要包括：①世界上只有两个国家，且都只生产两种商品，其中劳动力被视为唯一的生产要素；②劳动力在一国之内是完全同质的，且劳动力市场始终处于充分就业状态；③劳动力在本国范围内可以自由流动，但不能跨国流动；④劳动的规模收益不变；⑤商品和劳动力市场都是完全竞争的；⑥政府对贸易不进行管控与干预，国家间实行自由贸易；⑦不考虑运输费用和其他交易费用。

绝对优势理论认为，国际贸易的形成是由于各国之间产品生产效率的差异而产生的。两国间的贸易基于绝对优势，即在这种产品的生产中，当一国比另一个国家的生产效率更高（如更少的资源投入或更高的劳动生产率）时，则称该国在这一产品生产上具有绝对优势。可以说，每个国家由于先天或后天的条件不同，都会在某种商品上占据绝对的优势，如果每个国家将所有的生产要素都集中到自己拥有绝对优势的产品生产上来，并通过国际贸易来换取自己所需的商品，则各国都可以最大限度地利用本国的资源，即在不损害任何一方利益的前提下，各国都能从中获得交换的帕累托改进，实现互利共赢的局面。

具体来说，假设世界由A、B两个国家组成，每个国家都只生产羊皮和大米两种产品，在分工前，两国生产不同产品的单位劳动投入如表2-1所示。A国生产1单位的羊皮需要3单位的劳动时间，生产1单位的大米需要6单位的劳动时间；而B国生产1单位的羊皮需要12单位的劳动时间，生产1单位的大米需要4单位的劳动时间。显然，A国生产羊皮的效率高于 B 国，B 国生产大米的效率高于 A 国，即羊皮是 A 国的绝对优势产品，大米是 A 国的绝对劣势产品，大米是 B 国的绝对优势产品，羊皮是 B 国的绝对劣势产品。

表 2-1　各国产品生产效率

绝对优势		A 国	B 国
单位羊皮	劳动时间	3	12
	劳动生产率	1/3	1/12
单位大米	劳动时间	6	4
	劳动生产率	1/6	1/4

如果 A、B 按照绝对优势理论进行分工，再依据 1∶1 进行交换，这就意味着 A 国专业化生产羊皮，且每放弃生产 1 单位大米节省的 6 单位劳动时间，可用于生产 2 单位羊皮。同时，A 国将生产的 2 单位羊皮与 B 国的 2 单位大米进行交换，由此，A 国通过专业化分工生产与自由贸易获得所需大米比直接生产大米有利。类似地，B 国专业化生产大米，每放弃生产 1 单位羊皮节省的 12 单位劳动时间，可以生产 3 单位大米，再用其同 A 国交换 3 单位羊皮，比直接生产羊皮有利（见表 2-2）。

表 2-2　分工后的产出变化

各自放弃一单位绝对劣势产品	A	B	总产出
羊皮	+2	−1	+1
大米	−1	+3	+2

因此，绝对优势理论主张实行自由贸易政策，反对国家对外贸的干预，即各国不应限制进出口，而应进行自由贸易。原因在于该理论认为，自由贸易能有效促进生产的发展和产量的提高，一切限制贸易自由化的措施都将影响国际分工的发展，并降低社会劳动生产率和社会福利水平。

3. 理论局限性

绝对优势理论在阐述国际贸易的基础理论时，虽揭示了生产效率差异作为贸易动因的重要性，但其理论体系亦蕴含不足。其中，一个重要缺陷在于，该理论在界定从事国际贸易的绝对优势时，严格依赖于国内外同类商品生产成本的直接对比，并以其绝对成本来确定其进出口。这样的比较会忽略经济体系中多国、多产品间的复杂关联，导致那些在全部产品制造成本方面均处于不利地位的国家被排除在国际贸易体系之外。此外，绝对优势理论在构建模型时没有将需求因素纳入其中，使其不能对均衡定价进行合理解释，因而就无法合理说明国际贸易的收益分配问题，限制了其理论解释力与适用范围。

（二）比较优势理论

1. 理论提出背景

19 世纪初期，英国工业革命迅速发展，使其成为"世界工厂"，然而，政治舞台上地主贵族阶级的势力依旧根深蒂固。1815 年，英国政府为维护地主贵族阶级的利益而修订了《谷物法》，导致英国粮价上涨、地租猛增，这直接惠及了地主贵族，但沉重打击了工业资产阶级的利益链条。高昂的粮价连锁反应至工业生产领域，迫使工人工资提高，商品成本增加，进而压缩了工业品的利润空间，削弱了其竞争力。面对这一困境，以及出于发展资本、提高利润的需要，英国工业资产阶级迫切要求废除《谷物法》，与地主贵族阶级展开了激烈斗争。在此背景下，大卫·李嘉图在其1817年出版的代表作《政治经济学及赋税原理》中提出了以自由贸易为前提的"相对优势理论"，这种更加一般化的国际贸易理论将自由贸易置于更加坚实的理论基础之上，不仅奠定了西方国际贸易理论的核心基石，也为工业资产阶级提供了理论纲要[①]。

2. 理论假设与主要观点

绝对优势理论解释了具有不同优势的国家之间的生产分工和产品交换的合理性，但不能解释一国在两种产品的生产上均展现出高于另一国的劳动生产率，而另一国均处于劣势地位时，国际贸易与国际分工是否可以进行的问题。为此，在亚当·斯密绝对优势理论的基础上，大卫·李嘉图提出了比较优势理论。

比较优势理论的假设条件与绝对优势理论的假设基本相同。其核心思想是：一国生产不同产品的劳动成本可能比其他国家都要高，因而不具有绝对优势，但只要成本差异的程度不同，各国即可找到本国的比较优势。因为比较生产成本有两种方式：一种是比较单位产品的投入成本，另一种是比较单位产品的机会成本。如果一个国家生产一种产品的机会成本低于在其他国家生产该产品的机会成本，则这个国家具有生产该产品的比较优势。各国按比较优势进行分工和贸易，均能获得交换的帕累托改进，能够使各国资源得到更有效利用，使产出水平和社会福利水平提高。比较优势理论确立的分工原则在于比较相对成本的高低，而非绝对成本的高低。以相对成本的高低来决定一国生产什么和进口什么，即遵循"两利相权取其重，两弊相权取其轻"的原理，实质上是根据机会成本的高低进行分工。

假设世界上只存在A、B两个国家，且A、B两国都只生产羊皮和大米两种产品。在分工前，两国生产不同产品的单位劳动投入如表2-3所示，虽然A国在生产两种商品上的劳动生产率均高于B国，但差别程度不同。从机会成本的角度看，在A国，多生产1单位羊皮的机会成本是放弃0.5单位大米的生产，而B国多生产1单位羊皮的机会成本是放弃1.5单位大米的生产。由此可知，在羊皮的生产上，A国的机会成本比B国低；在大米的生产上，A国的机会成本比B国高。即羊皮是A国的相对优势产品，但却是B国的相对劣势产品；大米是A国的相对劣势产品，但却是B国的相对优势产品。

表2-3　各国产品生产效率

绝对优势		A国	B国
单位羊皮	劳动时间	3	12
	劳动生产率	1/3	1/12
单位大米	劳动时间	6	8
	劳动生产率	1/6	1/8

在遵循比较优势理论的原则下，结合上述分析可知，A国在生产羊皮方面具有比较优势，B国在生产大米方面具有比较优势。因此，让A、B两国进行明确分工，前者专门生

---

① 刘尧飞. 西方古典国际贸易理论述评[J]. 经济视角（下），2010（7）：25-26.

产对其最为有利的产品，后者则专门生产其不利程度最小的商品，通过对外贸易，双方都能取得比分工前自己以等量劳动所生产的产品更多的产品（见表 2-4），从而实现社会劳动的节约，给贸易双方带来利益。

表 2-4　分工后的产出变化

各自放弃 1 单位绝对劣势产品	A	B	总产出
羊皮	+2	−1	+1
大米	−1	+1.5	+0.5

可以说，比较优势理论是对绝对优势理论的继承和发展，进一步完善了古典学派的国际贸易理论。比较优势理论认为，国际贸易产生的基础并不限于生产技术的绝对差别，只要各国之间存在生产技术上的相对差别，就会出现生产成本和产品价格的相对差别，从而使各国在不同的产品上具有比较优势，使国际分工和国际贸易成为可能，进而获得比较利益。这揭示了国际贸易所具有的互利性和国际分工的必要性，在相当长的时期内成为国际分工与贸易理论的主流。

3. 理论局限性

（1）该理论只把劳动力视为唯一的生产要素，忽略了资金、自然资源、技术等要素对产出的影响。

专栏阅读 2-1
中国产品比较
优势的变化

（2）比较优势是通过比较两种产品的相对成本来决定的，但如果商品数量增多，比较优势就难以确定。

（3）比较优势理论认为不同国家间的劳动生产率差别是一种外在因素，没有能够探寻造成这种差异的原因。

（4）与绝对优势理论相比，比较优势理论同样没有考虑需求因素，因而不能确定均衡价格和贸易利益的分配问题。

二、数字贸易的新古典贸易理论基础

19 世纪末 20 世纪初，随着经济学理论的演进与发展，新古典经济学逐渐形成，在此基础上，对国际贸易进行分析的新古典贸易理论也随之产生，主要包括要素禀赋理论与里昂惕夫悖论。

（一）要素禀赋理论

1. 理论提出背景

比较优势理论根植于机会成本的差异性分析，这一核心概念被用于说明比较优势和国际贸易理论的基础，但机会成本是如何产生的呢？瑞典经济学家埃里·赫克歇尔和贝蒂尔·俄林对此问题做了进一步的修正和完善，扩展了比较优势理论，构建了新古典贸易理论的基本模型，即赫克歇尔 - 俄林模型（H-O 模型），并提出了要素禀赋理论。

1919 年，赫克歇尔发表了题为《外贸对收入分配的影响》的论文，集中探讨了各国资源禀赋构成与商品贸易模式的关系，认为要素绝对价格的平均化是国际贸易的必然结

果 ①，初步形成了要素禀赋理论的基本论点。随后，全球经济遭遇了前所未有的挑战——1929 年至 1933 年的大萧条。这一时期，贸易保护主义盛行，各国都力图加强对外倾销商品力度，同时竞相提高关税壁垒，限制商品进口。对此，瑞典人民深感不安，原因在于，高度依赖国际市场的瑞典，其国内经济安全将受到严重威胁。在此背景下，俄林继承了导师赫克歇尔的论点，于 1933 年出版了《域际贸易和国际贸易》一书，不仅深化了赫克歇尔关于要素禀赋的见解，还系统地剖析了国际贸易产生的深层次原因，创立了要素禀赋理论。20 世纪 30 年代，随着美国经济从巅峰滑落至低谷，国际贸易理论迎来了新发展。1941 年，保罗·萨缪尔森与沃尔夫冈·斯托尔珀合著并发表了《实际工资和保护主义》一文，提出了斯托尔珀 - 萨缪尔森定理（Stolper-Samuelson Theorem）。随后，萨缪尔森在 1948 年前后发表的《国际贸易和要素价格均衡》《国际要素价格均衡》与《论国际要素价格的均衡》等系列论文中对上述观点做了进一步的论证与拓展，提出了要素价格均等化学说，发展了要素禀赋理论。

2. 理论假设与主要观点

要素禀赋理论建立在一系列简单假设的基础之上，主要包括：①世界上只有两个国家，本国和外国；②每个国家的生产要素都是给定的；③存在两种产品，但它们在生产过程中密集使用的生产要素存在差异；④生产规模报酬不变；⑤两国的生产技术相同；⑥国家间实行自由贸易，不存在政府对贸易的干预或管制；⑦市场为完全竞争市场，产品市场价格等于厂商生产成本。

根据要素禀赋理论，各国的要素禀赋——所占有的生产要素的相对数量是不同的，应该按照要素禀赋来生产相应的产品。一方面，各国在生产要素的数量和构成上都是不相同的；另一方面，在生产过程中，生产不同产品需要投入各种不同的生产要素。如果一国生产的产品所需的要素构成与该国拥有的要素结构一致，则具有比较优势；反之，如果所需的要素构成与拥有的要素结构不一致，则产品就缺乏比较优势。简单地说，各国应该生产和出口以本国丰裕的生产要素生产的产品，进口密集使用本国稀缺要素的产品。在此基础上，按要素禀赋理论进行分工和贸易，各国的劳动分工和贸易均能获得交换的帕累托改进，本国丰富要素的价格会上升，稀缺要素的价格会下降，两国间同一要素存在价格均等化趋势。

假设存在 A、B 两个国家。A 国拥有雄厚的资本积累与先进的技术实力，但在劳动力资源方面相对匮乏；相反，B 国则拥有丰富的劳动力资源，但是相对缺乏资本和先进技术。依据要素禀赋理论，A 国应当专注于生产那些资本或技术密集型产品，这类产品的生产过程高度依赖资本投入与技术应用，而对劳动力的需求相对较低。这一生产模式与 A 国所拥有的要素结构高度契合，从而使 A 国在资本或技术密集型产品上具有比较优势。与此同时，B 国则应发挥劳动力资源丰富的优势，致力于生产劳动密集型产品。这类产品对劳动力的需求远超过对资本与技术的需求，因此，B 国在这类产品上具有比较优势。随后，A、B 两国可以通过国际贸易机制，实现资本或技术密集型产品与劳动密集型产品的交换，具体表现为：A 国可以用资本或技术密集型产品交换 B 国的劳动密集型产品，贸易双方都能

---

① 约翰·伊特韦尔. 新帕尔格雷夫经济学大辞典（第 2 卷）[M]. 北京：经济科学出版社，1996.

从中得到好处，实现福利的共同增进。

3. 理论局限

（1）要素禀赋理论延续之前的古典贸易思想，假设各国市场均为完全竞争的市场。然而，在现实国际贸易中，绝大部分行业都不是处于完全竞争的环境下，因此，要素禀赋理论无法较好地解释国际贸易当时的整体竞争格局。

（2）要素禀赋理论假设国家间产品的技术是相同的，并且规模报酬不变，但现实中各个国家的生产技术存在实质性的差别，各个企业的生产效率也不尽相同，并且还存在规模经济的现象，这影响了对现实问题的分析。

（3）要素禀赋理论假设劳动力是同质的，即劳动力的知识、技能等方面都被假定为完全一致，但是在实际的国际贸易中，由于教育文化背景、成长环境等方面的差异，劳动力之间在数据掌握、专业技能、创新能力等方面展现出明显的异质性。因此，将劳动力视为同质性的假设在国际贸易理论与实践中显得过于简化，难以全面反映现实情况。

（4）要素禀赋理论的一个重要前提在于国际贸易参与国都拥有共同的需求偏好，然而，这一前提在现实中往往难以普遍成立。不同国家、民族间的生活习俗、经济社会发展阶段乃至宗教信仰的差异，均深刻影响着各国对商品的需求偏好。这种多样化的需求偏好意味着，即便某国在特定生产要素上拥有禀赋优势，也可能不倾向于出口那些依赖其相对充裕要素生产的产品，甚至可能选择从国外进口。因此，要素禀赋理论中关于国家必然出口其相对富足要素所生产产品的论断，在实践中并非绝对成立。

以我国为例，作为一个人口众多且劳动力资源丰富的农业大国，具有较强的粮食自给能力。然而，长期以来，我国却需要从国外进口大量粮食等农作物。这一现象的根源在于，我国拥有全球最大的人口基数，对粮食的需求量极为庞大。这一现象不仅反驳了简单的资源禀赋决定贸易结构的观点，还揭示了实际贸易格局受多重复杂因素影响的深刻现实。它说明一国的资源禀赋虽然对其生产潜力具有决定性作用，但进出口贸易的商品结构则更多地由国内外市场需求、生产成本、国际贸易政策及全球经济环境等多重因素共同塑造。

（二）里昂惕夫悖论

1. 理论提出背景

自 20 世纪 30 年代起，里昂惕夫教授着手投入产出法的研究工作，并于 1936 年发表了《美国经济体系中投入产出的数量关系》一文，正式提出了"投入产出"这个名称，并阐述了相应理论和模型等内容，为研究社会生产各部门之间的相互依赖关系，特别是系统地分析经济体系内部各产业之间错综复杂的交易提供了一种实用的经济分析方法。第二次世界大战期间，战争需要促使各国政府加强对经济的调控与干预，急需一种相当科学、精确的经济计算工具来辅助决策，在此背景下，投入产出法逐渐引起美国政府及经济学界的重视。

第二次世界大战后，在第三次科技革命的推动下，世界经济以前所未有的速度发展，国际分工与贸易格局都发生了巨大变化，传统的国际分工与贸易理论在解释新现象时显得力不从心，促使西方经济学家开始探索新的理论框架。基于此，里昂惕夫在 1953 年和 1956 年的两次研究中，发现了一个难以解释的现象，即"里昂惕夫悖论"。按照传统的要素禀赋理论，美国作为资本充裕且具有最昂贵劳动力的国家，应主要出口资本密集型产品、进口劳动密集型产品。然而，事实恰好相反，美国出口量最大的却是农产品等劳动密集型产品，而进口则以汽车、钢铁等资本密集型产品为主。这一发现挑战了传统理论，激发了经济学界对国际分工与贸易新理论的探索热情。此后，众多经济学家围绕"里昂惕夫悖论"展开了深入研究，延伸出了很多相关理论，使这一悖论逐渐发展成为一个重要学说。

2. 对里昂惕夫悖论的解释及有关学说

为解开里昂惕夫悖论这一经济领域的反常现象，西方学术界对此积极探讨，提出了一些解释以从不同维度进行阐释，包括但不限于需求偏好相似论、贸易壁垒论、劳动效率说、人力资本论和产品生命周期说等。

1）需求偏好相似论（亦称偏好相似说）

该理论是由瑞典经济学家林德（S.B. Linder）提出的，从国家间需求结构的相似性角度出发，阐释了工业制成品贸易的发展动因。林德认为，贸易发展的供需决定了 H-O 模型主要适用于工业制成品和初级产品间的贸易，而不适用于工业制成品的贸易，即前者的贸易发展由供给方决定，而后者的贸易发展更多受到需求方的驱动。

具体来说，林德认为，工业制成品的生产初期是为了满足国内市场的需求。随着国内市场的不断扩大，当规模经济和竞争效应促使单位成本下降时，企业便开始寻求更广阔的销售空间，将产品推向国际市场。由于这些产品是依据国内市场的消费偏好和收入水平而生产的，因此它们更有可能受到那些具有相似需求结构和偏好的国家市场的欢迎。换句话说，需求结构的相似性成为工业制成品国际贸易的重要促进因素。此外，林德认为，国家间需求结构和偏好的相似程度直接影响着贸易量的大小。当两国在需求结构和偏好上越接近时，两国之间的贸易往来就越频繁，且在极端情况下，即两国需求结构和偏好完全一致时，一国的进出口商品结构将直接对应于另一国的进出口商品结构。

2）贸易壁垒论

该理论认为，关税壁垒和非关税壁垒可能会扭曲贸易的格局。此外，结合要素禀赋理论的一大假设前提，即国际贸易的各参与国之间不存在贸易障碍，是完全的自由贸易。两者相结合能较好解释里昂惕夫悖论。在现实世界中，绝对的自由贸易状态几乎不存在，尤其是非关税壁垒的出现更是直接挑战了上述要素禀赋理论的假设前提。各国政府出于多种考量，如保护国内产业、促进经济安全或实现特定发展战略，往往会设置各种形式的贸易壁垒。这些壁垒不限于传统的关税措施，更涵盖复杂多样的非关税壁垒，如技术标准、进口配额、反倾销调查等。因此，任何一个国家的进出口贸易都不可避免地存在贸易壁垒，而贸易壁垒对要素资源的配置又产生了不可忽略的作用。

3）劳动效率说

最初由里昂惕夫自己提出，用以阐释里昂惕夫悖论。里昂惕夫认为，产生悖论的根源可能在于美国工人相较于其他国家工人拥有更高的劳动效率，大约是其他国家工人的三倍。因此，在以效率单位衡量劳动投入时，美国实际上表现为劳动要素相对充裕而资本要素相对稀缺的国家，从而对其贸易结构产生了独特影响。

随后，美国经济学家基辛（D. B. Keesing）深化了这一研究，并引入了劳动效率和劳动熟练或技能的概念，用其差异来解释其对进出口商品结构的影响及里昂惕夫悖论。他通过利用美国 1960 年人口普查数据资料，将美国企业职工区分为熟练劳动和非熟练劳动两大类，并依据这一分类对 14 个国家的进出口商品结构进行分析得出：资本较充裕的国家倾向于出口熟练劳动密集型产品，而资本较匮乏的国家则倾向于出口非熟练劳动密集型产品。例如，在这 14 个国家的出口商品中，美国的熟练劳动比重最高，非熟练劳动比重最低；印度的熟练劳动比重最低，非熟练劳动比重最高。在进口商品方面，正好相反。这表明，发达国家在生产含有较多熟练劳动的商品方面具有比较优势，而发展中国家在生产含有较少熟练劳动的商品方面具有比较优势。可以说，熟练劳动程度的不同是国际贸易发生和发展的重要因素之一。

4）人力资本论

这是由美国经济学者凯南（P. B. Kenen）等人提出的，通过人力投资的差异来阐释美国对外贸易商品结构是符合要素禀赋理论的学说。该理论认为，劳动并非同质，且其差异核心在于劳动效率的不同，而这种效率差异主要源自劳动者的熟练程度。从根本上讲，劳动熟练程度取决于对劳动者进行教育、培训等智力开发的投资。因此，高熟练度的劳动力和高效的劳动生产率，归根结底可看作是大量人力资本投入的直接产物。

此外，凯南认为，国际贸易商品生产所需的资本应包含有形资本与无形资本，后者即为人力资本。人力资本主要体现为一国对职业教育、技术培训等领域的投资，这些投资能有效提升劳动力的专业技能和知识水平，进而推动劳动生产率的提高。鉴于美国在人力资本上的大量投入，其劳动力队伍中熟练技术劳动力的比例较高，这解释了为何美国出口产品中富含熟练技术劳动要素。为了验证这一点，凯南提出了一个创新性视角：将熟练技术劳动相对于简单劳动的收入溢价视为一种无形资本，并将其与有形资本相加。通过这种处理方式，他得出结论，即便考虑人力资本因素，美国仍然是资本密集型产品的净出口国，这一结论与要素禀赋理论相契合，从而把里昂惕夫悖论颠倒过来，形成了所谓的人力资本论。但这种解释也有其局限性，即难以具体衡量人力资本的真正价值，这在一定程度上限制了该理论的广泛接受度。尽管如此，凯南的理论仍对劳动效率说进行了有益的补充和深化，为理解国际贸易中的复杂现象提供了新的视角和思路。

5）产品生命周期说

由美国经济学家弗农提出并由威尔士（L. T. Wells）等人进一步拓展。该理论是聚焦于研究产品生命周期的不同阶段如何影响生产与出口该产品的国家转移的理论。起初，弗农将市场营销学的概念引入国际贸易理论，提出许多新产品的生命周期通常涵盖三个阶段：创新期、成熟期和标准化期。在每个阶段，产品因要素密集型、产品所属类型、技术先进程度及价格等差异而展现出不同的特征，这些特征决定了不同国家在特定产品生命阶段中所具有的比较利益不同，因而"比较利益也就从一个拥有大量熟练劳动力的国家转移到一个拥有大量非熟练劳动力的国家"，产品的出口国也随之转移。

这种产品生命周期理论目前已在产品开发和市场营销方面得到广泛应用，但当初弗农等人提出这种理论，主要是用于解释美国的工业制成品生产和出口变化情况。因此，他们把产品生命周期分为四个阶段，建立了一个产品生命周期四阶段模式：美国独占新产品生产与出口的市场垄断阶段；外国厂商逐步介入生产并部分替代该产品进口的阶段；美国以外国家积极参与新产品出口市场竞争的阶段以及外国产品在美国本土市场与美国产品展开竞争的阶段。值得注意的是，随着某一新产品进入第二、第三阶段，美国往往已着手新一轮产品的创新与生产，也就是说，另一个新产品生命周期又开始了。这种周期性的运动不仅体现了制成品生产和贸易的动态特性，也揭示了国际贸易格局随产品生命周期演进而不断变化的本质。一方面，从要素密集性角度看，产品在不同生命周期阶段的生产要素需求比例会发生规律性变化；另一方面，从国家层面观察，比较利益优势会在不同国家间转移，使静态的要素禀赋理论在动态分析框架下得以丰富和发展。

3. 理论局限

上述新学说是在里昂惕夫悖论引发广泛讨论的背景下，在短时期内涌现出的多种学说，它们各自从不同角度出发，试图解释和阐述当代国际分工与国际贸易中存在的一些重要问题。因此，这些理论在体系构建上往往呈现出分散性、片面性和不完整性，它们如同传统西方国际分工与国际贸易理论一般，只是从产品分工与市场交换的表面现象来分析问题，而未能触及问题的核心，也不涉及国际生产关系。第一，从阶级性分析，这些新学说往往掩盖了国际分工与国际贸易的主要性质，即将其视为一种中性机制，用于全球资源的优化配置，而非揭示在特定条件下，发达国家如何通过不等价交换对发展中国家进行剥削的深层逻辑。它们模糊了劳动与资本的界限，把受过良好教育和专业培训的熟练劳动者简单地归结为"人力资本"，从而弱化了资本主义生产关系中的剥削本质。第二，从历史发展维度审视，国际分工与国际贸易的演进与资本主义生产方式紧密相连，但这些新学说大多未能采用历史唯物主义的方法论，深入探讨资本主义国际分工与国际贸易的起源、演变过程及其背后的历史动因。相反，它们倾向于将这一现象视为一种超越历史阶段的自然存在，仅从生产力的角度出发来研究其产生、发展的原因、格局变化及比较利益分配，从而忽视了生产关系对国际贸易格局的影响。

■ 三、数字贸易的新贸易理论基础

随着发达国家之间水平分工与贸易的迅速增长，产业内贸易的发展进入了新的发展阶段，已然成为当今国际贸易的主要现象。这种产业内贸易的产生难以用传统贸易理论来阐释，因为在传统贸易理论框架内，各国之间应该进行分工协作，不应该就同类产品展开交易。面对这一挑战，以保罗·克鲁格曼（Paul Krugman）为代表的一批经济学家提出的新贸易理论填补了传统贸易理论的逻辑空白，逐渐发展成为以规模经济和非完全竞争市场为两大支柱的新的贸易经济理论体系。

（一）理论提出背景

早在20世纪50年代，里昂惕夫悖论作为利用现实贸易格局对要素禀赋理论的一次重要检验，虽然挑战了以要素禀赋理论为核心的新古典贸易理论，但其引发的理论修正基本上是在要素禀赋分析框架内对新古典贸易理论进行的修补，而未触及新贸易理论分析范式的根本变革。

因此，推动新贸易理论思想诞生的直接动力，是传统理论无法解释20世纪50年代中后期以来，国际贸易、产业组织及投资模式上的一系列革命性变化。这些革命性变化主要包括：一是资源禀赋相近国家间的贸易显著增长，如美国、日本和欧盟等发达国家或地区间的贸易规模远超传统意义上资源禀赋差异大的发达国家与落后国家间的贸易规模；二是行业内贸易迅速崛起；三是以欧洲经济共同体为代表的区域贸易自由化进程加速；四是跨国公司的蓬勃发展不仅改变了行业的市场结构，从战后的竞争走向垄断，还促进了发达国家间直接投资规模的增加，进一步巩固了国际贸易的垄断趋势；五是工业化国家间的产品分工日益复杂且充满随机性，尤其是相同要素密集产品的生产分工，其发展没有规律可循①。

基于此，20 世纪 70 年代末到 80 年代初，克鲁格曼、布兰德、斯宾塞及迪克西特等学者开创性地引入了新产业组织理论分析方法，将规模经济、不完全竞争、多样化偏好及产品异质性等关键要素融入贸易理论分析之中。他们构建了一系列创新模型，成功解释了资源禀赋和技术相似国家间的贸易增长、行业内贸易的激增等新国际贸易现象，标志着新贸易理论的诞生。这一理论体系的建立，不仅为国际贸易研究提供了新视角，也深刻影响了后续国际贸易政策的制定与实施。

（二）理论假设与主要观点

1. 理论假设

新贸易理论打破了传统贸易理论的一系列假设条件，提出了更为贴近现实贸易环境的基本假设。

（1）假设存在垄断竞争市场。新贸易理论摒弃产品同质的假定，提出产品是具有差异性的，同时还认为市场结构是不完全竞争的，即厂商能够凭借自身特色和产品差异等因素，在一定程度上影响产品的市场价格。

（2）假设存在规模经济。当产量不断增加时，由于固定成本的存在，平均成本将会呈现递减趋势。规模经济假设的存在，解释了即便在技术和要素禀赋相似的国家之间，国际贸易仍会产生的原因。

（3）假设消费者的偏好具有多样性。消费者都是独立的个体，拥有各自的效用函数，且消费的产品种类越丰富，效用增加越多。

2. 主要观点

新贸易理论是指 20 世纪 80 年代初以来，由以保罗·克鲁格曼为代表的一批经济学家提出的一系列关于国际贸易的动因、国际分工的决定性因素、贸易保护主义的效果及最优贸易政策等方面的思想和观点。

1）对贸易动因与贸易基础的解释

新贸易理论认为，国际贸易的动因不仅仅局限于传统贸易理论体系中的比较优势，而是涵盖更为广泛的因素。其中，国际贸易会产生两种效应，即规模效应与种类效应。规模效应指，随着一国的贸易开放，厂商生产的产品不仅要供给本国消费者，还要将其部分产品出口到其他国家，从而换取更多种类的产品用于本国消费。在这一国际贸易进程的推进下，企业规模将逐渐扩大，并通过国际市场分散固定成本，进而降低企业的平均成本。种类效应则揭示了贸易开放如何丰富消费者选择，即便每个国家生产的产品种类均下降，但

① 刘元春，廖舒萍. 新贸易理论：缘起及其发展逻辑 [J]. 教学与研究，2004（4）：35-42.

是由于贸易开放，消费者依然能够接触到多样化的产品，实现本国产品和外国产品的同时消费，最终，总的消费品种数量是增加的。因此，基于垄断竞争的理论，在不完全竞争的市场结构下，规模经济成为推动专业化与国际贸易的重要因素，即使国家间在偏好、技术和要素禀赋上相似，也能引发差异产品间的行业内贸易，且不同国家间的差异越小，行业内贸易规模往往越大。

2) 贸易政策方面的观点

传统的贸易理论是基于完全竞争的市场结构而提出的，且由于完全竞争市场是最具效率的市场，任何干预只会带来效率损失，因此，传统贸易理论强调自由贸易的重要性。然而，与传统贸易理论不同，新贸易理论对现实中市场的有效性持怀疑态度，进而提出了两个干预贸易的新论点，即利润转移论和外部经济论。利润转移论认为，本国政府所采取的各种保护性贸易措施能够使本国企业从国外寡头垄断厂商那里攫取利润租金，以增加本国福利；外部经济论则强调科技创新的溢出效应，认为政府应支持高科技行业，以促进知识外溢并为其他部门带来收益，进一步带动整个社会的经济发展，即产生了有益的外部经济性。

3) 参加贸易并不总能得到利益

在传统贸易理论的视野中，对国际贸易的福利效应并未给予专门分析，原因在于其核心观点建立在比较优势的基础之上，认为遵循比较优势原则进行国际分工能够普遍增进各国的经济利益，且这种贸易利益主要源自专业化生产所带来的效率提升。进一步分析，新贸易理论的出现，对此进行了更为全面和深入的剖析，揭示了贸易利益的多元化来源。新贸易理论认为，除了比较优势带来的专业化生产、效率提升外，规模经济性、不完全竞争、产业竞争程度的增加及产品差异性的扩大等方面也是贸易利益的重要来源。然而，该理论同时指出，尽管存在着潜在的贸易利益，但不完全竞争市场也伴随着风险，可能导致一国经济遭受损失，从而无法充分享受潜在的贸易利益。具体而言，当贸易使本国以递增规模生产的行业或高度垄断的行业遭受冲击进而出现收缩甚至衰退时，如果这种负面影响所带来的损失无法被其他方面的贸易利益所弥补，那么，参与国际贸易反而可能对本国经济造成不利影响。可以说，参加贸易并不是总能得到利益。

4) 国际贸易理论与国际直接投资理论的融合

新贸易理论突破了传统的国际贸易理论将贸易与投资问题孤立研究的局限。随着经济全球化进程的加速推进，人们逐渐意识到，贸易与投资实际上是企业在国际化经营过程中，根据不同条件做出的策略选择，两者在一定程度上具有相通性。具体而言，无论是选择出口产品到国际市场，还是在东道国建立基地进行本地化生产，企业都需要综合考虑多种因素，如市场需求、成本效益、政策环境等。在贸易与投资决策中，这些因素实际上是相似的，使两者在实践中呈现出紧密的联系。换句话说，国际贸易不再仅仅被视为商品在国与国之间的简单交换，而是被看作是以商品为载体的生产要素（如资本、技术、管理等）在国际间的流动与配置。此外，第二次世界大战后，跨国公司的崛起成为世界经济活动中的重要现象。它们通过在全球范围内配置资源、组织生产和销售，深刻地影响了世界贸易的发展格局与模式。因此，为了更准确地把握国际贸易与投资的发展趋势和规律，有学者开始尝试将两者置于同一理论框架中进行综合研究。

注重与国际直接投资理论的融合，已成为新贸易理论区别于传统贸易理论的重要特征之一。

3. 理论局限性

新贸易理论是对新古典贸易理论框架的深化与拓展，它在新的假设条件下重新审视了国际贸易的动因与模式。通过引入不完全竞争市场和规模经济的假设，新贸易理论不仅延续了新古典贸易理论中的边际分析、局部均衡与一般均衡等经典分析方法，还成功地将研究范畴从产业间贸易扩展到更为复杂的产业内贸易。

尽管新贸易理论在模型构建上展现了丰富的多样性，涵盖市场结构、规模经济、技术作用及产品差异性等多个维度，但其尚未形成统一且全面的理论体系来解释从国内贸易到国际贸易的演进路径、规模经济的产生根源、国家间规模经济差异的形成、产品差异化国际分工的内生机制及技术差异的本质原因等。这种理论上的不完整性，限制了其对国际贸易深层次规律的揭示能力。

在此背景下，新贸易理论衍生出的战略性贸易政策，尽管在理论层面看似合理，实则强化了发达国家的贸易保护倾向，与全球化时代自由贸易的历史潮流相悖。显然，这将成为新贸易理论在实际应用中面临的基本局限性之一。

■ 四、数字贸易的新新贸易理论基础

作为经济学科的重要理论之一，国际贸易理论的发展历程紧密伴随着贸易实践的演进，旨在解释国际贸易的模式、趋势及分析贸易的经济效应。国际贸易的初期阶段主要表现为产业间分工，此时，比较优势理论和要素禀赋理论为解析该种贸易提供了有力的理论工具。然而，随着国际分工的细化和国际贸易的深入，产业内分工逐渐崛起并占据了国际贸易的主导地位，于是，这一现实呼唤着新的理论框架出现，并推动了以不完全竞争、规模经济和产品差异化为基本假设的新贸易理论登上历史舞台。随着国际分工的持续深化和企业活动国际化的深入，国际贸易的格局再次发生变化，企业成为推动国际贸易发展的核心力量，产生了从企业异质性层面来解释国际贸易和投资现象的新新贸易理论[①]。

（一）理论提出背景

从研究范畴看，传统国际贸易理论主要聚焦于产业间贸易，忽视了企业层面的个体差异[②]。在新古典贸易理论中，大多数研究都假定规模报酬不变，一般均衡模型只是限定了企业所在产业部门的规模，而其总体规模则被模糊处理。随着国际贸易实践的深化，新贸易理论应运而生，它突破了传统贸易理论的局限，将研究重点转向规模报酬递增和不完全竞争条件下的产业内贸易。同时，国际分工的深化和企业活动的国际化，使企业间的异质性逐渐显现，成为影响国际贸易的重要因素。具体表现为：同一产业部门内部，企业之间的差异可能比不同产业部门之间的差异更加显著，而且现实中并非所有的企业都会从事出口，无论在企业规模还是企业的生产率方面，企业都是异质的。面对这一新现象，先前理

① 李春顶. 新—新贸易理论文献综述 [J]. 世界经济文汇，2010（1）：102-117.
② 樊瑛. 新新贸易理论及其进展 [J]. 国际经贸探索，2007（12）：4-8.

论的解释力显得不足，因此，推动了新新贸易理论的产生。该理论将研究视角聚焦于异质企业，强调企业层面的差异对国际贸易和投资现象的解释力。

值得注意的是，传统贸易理论和新贸易理论均未触及企业的边界问题，而现有企业理论也往往局限于部分均衡分析，忽视了公司内贸易的国际维度。同时，在全球经济中，跨国公司的地位和重要性与日俱增，其复杂的一体化战略选择和中间投入品贸易在全球贸易中的份额不断上升，使研究国际贸易和国际投资中企业的组织形式和生产方式选择变得尤为重要。新新贸易理论通过引入产业组织理论和契约理论的概念，构建了更加贴近现实的贸易模型，能够帮助解释企业如何在全球范围内进行价值链分配，以及选择是通过外国直接投资（FDI）在企业边界内进口中间投入品，还是以外包形式从独立供应商手中采购中间投入品等不同的国际化经济活动。可以说，这一理论突破为企业全球化生产领域的研究提供了坚实的理论基础。

（二）主要理论观点

新新贸易理论相较于传统贸易理论及新贸易理论，具有不同的研究视角。具体来说，传统贸易理论与新贸易理论都聚焦于产业层面的探讨，而新新贸易理论则突破性地将分析焦点移至企业层面，为国际贸易理论和实证研究开辟了新的领域。新新贸易理论更关注企业的异质性与出口和 FDI 决策的关系，同时关注企业在全球范围内的不同组织形态的选择。新新贸易理论主要有两个模型：一是以梅利兹（Melitz）为代表的学者提出的异质企业贸易模型，用于说明同一产业内不同企业出口决策的差异，揭示了部分企业是否进行出口交易及其原因；二是以安特拉斯（Antras）为代表的学者提出的企业内生边界模型，深入探讨了企业在资源配置方式上的选择及企业在公司内贸易、市场交易或是以外包形式进行资源配置时的影响因素。除此之外，二者同时都研究了决定企业是选择以出口方式还是FDI 方式进入海外市场的影响因素。

1. 异质企业模型

异质企业模型是基于企业生产率存在差异提出的，认为出口市场的进入成本门槛较高，只有生产率超越特定阈值的企业才能支付出口市场的进入成本。换言之，只有生产率高的企业才能进入出口市场，而生产率低的企业只能选择服务国内市场或者退出生产市场，即存在自选择效应。

如图 2-1 所示，在贸易自由化之前，即封闭经济状态，企业需要达到一个基本生产率临界值方能从事生产活动，低于该临界值则面临市场淘汰。随着贸易壁垒的降低（即贸易自由化），市场环境转变为开放经济，此时出现了两个临界值：一是维持企业生产所需的临界值生产率，二是企业参与出口活动所需的更高临界值生产率。在此基础上，可以将企业划分为三类：出口企业，拥有最高的生产率，能同时服务国外和国内两个市场；国内企业，生产率次之，仅服务于国内市场；非生产企业，生产率最低 [①]，最后易被市场淘汰，退出市场。

① 俞萍萍，张为付. 对 20 世纪 80 年代以来 OFDI 理论研究评述 [J]. 现代管理科学，2015（6）：82-84.

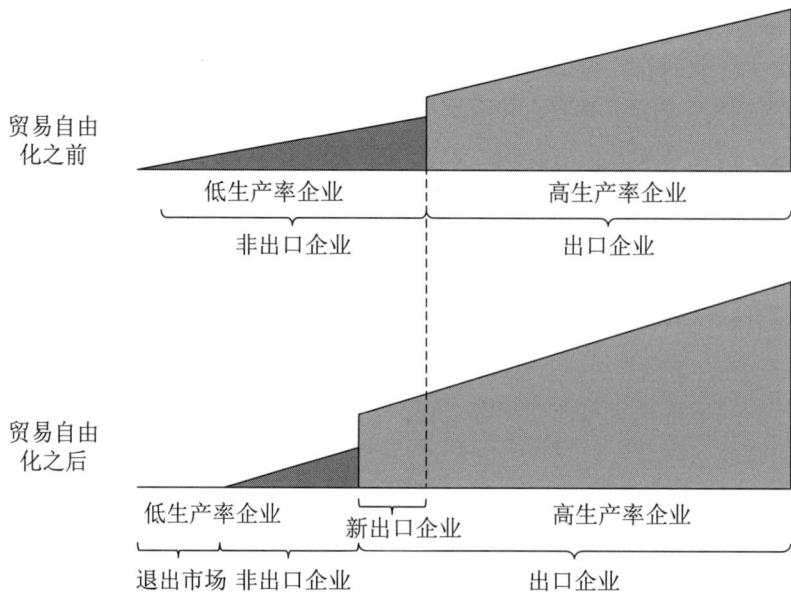

图 2-1 异质企业发展

贸易开放不仅能增加现有出口厂商的回报，并且在利润的驱动下，最高生产率的非出口厂商将被选择成为新的出口厂商，加之已有出口厂商的扩张，共同推动行业内劳动需求量的增加。这一需求增长进而引起要素（尤其是劳动力）价格上涨，对处于生产临界点的企业构成成本压力，迫使其因无法承担高昂成本而退出市场，从而间接提升了整个行业的生产率门槛。同时，劳动力要素和产出资源向生产率较高的企业集中，进一步提高了出口市场的行业平均生产率[①]，形成了资源优化配置与产业升级的良性循环。

2. 企业内生边界模型

企业内生边界模型，从单个企业的组织选择问题出发，将国际贸易理论与企业理论相结合纳入一个统一的框架下，以探讨企业的异质性如何影响企业边界、外包及内包战略的选择。这一模型为研究企业全球化战略与企业内部组织结构的优化提供了新颖视角。

在企业层面，首先，企业内生边界模型关注企业异质性如何塑造其生产决策。企业需要根据自身的产权结构、生产效率及中间投入品生产的适宜场所，决定是在本国还是在外国进行生产。若选择本国生产，则该企业从事的就是标准的垂直一体化生产模式；若选择外国生产，则该企业可能涉及 FDI 与公司内贸易。同样，一个选择进行中间投入品外包的企业，也需要权衡国内外资源，对在本国还是外国进行外包做出决策。一般而言，如果在本国购买投入品，称为国内外包；而跨国采购投入品则称为对外外包或国际贸易。

其次，行业特性也是影响企业决策的重要因素。在生产力差异显著的行业中，企业主要依赖进口以满足中间投入品的需求；而在总部密集度较高的产业中，一体化现象更为普遍，因为总部密集度越高的部门更倾向于通过内部整合而非依赖进口来获得中间投入品。

最后，宏观环境的变化，特别是国内外工资差距的不断加大与中间投入品贸易成本的不断减少，也深刻影响着企业的决策。随着国际外包成本的减少，企业可能更倾向于选择

---

① 陈策，赵景峰. 异质性厂商贸易理论研究综述 [J]. 首都经济贸易大学学报，2010，12（3）：94-101.

市场交易而非公司内部贸易，以利用全球化资源优化成本结构。这不仅能促进国际贸易的繁荣，更能推动企业组织形式的灵活性与适应性的提升。

3. 理论局限性

尽管新新贸易理论相较于传统贸易理论取得了一定突破，但其解释力仍受限于较为严苛的假设条件[①]。

（1）在产品差异性的处理上，新新贸易理论尚显不足。产品差异不仅体现在产品功能的差异上，更体现在技术复杂度、功能多样性、质量层次及市场定位等多个维度上。随着市场竞争的加剧，现代企业越发重视产品差异化与市场细分策略，将目标客户群体细分为高端和低端。然而，新新贸易理论还不能解释如技术含量等深层次差异带来的产业内贸易现象。

（2）企业异质性的其他内涵在新新贸易理论中的体现有待引入。该理论虽已关注到生产率、企业规模及组织结构等异质性因素，但未能全面纳入跨国经营策略（如出口、FDI、独资与合资等）、企业战略导向及市场定位等更为丰富的异质性内涵。然而，这些因素对于理解企业在贸易与投资中的行为模式至关重要。

（3）新新贸易理论缺乏动态分析。其采用的均衡分析方法往往基于一般均衡分析法，忽略了家庭和企业在面对市场变化时的动态最优化决策过程。在快速变化的全球经济环境中，这种静态视角难以全面捕捉企业与市场间的动态互动机制，从而限制了理论对现实世界的解释力与预测能力。

专栏阅读 2-2
苹果：严格的
全球化网络与
占据专用性资
源策略

第二节　数字贸易对传统贸易理论的挑战

一、数字贸易对古典贸易理论的挑战

古典贸易理论，以比较优势理论为代表，深刻揭示了国际产业分工的基础与产业间贸易产生的原因，开创了国际贸易的相关理论研究并为其奠定了重要基础。然而，从客观上来说，随着数字贸易的蓬勃兴起，这一新兴贸易形态在多个维度上对古典贸易理论提出了挑战。

（一）数字贸易对古典贸易理论市场结构假定的冲击

在既往探讨国际贸易理论时，可以清晰地发现，古典贸易理论往往以完全竞争市场作为其核心假设之一，该假设认为商品与劳动力市场均处于完全竞争状态[②]，价格机制能够充分反映供需关系。然而，随着数字经济的迅猛发展，这一市场结构假定受到了显著冲击。

数字经济存在显著的规模经济，会深刻改变市场竞争的格局。在数字贸易领域的发展

---

① 邓翔，路征."新新贸易理论"的思想脉络及其发展 [J]. 财经科学，2010（2）：41-48.
② 樊安群，袁佳俊.关于中美贸易摩擦的研究述评 [J]. 陕西理工大学学报（社会科学版），2019，37（4）：28-32.

进程中，互联网平台企业凭借其技术创新、用户积累及网络效应等优势，通过竞争、兼并重组等方式，不断扩大自身规模，获得竞争优势，逐渐在特定行业或领域内形成垄断地位。这种趋势在搜索引擎服务市场及国内电子商务市场中尤为明显，如谷歌、雅虎、百度、微软、eBay 等国际巨头在搜索引擎服务全球市场上的垄断地位，以及阿里巴巴、京东、拼多多等国内电商巨头在国内电子商务市场的主导地位。可以说，数字贸易相关行业的市场结构更趋向于垄断性市场结构。在这一背景下，古典贸易理论中的比较优势理论，其基于完全竞争市场的假设前提，可能难以完全适用于解释数字贸易中的市场行为与竞争格局。

（二）数字贸易对边际报酬递减规律的挑战

一般而言，古典贸易理论假定商品生产普遍遵循边际报酬递减规律，即随着生产规模的扩大，单位产品的生产要素投入增加，而边际产量却逐渐递减。但是数字贸易中产品生产可能违背这一规律，尤其是在数字化产品的生产过程中。

数字化产品作为数字贸易的重要组成部分，其生产特点显著区别于传统商品。依托先进的数字化技术和丰富的知识信息资源，数字化产品的生产能突破物理限制，实现边际生产成本的极大降低，甚至趋近于零。这种成本结构的变化，使数字化产品更容易实现规模经济和范围经济，即随着生产规模的扩大，单位成本不断下降，同时能够灵活地拓展产品线，满足多样化市场需求。数字经济的这一特征可能对传统比较优势理论构成挑战。当边际报酬递减规律不再适用时，传统的生产成本比较和竞争优势分析将可能无法准确反映数字贸易中的实际情况。

（三）数字贸易对产权理论的挑战

古典贸易理论主要解释国际货物贸易，其中一个重要前提是交易商品的产权明晰及交易规则的明确性。然而，在数字贸易这一新兴领域，这一前提遭遇挑战。

数字贸易的核心在于数字化产品的交易，而这些产品的知识产权界定相较于传统商品较为复杂与模糊。数字化产品如软件、音乐、电影等，其本质是以数据形式存在的创意内容，复制与传播的成本极低，这导致产权归属难以明确界定。这种模糊性不仅会增加数字贸易发展的不确定性，还可能会导致交易效率的下降，进而对数字贸易的健康可持续发展构成威胁。因此，在数字贸易的全球化进程中，知识产权保护成为国际数字贸易治理中的重要议题。但值得注意的是，传统的比较优势理论在解析数字贸易中的知识产权保护议题时将显得力不从心。

■ 二、数字贸易对新古典贸易理论的挑战

新古典贸易理论强调，国家间生产要素的相对丰裕程度是决定国际贸易模式与方向的关键因素。该理论继承并发展了古典贸易理论思想，从要素禀赋视角出发，进一步完善了国际分工与国际产业间贸易的研究。同样，随着数字贸易的兴起，新古典贸易理论也面临着多重挑战。

（一）数字贸易对新古典贸易理论市场结构假定的挑战

新古典贸易理论继承了古典贸易理论中完全竞争市场的假定。同样，这一市场结构假

定难以解释当前数字贸易领域的竞争格局。

在数字贸易的实践进程中，绝大多数行业并未处于完全竞争的环境。相反，技术创新、数据资源、网络平台等因素的介入，使市场呈现出更为复杂多变的特征，如垄断竞争、寡头垄断等形态日益显著。这种市场结构的转变，直接挑战了新古典贸易理论中有关市场结构的核心假定。因此，当我们尝试运用新古典贸易理论来解释数字贸易领域的竞争格局时，不难发现其解释力的不足。数字贸易所展现出的市场特征，如高度的市场集中度、平台企业的市场势力，以及基于数据的个性化竞争策略等，均难以在新古典贸易理论的市场结构假定下得到充分阐释。

（二）数字贸易对规模报酬不变规律的挑战

新古典贸易理论在构建其理论体系时，还假设了一个理想化的前提，即国家间产品的生产技术相同，且规模报酬保持不变。但现实中各个国家的生产技术存在实质性的差别，各个企业的生产效率和生产技术也不尽相同，给这一假设在现实世界中的适用性带来了诸多挑战，尤其是在快速发展的数字贸易领域。

数字贸易时代，技术的先进性和创新能力成为决定企业竞争力的关键因素。同时，在数字贸易环境中，数据作为一种新兴生产要素，其重要性日益凸显。掌握更多、更有效的数据，意味着企业能够更精准地把握市场需求，优化生产流程，提升生产效率，从而在市场竞争中获得更大的优势。尤为重要的是，数字贸易打破了新古典贸易理论有关规模报酬不变的假定。在数字贸易中，随着数据的积累和技术的创新，企业能够不断扩大生产规模，并在此过程中实现规模报酬的递增。这是因为数据具有边际成本递减的特性，即随着数据量的增加，每增加一单位数据所带来的成本逐渐降低，而数据的价值却不断上升。这种特性使企业能不断发挥规模报酬递增效应，即在扩大生产规模的同时，能够持续降低单位产品的成本，提高整体盈利能力。

（三）数字贸易对劳动力同质性假定的挑战

新古典贸易理论提出了劳动力同质性的假设，即认为劳动力在知识、技能等方面都是完全相同的。这一假设在更强调资本作用的工业经济中具有一定的适用性，但在数字经济时代，随着人力资源成为最关键的生产要素，这一假设的适用性不得不进行重新审视。

与传统经济形态不同，数字经济更加注重知识积累、技能创新及人才多元化发展。因此，劳动力的差异性而非同质性，成为影响数字经济时代经济发展的重要因素。这种差异性主要源于劳动力个体之间的教育背景、成长环境、经验积累等方面的差异。每个劳动力都拥有独特的知识结构、技能专长和创新能力，这使他们在数字经济中能够发挥不同的作用、贡献不同的价值。可以说，在新古典贸易理论框架下，劳动力同质性的假定在数字经济时代显得尤为不合时宜。

■ 三、数字贸易给新贸易理论带来的挑战

新贸易理论作为传统的古典贸易理论和新古典贸易理论的深化与拓展，解释了国际产业内贸易产生和发展的原因，适应了当时国际贸易现实发展的需要，为理解当代国际贸

易格局提供了有力的理论支撑。然而，数字贸易的出现从以下几方面给新贸易理论带来了挑战。

（一）数字贸易对企业同质性假定的挑战

新贸易理论的一个核心假设是所有企业具有同质性，即它们在规模、技术、市场准入能力等方面无显著差异。然而，在数字经济时代，不同企业由于规模、生产技术等存在很大差异，异质性成为无法忽视的因素，上述假设在这一背景下显得苍白无力。

具体而言，数字贸易的兴起改变了消费者的行为模式，个性化需求逐渐受到越来越多的重视，催生了如C2B（消费者到企业）等新型商业模式和一批专注于满足细分市场需求的创新型企业。这些企业凭借其在数字技术、数据分析及个性化服务方面的优势，迅速崛起并占据市场一席之地。同时，数字贸易还极大地降低了国际贸易的信息壁垒和交易成本，使中小企业更容易进入国际市场，参与全球竞争。在此背景下，众多中小企业作为传统国际贸易中的弱势群体，不仅拓宽了自身的国际视野，也获得了更多元化的市场机会和增长路径。因此，在数字贸易的推动下，新贸易理论中的企业同质性假定也难以立足。

（二）数字贸易对劳动力同质性假定的挑战

新贸易理论继承了新古典贸易理论中有关劳动力是同质的假设，但随着数字贸易的兴起与发展，这一假设的适用性逐渐受到了新的挑战。

数字化时代，劳动力异质性是常态，主要表现为劳动力在数字技能、信息素养、创新能力等方面的差异。随着数字技术的广泛应用和深入发展，具备高水平数字技能和创新能力的人才成为推动数字贸易发展的关键力量。传统意义上的劳动力同质性假定，忽略了这些关键要素在劳动力之间的差异，因此难以准确反映数字贸易时代劳动力的真实状况。此外，数字贸易的发展促进了劳动力市场的全球化与多元化发展。在数字技术的推动下，劳动力跨越国界的流动变得更加便捷和高效，不同国家和地区的劳动力在数字贸易中发挥着各自独特的作用。这种全球化与多元化的趋势进一步凸显了劳动力异质性的重要性，使新贸易理论中的劳动力同质性假定在数字贸易时代显得不合时宜。

（三）数字贸易对规模经济理论的挑战

在传统经济学理论中，规模经济被视为企业因扩大生产规模而带来的成本节约效应，其核心在于固定成本在更大产量上的分摊，从而降低单位产品成本。在此基础上，新贸易理论进行了进一步阐释，认为规模经济主要源于企业投资建厂的成本及采购设备的费用所形成的固定成本。然而，在数字贸易领域，规模经济的形成机制又有所不同，传统经济学理论和新贸易理论中的相关观点也不再适用。

在数字贸易领域，规模经济的源泉不再仅仅局限于物质资本的投资，而是更多地转向了知识资本和人力资源的积累。具体而言，企业通过建立内部专家团队，投资于数字技术研发、数据分析、市场洞察等关键领域，产生了新的固定成本支出。这些投资虽然初期投入巨大，但随着企业业务规模的扩大和市场竞争力的提升，其带来的效益将远远超过业务成本，形成显著的规模经济效应。可见，数字贸易中的规模经济不仅体现在生产成本的降低上，更在于企业能够利用数字技术优化生产流程、提升运营效率、精准匹配市场需求，从而实现高质量发展。基于此，可以说，数字贸易给规模经济理论带来了新的挑战，提供了新的视角。

四、数字贸易给新新贸易理论带来的挑战

新新贸易理论聚焦跨国公司国际化路径的决策机制，深入剖析了企业在选择出口或FDI进行全球扩张战略时所面临的考量，强调企业异质性与其出口和FDI决策的关系。数字贸易的迅猛崛起，对新新贸易理论提出了多方面的挑战。

（一）数字贸易理论对固定成本假定的挑战

新新贸易理论假设企业在出口过程中面临的固定成本是均等的，且各企业的边际成本保持不变。这一设定在传统贸易环境下具有一定的合理性，但在数字贸易兴起的背景下，其适用性受到了巨大挑战。

数字贸易的独特之处在于其既涵盖基于数字交换技术的实物商品贸易，也包含数字化产品本身的跨国界交付。这种双重性质使数字贸易在成本结构上呈现出与传统贸易截然不同的特点。具体而言，随着数字交换技术的广泛应用，实物贸易的出口固定成本和边际成本大为降低。这是因为，数字技术简化了交易流程、提高了物流效率、降低了信息沟通成本，从而使企业能够以更低的成本进入国际市场。此外，对于数字化产品本身的国际交付而言，其出口的固定成本的组成更为复杂和多元。数字化产品的出口往往涉及知识产权的许可、数字平台的运营、网络安全的保障等多个方面，这些都需要企业投入大量的资金和人力资源。因此，数字化产品的出口固定成本并非如新新贸易理论所假设的那样简单均一，而是因产品类型、市场特点、技术要求等因素而异，这就要求我们重新审视新新贸易理论中关于固定成本的假定。

（二）数字贸易对企业生产效率相关假定的挑战

新新贸易理论在探讨贸易对企业生产率的影响时，主要聚焦于要素市场的调节作用，而相对忽视了产品市场竞争的加剧及技术进步的动态性。然而，在数字贸易领域，这些被忽略的维度变得尤为关键。

首先，数据作为数字贸易中最重要的生产要素，其特性挑战了传统生产要素的价值观念。数据既具有极高的价值潜力，又因其在开放式网络平台上的易获取性及可以通过计算机设备批量生成的特点而显得相对"廉价"。这种特性使企业在数字贸易中能够以前所未有的速度和规模积累数据资源，进而推动生产效率的提升。其次，数字贸易加剧了产品市场的竞争，尤其是以客户数量为核心的竞争态势日益凸显。以搜索引擎为例，增加一位用户的使用成本几乎可以忽略不计，但用户规模的扩大却能带来显著的网络效应和规模效应，从而进一步提升企业的生产效率和市场竞争力。这种以产品竞争为核心的市场机制，是新新贸易理论在传统分析框架下所未能充分考量的。最后，数字贸易依托数字技术可以大大提高企业的生产率水平，这种生产率的动态变化是新新贸易理论在静态分析框架下所难以捕捉的，从而忽略了企业技术升级的可能性。

（三）数字贸易"生产率之谜"的挑战

在数字贸易的蓬勃发展中，一个引人注目的现象是：存在大量生产率较低的企业从事出口贸易。这是由于互联网平台的崛起极大地降低了企业进入国际市场的门槛，使更多中小企业有机会在全球范围内展示和销售其产品。

进一步分析，这些企业之所以能够克服传统贸易壁垒，部分归因于大数据分析技术的广泛应用。通过深入挖掘数据资源，企业能够利用"自我选择效应"精准定位目标市场，实现资源的最优配置。同时，借助"学习效应"，企业在国际市场的实践中不断积累经验、优化策略，逐步提升自身的生产效率和竞争力。此外，"再分配效应"促使市场资源向更具活力和创新能力的企业倾斜，进一步激发市场活力。然而，这一现象却对传统的新新贸易理论中的异质企业模型构成了挑战。该模型往往基于企业生产率的高低来解释其出口行为，认为只有生产率较高的企业才具备足够的竞争力在国际市场上立足。然而在数字贸易领域，这一假设显然过于简化和片面，无法全面解释生产率较低而企业成功出口的现象。

第三节　数字贸易理论发展展望

■ 一、将数字要素的内生化特征纳入贸易理论模型

数字经济时代，数字要素作为新型的生产要素，对传统贸易理论提出了全新的挑战与要求。其中，数字要素的内生化是其区别于传统要素的典型特征，将其纳入贸易理论模型显得尤为重要。

从价值层面考虑，将数字要素纳入贸易理论模型，不仅是对现有理论框架的补充和完善，更是对数字经济时代贸易实践变化的直接回应。数字要素的内生化特征，意味着其不仅作为外部条件影响贸易活动，更深深嵌入贸易过程，成为推动贸易发展的重要内生动力。同时，数字要素的内生化过程深刻改变了贸易的比较优势格局。传统贸易理论往往侧重于从资源禀赋、技术差异等角度解释比较优势的形成，而在数字经济时代，数字要素使比较优势从贸易的静态原因转变为动态结果。企业通过积累和运用数字要素，能够不断提升自身竞争力，从而在国际贸易中占据更有利的位置。

进一步分析，数字要素的内生化还可能导致贸易动机、贸易形式及福利分配等多方面的颠覆性变革[①]。随着数字技术的广泛应用和普及，企业的贸易动机不再仅仅局限于资源寻求或市场扩张，而是更多地关注技术创新、品牌塑造及供应链整合等高端环节。同时，数字贸易的兴起也使贸易形式更加多样化和灵活化，跨境电商、数字服务等新型贸易模式不断涌现。此外，数字要素的内生化还可能加剧国际贸易中的收入分配不平等问题，需要政策制定者予以高度关注和有效应对。可以说，将数字要素的内生化特征纳入贸易理论模型，是数字经济时代贸易理论发展的必然趋势。

---

① 张宇，蒋殿春. 数字经济下的国际贸易：理论反思与展望 [J]. 天津社会科学，2021（3）：84-92.

■ 二、探索垄断性市场结构下的贸易理论框架

随着全球经济步入数字经济时代，传统贸易理论的市场结构假设面临前所未有的挑战。历史上，贸易理论多聚焦于自由竞争市场与垄断竞争市场，而较少涉及寡头垄断，特别是完全垄断的市场形态。在数字贸易的大背景下，市场结构正悄然发生变化，逐渐向寡头或完全垄断转变。这一转变的核心在于数字贸易中所具有的范围经济特征。数字技术的广泛应用促进了产业的深度融合与跨界合作，使单一企业在多个市场领域内形成竞争优势成为可能。这种跨界关联不仅增强了企业的市场支配力，还使垄断性的市场结构呈现出更为复杂多变的形态。

面对这一新形势，传统贸易理论框架显然已难以完全适用。因此，急需对垄断性市场结构下的贸易理论进行新的探索，特别是要深入研究具有范围经济特征的跨行业垄断条件对贸易决策的影响。这包括但不限于对生产决策、定价策略、市场准入等方面的重新考量与构建，以期形成一套能够准确反映数字经济时代贸易特征的理论体系。总之，垄断性市场结构下的贸易理论新探索是数字经济时代贸易理论发展的必然要求。通过这一探索，不仅能更好地理解数字贸易的运行机制与市场规律，还能为政策制定者提供更加科学合理的决策依据，更能促进全球贸易的健康发展。

■ 三、贸易理论中融入可变的要素投入结构

在国际贸易理论的演进过程中，要素投入结构作为影响贸易格局的关键因素，其重要性却长期被忽视。传统的新古典贸易理论，如要素禀赋理论，往往将要素投入结构视为一个既定的外生因素，忽略了其在贸易过程中的动态变化。而在后续的基于垄断竞争框架的新贸易理论及新新贸易理论中，虽然对贸易理论进行了深化与拓展，但仍旧局限于单一的劳动要素分析，未能全面反映现代贸易的复杂性。

然而，在数字贸易迅速发展的今天，要素投入结构的变化成为一个不可忽视的现象。数字贸易以其独特的运行方式，显著改变了传统贸易中的要素配置格局。特别是资本要素的广泛应用，使资本对劳动力的替代趋势日益明显，这一变化不仅影响了企业的生产方式和效率，更对国际贸易的分工格局产生了深远影响。

因此，为了更好地适应数字贸易的新环境，国际贸易理论必须实现要素投入结构分析从静态到动态的转变。这意味着在理论框架中，我们需要将要素投入结构视为一个可变的内生变量，充分考虑其在不同贸易情境下的动态调整过程。通过引入多种生产要素的综合分析，更准确地揭示数字贸易对贸易格局的影响机制，为政策制定和企业战略提供更为科学的指导。

■ 四、实现双边市场理论和国际贸易理论的融合

随着数字经济的蓬勃发展，平台经济作为一种新兴的贸易组织形式，正逐步成为国际贸易的重要组成部分。然而，现有的国际贸易理论体系尚未充分纳入对平台经济的深入探讨，这在一定程度上限制了我们对数字经济时代数字贸易中国际贸易新特征的理解。

平台经济可以看作经济学中"双边市场"概念在现实中的体现。由此可见，双边市场

理论是研究平台经济的有力理论工具，它揭示了平台如何通过连接两个或多个相互依存的用户群体，并通过巧妙的定价策略和市场机制来促进交易和互动。在数字经济时代，平台经济通过构建全球性的交易平台，极大地促进了商品、服务、信息乃至价值的跨国流动。因此，将双边市场理论与国际贸易理论框架进行有机融合，是深化数字贸易理论研究的重要方向。通过这一融合，平台经济下国际贸易的组织形式和特点得以更准确描述，且平台在促进全球价值链形成和演变中的关键作用能得到有效揭示，有助于我们更好地理解数字贸易领域中国际贸易的新秩序，并为数字贸易理论研究提供新的突破口，为政策制定者提供更为科学的决策依据，进而推动国际贸易规则的与时俱进和不断完善。

■ 五、从空间经济角度统筹考虑数字经济下的贸易、投资与分工格局

数字经济时代，要素与产品的流动性显著增强，使贸易与投资成为区位决策下"一体两面"的问题。这一变化深刻影响了国际生产与分工格局，因此，基于区位决策的空间经济理论是对相关问题进行研究的一个较为适宜的分析框架。

空间经济理论作为研究经济活动空间分布及其相互关系的理论体系，为理解数字经济下的贸易、投资与分工格局提供了有力的分析框架。该理论不但可以利用区位选择来解决开放条件下的贸易和投资问题，还可以利用其所包含的交易成本因素来反映数字经济下交易成本的变化情况。为了更好地适应数字经济的新特征，通过调整空间经济理论的假设前提，可以更准确地反映数字经济时代的实际情况。在此基础上，空间经济理论可能成为理解数字贸易和投资活动及分析数字经济下国际生产与分工格局变化的有力工具。

此外，数字贸易的发展已经改变了很多国际贸易的运作机制和作用条件，因此，在扩展基础贸易之外，有关数字贸易环境下监管规则的出台，包括探索合理的数据要素流动规则、数字经济下的反垄断规则和知识产权规则，以及数字贸易活动的跨境税收规则等，也将是未来数字经济条件下，国际贸易理论研究的热点问题。

本章小结

传统数字贸易理论是理解数字贸易发展的基石。古典贸易理论和新古典贸易理论主要研究产业间贸易；新贸易理论主要是研究在规模递增和不完全竞争条件下的产业内贸易；而新新贸易理论则是从企业的异质性层面来解释国际贸易和投资现象，关注企业如何走上国际化道路的问题。然而，数字贸易的出现在促使国际和国内市场贸易呈现新特征的同时，对既有传统贸易理论的多方面构成了巨大挑战。在此基础上，贸易理论的发展面临着新的要求与方向。一方面，需要不断吸纳数字贸易的实践经验，丰富和完善现有贸易理论体系；另一方面，需要积极探索适应数字贸易特点的新理论、新方法，以更好地指导国际贸易实践。数字贸易理论的演进是一个不断适应时代变化、深化认识的过程。面对数字贸易带来的新机遇与新挑战，应积极拥抱变革，推动贸易理论的创新发展，以更加科学、合理的理论框架指导国际贸易实践，促进全球经济的繁荣与发展。

本章思考题：

1. 简述古典贸易理论的主要内容及数字贸易带来的挑战。
2. 简述新古典贸易理论的主要内容及数字贸易带来的挑战。
3. 简述新贸易理论的主要内容及数字贸易带来的挑战。
4. 简述新新贸易理论的主要内容及数字贸易带来的挑战。
5. 简述数字贸易理论发展的主要方向是什么？

案例研讨：

本章研讨案例

延伸阅读：

[1] 夏杰长.数字贸易的缘起、国际经验与发展策略 [J].北京工商大学学报（社会科学版），2018，33（5）：1-10.

[2] 陈维涛，朱柿颖.数字贸易理论与规则研究进展 [J].经济学动态，2019（9）：114-126.

[3] 程时雄，陈琬怡.数字经济助推贸易强国建设：逻辑、困境与破解之道 [J].国际贸易，2024（5）：5-14.

[4] 王迎，纪洁，于津平.数字贸易发展水平如何影响一国对外贸易利益 [J].国际经贸探索，2023，39（12）：21-38.

[5] 李轩，李珮萍.数字贸易理论发展研究述评 [J].江汉大学学报（社会科学版），2020，37（5）：44-57，125-126.

[6] 中华人民共和国商务部.中国数字贸易发展报告（2022）[R].北京：中华人民共和国商务部，2023.

第三章

数字贸易环境

→ 本章要点

影响数字贸易发展的主要环境因素

如何看待影响数字贸易发展的主要环境

→ 关键术语

政策法律环境　经济环境　社会和人口环境　技术环境

→ 章首案例

党的二十大报告明确提出，要推动货物贸易优化升级，加快建设贸易强国。2023年中央经济工作会议也提出，加快培育外贸新动能，巩固外贸外资基本盘，拓展中间品贸易、服务贸易、数字贸易、跨境电商出口。这充分体现了国家对数字贸易的高度重视，对数字贸易在培育外贸新优势、新动能，加快建设贸易强国进程中发挥重要引擎作用寄予了厚望。

国家相关部门和各级政府持续为数字贸易发展创造有利条件。2023年9月28日，国家互联网信息办公室发布《规范和促进数据跨境流动规定（征求意见稿）》，其中对数据跨境流动做了更加细化的规定，对部分不需要申报数据出境安全评估、订立个人信息出境标准合同、通过个人信息保护认证的场景进行了明确，赋予地方开展数据跨境流动试点的权力，极大提振了数字贸易企业开展国际贸易的信心。2023年12月4日，商务部发布公告，数字贸易行业标准化技术委员会正式成立。这是落实中央有关推进规则、规制、管理、标准制度型开放的重要举措，也是促进数字贸易发展的重要方式，数字贸易行业标委会将在促进数字贸易业态创新发展、提升外贸企业数字化能力、应对海外数字贸易壁垒、衔接国际数字贸易规则等方面发挥重要作用。北京、上海、杭州、广州等数字贸易发达地区不断出台数字贸易改革创新文件，在搭建数字贸易发展平台、开展数据跨境流动试点、推动贸易数字化等方面持续优化政策环境，不断加大对数字贸易发展的促进力度。可以说，我国数字贸易发展环境正处于不断优化的进程中。

资料来源：《经济参考报》。

第一节 数字贸易政策法律环境

一、行业主要政策分析

政策环境是影响经济发展的重要因素，数字贸易政策环境也是影响其发展的重要因素。近年来，我国政府高度重视数字贸易的发展，围绕数字贸易与数字贸易示范区建设等出台了一系列政策措施，这不仅体现了国家推动数字贸易高质量发展的决心和力度，也为其营造了一个良好的行业政策环境。

（一）数字贸易政策

数字经济是新时代经济发展的核心驱动力，为数字贸易的繁荣奠定了坚实的基础。作为数字经济的重要组成部分，数字贸易是外向型数字经济发展的主要载体[①]。《中华人民共和国国民经济和社会发展第十四个五年规划和 2035 年远景目标纲要》提出：发展数字经济，推进数字产业化和产业数字化，促进数字技术与实体经济深度融合。这一战略部署不仅表明了我国将发展数字经济置于国家战略高度、紧随全球数字经济发展的步伐，更体现了我国对未来经济发展路径的深刻洞察与前瞻布局。近年来，我国政府对数字贸易的重视程度不断提高，出台了一系列数字贸易政策加快其发展（见表 3-1）。从国家层面到地方区域，各地结合自身资源禀赋与产业基础，纷纷出台相应的区域性发展规划与配套政策，为数字贸易健康发展营造良好的政策环境，进而引导实体经济与数字经济深度融合，推动产业向数字化、网络化、智能化转型。

表 3-1 近年部分数字贸易发展相关政策

文件名称	时间	相关内容
中共中央 国务院《关于推进贸易高质量发展的指导意见》	2019 年	加快数字贸易发展，推进跨境电子商务综合试验区建设，提升贸易数字化水平，积极参与全球数字经济和数字贸易规则制定，构建高效跨境物流体系
国务院办公厅《关于推进对外贸易创新发展的实施意见》	2020 年	创新业态模式，培育外贸新动能，促进跨境电商等新业态发展，大力发展数字贸易，支持企业不断提升贸易数字化和智能化管理能力
《中华人民共和国国民经济和社会发展第十四个五年规划和 2035 年远景目标纲要》	2021 年	推动加工贸易转型升级，深化外贸转型升级基地、海关特殊监管区域、贸易促进平台、国际营销服务网络建设，加快发展跨境电商、市场采购贸易等新模式，鼓励建设海外仓，保障外贸产业链、供应链畅通运转。创新发展服务贸易，推进服务贸易创新发展试点开放平台建设，提升贸易数字化水平

---

① 杨晓娟，李兴绪. 数字贸易的概念框架与统计测度 [J]. 统计与决策，2022，38（1）：5-10.

（续表）

文件名称	时间	相关内容
商务部 《"十四五"商务发展规划》	2021 年	加快数字技术与贸易发展深度融合，提升贸易新业态，拓展贸易发展新空间。提升贸易数字化水平，加快贸易全链条数字化赋能，推进服务贸易数字化进程，推动贸易主体数字化转型，营造贸易数字化良好政策环境，推动数字强贸
国务院办公厅 《关于加快发展外贸新业态新模式的意见》	2021 年	积极支持运用新技术、新工具赋能外贸发展，推广数字智能技术应用，完善跨境电商发展支持政策，扎实推进跨境电子商务综合试验区建设，培育一批优秀海外仓企业，提升传统外贸数字化水平
商务部 中央网信办 发展改革委 《"十四五"电子商务发展规划》	2021 年	培育跨境电商配套服务企业，支撑全球产业链、供应链数字化，带动品牌出海
商务部 《"十四五"对外贸易 高质量发展规划》	2021 年	大力发展数字贸易。建立健全数字贸易促进政策体系，探索发展数字贸易多元化业态模式；加快建立数据资源产权、交易流通、跨境传输、安全保护等基础制度和标准规范；在国家数据跨境传输安全管理制度框架下，开展数据跨境传输安全管理试点；建设国家数字服务出口基地，培育数字贸易示范区；完善数字贸易公共服务平台，加快研究相关统计方法；加强数字贸易国际合作
国务院 《"十四五"数字经济发展规划》	2021 年	加快贸易数字化发展，完善数字贸易促进政策，加强制度供给和法律保障，大力发展跨境电商，扎实推进跨境电商综合试验区建设
国务院办公厅 《关于做好跨周期调节进一步稳外贸的意见》	2021 年	新培育一批外贸创新发展试点。增设一批跨境电子商务综合试验区，巩固提升出口信用保险作用
国务院办公厅 《关于促进内外贸一体化发展的意见》	2021 年	创新内外贸融合发展模式。推动内外贸数字化发展，加快线上线下融合，促进产销衔接、供需匹配，推动传统产业转型升级，培育内外贸新业态、新模式。完善内外联通物流网络
国家发展改革委 《"十四五"现代流通体系建设规划》	2022 年	发展外贸新业态，促进跨境贸易多元化发展，培育外贸新动能，深入推进跨境电商综合试验区建设，引导企业优化海外仓布局，完善海外仓功能，提高商品跨境流通效率
国务院办公厅 《关于推动外贸保稳提质的意见》	2022 年	推动跨境电商加快发展，提质增效，加大出口信用保险支持，加大进出口信贷支持，进一步加强对中小微外贸企业金融支持，促进企业用好线上渠道，扩大贸易成交

（续表）

文件名称	时间	相关内容
国务院办公厅《关于推动外贸稳规模优结构的意见》	2023 年	推进贸易数字化，支持大型外贸企业运用新技术自建数字平台，培育服务中小微外贸企业的第三方综合数字化解决方案供应商。创新建设跨境电商综合试验区，积极发展"跨境电商＋产业带"模式，带动跨境电商企业对企业出口
商务部等 9 部门《关于拓展跨境电商出口推进海外仓建设的意见》	2024 年	积极培育跨境电商经营主体，加大金融支持力度，加强相关基础设施和物流体系建设，优化监管与服务，积极开展标准规则建设与国际合作
中共中央办公厅 国务院办公厅《关于数字贸易改革创新发展的意见》	2024 年	支持数字贸易细分领域和经营主体发展、推进数字贸易制度型开放、完善数字贸易治理体系、强化组织保障

资料来源：政府网站，作者整理。

（二）数字贸易示范区建设政策

在数字经济时代，我国政府对推动数字贸易高质量发展及其示范区建设给予了高度重视，并出台了一系列相应政策文件以明确方向、细化措施。这一过程从顶层设计的宏观指导，逐步深入具体实施层面的微观操作，展现了政策"颗粒度"的精细化趋势。

2019 年 11 月，中共中央、国务院《关于推进贸易高质量发展的指导意见》（以下简称《意见》）提出：提升贸易数字化水平，加快数字贸易发展，加快培育各类外贸集聚区，充分发挥自由贸易试验区示范引领作用，高水平建设中国特色自由贸易港。随后，2020 年 4 月，商务部会同中央网信办、工业和信息化部联合发布公告，认定了一批国家数字服务出口基地，包括中关村软件园、天津经济技术开发区、大连高新技术产业园区、上海浦东软件园、中国（南京）软件谷、合肥高新技术产业开发区、厦门软件园、齐鲁软件园、广州天河中央商务区、海南生态软件园、成都天府软件园等 12 个园区，为数字贸易的集聚发展提供了重要平台。

进入"十四五"时期，商务部等 24 部门于 2021 年 10 月联合印发了《"十四五"服务贸易发展规划》（以下简称《规划》），明确指出：要加强国家数字服务出口基地建设，布局数字贸易示范区。同时，《规划》为数字贸易示范区的建设指出了明确路径，强调依托国家数字服务出口基地，打造在数字服务市场准入、国际规制对接、跨境数据流动、数据规范化采集和分级分类监管等方面先行先试的数字贸易示范区，开展压力测试，培育科技、制度双创新的数字贸易集聚区，以及开展数字营商环境评价，复制推广先进经验和做法，充分发挥示范区的辐射带动作用，引领我国数字贸易蓬勃发展。同年 11 月，商务部等 10 部门联合印发了《关于支持国家数字服务出口基地创新发展若干措施的通知》（以下简称《通知》）。在对该《通知》的官方解读中，商务部服贸司表示，商务部将会同相关部门，加强对基地建设的支持和指导，加快推进有关政策举措落实落地，努力推动基地建设再上新台阶，并以基地为依托，打造数字贸易示范区，而国家数字服务出口基地将成为我国打造数贸示范区的重点[①]。

① 孟妮．数字贸易示范区如何打造？[N]．国际商报，2021-12-07（003）．

从《意见》到《规划》，再到《通知》，国家对发展数字贸易和建设数贸示范区的政策"颗粒度"在不断"变精变细"。其中，《规划》为数贸示范区的建设指出了明确路径，《通知》则进一步圈选了数贸示范区的建设重点。这一系列文件不仅为数字贸易的发展提供了蓝图，也为后续政策的细化落实奠定了基础。

在国家层面的宏观指导下，部分地方省市也积极响应，围绕数字贸易示范区建设布下了"先手棋"。2021年11月2日，浙江省商务厅率先发布了《浙江省数字贸易先行示范区建设方案》（以下简称《浙江方案》），该方案一度被国内媒体解读为"全国首个正式发布的数字贸易先行示范区建设方案"。北京市则在更早时间就明确了发展数字贸易和建设数字贸易示范区的规划，2020年9月，北京市商务局在《北京市关于打造数字贸易试验区实施方案》中表明，要"打造三位一体的数字经济和数字贸易开放格局，探索试验区内跨境数据安全有序流动的发展路径，推动数字贸易重点领域的政策创新，打造开放创新、包容普惠的数字经济和数字贸易营商环境，建立上下联动、开放合作的试验区建设工作机制"。2021年9月，北京市商务局等五部门印发了《北京市关于促进数字贸易高质量发展的若干措施》，进一步明确提出了打造"数字贸易示范区"的目标，并制定了详细的实施路径和量化指标，如到2025年实现北京市数字贸易进出口规模达到1500亿美元、占全市进出口总额比重超过25%等。

总的来看，从国家层面的宏观指导到地方省市的具体实施，我国数字贸易示范区建设政策体系日益完善，政策力度不断加大，为数字贸易的快速发展提供了有力保障。随着政策的持续深化和落地实施，我国数字贸易示范区建设将取得更加显著的成效，为全球经济数字化转型贡献中国智慧和力量。

■ 二、行业监管体制分析

数字化是当前各国经济社会发展的重要转型目标，创造有利于数字经济发展的制度环境，已成为全球各国的普遍共识。以电子商务为主要表现形式的数字经济是数字贸易的起源，跨境电子商务的数字化拓展则是新一轮全球产业竞争与创新的关键支撑。数字贸易的特殊运作模式虽然改变了传统的交易范式，提高了经济运行效率，但也带来了新的监管难题。现有发展政策与监管规则的不健全、不适应及贸易保护主义的抬头，不仅导致互联网科技企业遭遇非市场规则的限制与阻碍，而且严重干扰了全球数字经济产业链的正常运行与供应链的安全稳定。这一系列问题不仅关乎企业的生存与发展，更触及全球经济秩序的稳定与繁荣，因此，互联网数字贸易的监管问题已成为社会各界广泛关注的焦点[①]。

（一）数据监管

近年来，我国致力于构建完善的制度与监管体系，以塑造积极良好的数据保护国家形象，为开展数据跨境流动的国际合作奠定坚实基础。2016年11月7日，《中华人民共和国网络安全法》颁布，明确了对关键信息基础设施数据出境安全评估要求，并率先在海南、上海等自贸试验区试点积极开展数据跨境流动安全评估工作。此后，为进一步规范数

---

① 孙晋，阿力木江·阿布都克尤木，徐则林. 中国数字贸易规制的现状、挑战及重塑——以竞争中立原则为中心 [J]. 国外社会科学，2020（4）：45-57.

据跨境流动，国家相关主管部门陆续出台了各类相关规章、规范性文件及标准，逐步形成我国数据跨境流动管理政策体系。

与此同时，国家网信办、公安部等监管部门采取一系列措施，包括加强互联网服务的隐私政策评审、对不当数据处理的行为进行监管约谈、对侵犯公民个人信息违法犯罪活动的专项整治，以及全面落实信息安全等级保护制度等，全方位提升数据保护与监管的效能。特别是 2020 年 8 月，《全面深化服务贸易创新发展试点总体方案》的出台，标志着我国在数字贸易领域的数据流动与监管方面迈出了新的步伐。该方案强调了要重点探索数字贸易领域中数据流动与监管的创新和开放，积极部署系列政策措施，如探索跨境数据流动分类监管模式、开展数据跨境传输安全管理试点、深入研究数字营商环境问题、组建国家数字贸易专家工作组等，以推动数字贸易向更高质量、更高水平发展。

（二）平台监管

在数字贸易领域，平台监管是确保市场秩序与合法权益的关键环节，其核心在于规范网络运营商的中介服务行为，主要包括网络内容许可与访问管理、知识产权管理等。

一方面，在网络内容许可与访问管理方面，为有效保障网络平台用户的信息安全，防止非法收集、处理与利用用户数据，以及防范网络平台用户系统遭受非法干扰与控制，我国采取了一系列严格措施，通过设置较为严格的网络关键词过滤系统，采取多种网络内容审查机制，来监管数据流动和筛选网络信息，加强对网络不良内容传播的管控，以维护国家信息安全与社会稳定。

另一方面，在知识产权保护方面，我国立法与执法体系不断完善，以适应数字贸易时代的新要求。2019 年 11 月，中共中央办公厅、国务院办公厅联合印发了《关于强化知识产权保护的意见》，强调要研究建立健全跨境电商知识产权保护规则，制定并实施电商平台知识产权保护管理标准。随后，深圳、湖南等地积极响应，陆续推出《跨境电子商务知识产权保护指南》等地方性标准，为跨境电商环境下的知识产权保护提供了更为具体、可操作的指导，进一步强化我国在全球数字贸易中的知识产权保护能力。

（三）贸易监管

为适应贸易方式的数字化转型，政府部门积极响应，持续优化外贸政府服务，积极构建数字贸易新型监管制度，建立综合监管服务平台和跨境电子商务统计监测体系，极大推动关、税、汇、检、商、物、融一体化，从而实现数字贸易自由化、便利化、规范化发展，为数字贸易高质量发展提供坚实基础。此外，为贯彻落实《中共中央 国务院关于推进贸易高质量发展的指导意见》，商务部联合中央网信办、工业和信息化部等关键部门，共同启动了国家数字服务出口基地的创建工作，其中包括中关村软件园在内的 12 个重要基地。这一举措旨在通过研究出台具体支持政策，将基地打造成我国发展数字贸易的重要载体和数字服务出口的集聚区。同时，培育对外贸易新业态、新模式，通过创新驱动，不断提升我国数字贸易的国际竞争力，为实现中国数字贸易的高质量发展目标贡献力量。

（四）市场准入监管

在数字化浪潮的推动下，我国正积极探索符合我国国情的数字化战略，力求形成具有中国特色的数字贸易发展"中国方案"，进一步规范数字贸易市场准入条件，加快推进数字贸易市场开放。

为此，我国政府采取了一系列有力措施。2020年11月，国务院办公厅发布了《全国深化"放管服"改革优化营商环境电视电话会议重点任务分工方案》，明确提出要放宽市场准入，推动实现移动应用程序（App）多部门联合检查检测，有效避免重复检测，减轻企业负担，提升市场效率。党的二十届三中全会进一步提出"完善市场准入制度，优化新业态领域市场准入环境""深入破除市场准入壁垒"。2024年8月1日，中共中央办公厅、国务院办公厅印发《关于完善市场准入制度的意见》，围绕"构建开放透明、规范有序、平等竞争、权责清晰、监管有力的市场准入制度体系"，对完善市场准入制度做出系统部署。

除此之外，我国积极参与全球经济合作，《中国服务进口报告2020》表明，中国积极加快信息技术服务、科学技术服务、数字服务以及医疗、教育、文化和娱乐业等领域的对外开放，有序放宽增值电信业务、商务服务、交通运输等领域的外资持股比例，激发现代服务业发展活力，鼓励外资企业参与中国文化、数字服务、中医药等领域的特色服务出口基地建设，发展服务贸易新业态、新模式，推动中国服务贸易向更高水平迈进。此外，在制度型开放方面，积极参与高水平国际协定，为我国体制创新提供国际对接标准[①]，并于2020年11月15日正式签署了《区域全面经济伙伴关系协定》（Regional Comprehensive Economic Partnership，RCEP），成为全球最大自贸区的一员，进一步扩大自贸网络范围。2021年11月1日，我国申请加入《数字经济伙伴关系协定》（Digital Economy Partnership Agreement，DEPA），推动新发展格局下与各成员国加强数字经济领域合作、促进创新和可持续发展，为数字贸易的国际化发展提供广阔空间。

三、行业主要法律法规

无论是国内贸易，还是国际贸易，都包含着买卖交易、物流、金融结算等一系列交易合同的达成，以及货物商品的交付和资金的结算。所谓贸易数字化，就是将前述完整交易流程转移到电子信息化系统内完成。因此，贸易数字化可以整体上分为买卖关系达成的数字化、货物交付的数字化、资金结算的数字化等三个模块，由此会涉及合同、物权、资金结算相关的法律规则。同样，买卖、交货、资金结算三个模块的数字化解决方案，要求保证其在计算机程序系统中运行的程序及结果，且在现实中能有效代表相应的交易法律行为及交易结果。由此，相关的数字化解决方案就需要与所涉及的法律规则相适应，其中包括：

（1）贸易合同的数字化方案。其关键在于确保电子合同的有效性与合法性。这要求数字化解决方案必须严格遵循《中华人民共和国民法典》（以下简称《民法典》）等法律法规中关于合同成立、效力及电子签名等规定，确保电子合同能够准确无误地反映交易双方的意思表示。

（2）交付的数字化方案。需要在现行物权法律规则框架中，寻找可数字化的、能表征贸易交易标的商品所有权的法律工具，确保在电子平台上进行的货物交付行为能够准确无误地反映实体交易中的物权变动，从而维护交易的安全与稳定。

---

① 蓝庆新，王强. RCEP生效将有力推动我国高水平对外开放[N]. 光明日报，2022-01-01（004）.

（3）资金结算的数字化方案则涉及更为复杂的金融法律环境，包括电子汇票、电子发票及数字货币在内的多种数字化支付工具均需要遵循相关的法律法规与监管政策，以确保资金流动的合法性与安全性。

可以说，贸易数字化的各个模块均需要与相关法律法规紧密衔接。其中，资金结算数字化，特别是在货币数字化领域，由于其具有高度的技术性与创新性，因此更应关注政府行政管理性法律及政策的最新动态，以规避潜在的法律风险。以下主要从交易合同的数字化、货物交付的数字化两个维度出发，深入分析数字贸易领域中的相关法律问题。

（一）交易合同数字化的法律规定

按照一般合同法的原则，贸易合同的达成就是贸易当事双方对交易条件信息的一致确认。从合同法律基础角度看，贸易合同与其他任何类型的合同没有差异。因此，贸易合同本身的数字化可以采用一般电子合同、电子签名的解决方案，且关键在于确保数字化贸易合同的签名人身份可识别及其对贸易合同中交易条件数据的认可。我国《中华人民共和国电子签名法》自 2005 年 4 月实施以来，为贸易合同的电子化提供了清晰且坚实的法律支持，市场上电子签名服务业务也已发展得相当成熟。当然，涉及国际贸易的也应遵循相应的规则和程序。

然而，尽管法律层面已有相应保障，电子合同及电子签名在贸易业务中的广泛应用仍面临实践挑战。这些挑战主要源自企业的贸易业务习惯，而非法律因素。相较于传统纸质合同，数字化合同虽在便捷性上占据优势，但在某些经营企业眼中，其安全性尚不足以完全取代纸质合同。特别是对于那些非高频、非标准化的货物贸易业务而言，贸易企业往往更倾向于付出人工成本，以传统方式处理合同事宜。因此，贸易合同的数字化想要进一步推广，实际上需要依赖包含交货、结算的整体贸易流程的数字化发展，使贸易更安全、贸易融资更容易，从而促使贸易企业有真正的积极性，将传统线下贸易业务转移到线上进行。

值得注意的是，随着贸易全流程数字化的深入发展，交易合同有望超越一般传统电子合同的范畴，实现"智能合约化"，进而达到真正的贸易数字化，即合同在签署后，可以不受人为干扰、阻挠，按照嵌在合同中的代码化交易执行条件自动履行，从而极大地降低了合同违约风险。这种真正数字化意义上的"智能合约"的达成，从贸易业务角度看，已经不是贸易合同本身的问题，而是集合了货权及交付和资金结算等元素的综合法律事实。例如，一个智能合约的有效达成，不仅要从合同法规进行研判，还要基于物权法规则，并且需要进一步研判嵌入智能合约的货物所有权的有效性问题，换言之，智能合约将法理上的债权与物权行为进行了捆绑。而在传统线下贸易中，买卖签署生效与签约时货物的存在与否、所有权的归属是不相关的，贸易双方签署合同且交不出货则需要承担违约责任，也就是说债权行为和物权行为是可分离的。

（二）货物交付数字化的法律规定

交易合同的数字化达成只是完成了贸易数字化的第一步。与完全数据化、符号化的金融交易不同，贸易业务涉及实际具有物理存在性的货物商品的交付，这一环节直接关联着买卖及物流交易合同的具体执行，其本质超越了单纯信息数据的传递范畴。

货物交付的数字化，核心在于解决商品法律所有权及货物资产价值如何在计算机系统数字化环境中实现有效传递的问题。简而言之，即如何在法律与技术的双重框架下，将作为贸易标的实物商品资产转化为可在线上流转的数字形态。若商品资产无法被数字化，进而无法通过计算机系统实现转移与交付，那么贸易全流程的数字化目标将无从谈起。

基于"物权法定"的基本原则，商品资产的数字化方案必须严格遵循法律规定，禁止商业或技术上的随意创新。因此，在国内落地贸易数字化项目时，商品资产的数字化方案必须紧密贴合现行《民法典》中关于物权的规范。根据《民法典》的规定，贸易中涉及动产转让以"交付"为生效要件。然而，有形的货物商品无法直接通过计算机系统实现交付。由此，货物商品的数字化探索，必须在现行《民法典》物权规则的框架内，寻找并创新出既符合法律精神又具备可操作性的制度路径。

第二节　数字贸易经济环境

经济环境是影响数字贸易的重要外部力量，其构成复杂且多维，主要包括国民经济发展状况、消费者收入、消费者支出等。良好的经济环境能为数字贸易提供坚实的基础，因此，数字贸易企业需要密切关注经济环境的变化，及时调整发展战略，以适应不断变化的市场需求，进一步促进数字贸易的繁荣。

一、国民经济发展状况

（一）总体经济形势

国民经济总体形势是指一定阶段内国民经济发展的状态及其发展趋势。2024 年 2 月 29 日，国家统计局公布 2023 年国民经济运行情况：初步核算，全年国内生产总值 1 260 582 亿元，比上年增长 5.2%。其中，分产业看，第一产业增加值 89 755 亿元，比上年增长 4.1%；第二产业增加值 482 589 亿元，增长 4.7%；第三产业增加值 688 238 亿元，增长 5.8%。第一、第二、第三产业增加值分别占国内生产总值的比重为 7.1%、38.3% 和 54.6%。分季度看，第一季度国内生产总值同比增长 4.5%，第二季度增长 6.3%，第三季度增长 4.9%，第四季度增长 5.2%。全年人均国内生产总值 89 358 元。这样的成绩，为推进数字经济的发展打下了良好的基础，正如中国社会科学院在《经济蓝皮书：2024 年中国经济形势分析与预测》中所写："2023 年，在复杂多变的外部环境下，我国经济运行总体回升向好。展望 2024 年及未来一个时期，我国虽处于经济恢复关键期、新旧动能转换关口期、外部环境深刻变化调适期的'新三期'叠加阶段，但社会经济将继续保持稳步发展的势头，为推进经济高质量发展打下良好基础。"数字经济作为新一轮信息技术革命催生的第三种主要经济形态，正引领着全球经济的深刻变革。

总体而言，2024 年以来，我国经济运行总体平稳、稳中有进，新质生产力稳步发展，高质量发展扎实推进，社会大局保持稳定，国民经济的基本面及市场广阔、经济韧性强、潜力大等有利条件并未改变。然而，国民经济的总体形势在不同时期都是有一定差别的，它的变化会从总体上影响和制约企业贸易的状况和发展。当社会经济处于持续、稳定、协调发展的阶段，一般会出现生产水平高、商品供应充足、市场繁荣的局面，在这种情况下，贸易企业一般能得到持续、稳定、协调的发展；反之，若经济不稳定，出现经济过热或过冷、市场供应失衡，以及物价水平上升过快或下降过快等现象，就会造成市场严重失衡，对贸易企业的发展也会产生不利影响。因此，要全面冷静看待宏观经济形势，抓住重点、主动作为，锚定高质量发展任务不动摇，推动经济实现质的有效提升与量的合理增长。

（二）社会生产状况

社会生产状况是经济发展的基石，包含生产力发展水平与总规模、生产力的地区布局及产业结构状况等要素，在一定程度上制约着整个社会经济发展，特别是贸易产业的发展路径与格局。

1. 生产力发展水平和总规模

生产力发展水平和总规模是社会生产状况的核心要素，不仅制约着整个社会经济的发展状况，也深刻影响着贸易产业的运作与发展。这是因为，贸易商的物质技术装备需要由生产部门提供，且贸易商的商品需求一部分来自物质生产部门的职工。更重要的是，生产发展水平和总规模决定了市场上商品供应的总量，进而影响着贸易商的货源丰富度与经营稳定性。随着社会生产发展水平的提高，生产规模不断扩大，商品供给总量也随之增加，即贸易商所能获得的货源总量越大，经营的物质基础也就越雄厚。

2. 生产力的地区布局

生产力的地区布局作为影响国民经济协调发展的重要因素，对全国各种资源的合理配置、各个地区的优势发挥及区域间的分工协作都具有深远影响，而这些影响不仅关乎国家整体经济的均衡发展，也直接作用于每个贸易商的经营策略与成本结构。当贸易商所在地区拥有某些相关商品的生产厂家时，其进货成本，特别是交易成本和运输成本，有望得到显著降低，从而提升市场竞争力。

3. 产业结构状况

产业结构状况作为国民经济的"骨架"，直接决定了贸易产业在国民经济中的地位与角色。它不仅反映了国民经济两大部类、三次产业的状况及其相互关系，以及各部门内部的结构，还决定了社会商品供给的结构特征。从生产资料到消费资料，从农副产品到轻工产品，再到重工业产品，各类商品的结构均受到产业结构的深刻影响，而且同类产业内部不同产品的结构也取决于它。这种影响进而渗透到社会消费结构中的生产性消费结构和生活性消费结构，最终影响并制约着贸易商的组织架构与经营商品结构，引导着贸易产业的发展方向与模式创新。因此，理解并把握产业结构的变化趋势，对于贸易商制定有效的经营策略具有重要意义。

（三）社会分配状况

社会分配状况是经济体系中的重要环节，深刻影响着商品流通与贸易活动。其核心内容涵盖国民收入的分配和个人消费品的分配状况，具体包括国民收入总量、国民收入积累与消费的比例关系，以及分配政策在地区间的差异等关键要素。

1. 国民收入总量

国民收入总量是衡量一国经济实力的核心指标，直接决定了国内市场的总体容量，进而对商品流通的总规模构成制约。合理的国民收入分配水平是维持市场供求平衡与价格稳定的关键。超量分配可能导致供应短缺、需求过旺及价格上涨；反之，分配不足则会导致需求不振、销售疲软、市场萎缩等现象。这两种情况都会对贸易活动产生深远影响。

2. 国民收入积累和消费比例

国民收入积累和消费之间的比例关系是调节生产资料市场与消费品市场平衡的重要杠杆。积累率过高可能抑制消费品的生产与供应，造成市场紧张的局面；而过低的积累率则可能削弱国民经济发展的后劲，影响长期贸易潜力。可见，无论发生哪一种情况，最终都会影响贸易过程。因此，保持两者之间的适度平衡，对于促进贸易过程的顺畅进行具有重要意义。

3. 分配政策差异

分配政策在地区间的差异也是影响贸易活动不可忽视的因素，即由于国家分配政策等因素，各个地区之间的分配存在一定的差别。不同地区因政策导向、经济基础及资源禀赋等方面的不同，其积累基金的投入与消费基金的分配也存在差异，进而导致地区经济结构多样化及居民收入差距。这些差异不仅塑造了各地区独特的贸易环境，也要求贸易商在经营策略上应因地制宜，灵活应对。

■ 二、数字经济发展水平

（一）数字经济发展目标

我国数字经济发展具有明显的区域聚集特征，其中，京津冀、长三角、珠三角及川渝经济圈凭借独特的地理位置、经济基础、科技实力及政策支持，已成为我国数字经济发展的核心区域。这些区域在数字经济发展目标上均有着清晰的规划与定位，相关政策文件对其发展目标、路径及策略等方面进行了详尽阐述，如表 3-2 所示，展现了高度的战略前瞻性与系统性布局。

表 3-2　主要区域数字经济发展目标

省（市）	所属区域	政策文件	发展目标
北京	京津冀地区	《北京市促进数字经济发展行动纲要（2020—2022 年）》	打造成为全国数字经济发展的先导区和示范区；到 2022 年，数字经济增加值占地区 GDP 比重达到 55%
天津		《天津市促进数字经济发展行动方案（2019—2023 年）》	到 2023 年，数字经济占国内生产总值（GDP）比重全国领先，力争把滨海新区打造成为国家数字经济示范区
河北		《河北省数字经济发展规划（2020—2025 年）》	到 2022 年，基本形成以大数据产业、制造业数字化、服务业数字化、电子信息产业为支撑的数字经济发展格局；到 2025 年，全省电子信息产业主营业务收入突破 5000 亿元

（续表）

省（市）	所属区域	政策文件	发展目标
上海	长三角地区	《关于全面推进上海城市数字化转型的意见》	到2025年，上海全面推进城市数字化转型取得显著成效，国际数字之都建设形成基本框架；到2035年，成为具有世界影响力的国际数字之都
浙江	长三角地区	《浙江省国家数字经济创新发展试验区建设工作方案》	到2022年，浙江数字经济增加值要达到4万亿元以上，占全省国民经济生产总值比重超过55%，基本建成全国领先的数字政府先行区、数字经济体制机制创新先导区、数字社会发展样板区、数字产业化发展引领区和产业数字化转型标杆区
江苏	长三角地区	《关于深入推进数字经济发展的意见》	以建设数字经济强省为总目标，全力打造具有世界影响力的数字技术创新、国际竞争力的数字产业发展、未来引领力的数字社会建设和全球吸引力的数字开放合作"4大高地"
广东	珠三角地区	《广东省培育数字经济产业集群行动计划（2019—2025年）》	建成"国家数字经济发展先导区"，力争2022年数字经济规模达7万亿元，占GDP比重接近55%
广东深圳	珠三角地区	《深圳市数字经济产业创新发展实施方案（征求意见稿）》	到2022年，全市数字经济产业增加值突破2400亿元，年均增速15%左右；努力建成全国领先、全球一流的数字经济产业创新发展引领城市
广东佛山	珠三角地区	《佛山市推动数字经济发展实施方案》	2035年全市数字经济总体规模达2万亿元，努力将佛山打造成全国数字经济发展标杆城市之一
重庆	川渝经济圈	《重庆建设国家数字经济创新发展试验区工作方案》	力争到2022年，数字经济总量达到万亿级规模，占GDP比重达到40%以上
四川	川渝经济圈	《国家数字经济创新发展试验区（四川）建设工作方案》	力争到2022年，全省数字经济规模超过2万亿元，占GDP比重达到40%
四川成都	川渝经济圈	《成都市推进数字经济发展实施方案》	到2022年，基本形成较为完善的数字经济生态体系，数字经济重点领域产业规模超过3000亿元

资料来源：各地方政府网站，系作者自行整理。

与此同时，我国数字经济的地域发展格局并非单一中心化，而呈现出多元化、特色化的发展态势。福建与贵州等地便是其中的典型代表，基本形成了具有地区特色的数字经济发展模式。福建省早在2000年就前瞻性地提出了"数字福建"重要战略构想，历经多年深耕细作，于2019年成为6个"国家数字经济创新发展试验区"之一，成为区域数字经济创新实践的领跑者。贵州则以其独特的大数据产业发展路径闻名遐迩，将大数据战略行动深度融入地方发展战略之中，连续五年保持数字经济高增长态势，位居全国前列，有效推动了大数据与实体经济的深度融合，为区域经济转型升级注入强劲动力。

我国数字经济发展在区域集聚的基础上，展现出多元并进、特色鲜明的良好局面，不仅核心区域引领作用显著，非核心区域也在积极探索符合自身实际的发展道路，共同绘制了我国数字经济蓬勃发展的壮丽画卷。

（二）产业数字化趋势

数字经济是新一轮科技革命和产业变革的关键力量，其核心内容包括数字产业化与产业数字化。其中，数字产业化是基础部分，为产业数字化发展提供技术、产品、服务、基础设施和解决方案；产业数字化则是其延伸，在数字科技支持下，以数据为关键要素，对产业链上下游进行全要素化升级、转型和再造的过程[①]。

在数字经济蓬勃发展的背景下，产业数字化作为数字经济的关键组成部分，在其中占据了较大的份额，代表了数字经济在实体经济中的融合渗透，展现出巨大的发展潜力及在全球数字经济发展中的主导力量。近年来，数字产业化占比趋于稳定，产业数字化占比快速提升，是全球数字经济发展的普遍规律。《全球数字经济白皮书（2024 年）》显示，2023 年全球产业数字化占数字经济比重的 86.8%，较 2019 年提升 1.3 个百分点，进一步印证了其在数字经济中的核心地位。

具体而言，全球范围内，从行业角度看，服务业因其固定成本低、交易成本高的特性，数字化转型步伐快于工业和农业。2020 年，全球服务业数字经济渗透率达到 44%；而工业和农业的数字化转型则面临更多挑战，导致其数字经济渗透率相对较低，分别为 24% 和 8%[②]。从国家角度看，不同国家间产业数字化的发展水平存在显著差异。德国、英国、美国的产业数字化转型水平显著高于其他国家。以德国、英国为代表的国家三次产业数字化渗透水平均较高，属于产业数字化均衡发展国家；以韩国、爱尔兰为代表的国家工业数字经济渗透率高于其他行业，属于工业数字化领先国家；以美国、中国等为代表的国家服务业数字经济渗透率较高，属于服务业数字化领先国家。相比之下，虽然中国农业、工业、服务业数字经济渗透率高于中高收入国家和发展中国家平均水平，但与世界平均水平及高收入国家和发达国家平均水平相比，尤其是与美、德、英等国家相比，仍有较大差距。

在我国，数字经济融合发展趋势进一步巩固，产业数字化同样呈现出快速发展的态势。《中国数字经济发展研究报告（2024 年）》显示，数字产业化与产业数字化的比重由 2012 年的约 3∶7 发展为 2023 年的约 2∶8，且 2023 年我国产业数字化规模为 43.84 万亿元，占数字经济与 GDP 的比重分别达到 81.3% 和 34.77%，表明产业数字化发展正步入高质量发展的攻坚期。可见，在数字经济领域，中国积极作为，为未来进一步推动产业数字化转型奠定坚实基础。产业数字化作为数字经济的主导力量，正以前所未有的速度改变着全球经济格局。面对这一趋势，各国应加大力度推进产业数字化转型，以促进经济高质量发展并抢占全球数字经济竞争的制高点。

① 金观平.协同推进数字产业化和产业数字化[N].经济日报，2023-09-08（001）.
② 中清产教数据中心.2022 年全球数字经济行业市场规模及发展前景分析[EB/OL].（2021-12-29）[2022-12-11].https://www.sohu.com/a/512595331_120986822.

（三）数字经济发展成效

在全球视野下，数字经济已成为各国竞相布局的战略高地。美国凭借其技术创新优势，稳居全球数字经济榜首，2022 年达到 17.2 万亿美元；中国则依托庞大的国内市场，倒逼技术革新与模式创新，实现了数字经济的飞速增长，其体量位居全球第二，规模为 7.5 万亿美元。整体来看，全球数字经济格局分化较大，少数几个领先国家的总体数字经济规模占据了绝对主导地位。《全球数字经济白皮书（2024 年）》的数据进一步印证了这一趋势，数据显示，2023 年美国、中国、德国、日本、韩国 5 个国家数字经济规模总量超过 33 万亿美元，同比增长超 8%，数字经济占 GDP 比重为 60%，深刻反映了数字经济在全球经济中的核心地位及其快速增长态势，同时也揭示了国际数字经济竞争的激烈态势。

数字贸易作为数字经济的重要组成部分，其发展同样受到全球瞩目。欧美国家凭借其先发优势，在全球数字贸易中占据主导地位，其技术成熟度和市场影响力为数字贸易的繁荣提供了有力支撑，进而使其在全球数字贸易中具有很强的优势，处于全球数字贸易的第一梯队。数字平台的网络效应与规模效应进一步加速了全球数字服务的出口增长，市场集中度逐步提升。数据显示，2014—2020 年，排名前 10 位国家的市场占有率由 64.4% 增加至 66.1%，数字服务进口排名前 10 位国家的市场占有率由 49.5% 增加至 51.8%。同时，据世界贸易组织统计，2019—2023 年，全球可数字化交付服务出口年均增速达到 10.8%，高于同期服务出口增速 4.9 个百分点，2023 年全球可数字化交付服务出口额为 4.25 万亿美元，规模创历史新高，同比增长 9%，在全球服务出口中的比重达到 54.3%。这显示出数字贸易领域的高度集中与竞争并存的特点。可以说，数字经济全球化正逐步深入发展，为贸易企业把握数字经济机遇、实现转型升级提出了新的挑战与机遇。

专栏阅读 3-1
数字贸易成新亮点，2021 年"汉交会"交易额达 4028 亿元

第三节　数字贸易社会文化和人口环境

一、社会文化环境

社会文化环境是指在一种社会形态下形成的信念、价值观念、宗教信仰、道德规范、审美观念，以及世代相传的风俗习惯等被社会所公认的行为规范。每个人都生长在一定的社会文化环境中，其思想和行为必定会受到这种社会文化的影响和制约，从而影响消费者的购买行为，使生活在同一社会文化范围内的各成员的个性具有相似的特征，这是购买行为的习惯性和相对稳定性的重要特点。现如今，数字贸易日益繁荣，贸易的经营者必须认真分析、研究和了解社会文化环境。社会文化环境具体包括以下方面。

（一）生活方式的变迁

在数字经济发展历程中，智能手机等智能终端的出现和普及，使人们的生活发生了翻天覆地的变化。这些设备通过无线网络，成为人们与世界相连的端口，而其中的数字化信

息传递几乎可以涵盖人们日常生活所需的一切，从细微处彻底改变了人们的生活，使数字时代日常生活的状态与工业化时代有了根本变化。

在数字时代，个人与世界之间的联系变得前所未有的便捷与紧密。人们不仅能即时获取海量信息、拓宽视野，还能通过数字媒介深化对世界的理解。互联网作为知识传播的重要平台，不仅给人们提供了提升自己的学习方式，还成为人们日常娱乐和创造数字文化的重要场所，极大地丰富了人们的精神世界。此外，数字技术还深刻重塑了人际交往的模式与格局。事实上，数字通信技术的飞速发展，极大地压缩了空间对人际互动交流的限制，使人与人之间的连接更加高效、多样。以智能手机为基础的数字化通信成为强化亲密关系互动的重要工具，而社交媒体等新兴平台则拓宽了社交圈层，为人们与陌生人建立联系提供了新途径，使线上线下社会关系互为镜像同步推进。

由此，互联网或者数字技术在人们的日常生活中变得越发不可或缺，加之技术的不断发展，人们每时每刻都感知着数字技术带来的便利，并在潜移默化中发生着生活方式的变革，在这样的机遇之下，数字经济的发展也变得十分顺畅，为数字贸易的发展创造了极为便利的条件[①]。

（二）企业或行业的特殊利益集团影响

特殊利益集团是指那些通过非正当手段，如利用不合理的体制和政策、市场垄断地位等，攫取超出合理范畴的，甚至是非法的利益的集团。根据其运行机理，大致可划分为六类，即权力市场化的特权官僚集团、垄断重要资源和市场的企业集团、公共资源市场化的准政府型的特殊利益集团、享有超"国民待遇"的境外和涉外利益集团、向权利寻求特殊保护和优惠的大型民营企业集团，以及与权利有着密切关系或直接是官商同盟的暴利行业集团。

在数字经济领域，由于其具有虚拟性、外溢性等特征，加上交叉网络外部性、自网络效应和数据集中的优势，更容易成为特殊利益集团滋生的温床。这不仅加剧了市场竞争的复杂性，还可能导致垄断和不正当竞争行为的频发。虽然这些案例并不能说明所涉及的公司就是数字经济行业的特殊利益集团，但它们确实揭示了数字经济企业利用不合理体制获取不正当利益的潜在风险。因此，基于数字经济的特性及数字经济企业在各自行业难以撼动的地位，当前国内数字经济企业中，涉及不正当竞争从而获取不正当利益的案例时有发生。如何有效遏制特殊利益集团的滋生与扩张，维护市场的公平竞争秩序，成为国家需要进一步重视和亟待解决的问题。

（三）消费习俗

习俗一般是指风俗习惯，或者说是一种世代相袭固化而成的风尚。习惯则是指由于重复或练习而巩固下来并成为需要的行为方式。消费习俗是人们各类习俗中的重要代表之一，是人类历代传递下来的一种消费方式，也可以说是人类在长期经济活动与社会活动中所形成的一种消费风俗习惯。

消费习俗广泛涵盖社会活动与物质生活两大领域，一般分为社会活动消费习俗和物质

---

① 王天夫.数字时代的社会变迁与社会研究 [J].中国社会科学，2021（12）：73-88，200-201.

生活消费习俗两大类。社会活动消费习俗具体包括喜庆性消费习俗、纪念性消费习俗、宗教信仰性消费习俗、社会文化性消费习俗等，物质生活消费习俗则包括饮食习俗、服饰习俗、住宿习俗、日用习俗等。这些习俗或者以地区生活习惯为基础形成，或以民族传统为基础形成，也可以由气候、环境、生活方式的差异为基础形成。比如，我国百姓每年春节期间都会采购食品、礼品、鞭炮等各种节庆物品，每家每户都要贴上吉祥的对联，有些地方还会举办庙会、灯会等大型的庆典。西方国家的人们则是每逢 12 月 25 日圣诞节前后，就大量购买圣诞树、礼品、各种食品和日用品，互送圣诞贺卡，欢度圣诞节。

习俗本身的差异导致了不同的商品消费需求和行为方式。在数字贸易快速发展的今天，对消费习俗的差异化分析，并结合数字贸易运行的特点，有助于更好地实现和满足消费者的需求，提升消费体验，引导健康向上的消费。

（四）道德规范

道德是一种社会思想和社会意识形态，它是调节人与人、人与社会关系的各种行为准则的总和，成为引导个体在社会生活中做出正确选择的内在力量。在消费领域，道德标准对人类的消费起着很大的作用，不同的道德标准决定了人们不同的交往行为、家庭形态、消费习惯和婚姻习俗。

中国向来以礼仪之邦著称于世，其道德观念深深根植于社会文化的土壤之中。在这种文化背景下，个体行为往往倾向于与周围环境或他人保持一致，追求和谐共融，避免标新立异、独树一帜。在消费行为上，这种心理表现为向多数人看齐，也可以称之为从众心理。即消费者重人情、求同步的心理，表现为模仿大多数人的选择，以获取社会认同感。同时，相较于西方人，中国民众的消费行为不过分强调个人价值、个人需要、个人意志，更多的是考虑家庭的、风俗的，以及社会的标准与效果，希望自己的行为被别人和社会认可，而对那些标新立异的行为往往看不惯。然而，随着对外开放水平的提高和经济文化的发展，人们的传统道德观念正发生着微妙的变化。尤其是在青年人中，他们更加注重个人价值的实现与个性的表达，在消费领域也呈现出多样化的趋势。这一变化为数字贸易带来了新的机遇与挑战。贸易经营者需要敏锐洞察这一趋势，要根据道德规范对消费者行为的不同影响，适时灵活调整产品特点，以更好地满足市场需求，促进数字贸易的高质量发展。

（五）宗教信仰

宗教信仰是文化体系中最为敏感的要素，是人的信念中最深层次的东西，具有长期性、群众性、民族性、国际性、复杂性等特点。宗教作为一种群众性的社会现象，不仅塑造着信徒的内心世界，还深刻地影响着他们的价值观、审美观以及消费愿望和行为，使之无不渗透着宗教的色彩。因此，可以说，宗教是影响消费者消费行为的重要因素之一。

在特定国家中，宗教信仰往往成为文化价值观的核心构成，其支配地位对一国的国民性产生了重要作用。这种影响渗透到消费领域，引导着消费者的购买动机。此外，宗教作为一种精神现象，对信徒具有较大的约束力，这种约束力不仅体现在日常生活的方方面面，也深刻影响着他们在商品选择上的偏好。因此，在探讨数字贸易的发展时，必须充分考虑宗教信仰这一重要因素。宗教对消费者行为的影响，不仅决定了特定市场内商品需求的层次与结构，还可能对数字贸易的层次和规模产生不同程度的影响。

（六）审美观念

在经济社会持续进步与收入水平稳步提升的背景下，人类的审美观念不断转变，认识水平不断提高，对民族艺术与传统文化的传承和创新意识也日益强烈。尤其是随着新技术的不断涌现与新媒体的广泛应用，美的表达变得更加多元化且更具品质感。与此同时，审美观念的这种转变并非孤立的文化现象，而会进入一个扩张和泛化的过程，深刻地嵌入社会经济的每一个角落，影响消费行为和选择，进而影响数字贸易品类选择等。此外，伴随着全球化时代的进一步拓展与深化，飞机、高铁等现代化交通基础设施的不断改善和进步，以及通信网络设施的互联互通，极大地缩短了各国、各区域之间的空间距离，降低了信息不对称和交流障碍。这种背景下，不同区域的审美观念和消费偏好在一定程度上开始相互渗透、相互影响，进一步拓宽了数字贸易的广度与深度。

■ 二、人口环境

党的二十大报告指出：中国式现代化是人口规模巨大的现代化。我国十四亿多人口将整体迈进现代化社会，规模超过现有发达国家人口的总和，艰巨性和复杂性前所未有，发展途径和推进方式也必然具有自己的特点。人口作为构成市场的基本因素，其规模与分布直接塑造了市场的轮廓与潜力。没有充足的人口基数，市场便无从谈起，换言之，哪里有人，哪里就有衣食住行等各种消费需求。在收入水平保持相对稳定的前提下，一个国家人口总量的多少决定了市场容量的大小，进而反映出市场潜力的大小，成为影响数字贸易深度和规模的重要因素。

（一）人口规模

人口规模是衡量人口数量所涵盖范围与结构特征的综合性指标，是决定消费品需求的基本因素。在其他因素不变的情况下，人口规模与市场规模成正比，即人口规模越大，意味着消费需求越多，进而推动市场扩张，市场规模也就越大，可以容纳的企业就越多，贸易行为和动力就越强，规模就会更大。特别是在当前时代背景下，新技术革命与消费观念的快速迭代，更是赋予人口规模新的经济含义。人口基数的大小、结构、性别比例等均可以在一定程度上影响数字贸易的发展层次和水平。

国家统计局数据显示，截至2023年年底，全国人口（包括31个省、自治区、直辖市和现役军人的人口，不包括居住在31个省、自治区、直辖市的港澳台居民和外籍人员）达到140 967万人，尽管较上一年度略有减少，但仍稳居世界人口大国之列。其中，从性别构成来看，总人口性别比为104.49（以女性为100），男性与女性人口比例基本稳定，展现出较为均衡的人口结构；从年龄构成看，劳动年龄人口占据主体，为经济发展提供了坚实的人力资源支撑。同时，老年人口比例的增加也启示我们应关注老龄化社会的挑战与机遇。此外，从城乡构成看，城镇化进程加速推进，城镇常住人口达93 267万人，比上年末增加1196万人；乡村常住人口达47 700万人，减少1404万人；城镇人口占全国人口比重（城镇化率）为66.16%，比上年末提高0.94个百分点。

结合数据，我们可以看到，我国是人口大国，潜力巨大，这构成了我们坚持高水平对外开放，加快构建以国内大循环为主体、国内国际双循环相互促进的新发展格局的重要基础。

（二）年龄结构

生命周期消费理论由美国经济学家弗朗科·莫迪利安尼提出。该理论认为，人们在较长时间范围内计划自己的生活消费开支，以达到在整个生命周期内消费的最佳配置。换言之，消费者寻求的是整个生命周期的效用最大化。假定在整个生命周期过程中，消费者在中青年时期开始工作取得工资收入，并且将收入的一部分作为储蓄，老年时期没有收入并且在生命结束时储蓄全部花光。可以说，消费者的年龄成为决定个人可支配收入和财富的边际消费倾向的关键因素，不同年龄段展现出差异化的边际消费倾向与储蓄行为。

进一步地，对于整个社会来说，社会整体的年龄结构会直接影响整个社会的总消费。人口年龄分布的多样性导致了其在消费观念、商品需求、购买行为等方面的需求和欲望多样化。具体而言，如果整个社会中的中年人口所占比例较大，那么整个社会的消费能力和消费需求就会相对较弱，储蓄率相对较高；如果青年和老年人口所占比例较高，那么整个社会的消费需求和消费能力就会上升。换句话说，我国年龄结构的变化会直接影响居民消费量，进而影响贸易行业的发展规模。同时，随着生活品质的提升、医疗条件的改善及人均寿命的延长，我国和其他许多国家一样，老年人口比例不断增大，对消费市场产生深远影响。

国家统计局数据显示，2023 年年底，我国 16 ~ 59 岁的劳动年龄人口为 86 481 万人，占全国人口的比重为 61.3%，构成社会经济发展的中坚力量；60 岁及以上人口占全国人口的 21.1%，其中 65 岁及以上人口占比更是高达 15.4%。与联合国设定的老龄化社会标准（一个地区 65 岁及以上人口达到总人口的 7% 即为进入老龄化社会）相比，我国 65 岁及以上人口比例远超这一阈值，意味着我国早已是联合国所界定的"老年社会"。老龄化趋势的加剧，促使市场需求结构发生根本性变化，使老年群体对保健用品、营养食品、药品等老年用品的需求逐渐扩大，并推动相关产品和服务市场的蓬勃发展，为贸易行业开辟了广阔的蓝海市场。同时，未来针对老年群体的贸易规模与产品种类有望进一步增加。

（三）家庭单位与结构

家庭是社会的细胞，是商品采购的基本单位，是我们每个人形成独特消费习惯的地方，也是人们价值观念形成最早的场所。如果一个地区家庭单位增加，那么该地区的生活用品等需求量就会增加；如果家庭平均成员减少，那么就要求生活用品适应小家庭的需要。此外，家庭内部结构组成也是影响消费需求的一个重要因素，不同家庭结构的需求偏好和购买能力不同，导致其购买的商品特点和种类会存在差异。可以说，一个国家或地区拥有的家庭单位及家庭平均成员的数量，在很大程度上反映了消费者需求结构，也影响了贸易规模与结构。

从总体上看，目前我国的主流家庭结构可以分为扩展家庭、夫妻家庭和核心家庭三类。第一类扩展家庭主要是指包含祖辈、父母及子女的多代同堂家庭，即上有老、下有小且中间有一对夫妻的家庭。这种家庭的特点是家庭成员人数较多，且在老人医疗健康和子女教育方面的开销相对较大。当然，由于不同的家庭条件和地区差异，或者由于年轻夫妻的不同消费行为特点，消费的差异性可能更明显；第二类夫妻家庭主要是指仅含夫妻二人的小家庭，上没有老人，下没有小孩。这种家庭可能是还没有生育子女，又或者是子女已经独立，或者是其他原因，家庭负担相对较轻，财力支配能力较强，购买能力较强，因此更加注重生活品质，对旅游、高档产品等享受型消费的弹性较大；第三类核心家庭可以理解为由父母和未婚子女组成，但没有老人。在这种家庭中，教育投资成为家庭消费的重要部分，特别是子女教育费用占据了较大比例。可见，不同家庭结构在消费需求、购买能力及消费偏好上的差异会直接映射到市场结构与贸易行为上。

（四）人口地理分布

人口地理分布是指在特定时空背景下，人口在地理空间中的集散状态与分布状况，会对市场的消费需求格局产生影响。一般而言，人口分布密度越大的地区往往伴随着较大的贸易区位规模，如人口高密度分布的城市与人口密度相对较低的农村相比，城市的区位规模较大且数量较多，而农村的贸易区位规模则相对较小。这种差异不仅体现在市场规模上，更深刻地影响着消费需求的多样性与地域特色。

地理环境、气候条件、经济发展水平、风俗习惯等多重因素，共同塑造了各地居民独特的消费习惯与行为模式。以我国为例，居民食物消费虽以植物性食品为主，但由于南北方地域不同，粮食偏好各异，如南方人偏爱大米，北方人则倾向于小麦。在茶叶消费上，不同地区亦展现出不同的偏好，如东北地区与华北地区偏爱花茶，绿茶则更受南方地区青睐，而砖茶则成为部分少数民族地区的特色选择。酒类市场中，南北方差异同样明显，南方人倾向于低度白酒与果酒，北方则偏好高度白酒。此外，服装、饮食等领域也呈现出鲜明的地域特色与消费差异。农村居民与城市居民因生活环境、生活习惯的不同，他们的消费需求也会有所差异。这种地域性特征不仅丰富了消费市场的特性，也对贸易策略的制定与调整提出了更高要求。

（五）人口性别

人口性别作为社会构成的基本维度之一，自古以来就深刻影响消费习惯与行为模式。在传统社会文化中，性别角色刻板印象赋予男性和女性不同的行为特征与消费偏好。一般而言，女性被认为是稳定性、合作性较强且注重家庭的，而男性则被认为具有竞争性和进攻性，注重事业的发展。然而，随着时代的进步与观念的演变，这些差异虽仍存在，但已逐渐趋向多元化与包容性。

从心理学视角审视，人口性别上的差异很早就开始影响人们的消费需求。20世纪50年代前后，心理学家欧内斯特·迪希特（Ernest Dichter）用精神分析的方法发现，面包炉的购买者大多是女性，因为女性在烤面包时替代性地满足了其生育的欲望；汽车是属于男性的，因为男性会把车当成自己的另一半。此外，在购物决策过程中，男性倾向于目的明确、快速果断，重视产品质量与实用性；女性则更容易受外界因素如促销、赠品等刺激，表现出更长的挑选过程与对产品外观的关注。进一步地，女性消费者在购买力与购买欲望上比男性强得多。尽管在很多国家，男性的经济收入高于女性，但男性购买商品的支出并不多，乃至很多日用品包括男性用品都是通过女性去消费。这一现象促使贸易产业针对人口性别特征在市场策略上做出调整，不仅专注于妇女用品的专业化销售，甚至探索将男性日用品纳入女性消费市场，以更精准地满足多样化的消费需求。

（六）人口教育构成

教育是衡量一个国家综合国力和国际竞争力的重要方面，教育发展水平与政治、经济和文化方面密切关联，这里所谓的人口教育构成是指人们所受教育程度的分布状况。研究表明，城乡居民的受教育水平与消费分布结构之间存在显著的关联性，两者均呈现出近似菱形的结构分布，即中等教育水平群体占据较大比例，而初级和高等教育水平群体占比较小。因此，文化教育水平的提高对人们的购买和消费行为有着明显的增值作用，也就意味着购买力的提高。

近年来，我国教育事业取得了长足发展，为人口教育构成的优化奠定了坚实基础。根据《2023 年全国教育事业发展统计公报》及《国民经济和社会发展统计公报》的数据，我国各层次教育体系均实现了显著扩张与提升。具体而言，2023 年，我国各种形式的高等教育在学总规模为 4763.19 万人，比上年增加 108.11 万人，高等教育毛入学率 60.2%，比上年提高 0.6 个百分点，提前完成"十四五"规划目标；尽管全年中等职业教育的招生规模较上一年度在减少，但研究生教育、普通与职业本专科教育、普通高中及义务教育阶段均呈现出招生规模扩大、在校人数增加的良好态势。同时，特殊教育与学前教育也得到了应有的重视与发展，2023 年全年特殊教育招生 15.5 万人，在校生 91.2 万人，毕业生 17.3 万人；学前教育在园幼儿 4093.0 万人。九年义务教育巩固率为 95.7%，高中阶段毛入学率为 91.8%，两者均保持在较高的水平。可以说，改革开放以来，我国教育事业取得了全面的进步，也深刻影响着消费者的购买行为与市场趋势。随着人口教育水平的提升，消费者对新产品、新技术及新贸易形态的接受度与需求度将显著增强，进而推动贸易结构的优化与升级。

（七）人口职业构成

人口职业构成指社会中不同行业与职业的分布状况。不同行业、不同职业的人们经济收入和社会地位不同，导致消费者的购买力和消费水平有所差异，所以其消费需求也是不同的。在历史沿革与经济发展进程中，我国农业人口在总人口中的比重经历了显著变化，1949 年该占比达到 93.79%，此后直到 20 世纪 70 年代中期还一直呈上升趋势。然而，党的十一届三中全会以后，此比重开始下降，至 2021 年降至 53.2%，且随着经济的发展，这一趋势未来还会继续降低。这一转变不仅反映了产业结构的升级，也深刻影响着市场的结构。

职业差异也是影响一个人消费观的重要因素，如销售员的性格会与长期在工厂工作的员工的性格有很大差别，从而造成消费观念的不同。此外，职业的稳定性也会间接影响消费者的消费态度与决策行为。例如，公务员等职业相对稳定的群体可能更倾向于保守型消费，而私营企业员工则可能因对未来收入的不确定性而采取更为激进的消费策略。面对社会职业种类的日益丰富与体力劳动脑力化趋势的发展，贸易商需敏锐洞察这一变化，灵活调整商品结构、服务方式、促销手段、销售网点等方面，以精准对接不同职业群体的多元化、个性化消费需求。

（八）网民规模

随着信息技术的飞速发展，自 20 世纪 90 年代起，网络经济作为一股新兴力量逐渐崛起,成为经济发展的创新手段,并极大地促进了现代服务业的蓬勃发展。网络经济的兴起深刻改变了居民的消费生态,催生了网络消费这一新型消费模式,使消费者的行为在网络经济环境的浸润下展现出前所未有的新特征,给人们的现实生活和工作都带来了翻天覆地的变化,也重塑了人们的消费行为和方式。

在贸易领域,网络经济的渗透同样引发了深刻的转型。互联网技术进入贸易行业,促使贸易行业从传统的线下单一交易模式向线上线下融合的新型交易方式转变,意味着从传统贸易向数字贸易的历史性跨越。尤为值得关注的是,我国网民人数的逐步上升对贸易行业的市场也产生了深远的影响。《2023年国民经济和社会发展统计公报》显示,网络零售额与邮政业务量显著增长,电信业务与网络基础设施快速发展,均反映了这一趋势。具体而言,2023年,全年实物商品网上零售额130 174亿元,按可比口径计算,比上年增长8.4%,占社会消费品零售总额的比重为27.6%;邮政业全年完成邮政函件业务9.7亿件,包裹业务0.2亿件,快递业务量1320.7亿件,快递业务收入12 074亿元,彰显了我国贸易产业在线上市场的巨大活力。此外,电信业务的蓬勃发展和互联网普及率的提升为贸易商提供了更广阔的市场空间。2023年完成电信业务总量18 327亿元,比上年增长16.8%;互联网普及率达到77.5%,其中农村地区互联网普及率为66.5%;蜂窝物联网终端用户达到23.32亿户,比上年增加4.88亿户;互联网上网人数达到10.92亿人,其中手机上网人数10.91亿人;全年移动互联网用户接入流量3015亿GB,比上年增长15.2%。可以说,互联网技术的发展使网民人数不断扩大,预示了我国贸易产业在线上市场的无限可能。面对这一趋势,贸易商应该审时度势,积极拥抱互联网带来的机遇,通过不断调整经营方式,优化线上交易流程,提升数字化管理能力,以适应市场需求。

第四节　数字贸易技术环境

从19世纪早期第一次工业革命中蒸汽机、铁路和电报的发明,到20世纪中叶集装箱运输的革命性突破,再到近年来互联网的蓬勃兴起,技术革新大大减少了贸易费用,并重塑了人类交流、消费、生产和贸易的方式。在这一背景下,数字经济作为一种全新的经济社会发展形态应运而生。

数字经济(digital economy)是继农业经济和工业经济之后的一种新的经济社会发展形态。在这一发展环境下,数字技术被广泛使用,驱动着整个经济环境和经济活动的根本性变革。该经济形式具有数字化、网络化、全球化、知识化、智能化及开源化的特征,成为数字经济独特的运行逻辑和发展路径。同时,数字经济的发展离不开云计算、人工智能、区块链、5G等技术的支撑。

在"宽带中国"等国家战略的强力推动下,高速宽带网络建设实现跨越式发展,我国建成了全球最大的光纤网络。截至2024年7月,我国信息通信业高质量发展成效显著,5G基站数量突破383.7万个,占全球比重超过60%,实现了从城市到乡村的全面覆盖,即"市市通千兆""县县通5G""村村通宽带"。算力总规模跃居全球第二,初步建成包括网络、标识、平台、数据、安全等五大体系在内的工业互联网体系,为数字经济的蓬勃发展奠定了坚实基础。此外，5G 技术的广泛应用更是推动了我国数字经济的加速发展。商用牌照发放 5 年来，5G 技术已深度融入各行各业，在工业、电力、矿山、医疗、教育等领域实现规模推广。可以说，我国信息通信技术正在实现从"跟跑""并跑"向"领跑"转变，展现了强大的创新能力和发展潜力。

在创新驱动发展战略引领下，我国数字技术创新成果不断涌现，为数字产业的持续迭代和快速增长提供了强大动力。中国科学技术发展战略研究院发布的《国家创新指数报告2022—2023》显示，全球创新格局保持亚美欧三足鼎立态势，科技创新中心东移趋势更加显著，我国在其中的地位也持续上升，从 2000 年的第 38 位快速提升至 2011 年的第 20位，随后稳步上升至第 10 位。这一变化不仅体现了我国科技创新能力的显著增强，也预示着我国数字经济在未来将拥有更加广阔的发展前景。

一、云计算服务构筑数字贸易基础

数字经济时代，云端存储、计算服务正逐步构筑起数字贸易的坚实基础。云计算作为分布式计算的一种，其核心价值在于通过网络平台，使用户能够灵活调用各种 IT 资源，实现按使用量付费以及进行大规模计算。云计算由三类数字服务构成，分别是基础设施即服务（infrastructure as a service，IaaS）、平台即服务（platform as a service，PaaS）和软件即服务（software as a service，SaaS）。其中，基础层 IaaS 提供云存储与计算支持，通过网络对外提供 IT 基础设施服务；中间层 PaaS 进一步提供软件开发平台服务，是一种以服务器平台为基础的业务模式；最高层 SaaS 则将软件部署在服务器上，并通过网络提供软件服务。可见，IaaS 在云计算中起到基础性作用，为其他数字服务的研发、设计和生产创造了有利条件。随着服务的可编程化和软件的云端化，"云端经济"生态逐步形成，催生出众包、云外包、平台分包等新模式，带动数字服务贸易的发展。

二、数字平台服务串联各方要素与服务

数字平台服务串联数字世界。数字中介平台及其服务是数字经济和数字贸易高效有序运转的重要保障，其提供了一种将有关当事人聚集在一起进行在线互动的机制，为数据、商品和服务的供需对接，以及研发、创新、生产等的分工协同提供支持。在相关报告中，数字平台被细分为交易平台与创新平台两大类别，其中，交易平台是具有在线基础设施的双边或多边市场，其核心功能在于支持多个不同交易主体之间的无缝连接与交易活动，现已成为主要数字企业（如亚马逊、阿里巴巴、脸书和 eBay）及提供数字赋能支持的企业（如优步、滴滴和爱彼迎）的核心商业模式；创新平台则是为代码开发者与内容创作者提供的开发应用程序和软件的环境，如操作系统（如 Android 或 Linux）或技术标准（如MPEG 视频）等 [1]，不仅为开发者提供了强大的技术支持与资源保障，还促进了技术成果的快速转化与应用推广，为数字经济的持续发展注入源源不断的创新活力。

---

[1]　高宏存，任德靖 . "一带一路"数字创意产业贸易的图景、困局与策略 [J]. 治理现代化研究，2022，38（6）：46-56.

三、人工智能服务推动数字服务智能化

人工智能服务推动数字服务自动化、智能化。面对各行各业应用人工智能进行转型需求的爆发式增长，国内外多家人工智能企业开始纷纷对外推出人工智能解决方案服务。以我国为例，百度公司凭借其深厚的技术积累，率先推出了 EasyDL 平台，内置百度自主研发的 AutoDL 技术，旨在为企业用户提供零门槛 AI 开发平台，实现一站式支持智能数据服务、模型训练、服务部署等全流程功能，且内含丰富的预训练模型库，支持图像分类、物体检测、图像分割、文本分类、情感倾向分析、音视频分类、表格数据预测等多类模型，能够最快 10 分钟完成模型训练。更重要的是，只需要少量数据就能训练出高精度模型，极大地降低了 AI 应用开发者定制 AI 服务的门槛与成本。自推出以来，EasyDL 平台已成功与数万家企业合作，将 AI 技术广泛应用于工业、零售、制造、互联网、交通等 20 多个行业领域，实现了 AI 技术的广泛落地与深度融合。

四、5G 网络服务拓展数字贸易全新场景

5G 应用新场景带来新的数字服务贸易机会。5G 网络服务以其高速率、低时延、高可靠性和广覆盖等优势，不仅极大丰富了个人用户的数字体验，满足了人们在居住、工作、休闲和交通等各种领域的多样化业务需求，如为用户提供超高清视频、虚拟现实、增强现实、云桌面及在线游戏等，而且还将渗透到物联网及各种行业领域，与工业、设施、医疗仪器、交通工具等垂直行业深度融合，有效满足其多样化业务需求，实现真正的"万物互联"①。同时，5G 应用新场景的不断涌现将催生出海量数字服务需求，推动新的数字服务产业的出现与发展，形成新的全球产业链，带来新的国际分工机会，进一步激发数字服务贸易潜能。

五、区块链服务搭建可信的数字贸易环境

区块链服务重塑数字资产交易生态。区块链具有去中心化、信息不可篡改、公开透明、信息可追溯等技术特点，正逐步重塑数字资产交易的生态环境，特别是其在解决国际贸易中普遍存在的信任缺失问题上的价值逐步显现。2020 年，世界贸易组织（WTO）与全球贸易融资组织联合发布的报告指出，区块链贸易创新项目在全球范围内正日益成熟，区块链可以给国际贸易带来两大好处：一是区块链能提高贸易流程的透明度与贸易标的的可追溯性。通过区块链，贸易参与方能够实时查看产品从生产到交付的全链条信息，确保产品与服务的质量可控，有效增强贸易伙伴间的信任基础。二是区块链能简化贸易文件与流程，实现数据的安全交换与监控。传统货物贸易中烦琐的文档处理与验证流程在区块链技术的支持下得以大幅简化，降低了交易成本并提高了效率，可以说，在数据、数字产品和数字服务贸易中，区块链的作用可能更为基础和关键。例如，数据在国内交易和国

专栏阅读 3-2
故宫太和殿"搬"到服贸会场 丰富多彩的"云"游打破时空束缚

---

① 杨淑华，廖婷. 湖南 5G| 高速度大连接 体验湖南联通 5G 黑科技 [EB/OL]. 红网（2019-03-14）[2022-12-11]. https://3c.rednet.cn/content/2019/03/14/5214558.html.

际贸易中普遍面临数据确权、数据安全、隐私保护、信任机制等问题。通过将区块链与数据交易系统相结合，利用共识算法对数据进行确权并记录交易信息，不仅强化了数据产权的保护力度，还提升了交易的合规性水平，最终构建起可信任的交易环境，突破数据流动"孤岛"。

本章小结

　　本章对数字贸易环境的分析主要包括四个方面，即政策法律环境、经济环境、社会文化和人口环境及技术环境。其中，政策法律环境分析主要包括数字贸易行业的主要政策、监管体系和法律法规三个方面；经济环境主要围绕国民经济发展状况、数字经济发展水平，分析我国经济发展的基本情况和地区数字经济发展情况；社会文化和人口环境主要围绕社会文化环境、人口环境中相关构成要素进行分析，对其在数字贸易发展过程中可能产生的影响进行了探讨；技术环境则主要介绍了云存储技术、数字平台服务、人工智能、5G 网络、区块链等数字技术服务对数字贸易的推动作用。

本章思考题：

　　1. 影响数字贸易发展的环境因素主要有哪些？
　　2. 试分析政策法律环境如何影响数字贸易的发展。
　　3. 试分析经济环境如何影响数字贸易的发展。
　　4. 试分析社会文化环境和人口环境如何影响数字贸易的发展。
　　5. 试分析技术环境如何影响数字贸易的发展。

案例研讨：

本章研讨案例

延伸阅读：

　　[1] 王拓，李俊，张威 . 美欧数字贸易发展经验及其对我国的政策启示 [J]. 国际贸易，2023（2）：57-63，86.

[2] 张群，周丹，吴石磊．我国数字贸易发展的态势、问题及对策研究 [J].经济纵横，2020（2）：106-112.

[3] 张茉楠，周念利．中美数字贸易博弈及我国对策 [J].宏观经济管理，2019（7）：13-19，27.

[4] 李扬子，杨秀云，高拴平．后疫情时代数字贸易发展新趋势、困境及中国对策 [J].国际贸易，2022（11）：57-63.

[5] 刘洪愧．数字贸易发展的经济效应与推进方略 [J].改革，2020（3）：40-52.

第四章

数字贸易战略

⊕ 本章要点

数字贸易战略及其分析工具

数字贸易战略的制定、实施和调控

数字贸易创新、竞争和发展战略

⊕ 关键术语

数字贸易战略　战略分析工具　SWOT分析法　波特五力模型　新7S原则

⊕ 章首案例

为探索数字贸易新发展模式，西安高新区充分发挥"服贸＋自贸＋自创"三大国家战略叠加优势，联合区内企业"易点天下"，以助推中国文化、企业、产品的全球数字化推广为核心，通过政企联合协同、共建全球服务平台、扩展应用场景、探索贸易新规则等方式，架构起中国文化、产品全球化、数字化推广路径。

西安高新区联合易点天下建设数字贸易服务平台，重点为数字贸易企业提供创业孵化、跨境电商、海外分销、供应链金融等服务，助力数字贸易企业降低成本。同时，由易点天下牵头搭建海外移动营销服务平台，扩展国内外通用的应用场景，打造SDK、DSP等四款核心功能产品，按行业类别对接谷歌、Facebook（现Meta）等全球媒体矩阵，实施内容嵌入与多语种宣传，为全球客户提供面向B端的立体化精准营销投放。实施投放流量实时统计与归集，动态调整宣传策略，收集分析全球客户意见及评论信息并向企业定向反馈，助力企业优化服务和产品，率先探索数字贸易国际化进程中的知识产权保护、定价与结算、数据流量统计等规则，先后与谷歌、Facebook等媒体平台达成多项协议，明确制作投放的宣传片、海报的知识产权归属易点天下，如被恶意使用、篡改，易点天下将视为合同违约，并将扣除相应投放费用。截至2023年，易点天下为跨境电商、工具应用及游戏等超过5000家广告主提供出海营销解决方案，搭建的海外移动营销服务平台已经覆盖全球200多个国家和地区，并与国际300余家主流媒体达成合作，通过具有自主知识产权的核心产品，已为今日头条、华为等客户及跨境电商等企业提供全球营销方案。同时，开发的人工智能算法能够精准动态了解投放效果，为及时调整策略提供更多支撑，助力国内产品和服务走出去。

资料来源：西安市商务局、广发证券。

第一节　数字贸易战略概述

■ 一、战略与数字贸易战略

（一）战略

战略（strategy）最早被理解为军事方面的概念，其英文名称"strategy"一词源于希腊语"strategos"，原意为"将兵术"或"将道"。在我国古代，对战略的称呼有多种表达，如谋、猷、韬略、方略、兵略等。随着时代的发展，尤其是各行业竞争日益激烈，战略的内涵与外延不断拓展，在政治、经济、文化及生态环境等方面均有涉及。从宏观至微观，具体表现为国家宏观发展战略、地区中观发展战略、产业战略乃至企业谋求更好的发展和竞争地位的战略等，无一不彰显着战略的重要性。

从企业的角度出发，雷蒙德·迈尔斯（Raymond Miles）和查尔斯·斯诺（Charles Snow）在 1978 年出版的《组织战略、结构和方法》一书中认为，企业战略并不是取决于组织类型或风格，而是取决于那些需要战略解决的基本性问题，主要包括事业问题、工程问题和行政问题三种类型。其中，事业问题是指企业如何管理市场份额；工程问题是指企业如何执行解决事业问题的方案；行政问题则是指企业应该如何架构以适应解决前两个问题的需要。基于这三种类型的问题，企业战略大致可划分为四种类型。

（1）防御者（defender），通常是指成熟行业中的成熟企业，公司通过采用高效生产、严格控制、连续可靠的方法来维护自身的市场地位。

（2）探索者（prospector），是指专门从事新产品和新市场开发的企业，其核心技能是市场能力和研发能力，拥有较多的技术种类和较长的产品线。

（3）分析者（analyzer），是指既能规避风险又能提供创新产品和服务的企业，它以有限的产品和技术为基础，通过提升品质来达到超越竞争者的目的。

（4）反应者（reactor），是指对企业外部环境缺乏控制的企业，其不仅缺乏适应外部竞争的能力，还缺乏有效的内部控制机能，进而导致其缺乏系统化的顶层战略设计与组织规划。

除此之外，从发展的维度审视，战略的形成通常与其所处时代的社会生产力和生产方式紧密相关，深受社会物质生产条件、科技发展水平、人的觉悟程度，以及政治、经济、社会、技术环境等多重因素影响。可以将战略理解为：组织在变化的环境中为了求得生存和发展，有效利用资源而建立的长期发展目标，以及实现目标的行动纲领，主要包含三方面内容，即目标、计划采用的方式及为建立长期竞争优势而制订计划的方式。战略不同于战术，二者是整体与局部的关系，表现为战略指导并制约着战术，而战术成功与否又决定了战略目标的实现与否。

（二）数字贸易战略

当今全球范围内，信息通信技术迅猛发展，与经济社会发展的各个领域深度融合，催生了数字贸易的快速兴起，并成为推动各国经济增长和社会进步的关键力量，将深刻改变全球经济格局、利益格局及安全格局[①]。因此，面对这一历史性的转变，制定一个既符合本国国情又顺应国际潮流的数字贸易战略，其重要性越发凸显。一般来说，数字贸易战略可以理解为利用互联网、大数据、云计算、人工智能等现代信息技术，对传统贸易流程进行深度整合与创新，形成线上与线下融合、数据驱动决策的新型贸易形态的战略规划。

纵观全球，各国政府、企业及社会组织出于推动经济增长、提升国际竞争力、促进创新发展，以及加强数据治理和安全保护，或是提高贸易效率、降低成本等目标的考虑，往往会制定相应的数字贸易战略，以确保数字贸易的健康、有序及可持续发展。因此，可以说数字贸易战略是指一个国家或地区为了在数字经济时代充分利用数字技术和数据资源、推动贸易模式创新和经济增长而制定的一系列关于数字贸易发展的目标、规划、政策和措施的总和，不仅涵盖信息技术服务、数字内容服务和离岸服务外包等，还涉及信息通信技术、金融保险、知识产权、文化娱乐，以及其他商业服务等数字化交付的知识密集型服务贸易领域。此外，数字贸易战略的实施可能会伴随一系列挑战和风险，如数据安全、隐私保护、网络安全、数字鸿沟及贸易摩擦等。因此，在制定和实施数字贸易战略时，需要各方共同努力，制定和遵守公平、透明、开放、包容的规则和标准，从而形成一个有机统一、相互促进的战略整体，以适应并引领数字时代贸易发展的新趋势。

■ 二、战略分析工具

数字经济时代，随着信息技术的飞速发展和全球市场的深度融合，企业面临前所未有的机遇与挑战，要求企业必须具备敏锐的洞察力和高效的决策能力，以应对瞬息万变的市场环境。战略分析工具正是企业在数字经济时代中站稳脚跟并谋求发展的重要利器，它是指通过系统化的分析方法，帮助主体识别市场机会、规避潜在风险、提升竞争优势及精准定位发展方向，进而制定科学有效战略规划的一种分析工具。主要包括 SWOT 分析法、波特五力模型、新 7S 原则、战略管理十步骤系统等战略分析工具。

（一）SWOT 分析法

SWOT 分析法，也称态势分析法或道斯矩阵，是一种针对研究对象内外部竞争环境和条件的综合态势评估法。该方法的核心在于识别并列举出与研究对象紧密相关的内部优势（strengths）、劣势（weaknesses），以及外部的机会（opportunities）和威胁（threats），随后将这些因素以矩阵形式进行组织，通过系统分析的思想，将这些因素相互匹配并深入分析，可以得出具有决策指导意义的结论。换言之，运用 SWOT 分析法可以全面、系统且准确地把握研究对象所处的情境，并基于这些分析结果针对性地制定相应的发展战略、规划及应对措施等。

---

① 李晓嘉 . 美国数字贸易战略：趋势、影响与应对 [J]. 人民论坛，2023（14）：89-93.

一般来说，SWOT 分析法具有系统性、结构化和动态性的特征。其中，系统性是指 SWOT 分析法将研究对象的内外部环境因素进行综合分析，形成一个完整的战略分析框架；结构化是指通过构建 SWOT 矩阵，将分析出的内容按轻重缓急及影响程度排序，便于制定优先战略；动态性则是指 SWOT 分析是一个持续的过程，随着研究对象内外部环境的变化，分析结果也会相应调整。将 SWOT 分析法应用于数字贸易领域，通过全面、系统地分析研究对象的内外部环境因素，有助于各经济主体更加清晰地认识自身的优劣势，并抓住机遇、应对挑战，从而制定出更加科学合理的数字贸易战略，以推动数字贸易的健康发展。

SWOT 分析模型如图 4-1 所示，具体分析如下。

优势 技术创新能力、 供应链管理能力、 产品质量、 人才资源储备、 数字产业生态、 ……	机会 政策支持、 新兴市场发展潜力、 全球数字化转型加速、 ……
劣势 数字基础设施差距、 数据安全与隐私 保护短板、 数字贸易规则话语 权较弱、 ……	威胁 贸易保护主义抬头、 新竞争对手、 技术快速迭代风险、 突发事件、 ……

图 4-1　SWOT 分析模型

（1）优势（strengths）指那些对研究对象自身有利的、值得发扬的内部因素。在数字贸易领域，优势具体体现在技术创新能力、供应链管理能力、产品质量、人才资源储备、数字产业生态等方面。

（2）劣势（weaknesses）指那些对研究对象自身不利的、需要规避的内部因素。在数字贸易领域，常见的劣势包括数字基础设施差距、数据安全与隐私保护短板、数字贸易规则话语权较弱等。

（3）机会（opportunities）指那些能够为研究对象带来积极影响的外部因素。在数字贸易领域，具体包括政策支持、新兴市场的发展潜力、全球数字化转型加速等。

（4）威胁（threats）指那些可能对研究对象造成不利影响的外部因素。在数字贸易领域，具体包括贸易保护主义抬头、新竞争对手、技术快速迭代风险、突发事件等。

（二）波特五力模型

波特五力模型（见图 4-2），由战略管理领域的先驱迈克尔·波特（Michael Porter）于 20 世纪 80 年代初提出，是全球范围内企业战略制定不可或缺的战略管理分析工具。该模型用于竞争战略的分析，能有效分析企业的竞争环境，进而揭示行业竞争环境的复杂性。迈克尔·波特的五力模型通过五个关键维度的深入剖析，为企业精准把握市场脉搏、制定有效竞争策略提供了强有力的工具。

具体而言，波特五力模型包括供应商的议价能力、购买者的议价能力、潜在竞争者的进入能力、替代品的替代能力及行业内现有竞争者间的竞争能力等。企业通过这五种能力分析行业内的竞争环境，以掌握行业的竞争格局。其中，供应商的议价能力反映了企业在原材料采购或服务获取方面面临的成本压力；购买者的议价能力关乎市场需求与消费者偏好的变化；潜在竞争者的进入能力提醒企业关注行业壁垒的高低及新进入者可能带来的竞争压力；替代品的替代能力要求企业时刻关注市场趋势与消费者需求的变化，以防替代品抢占市场份额；行业内现有竞争者间的竞争能力常常表现在价格、广告、产品介绍、售后服务等方面。一般而言，行业内企业的利益是紧密联系的，当各企业都在为自己的企业获得相对于竞争对手的优势时，必然会产生冲突与对抗现象。

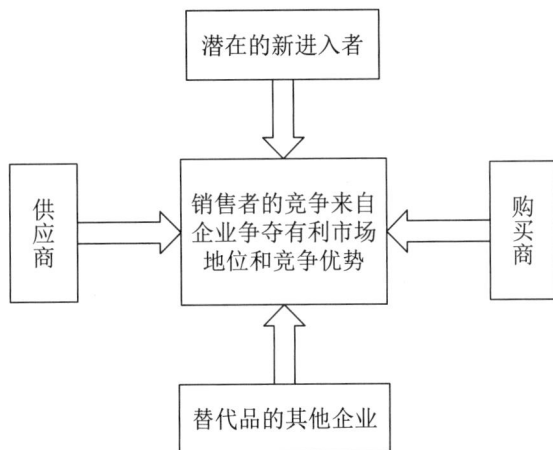

图 4-2　波特五力模型

值得注意的是，五力模型更多是一种理论思考工具，其有效性是建立在制定战略前深入了解整个行业信息、同行业之间只有竞争关系而没有合作关系、行业规模固定等假定基础之上的。在实际应用中，企业要结合自身实际情况与外部环境变化灵活运用该模型，以制定出既符合市场规律又具有前瞻性的竞争战略。

（三）新 7S 原则

新 7S 原则由美国管理大师达·维尼（Richard A. D'Aveni）于 20 世纪 90 年代提出，强调以深入理解长期动态战略互动为基础，旨在达成突破现状、创造一系列暂时性竞争优势、占据主动及维持优势等四大战略目标，其主要内容包括更高的股东满意度、前瞻性的战略预测、敏捷的速度、出其不意的定位、改变竞争规则、告示战略意图及一连串战略出击等。

（1）更高的股东满意度（stockholder satisfaction）。在这里，"股东"这一概念被广义化，即客户的概念，涵盖客户范畴的多个维度，如过去企业最重视的股东、市场导向管理中迅速得到重视的顾客群体及员工。企业应全面关注这些利益相关者的满意度，以构建更稳固的市场基础。

（2）前瞻性的战略预测（strategic soothsaying）。为了实现更高的客户满意度，企业应具备前瞻性视野，通过战略预测洞察市场与技术的未来演变，预判下一个竞争优势的来源，从而率先创造并抓住新机遇。

（3）敏捷的速度（speed）。在高度竞争的市场环境中，企业成功与否在于其能否创造出一系列的暂时优势。因此，企业应迅速响应市场变化，快速转换竞争优势，通过捕捉新需求、设法突破现状、瓦解竞争对手的既有优势，以及在竞争对手采取行动之前不断创造新的优势点，来保持领先地位。

（4）出其不意的定位（surprise）。经营者应致力于探寻价值创新的道路，而非仅仅聚焦于控制和管理现有的业务运作。通过出其不意的策略，打破常规，为企业带来颠覆性的成长动力。

（5）改变竞争规则（shifting the rules against the competition）。企业须勇于挑战行业既有观念与标准模式，通过创新性的竞争策略，重塑市场格局，而非亦步亦趋、被动应战。

（6）告示战略意图（signaling strategic intent）。向公众及产业内同行公开宣告企业的战略意图和未来行动，不仅是对竞争对手的警示，也是向市场传递信心与承诺的方式，有助于在顾客中有效地形成"占位效应"，使有购买意图的顾客等待发布告示企业的该种产品研制生产出来后再购买，而不去购买市场上已有其他企业的同类产品，以增强品牌忠诚度。

（7）一连串战略出击（simultaneous and sequential strategic thrusts）。单纯的优良资源优势或静态能力不足以确保战略成功。企业需要将资源与能力有效整合，通过一系列精心策划、相互协同的战略行动，持续夺取市场胜利，并将竞争优势迅速扩展至多个领域，实现全面的市场覆盖与影响力提升。

（四）战略管理十步骤系统

战略管理十步骤系统是一个系统化的工具，旨在帮助企业从受众的角度出发，全面规划并有效执行其发展战略。该系统由 10 个相互关联且自成体系的步骤构成，具体包括企业理念、环境分析、竞争控制、客户分析、自身状况分析、潜力分析、目标描述、视觉化/工作程序化、市场营销战略、市场营销控制等，为企业提供了从理念到市场控制的全方位指导。

（1）企业理念。企业理念即企业的"基本法"，是企业文化与经营哲学的核心体现，以书面形式明确，为企业全体员工及市场所熟知。它是构建企业长远发展规划的基石，引领企业战略的制定与实施，被誉为"战略的战略"。任何一个成功的企业都离不开一种强有力的企业文化，以及一种以书面形式存在的企业理念。

（2）环境分析。环境分析旨在识别外部环境变化带来的机遇与风险，对企业成功与否具有决定性的影响。通过持续监控市场趋势，企业能够提前预判并应对潜在的风险和机会，从而增加成功的概率。

（3）竞争控制。建立高效且运转良好的信息系统，持续收集并分析竞争对手的信息与动态，是确保企业竞争优势的关键。掌握竞争对手的策略与行动能使企业制定有效的竞争对策，具备长久的"抗敌"能力，并能持续盈利。

（4）客户分析。谁能长期为受众提供更好的问题解决方案，谁就能真正在市场中长久地立足。从这个意义上讲，客户分析的核心是识别并解决客户的核心需求与未满足的问题。成功的企业能系统地掌握市场和受众的潜在利益，以此获取大量具体且可直接运用的信息，从而更好地了解客户，为制定精准的市场营销战略提供有力支持。

（5）自身状况分析。自身状况分析意味着企业需要全面审视自身的强项与弱项、机遇与风险，明确自身在市场中的定位与潜力。通过运用正确的战略，企业可以更好地解决相关问题；反之，则会影响事业的发展。

（6）潜力分析。通过科学的方法，正确地研判自身在市场中的地位和处境，从而客观分析自身发展方向，以明确相应的行动路线，形成企业在市场中的比较优势或占据相对有利的地位，这是企业成功的决定性因素。要在现状分析的基础上，研究市场中至关重要的因素，以进一步研究战略性的潜在成功机会，从而制定确保成功的市场营销战略。

（7）目标描述。明确的战略目标是企业取得成功的重要先决条件，而书面的、具体的、理由充分的目标，可以帮助企业很容易地找到一个清晰的发展方向。无论如何，如果只将目标和战略停留在口头上，那么只有极少数人能将这些计划和方案付诸实施。

（8）视觉化／工作程序化。企业采用视觉化交流与工作程序化的方法是必要的。实践证明，这是一条行之有效的、明智的交流方法，有助于企业内部信息的有效传递与沟通，提升团队协作效率与执行力。

（9）市场营销战略。基于数据分析与方案规划，企业可以逐步着手制订营销计划。具体而言，先要确定市场营销的年度计划，并制定一系列具体措施，帮助企业在短期内有效实施战略方案。与生产战略、公共关系战略和采购战略类似，企业在销售战略上也要有明确且连贯的战略，以支持企业的长远目标和发展。

（10）市场营销控制。市场营销控制是整套方案的终点。通过一种可自我控制的、具有反馈功能的循环模型，确保企业战略能够长期、成功地执行。成功的企业能自动释放出强大的潜能，以满足市场强大且未被充分满足的需求。

■ 三、数字贸易战略规划

（一）战略规划

战略可以理解为有效地利用资源以实现其长期目标的过程。战略规划是制定组织长期目标并将其付诸实施的一个正式过程。制定战略规划需要经历三个阶段：一是确定目标，即各类主体在未来发展过程中，要应对不同变化所要达到的目标；二是制定规划，明确实现目标所需要的手段、措施和方法；三是将战略规划以文本形式呈现，以备评估、审批或修正等。因此，归结起来看，战略规划具有如下几个显著的特征。

（1）全局性。这是战略规划最根本的特征。它要求决策者以全局为研究对象来确定总目标，规定总行动，实现对整体发展的研究，而非过于关注某些局部性问题或细枝末节的讨论。

（2）长远性。战略规划的着眼点是未来的总体发展问题，是为了谋求长远利益和优势，而不是为了求得眼前的利益。同时，设想如果既定的行动措施得以执行，未来会产生怎样的结果，或是按照预期的情况确定行动措施可能会进行哪些改变。

（3）外向性。战略规划要求加强对内外部环境的分析与研判，结合自身实际和发展情况，进而确定如何对环境的变化做出反应。换句话说，战略不是封闭性的，而是要根据所处位置和环境来调整。

（4）整合性。战略所确定的战略目标和发展方向是一种原则性和概括性的规定。战略规划整合了相应的职能，提供了引导各项活动的总体目标，使各组织部门围绕着共同的目标努力，进而得以实现组织内部的协调。

（5）匹配性。战略是在竞争中战胜对手，应对外界环境的威胁、压力和挑战的整套行动方案。换句话说，为了利用市场机会，必须创造和保持与竞争对手的差异化优势，使资源和能力适配可以获得的机会和要求，以实现资源的最优配置。

（6）风险性。战略规划考虑的是未来，而未来是具有一定的不确定因素的，政策、法律、技术等环境的改变都可能影响战略目标的实现，因而，战略规划在制定过程中必须充分考虑潜在风险。

（二）数字贸易战略规划

商场如战场，制定数字贸易战略规划是各主要经济体、企业及社会组织在国际竞争中保持可持续竞争优势的重要保障。可以说，数字贸易战略规划是指企业或国家为应对数字化时代下的贸易变革而制定的一系列具有前瞻性、系统性和可操作性的计划与行动方案。这一规划旨在通过深入分析和把握数字贸易的发展趋势、竞争格局及自身资源与能力，明确数字贸易发展的目标、路径和重点任务。它涵盖数字贸易的基础设施建设、技术创新与应用、市场拓展、规则制定与合规管理等多个方面，旨在提升数字贸易的竞争力、创新力和可持续发展能力。该规划过程主要包括明确战略目标，以及如何通过数字贸易战略规划的实施，使企业或国家可以更好地适应数字化时代的贸易环境，实现贸易方式的转型升级，推动经济的高质量发展。

1. 第一步：进行环境分析

进行环境分析是企业或国家把握数字贸易发展趋势的重要前提。数字贸易作为数字经济在对外贸易领域的表现形式，其发展趋势受到全球经济、技术、政策等多方面因素的影响。通过深入分析这些因素，可以预测数字贸易的未来走向，识别数字贸易中的机遇与挑战，并确定自身的竞争优势与劣势，以确保战略规划的有效性和适应性。环境分析主要包括宏观环境评估和行业竞争态势分析。

1）宏观环境评估

数字贸易战略规划进行宏观环境评估所采用的方法主要是 PEST 分析工具。宏观环境评估有助于我们全面把握数字贸易的发展环境和趋势，主要从政治、经济、社会、技术四个角度展开。

在政治（politics）方面，主要考察各国数字贸易政策法规的制定与执行情况，包括数据隐私法、跨境电商税收政策等关键领域。例如，欧盟的《通用数据保护条例》（GDPR）就对数字贸易企业的数据处理行为设定了严格的标准。此外，还应关注贸易协定对数字贸易的影响，如《区域全面经济伙伴关系协定》（RCEP）中涉及的数字贸易便利化条款。这些都会对数字贸易的发展产生深远影响。

在经济（economy）方面，分析全球及本国经济增长趋势以及汇率波动对数字贸易的潜在影响。考虑市场规模和潜力，例如，随着互联网普及率的提高，新兴经济体的数字贸易市场潜力巨大。

在社会（society）方面，关注人口结构变化对数字贸易的影响，特别是青年一代对数字产品和服务的高接受度。此外，消费习惯的改变及文化差异也是不可忽视的因素。随着消费者对线上购物体验要求的提高，个性化、便捷化的服务成为数字贸易的重要发展方向。同时，不同文化背景的消费者对数字内容的偏好差异也要求数字贸易企业在产品设计和服务提供上更加多元化和个性化。

在技术（technology）方面，追踪信息技术、通信技术和网络安全技术的最新发展动态，为数字贸易提供强大的技术支撑。例如，5G技术的应用能够大幅提升数据传输速度，推动物联网设备在数字贸易中的广泛应用；区块链技术则能够增强贸易数据的透明度和安全性，为数字贸易的健康发展提供有力保障。

2）行业竞争态势分析

结合上述各个战略分析工具的特性，波特五力模型是分析行业竞争态势的有力工具，有助于全面了解数字贸易行业的竞争态势和发展趋势，以制定科学合理的数字贸易战略。波特五力模型包括供应商的议价能力、购买者的议价能力、潜在竞争者的进入能力、替代品的替代能力，以及行业内现有竞争者的竞争能力。

从供应商的议价能力角度出发，在数字贸易领域，技术供应商和内容提供商等上游供应商扮演着重要角色。由于某些技术或内容的独特性，这些供应商可能拥有较强的议价能力。例如，拥有独家内容或技术垄断的供应商在谈判中往往能够占据更有利的地位。

从购买者的议价能力角度出发，消费者在数字贸易平台上通常可以很方便地比较不同商家的价格和服务，从而选择性价比更高的产品。这种便利性使消费者在谈判中具有较强的议价能力。为了吸引和留住消费者，商家往往需要不断优化价格和服务策略，以满足消费者的需求。

从潜在竞争者的进入能力角度出发，随着技术门槛的逐渐降低，越来越多的传统贸易企业开始转型进入数字贸易领域，成为潜在的竞争者。这些企业拥有丰富的行业经验和资源，一旦成功转型，将可能对现有的市场竞争格局产生深远影响。因此，潜在竞争者的进入能力是一个不容忽视的重要因素。

从替代品的替代能力角度出发，在数字贸易领域，虽然线上渠道具有诸多优势，但传统线下贸易渠道在某些方面仍具有不可替代的作用。尤其是对于一些需要亲身体验的商品，如服装、家具等，消费者更倾向于通过线下渠道进行购买。因此，传统线下贸易渠道对数字贸易产品和服务仍具有一定的替代能力。

从现有竞争者的竞争能力角度出发，以跨境电商行业为例，亚马逊、阿里巴巴国际站等平台在市场份额、服务质量、价格等方面展开了全方位竞争，通过优化用户体验、提升服务质量、调整价格策略等手段，来争夺市场份额和用户资源。

2. 第二步：明确战略目标

明确战略目标是制定具体数字贸易战略规划的基础。在数字贸易领域，市场环境和竞争态势复杂多变，只有明确战略目标，才能有针对性地制定具体的战略规划，以确保战略的有效实施。

明确战略目标首先要确定战略目标的层次，进一步明确具体目标维度。其中，确定战略目标的层次主要涉及设定总体目标并分解总体目标为阶段性目标。例如，在未来 5 年内使本国数字贸易额占总贸易额的比例提升至一定水平，可以看作总体目标；在第 1 ～ 2 年重点完善数字基础设施建设，第 3 ～ 4 年推动数字技术在特定贸易领域的创新应用等，可以看作是由总体目标分解而来的阶段性目标。此外，在确定战略目标的层次后，还需要明确具体目标维度，如经济增长目标、国际竞争力目标，还是创新发展目标或是数据治理和安全保护目标等，只有这样，才能制定科学合理的数字贸易战略，推动数字贸易的健康发展。

3. 第三步：评估资源情况

在确定具体战略目标后，需要评估现有的资源情况。资源评估是数字贸易战略规划的重要环节，具体可分为内部资源盘点与外部资源获取渠道分析两大方面。

1）内部资源盘点

数字基础设施、人力资源状况、技术资源及财务资源等是数字贸易战略规划关注的重点。其中，数字基础设施的全面评估，涵盖现有网络带宽的容量、数据中心的规模与性能表现及云计算能力的强弱，特别是要考察企业内部数据中心是否足以支撑大数据的存储与高效处理需求。人力资源的现状考察则应具体统计数字贸易领域内专业人才的数量规模、专业素养构成及整体质量水平，如数据分析师、数字营销专家等关键岗位的人员配备及其专业技能掌握情况。此外，通过系统梳理技术资源和盘点财务资源，清晰界定可用于数字贸易战略推进的技术资源和资金来源渠道。通过这些内部资源的盘点，明晰战略制定的内部优势。

2）外部资源获取渠道分析

外部资源获取渠道分析侧重于探索如何从外部环境获取更多资源支持。一方面，应研究外部资金支持的获取途径，如通过风险投资机构的注资、在资本市场进行融资等方式来筹集资金；另一方面，应考虑与技术合作伙伴的协作方式，比如，与领先的科技公司建立战略联盟关系，携手开展新技术的研发工作，并将其应用于数字贸易实践。此外，还应积极探索与高校及科研机构在人才培养与引进方面的合作模式，如共建实习基地、开展联合培养研究生项目等，以持续扩充和优化企业的人才队伍。

4. 第四步：制定数字贸易战略

要在选择战略模式和确定战略重点领域等过程的基础上，确定科学合理的、符合自身国情的数字贸易发展战略。其中，战略模式包括市场渗透战略、市场开发战略、产品开发战略及多元化战略等，确定合适的战略模式能保障数字贸易战略的有效开展。此外，结合目标设定和资源评估两个步骤的内容，确定战略开展的重点领域，进一步制定出科学、可行且有效的数字贸易战略。

5. 第五步：战略实施与调整

一方面，需要制定战略实施的具体计划，即将战略细化为具体的年度、季度和月度实施计划，明确每个阶段的工作任务、责任部门和责任人，并建立沟通协调机制，确保各个部门之间能够有效沟通和协作。另一方面，要对数字贸易战略进行动态调整。如果该战略的实施实现或超越了既定目标，那么无须对其进行根本改变；如果没有达到目标，就需要对战略进行动态调整，包括调整目标、优化战略重点领域、改变实施计划等。如果外部环境发生重大变化，如国际数字贸易规则出现新的限制条款，要及时调整战略以适应新的形势。

制定数字贸易战略规划是一个既复杂又持续的过程。它要求决策者先进行深入的环境分析，充分理解全球数字贸易的发展趋势、竞争格局以及潜在的市场机遇。随后，基于这些分析，明确自身的战略定位与目标，确保规划能够贴合实际情况和长远发展方向。在制定过程中，仍需要综合考量技术革新、法律法规、国际贸易规则等多重因素，确保战略的可行性和合规性。此外，随着市场环境的不断变化，还应持续评估、调整与优化，构建前瞻性、适应性与竞争力兼具的战略规划体系，以适应新的挑战和机遇，为数字贸易长远发展筑牢根基并指明方向。

第二节 数字贸易创新战略

一、数字贸易创新战略概述

数字贸易创新战略可以看作数字贸易战略的核心驱动与关键深化。在当今数字化浪潮席卷全球经济的时代背景下，数字贸易创新战略可以理解为以创新为核心要素的一系列战略规划与行动部署，聚焦于挖掘数字技术在贸易流程、模式、业态及制度规则构建等多方面的创新潜力，致力于突破传统贸易的局限，创造全新的贸易机会与竞争优势。主要涉及贸易模式创新、制度创新、贸易规则创新等方面的内容。

以贸易模式创新为例，其借助互联网、大数据、人工智能等数字技术，打破传统贸易的时空限制，发展跨境电商、数字服务贸易等新模式，实现商品和服务的线上交易与交付。其中，就跨境电商而言，我国在《中华人民共和国海关法》《中华人民共和国进出境动植物检疫法》《中华人民共和国进出口商品检验法》，以及《中华人民共和国电子商务法》等法律法规的基础上提出了《关于跨境电子商务零售进出口商品有关监管事宜的公告》，以做好跨境电子商务零售进出口商品的监管工作[①]。此外，跨境电商作为一种外贸新业态、新模式，其驱动核心在于科技创新，并积极运用新技术、适应新趋势、培育新动能。基于此，2024年6月，商务部等9部门发布了《关于拓展跨境电商出口推进海外仓建设的意见》，指出跨境电商与海外仓等新型外贸基础设施协同联动的重要性[②]，凸显了跨境电商在当前外贸环境中的战略地位。

① 海关总署.海关总署公告2018年第194号（关于跨境电子商务零售进出口商品有关监管事宜的公告）[EB/OL].（2018-12-10）[2024-11-21]. https://www.gov.cn/zhengce/zhengceku/2018-12/31/content_5447414.htm.
② 中华人民共和国商务部.商务部等9部门关于拓展跨境电商出口推进海外仓建设的意见[EB/OL].（2024-06-12）[2024-11-21]. https://www.gov.cn/zhengce/zhengceku/202406/content_6956847.htm.

■ 二、世界各主要经济体的典型数字贸易创新战略

当前，数字贸易已成为国际贸易领域中最具活力与潜力的重要组成部分。世界各主要经济体在提出数字贸易战略的同时，纷纷在贸易模式、贸易业态、贸易规则等方面创新，制定符合自身特色又区别于他国的数字贸易创新战略，以抢占全球数字贸易的制高点。

（一）美国

美国是当今世界数字贸易最发达的国家之一，主导全球数字贸易治理格局①。2013年，美国国际贸易委员会率先提出数字贸易的概念，但未将实物贸易纳入其中②。随后，不断夯实理论研究，拓宽数字贸易的内涵与范围，以提出较为全面且能得到广泛共识的概念，积极推动双边及多边谈判，制定数字贸易规则。此外，美国在技术创新、市场准入、数据流动等方面也积极开展创新。美国凭借其在数字技术领域的领先地位，鼓励企业加大研发投入，提高数字技术的创新能力和应用水平，并致力于降低数字贸易壁垒，推动市场准入自由化，为数字贸易创造更加宽松的环境。

2024年5月6日，美国国务院正式发布了《美国国际网络空间和数字政策战略：迈向创新、安全和尊重权利的数字未来》。该战略创造性地提出了"数字团结"（digital solidarity）的概念，即各国愿意为了共同的目标团结一致，携手合作，通过帮助合作伙伴建设能力和相互支持，共同推进数字技术的健康发展。数字团结概念的提出，基于这样一种认识：当全球各国共同努力，积极塑造国际环境，并在技术前沿领域不断创新时，所有以尊重权利为前提使用数字技术的国家和个人，都将享受到更大的安全、韧性、自决权和繁荣。③为了构建广泛的数字团结，该战略明确提出了三项指导原则和四个行动领域。其中，三项指导原则指的是：第一，基于包括国际人权法在内的国际法，积极构建一个安全且包容的网络空间愿景；第二，将网络安全、可持续发展和技术创新三者紧密结合；第三，制定全面的政策方针，在整个数字生态系统中利用适当的外交工具以及与国际关系相关的治国方略。四个行动领域则主要包括：一是致力于促进、建立和维护一个开放、包容、安全和具有韧性的数字生态系统；二是与国际合作伙伴共同努力，将尊重权利的理念与数字和数据治理协调一致；三是在网络空间推动负责任的国家行为，通过建立联盟以及与合作伙伴协调，共同应对网络空间和关键基础设施所面临的威胁；四是加强和建设国际合作伙伴的数字和网络能力，特别是打击网络犯罪的能力。

（二）中国

开放是中国式现代化的鲜明标识。党的十八大以来，我国在数字经济发展方面取得了显著成就，数字贸易保持良好发展态势，为进一步的创新发展奠定了良好的基础和条件。

---

① 李晓嘉. 美国数字贸易战略：趋势、影响与应对 [J]. 人民论坛，2023（14）：89-93.

② 刘晨哲，宾建成. 数字贸易国际规则新进展 [EB/OL].（2021-08-11）[2024-11-21]. https://shangwuju.tj.gov.cn/tjsswjzz/ztzl/ztzl/swfzjsgz1/gpmy/hyzc/202109/t20210901_5573997.html.

③ U.S. Department of State.Building Digital Solidarity: The United States International Cyberspace & Digital Policy Strategy.（2024-05-08）[2024-11-21]. https://www.state.gov/building-digital-solidarity-the-united-states-international-cyberspace-and-digital-policy-strategy/#:～:text=The%20United%20States%20released%20the，on%20building%20broad%20digital%20solidarity.

比如，我国拥有庞大的网民群体、不断壮大的数字技术人才队伍、相对丰富的数据资源，以及广泛的贸易数字化应用场景。同时，我国已成为全球重要的企业对消费者（B2C）跨境电商交易市场，拥有全球规模最大、技术领先的网络基础设施，光纤网络接入带宽实现了从十兆到百兆再到千兆的飞跃，移动网络也实现了跨越式发展。此外，我国的数字经济领域平台企业正加速出海，影响力和竞争力日益提升 ①。

在全球数字经济快速发展的背景下，中国积极推进数字贸易创新战略，推出多维度的规划与具体举措，主要涉及数字基础设施建设、数字技术创新应用、贸易规则与监管创新、数字贸易平台打造及人才培养与引进等领域。通过多方面的协同推进，我国正逐步提升在全球数字贸易领域的竞争力与影响力。

1. 数字基础设施建设

我国大力投入网络基础设施建设，加速 5G 网络的覆盖与应用，依托其高速率、低时延的特性为数字贸易提供强大通信支撑，使众多智能设备得以流畅连接，实现数据的高速传输，保障跨境电商交易、数字金融服务等业务的高效运行。

2. 数字技术创新应用

聚焦于大数据、人工智能、区块链等关键技术的研发。以跨境电商领域为例，借助大数据技术分析消费者偏好与市场趋势，助力企业精准营销与优化产品供给；推动人工智能技术在智能客服、智能物流调度等环节的应用，提高服务效率并降低运营成本；利用区块链技术保障跨境贸易中的数据安全与信任机制，实现商品溯源和交易信息的不可篡改，增强交易各方的信心。

3. 贸易规则与监管创新

我国积极参与国际数字贸易规则的探讨与制定，在世界贸易组织等国际平台上表达自身诉求与理念，同时结合国内数字贸易发展的实际情况，制定一系列相关政策法规。例如，在数据跨境流动方面，构建科学合理的数据安全评估体系；在保障数据主权与安全的前提下，促进数据的合法有序跨境流动，以满足企业开展国际业务的数据需求；在知识产权保护上，加强数字环境下的知识产权执法力度，通过完善法律法规和加强监管措施，打击数字侵权行为，保护创新者的权益，为数字贸易的创新营造良好的法治环境。

4. 数字贸易平台打造

着力培育一批具有国际影响力的综合性和专业性数字贸易平台。例如，阿里巴巴国际站等综合性平台整合了全球供应商与采购商资源，提供从产品展示、交易撮合到物流配送、支付结算等一站式服务，极大地便利了跨境贸易活动；专业性平台如专注于特定行业的中国制造网，针对制造业企业的需求，提供深度的行业信息与精准的贸易匹配服务，推动行业内数字贸易的专业化发展。

5. 人才培养与引进策略

推动教育体系改革，高校和职业院校纷纷开设数字贸易相关专业与课程，将数字技术知识与国际贸易理论有机结合，培养既懂技术又懂贸易的复合型人才。同时，各地政府出

---

① 周若馨. 创新发展数字贸易（有的放矢）[N]. 人民日报，2024-08-30（009）.

台优惠政策吸引国内外数字贸易高端人才，如提供住房补贴、科研启动资金等，为数字贸易创新发展汇聚智力资源，确保在技术研发、商业模式创新等方面拥有持续的动力源泉。

专栏阅读 4-1:
江苏无锡激活数
字贸易新动能

（三）欧盟

贸易是欧盟最有力的工具之一。它不仅是欧洲内部市场活力的源泉，也是欧盟在国际行动中坚定行动的重要支撑。得益于开放的贸易体制，欧盟已成为全球最大的农产品、工业制成品及服务贸易体之一，在对内和对外的国际投资中也占据领先地位①。共同商业政策更是使欧盟在全球舞台上能够以一个统一的声音发言，成为其独特的工具。

在数字经济时代，欧盟致力于构建数字单一市场，推动成员国间数字贸易的自由流通与公平竞争。为保护数据和个人隐私权益，欧盟出台了一系列严格的数据保护法规，如《通用数据保护条例》（GDPR），为数字贸易的发展提供了坚实的法律基础。同时，欧盟积极参与国际数字贸易规则的制定，努力构建符合欧盟自身利益的数字贸易体系。2020年3月10日，欧盟委员会发布了《欧洲新产业战略》，旨在通过一系列创新战略举措推动欧洲产业的绿色与数字化转型，提升欧洲在全球竞争中的竞争力与战略主动权，主要包括新产业战略、中小企业战略和单一市场三大核心部分②。

1. 新产业战略

新产业战略明确了引领绿色和数字化转型的行动方向和路线，旨在实现三个关键优先事项：保持欧洲产业的全球竞争力并在区域内外乃至全球塑造公平的竞争环境，到2050年实现欧洲气候中立及塑造欧洲的数字未来。主要包括深化单一市场数字化、维护全球公平竞争、支持产业向气候中立转型、打造循环经济、培育创新精神、确保技能供应与知识更新及提供产业转型所需的投融资共7项系列未来行动。此外，该战略还强调了加强欧洲的产业和战略自主权。

2. 中小企业战略

中小企业战略专注于帮助中小企业进行数字化和绿色转型。该战略从向可持续和数字化过渡的能力建设和支持、减轻监管负担并改善市场准入及改善融资渠道三个方面提出了具体的行动计划。

3. 单一市场行动

单一市场是欧洲最强大的资产之一，刺激了欧盟内部的竞争与贸易，为公民提供了丰富的商品与服务选择，以及更多的就业和创业机会，为欧洲企业提供了成为全球商业舞台领导者所需的跳板。然而，欧盟在充分利用单一市场潜力方面仍面临障碍，为此，欧盟委员会通过了"更好地实施和执行单一市场规则的行动计划"，旨在通过成员国与欧盟委员会之间的新伙伴关系，确保共同市场规则得到正确执行和应用。在此背景下，"行动计划"

---

① European Commission.Trade Policy Review - An Open，Sustainable and Assertive Trade Policy[Z]. Brussels，2021-02-18.

② 王慧芳，黄健.欧盟新产业战略塑造有竞争力的绿色和数字欧洲 [N]. 科技政策与咨询快报，2020-06-15（005）.

还成立了欧盟委员会和成员国联合工作组，以加强在执行单一市场规则方面的合作，并支持成员国和地方当局正确实施欧洲法律，对违反单一市场规则的行为采取坚决行动。

（四）其他国家或地区

当前，国际技术竞争和数字领域主导权竞争日益激烈，众多国家和组织积极推动制定各自的数字贸易创新战略，力图在塑造全球数字经济治理新秩序过程中掌握主导权，以抢占数字经济时代的先机[①]。除了中国、美国和欧盟这三大经济体外，包括东亚的日韩及东南亚的新加坡在内的诸多国家和组织也加入了这一行列。

1. 日本

日本作为发达国家之一，长期以其强大的制造业和出口导向型经济模式闻名。进入数字时代，日本更是展现出巨大的数字经济和贸易发展潜力。为了在全球数字经济蓬勃发展的背景下谋求国际贸易新形态中的竞争优势，日本积极制定并推出一系列数字贸易创新战略。

自 20 世纪 90 年代经济泡沫破灭以来，日本的创新体系曾一度陷入停滞。然而，在数字技术的推动下，日本在数字贸易和全球数据治理方面取得了显著进展。尽管如此，日本国内实现数字社会的举措仍处于起步阶段。作为国际数据治理的重要参与者，日本自 2016 年起相继发布了《科学技术创新综合战略 2016》《综合创新战略》《集成创新战略》《第 2 期战略性创新推进计划（SIP）》等一系列战略计划[②]，旨在推动数字经济尤其是数字贸易的全面发展。

2021 年 6 月，日本宣布了首个全面的数据战略——国家数据战略（NDS），旨在为建立数字社会奠定基础。该战略的基本价值在于"建成以市民为中心并兼顾效率和信任的社会"，将通过"实现经济发展和解决社会问题以创造新价值"的以人为本的社会来体现，并将通过数字孪生技术来实现。[③] 为了实施这一创新战略，日本于 2021 年 9 月成立了"数字厅"，标志着日本在数字化发展道路上迈出了关键一步。这些举措不仅体现了日本对数字社会的重视，也为其未来在数字经济领域的持续发展和创新奠定了坚实基础。展望未来，日本将继续深化数字贸易创新战略的实施，推动数字经济的全面发展，为构建更加开放、包容、普惠、平衡、共赢的全球数字经济体系贡献力量。

2. 韩国

近年来，韩国在全球数字经济领域的影响力显著增强。韩国在知识产权领域的革新是其提升数字经济竞争力的关键举措之一。2021 年 2 月 23 日，韩国知识产权局在第 28 届国家知识产权委员会会议上发布了一项基于人工智能和数据的数字化知识产权创新战略。该战略旨在增强韩国在人工智能、大数据等数字产业领域的竞争力，推动韩国经济在数字

[①]　黄庆明，游传满 . 韩国新数字发展战略的背景和要点简析 [EB/OL].（2023-07-13）[2024-11-22]. https://news.qq.com/rain/a/20230713A0842M00.

[②]　蓝庆新，彭一然 . 日本"数字新政"战略动机与发展特征 [J]. 人民论坛，2020（25）：128-131.

[③]　Mariko Togashi，走出去智库（CGGT）战略研究部 译 . 日本数据战略及双边、多边数字政策分析 [EB/OL].（2023-04-13）[2024-11-22]. http://www.cggthinktank.com/2023-04-13/100077728.html.

时代占据领先地位 ①。

2022 年，推出了一系列改革创新发展方案，数字经济是重点之一。2022 年 9 月韩国正式提出了与数字经济发展相关的两大发展目标：把韩国发展成"数字秩序主导国"和"人工智能强国"。韩国正式发布《大韩民国数字战略》，包含打造全球顶级水平的数字实力、大力扩展数字经济、提升数字社会的包容性、构建开放的政府数字平台及推动数字文化创新在内的五项战略。这些创新战略举措的实施，将有助于韩国在数字经济领域，尤其是在数字贸易领域，实现更大的突破和发展。

3. 新加坡

新加坡作为全球知名的商业中心和国际物流枢纽，近年来紧抓世界数字经济发展的契机，积极参与全球数字贸易体系的构建，陆续与部分国家和地区签署了多项数字经济贸易协定，以降低数字贸易壁垒和促进世界数字贸易的繁荣发展，并提升自身的数字贸易竞争力。

推出扶持政策助力企业数字化转型也是新加坡助力数字贸易发展的创新战略。在推动制造业发展方面，新加坡同样不遗余力。制造业作为新加坡的"国之重器"，在 2020 年的 GDP 中占据了 22% 的比重。为了进一步提升制造业的竞争力，新加坡在 2021 年初推出了制造业 2030 愿景，旨在推动该产业的发展，促进产业与国家实现智慧转型。在此基础上，新加坡创新性地推出"新加坡 +1"战略，鼓励制造企业利用新加坡的地理优势和丰富的人才资源等，将新加坡作为企业在东南亚地区的"控制塔"，承担总部、物流中心、研发中心及结算中心的重要功能 ②。同时，结合东南亚其他国家的生产和成本优势，实现资源的最优配置，产生"1+1>2"的协同效应。同时，为助力上游基础研发，新加坡进一步推出了"研究、创新与企业 2025 计划"，准备在未来五年投入 250 亿元新币，持续强化和深化新加坡的创新与研发能力。这是新加坡 30 年来最大的科研拨款，旨在推动大健康、绿色发展、制造与贸易及数字经济四个重点领域的创新发展，为新加坡建立强大的科研储备提供有力支持。

2024 年 7 月 25 日，新加坡与欧盟成功完成了《数字贸易协定》（DTA）的相关谈判，并将在各自内部程序结束后正式签署。这一协定的达成，进一步细化了数字贸易原则的相关内容，标志着新加坡在积极推进全球数字贸易发展及数字经济增长方面又迈出了坚实的一步 ③。展望未来，新加坡将不断提升本国在数字贸易领域的竞争力，为全球数字贸易的繁荣发展作出重要贡献。

▌三、中国数字贸易创新战略实施的着力点

党的十八大以来，我国数字贸易持续展现出强劲的发展势头。2023 年，我国可数字化交付的服务进出口规模达到 27 193.7 亿元，同比增长 8.5%。其中，出口额为 15 435.2 亿元，增长 9.0%；进口额为 11 758.5 亿元，增长 7.8%。同年，跨境电商进出口总额达到

---

① 韩国知识产权局，罗毅 编译. 韩国知识产权局发布数字化知识产权创新战略 [EB/OL].（2021-03-17）[2024-11-22]. https://www.worldip.cn/index.php?m=content&c=index&a=show&catid=64&id=1655.

② 36 氪出海. 创"新"不竭，拥抱新加坡 [EB/OL].（2021-10-27）[2024-11-22]. https://www.36kr.com/p/1437465751764617.

③ 蔡本田. 新加坡加快提升数字贸易竞争力 [N]. 经济日报，2024-10-15（008）.

2.38万亿元，实现了15.6%的增长。然而，数字贸易创新发展在面临经济社会数字化带来的历史机遇的同时，仍需要妥善应对一系列挑战，如数字贸易领域开放不足、数字贸易治理体系有待完善及全球数字贸易规则构建面临难题等。基于此，我国实施数字贸易创新战略，统筹协调各部门力量，旨在形成促进数字贸易发展的合力①。

（一）分领域支持数字贸易发展

分领域支持数字贸易发展是我国实施数字贸易创新战略的重要着力点，意味着要对数字贸易的不同领域实施不同的创新战略。例如，为增强数字贸易发展的动力与活力，我国应加强数字应用场景和模式的创新，并积极支持数字产品贸易，营造有利于数字产品"走出去"的良好环境。在数字服务贸易方面，持续优化并促进数字金融、在线教育、远程医疗等新兴业态的创新发展；在数字技术贸易方面，加快发展通信、物联网、云计算等领域的对外贸易，并积极探索数据贸易，逐步形成较为成熟的数据贸易模式；在企业数字化方面，加快贸易全链条的数字化赋能，培育具有较强创新能力和国际竞争力的数字贸易领军企业，提升在全球范围内配置资源、布局市场网络的能力，并培育支持具有独特竞争优势的中小型数字贸易企业走"专精特新"的发展道路。

（二）推进数字贸易制度型开放

制度型开放是数字贸易创新战略的重要驱动力，有助于为数字贸易创新提供制度活力、拓宽市场空间、推动与全球趋势融合等。基于此，为确保数字贸易创新战略的有效实施，我国以数字贸易制度型开放为抓手，致力于放宽数字领域市场准入，提高外资企业在境内数字贸易领域的投资运营便利化水平。同时，健全数据出境安全管理制度，确保数据跨境的安全有序流动。为打造数字贸易高水平开放平台，积极对接国际高标准经贸规则，鼓励数字领域的各类改革和开放措施进行先行先试与压力测试，并充分发挥中国国际进口博览会、中国国际服务贸易交易会、全球数字贸易博览会等平台作用。

（三）完善数字贸易治理体系

数字贸易治理体系的完善是数字贸易创新战略有效实施的重要保障。我国积极参与多双边和区域数字贸易相关规则的制定，如世界贸易组织（WTO）、二十国集团（G20）、亚太经合组织（APEC）等，以营造开放、公平、公正、非歧视的数字发展环境。同时，积极推进加入《全面与进步跨太平洋伙伴关系协定》（CPTPP）和《数字经济伙伴关系协定》（DEPA）进程，并加强与东盟国家、中亚国家、金砖国家、上海合作组织成员国等的数字贸易合作。进一步地，我国还优化调整禁止、限制进出口技术目录，以维护数字领域产业安全，推动全球数字技术、产品和服务供应链的开放、安全、稳定与可持续发展。

（四）加强数字贸易规则构建

数字贸易规则是数字贸易创新战略的基石。为推进数字贸易领域的法治建设，我国加

---

① 新华社北京，谷玥. 学习《决定》每日问答 | 创新发展数字贸易需要把握哪些重点 [EB/OL].（2024-09-21）[2024-11-21]. http://www.news.cn/politics/20240921/eab92f9237fc485583d1da36af6480f8/c.html.

强相关立法工作，统筹推进国内法治和涉外法治，并鼓励有条件的地方出台数字贸易地方性法规。同时，加强数字贸易标准化技术组织建设，加快标准制定与修订工作。在知识产权方面，研究构建数据知识产权保护规则，加强公共服务及涉及数字贸易的商标注册和保护。此外，还强化数字贸易人才智力支撑，支持高等学校设置数字贸易相关学科，加强拔尖创新人才培养，并深化校企、政企合作，支持企业加强专业人才培训。

第三节 数字贸易竞争战略

在全球化与数字化交织的新时代，数字贸易已成为国际竞争的新高地，其战略地位日益凸显。全球数字竞争版图正经历着前所未有的重塑，各国纷纷加大在数字经济、数字贸易领域的投入与布局，力求在新一轮科技革命和产业变革中占据先机。美国作为全球科技与经济的领头羊，其对中国的数字竞争战略尤为值得关注，这不仅关乎两国之间的经济博弈，更深刻影响全球数字贸易规则的制定与未来走向。深入了解这些内容，有助于更好地理解数字贸易竞争的本质，为在全球市场中制定有效的竞争战略提供重要参考。

一、全球数字贸易竞争版图

（一）中美欧三方鼎立

当前，数字经济已成为世界各国尽快摆脱经济低迷、推动经济长期发展的主要动力。数字空间作为各国在发展与安全利益博弈中的一个重要方面，使全球数字竞争版图呈现中美欧三方鼎立的态势。

在数字贸易领域，数字空间可以看作一个依托信息技术构建的、用于开展数字化交易活动的虚拟领域，不仅承载着巨大的发展潜力，更关乎国家经济安全，对国家发展具有极高的战略价值。因此，主要国家纷纷升级本国的数字发展战略，加速数字化转型升级。和其他领域相似，数字空间格局也是由国家经济实力决定的。从数字经济体量来看，中美欧已形成三方鼎立的发展格局。美国凭借强大的经济实力，在数字经济规模上走在世界前列，相关数据显示，2022 年美国的数字经济总量达 17.2 万亿美元；中国紧随其后，数字经济发展速度迅猛，同期规模为 7.5 万亿美元；欧洲国家中，德国、英国和法国等也拥有可观的数字经济规模，其中，德国位居第三，规模达到 2.9 万亿美元，英国和法国的数字经济规模也均超过 1 万亿美元①。

可以说，美国仍是目前数字经济的最大赢家，而中国和欧洲则各有所长，虽然总体实力不及美国，但发展速度很快。以我国为例，由于重视顶层设计和保障关键技术的创新发展，我国在信息化的理论和技术方面走在世界前列，数字经济发展速度明显快于欧洲。然而，在数字经济占 GDP 比重方面，欧洲部分国家表现出明显优势。中国信息通信研究院

---

① 中国信息通信研究院. 全球数字经济白皮书（2023 年）[R]. 北京：中国信息通信研究院，2024.

发布的《全球数字经济白皮书（2023 年）》显示，2022 年，英国、德国、美国数字经济占 GDP 比重位列全球前三，均超过 65%，而同期中国数字经济占 GDP 比重为 41.5%，与之相比仍有差距。

值得注意的是，与此同时，美欧在数字空间领域的竞争越发激烈，特别是在数字税等问题上存在显著分歧。长期以来，美国科技巨头利用传统的税收法律漏洞从欧洲获得了巨额利润，并在欧洲的电商、搜索、社交等主要数字市场占据垄断地位，使欧洲本地数字产业受到极大排挤，引发了欧洲大部分国家的广泛不满，加剧了双方之间的竞争态势。在此背景下，一些欧洲国家希望把握数字时代发展机遇，使欧洲在世界上的地位重新焕发生机。这与美国特朗普政府奉行的"美国优先"的单边主义政策形成鲜明对比，从而进一步加剧了美欧间的数字竞争。数字时代的竞争格局已发生深刻变化，各国实力此消彼长，数字空间权力重新分配已悄然开始。

（二）数据成为竞争新焦点

随着第四次科技革命的推进，互联网、大数据、人工智能和物联网等先进技术成为重要驱动力，加速人类迈向数字化、智能化新时代。数据作为一种新型的生产要素，已成为数字时代具有战略意义的信息资源。在全球经济发展中，数据流动所起的作用远远大于传统的跨国贸易和投资，支撑着现代社会包括商品、服务、资本、人才等在内的几乎所有类型的全球化活动，同时也在各国经济社会发展中发挥着巨大作用。因此，国际间数据跨境流动逐步成为各国竞争的焦点。

21 世纪以来，如何最大限度地利用信息资源的流通与分享也已成为各国的首要目标。以欧洲为例，它强调网络主权和数据主权，通过在个人信息保护领域进行立法，率先将个人信息的境内保护延伸到境外，被称为"长臂管辖"的一种新形式。2018 年 5 月起实施的欧盟《通用数据保护条例》（General Data Protection Regulation，GDPR）则是其主要内容的具体体现。该条例被视为有史以来最严格的个人信息保护政策，对个人资料的跨境流动设定了最为严格的限制。随后，受 GDPR 影响，世界上大部分国家都在草拟各自的（限制）数据流动制度。

相对于欧盟而言，美国的数字经济政策更具扩张性和竞争性，在数据流动的管控方面较为宽松，鼓励数据自由流动，采取的是"促进资本发展模式"。在这一模式下，由于美国在世界范围内数据平台上的领先地位，以及其不希望他国对本国数据进行限制，因此，干预程度较低，主要采用行业自律的方式，即通过行业内部的行为准则或法规来达到自我规范和自我约束。例如，2020 年，美国就曾号召各国在世贸组织框架下开展电子商务诸边谈判，要求跨境数据自由流动，对电子传输实行永久性的免税，并禁止数据本地化。但松中有紧，美国也在界定重要数据范围、限制重要技术数据出口和特定数据领域的外国投资等关键领域实施数据管控，以遏制战略竞争对手的发展。

就我国而言，跨境数据流动问题具有特殊性。由我国的《全球数据安全倡议》可以看出，与当前主张"限制论"的多数国家不同，我国努力实现"和平、安全、开放、合作有序的网络空间命运共同体"。同时，作为数据主权的替代，我国主张"数据安全主权"与"人类数据命运共同体"的理念，承认各国对于数据安全的合理关切，并支持数据在各国

专栏阅读 4-2
韩国新数字竞争
法案：创新和投
资的倒退

之间的合理流动与合作 ①。展望未来，在全球数字竞争中，中国应继续加强数字贸易发展战略，提升数字经济发展水平，为构建更加公平、合理的全球数字治理体系贡献力量。

二、当前美国对中国的数字贸易竞争战略

长期来看，美国致力于维持其在全球数字贸易治理中的影响力，而数字经济也已成为中美战略竞争的关键领域。美国智库对中美数字竞争所持有的主要观点及其提出的政策建议，普遍呈现出对中国的负面立场，认为中国在数字领域的崛起对美国构成了全面的挑战与威胁 ②。在此背景下，美国正对中国实施一项全面的数字竞争战略，即以发展数字技术为先驱，以抢占数字治理与规则的主导权为支撑，以挤压中国数字市场并开拓美国在发展中国家的数字市场为后盾，旨在确保美国在数字领域相对于中国保持绝对优势 ③。

（一）抢占数字贸易规则主导权

当前，我国在数字贸易领域的快速发展被美国视为其在亚太地区主导权的主要威胁。一般来说，美国主要通过与有关国家和地区进行谈判协商，推动以服务贸易为核心的贸易规则制定来实施其数字贸易治理。美国提出的"印太经济框架"是其力图抢占数字贸易规则主导权而实施的数字贸易竞争战略的重要组成部分。该框架旨在通过与日本、马来西亚、澳大利亚、新西兰、新加坡等印太盟友商讨新的数字贸易协议，继续主导地区贸易规则的制定，并深化与印太及西方阵营间的战略协作，从而为印太国家与我国开展数字合作设置障碍。

就数字贸易议题而言，美国还在诸多国际场合加紧与多个国家进行谈判，借助《美日数字贸易协定》（UJDTA）以及"美国—墨西哥—加拿大协定"（USMCA）等的相关规则，以及吸收《数字经济伙伴关系协定》（DEPA）等的相关条款，构筑其在数字贸易领域的霸权。具体表现为：加强与东亚国家如日韩等的合作，力争在数据使用等领域统一标准，并达成数字贸易协定；加大投入拉拢印度，频繁诱压东盟国家选边站队，拟占据"印太数字贸易协定"与 DEPA 协定的竞争主导权；利用澳大利亚、加拿大等国家，阻碍中国加入《全面与进步跨太平洋伙伴关系协定》（CPTPP）谈判的进程 ④；等等。

可以预见，美国在今后的国际经贸新规则中，特别是在数字贸易领域，将继续致力于保持其在全球数字贸易治理领域的影响力，以保护开放和自由的互联网为借口，不断强化对全球数字贸易规则制定的主导权。值得注意的是，美国在未来可能会继续针对我国提出一系列体制性和安全性问题，竭力削弱中国在全球数字贸易治理中的话语权 ⑤。

① 丁晓东 . 构建全球数据竞争的中国战略 [N]. 学习时报，2020-10-09（003）.
② 庞妃，史春林 . 美国智库的中美数字竞争观点及中国应对措施建议 [J/OL]. 智库理论与实践，1-10[2024-10-25].http://kns.cnki.net/kcms/detail/10.1413.N.20240905.0951.002.html.
③ 王晓文，马梦娟 . 美国对华数字竞争战略：驱动因素、实现路径与影响限度 [J]. 国际论坛，2022，24（1）：78-97，158-159.
④ 李晓嘉 . 美国数字贸易战略：趋势、影响与应对 [J]. 人民论坛，2023（14）：89-93.
⑤ 李庆四，魏琢艺 . 拜登政府对华的"弹性遏制战略" [J]. 现代国际关系，2021（5）：9-15，59.

（二）设置数字贸易壁垒

为强化美国在数字贸易领域的领先地位，美国的数字贸易竞争战略在一定程度上呈现出设置数字贸易壁垒的趋势，主要包括加强数据流动的限制、提高数字服务的安全标准，或推动更有利于美国企业的知识产权保护政策等，客观上形成对包括我国在内的其他国家在数字贸易领域的壁垒。

以我国为例，美国主要从关税政策、市场准入、技术及数据流通等方面着手对我国设置数字贸易壁垒。其中，在关税策略上，美国针对超级计算机、5G 技术及先进半导体等战略性行业和产品，实施或维持选择性关税政策；在市场准入方面，美国有意加强对包括消费电子产品在内的贵重电子产品的市场准入限制，通过提高进口门槛，进一步控制外国产品在美国市场的渗透；在技术层面，美国采取了多项措施以促进电子制造企业在本土投产，包括通过市场准入和知识产权限制，对特定企业（如中兴、华为等高新技术企业）的技术贸易进行限制，美国还审慎应对跨境技术并购和改善知识产权相关条款等，以推动全球技术供应链的重新定义；针对数据流通问题，美国、日本等 7 个国家和地区都对此表示担忧，并计划将中俄排除在外，重新构建一个基于信赖关系的国家和地区框架，这一框架不仅限于亚太经济合作组织成员，还可能扩大至南非等其他国家和地区。

可以预料，未来美国将继续通过贸易磋商促进跨境数据流动，并强化个人隐私保护，致力于推广更高标准的"美式数字模板"，同时向中国施压，要求我国开放数字市场。

（三）抢占数字基础设施建设投资

数字基础设施作为数字贸易发展的硬件基础，成为美国与我国开展数字贸易竞争的关键领域。美国深知数字基础设施建设不仅关乎其巨大的经济利益，更是中美之间数字标准争夺的焦点。为此，在 5G 通信网络和海底光缆等关键数字基础设施方面，美国与中国展开了激烈的较量。为了塑造未来 10 年甚至更久的 5G 生态系统，美国正积极推动更多供应商提供替代中国的 5G 方案。同时，鉴于海底光缆在全球洲际数据传输中的重要作用（约 95% 的数据传输依赖海底光缆），美国也加强了在这一领域的布局[①]。

2018 年 7 月，美国推出了"数字连接和网络安全合作伙伴关系"（DCCP）倡议，旨在新兴市场目标国家进行数字基础设施建设、技术援助和网络安全能力建设，以渗透数字基础设施政策和监管，并增加美国公司在目标市场的份额[②]。同年，美国还提出了建立"美国—东盟智慧城市伙伴关系"（USASCP），在东南亚城市推动数据驱动技术创新，刺激美国对该地区数字基础设施的投资。2019 年，美国还通过推出"蓝点网络"（Blue Dot Network）计划，推动美国认可的数字标准在印太地区的实施与推广[③]；同年 12 月，美国官

---

① Curtis L.，Fitt J.，Stokes J.Advancing a Liberal Digital Order in the Indo-Pacific[M].Washington：Center for a New American Security，2021.

② U.S. Agency for International Development.Digital Connectivity and Cybersecurity Partnership（DCCP）[R]. Washington：The White House，2020.

③ 毛维准，戴菁菁 . 对冲"一带一路"：美国海外基建"蓝点网络"计划 [J]. 国际论坛，2021，23（5）：55-75，157.

方正式推出了"美洲增长"（Growth in the Americas）倡议，旨在推动私营部门对拉丁美洲和加勒比地区的能源和基础设施投资，促使"数字连接与网络安全伙伴关系"扩展至拉美和加勒比地区，并通过提供 1000 万美元加强该地区的数字基础设施建设①。

从区域层面来看，美国对我国开展数字合作地缘竞争也是其抢占数字基础设施投资的具体表现。例如，美国将东南亚地区视为应对"数字丝绸之路"的重中之重，着力为东南亚地区可持续开发和数字基础设施提供融资，并构建多层次的合作协调机制，如"数字亚洲加速器""数字政策磋商论坛""美国—东盟网络政策对话"等，以加大与东南亚中小企业的接触，并试图利用商业界力量影响东南亚国家政府的政策制定②。在非洲地区，美国则主要通过数字能力建设、智慧城市发展、数据中心建设三个路径来提升对非洲数字合作的影响，同时大力诋毁中非数字合作所取得的成效，渲染中国正以前所未有的速度"占领"非洲的网络空间，以此挤压中国与非洲国家的数字发展合作空间。

■ 三、对美国数字贸易竞争战略的应对

在构建全球数字贸易治理体系的实践中，美国往往以本国利益为出发点，致力于打造一个能够体现自身意志与主张的治理框架。随着全球数字贸易的不断发展，美国针对中国的数字贸易治理战略逐渐显现。面对美国数字贸易治理体系的新动向，我国应给予密切关注，并深入分析其演进趋势，不断提升自身的数字经济实力，牢牢把握数字贸易治理主动权，坚决维护自身的发展空间和国家利益。

（一）拓展数字贸易发展空间

积极推动加入《数字经济伙伴关系协定》的进程，是我国在全球数字贸易治理中开放姿态及主动寻求合作与规则意愿的重要体现，对于拓展我国数字贸易的发展空间具有重要意义。具体表现为：增强我国在数字贸易、电子商务、大数据等前沿领域的国际经贸规则制定能力，为中国在国际数字竞争中占据先机提供有力支持；推动我国在数字贸易领域的进一步开放，与成员国建立起规则相通、标准相容的一体化数字贸易市场，从而促进国际贸易的便利化和高效化；有助于我国拓展与各国在新兴数字领域的互利合作，为企业带来数字产业合作的广阔商机，进而推动各方数字经济的发展与繁荣；提升我国在国际数字贸易规则制定中的影响力，为构建更加公平、合理、包容的国际数字贸易秩序贡献力量；等等。

（二）提升数字经济实力

"数字鸿沟"是全球数字贸易规则制定进程中的重要阻力，也是我国亟待进一步改善的问题。为了有效应对美国的数字贸易竞争战略，消除"数字鸿沟"、提升数字经济实力是重要抓手。要加大对中西部及广大农村地区的数字基础设施建设投资与力度，特别是要着重推进新基建项目，致力于构建高速、广泛覆盖、天地融合、云网协同、智能高效且绿

---

① U.S. Department of States.Growth in the Americas：Activity Highlights[R].Washington：The White House，2020.
② 全球技术地图.美国发展数字合作，挤压中国空间 [EB/OL].（2022-05-17）[2024-11-23]. https：//news. qq.com/rain/a/20220517A08QQW00.

色低碳、安全可控的综合性数字信息基础设施体系，以应对美国抢占数字基础设施投资的战略。同时，以智能制造为引领，加速推动新一代信息技术与制造业的深度融合，以促进数字经济的创新发展，并为建设具有全球影响力的产业创新基地提供坚实支撑，助力企业提升国际竞争力，摆脱美国对我国高新技术企业进行全面打压的困扰。

（三）破除数字贸易壁垒

针对各国在数据安全、"数字鸿沟"、个人隐私保护及道德伦理等方面所表达的关切，尤其是美国对我国所设置的数字贸易壁垒，构建更加开放、公平、公正且非歧视性的数字发展环境在一定程度上是解决上述问题的重要手段。在坚持以人为本、基于事实的政策导向及共商共建共享原则的基础上，支持联合国的领导作用，鼓励创新并建立国际互信机制，协调各方共同推进数字领域的健康发展。例如，推进"一带一路"倡议同各国发展战略、区域和国际议程有效对接、协同增效，能最大限度破除数字贸易壁垒，推进贸易便利化。

（四）完善数字贸易法律体系

当前，我国数字贸易领域发展迅速，涵盖大数据、人工智能、互联网应用等新技术与新产业的广泛领域，这给美国带来了巨大的危机感，使其对我国实施了一系列数字贸易竞争战略，以限制我国在数字贸易领域的发展。为此，必须针对性地强化信息技术领域的立法工作，紧跟互联网金融、人工智能、大数据、云计算等与数字贸易紧密相关的法律制度建设，迅速填补制度空白，为数字贸易的创新发展提供坚实的规则支撑。在立法过程中，应明确监管原则，创新监管思路，优化监管技术和方法，力求在激发数字贸易活力与确保企业规范运营之间找到平衡点。同时，必须高度重视个人信息的合理使用与保护，严防不法分子利用数据实施侵权行为，切实保障公民的合法权益。要根据数字经济的特性及数字技术与实体经济融合的特点，不断调整和完善相关政策，以更有效地推动数字产业化和产业数字化进程。

（五）深化数字贸易合作

习近平总书记曾明确指出："科技成果应该造福全人类，而不应该成为限制、遏制其他国家发展的手段。""你输我赢、赢者通吃不是中国人的处世哲学，应积极发展各国友好合作关系。"[①] 可以说，深化数字贸易合作是我国应对美国数字贸易竞争战略的重要手段之一。要凭借自身在数字贸易领域的先发优势，积极提升在全球数字贸易规则制定中的话语权；在数字贸易谈判中则应求同存异，努力缩小认知上的分歧，并妥善处理与美欧等发达经济体的矛盾与冲突，特别是优先解决经济层面相对缓和的议题，同时坚决维护广大发展中国家的利益，与各国在网络空间治理、数字治理及网络安全等议题上加强交流与合作。通过共同努力，形成开放、包容、安全、共享的治理规则，为数字贸易的健康发展提供有力保障。

---

① 习近平.让多边主义的火炬照亮人类前行之路 [N].人民日报，2021-01-26（002）.

第四节 数字贸易发展战略

在当今国际贸易竞争日益激烈的背景下，数字技术的深度渗透正以前所未有的速度重塑全球经济格局。在此背景下，建立一套长远的数字贸易发展战略至关重要。对于数字贸易发展战略的理解，应把握以下三个要素：一是目标市场（target market），即集中资源和要素组合针对的细分市场；二是为满足目标计划长期使用的资源（resource）；三是可持续竞争优势（sustainable competitive advantage）的建立基础。可持续竞争优势是指优于竞争对手的优势，且不容易被竞争对手复制，因而可以保持相当长的一段时间。

一、世界各主要经济体的重要数字贸易发展战略

近年来，随着数字技术的快速发展，新兴的数字经济与数字贸易正驱动着全球化发展，且其产生的巨大活力让各国政府都认识到了数字经济与数字贸易在促进本国和地区社会经济发展中的重要性。于是，数字经济和数字贸易的新兴技术和发展趋势开始被各国密切关注，并将其视为推动经济发展的新动力。由此，在全球范围内涌现出各类数字贸易发展战略和政策。

（一）美国

美国是最早开展数字经济战略布局的国家，自 20 世纪 90 年代起便通过一系列战略与政策举措持续推动数字贸易的繁荣与发展。从"信息高速公路"战略的提出，到《浮现中的数字经济》及《全球电子商务框架》的发布，再到连续多年的数字经济报告，美国不断为数字贸易的发展进行战略布局。1995 年拟定的《全球电子商务框架》确立了美国数字贸易发展的精神和原则。2013 年，美国国际贸易委员会（USITC）发布的《美国和全球经济中的数字贸易》首次提出数字贸易概念，使数字贸易逐渐成为美国数字经济战略的重点。2015 年，美国商务部颁发的《数字经济议程（2015）》则明确了发展数字经济是实现繁荣和保持竞争力的关键。进一步地，2018 年，美国商务部经济分析局发布了工作文件《数字经济的定义和衡量》，为美国未来数字经济和数字贸易的发展制定了新的内涵和标准[①]。此后，美国通过《美国主导未来产业（2019）》《2022 年贸易政策议程和 2021 年度报告》等文件，较为清晰、详尽地设计了美国数字经济发展战略，对数据隐私联邦立法和数字贸易谈判等予以重点关注，积极推动数据跨境流动、数字服务市场开放等，为数字服务贸易发展创造更好的外部条件[②]。

为实现数字贸易的发展目标，2020 年 9 月 10 日，新美国安全中心（CNAS）发布了《设计美国数字发展战略》，为美国数字发展战略的设计提出了四项核心指导原则和五大战略设想。[③]

---

① 谢谦，姚博，刘洪愧. 数字贸易政策国际比较、发展趋势及启示 [J]. 技术经济，2020，39（7）：10-17.
② 梅冠群. 全球数字服务贸易发展现状及趋势展望 [J]. 全球化，2020（4）：62-77，134.
③ 中国科学院网信工作网. 新美国安全中心发布《设计美国数字发展战略》报告 [EB/OL].（2020-10-15）[2024-11-24]. http://www.ecas.cas.cn/xxkw/kbcd/201115_128416/ml/xxhzlyzc/202010/t20201015_4938503.html.

1. 四项核心指导原则

（1）"整体政府"战略。数字发展是一个涉及领域广泛的任务，需要美国国际开发署（USAID）、国际开发金融公司（DFC）及美国国务院、财政部和国防部等多个机构的共同参与。为确保各方努力和投资的一致性，需要建立一个协调机制来统筹这些机构的具体发展举措。

（2）私营部门的重要性。私营部门在数字化发展中扮演着至关重要的角色，美国应更好地利用和激励私营部门在风险市场进行投资和竞争，如通过设立数字发展基金来支持海外私营部门项目等。

（3）"巧接触"战略。在执行数字发展战略时，应优先考虑"全球摇摆国家"（即那些尚未明确开放数字发展道路的国家），并通过树立在地区内有影响力的例子来帮助其他国家做出选择。

（4）避免抗衡。美国的数字发展战略应避免使用与中国抗衡的表述，强调开放数字生态系统在 GDP 增长、创造就业、创新和能力建设方面的益处，并为各国在特定情况下放弃成本更低、速度更快、监管更灵活的中国产品提供合理理由。

2. 五大战略设想

（1）加强与技术能力强的盟国的合作，并提升联合项目的影响力，以共同推动数字贸易发展。

（2）制定技术解决方案及社会机制，以促进互联网的开放和自由使用。

（3）在新兴数字生态系统的技术规范与标准方面，加强美国的国际领导力与多边接触，以确保美国在全球数字治理中发挥积极作用。

（4）促进人力资本的发展，特别是借助企业管理、工程及其他技术与职业技能培训，为数字贸易发展提供人才支持。

（5）招募顶尖人才，以推进和实施美国的数字发展战略，确保美国在数字领域的竞争优势。

（二）欧盟

欧盟拥有欧洲最大的数字贸易市场和数字贸易规模，十分重视数字经济和数字贸易发展，主要通过制定与数字经济发展相关的一系列战略规划与政策举措来推动数字贸易的发展，以加速欧盟经济的整体增长。[①] 2009 年，欧盟发布了《数字红利战略》，随后在 2010 年公布的《欧洲 2020 战略》中将数字化议程列为七项旗舰计划之一，彰显了其在数字经济领域的雄心。2011 年，为打破成员国间的合作壁垒、营造更加有利的市场环境，欧委会启动了《数字化单一市场战略》，特别聚焦于数字服务贸易，旨在通过消除欧盟成员国之间开展数字经济合作的壁垒，促进数字经济与数字贸易的繁荣。欧盟各成员国也纷纷响应，将数字经济与数字贸易提升到国家战略层面，制定并出台了各自的数字战略或议程等。

2017 年，为进一步促进欧盟数字贸易发展，欧洲议会国际贸易委员会通过了《迈向数字贸易战略》报告，提出欧盟应对数字贸易的国际规则和协定设立标准，呼吁从消费者

---

① 刘晨哲，宾建成 . 数字贸易国际规则的新进展 [N]. 中国社会科学报，2021-08-11（2227）.

的角度出发，确保在数字贸易发展中尊重消费者的基本权利，为消费者创造实实在在的利益。次年 5 月，欧盟出台《通用数据保护条例》（GDPR），为欧洲公民个人数据的自由流动提供了法律依据，也为欧盟数字贸易发展扫除了障碍[①]。在这一年，欧盟还公布了《数字欧洲计划》，计划投资 92 亿欧元用于互联网安全、计算机技术、人工智能及数字技术的普及与发展。

2020 年，欧盟为了引领欧洲适应数字时代的发展，发布了一系列重要的总体规划文件，包括《塑造欧洲的数字未来》《欧洲新工业战略》《欧洲数据战略》《人工智能白皮书》等，旨在重新定义并扩大欧盟的数字主权，同时构建一个基于规则和标准的数字空间框架[②]。随后，2021 年 3 月初，欧盟又发布了《2030 数字指南针：欧洲数字十年之路》这一纲要文件，涵盖欧盟到 2030 年实现数字化转型的愿景、目标和途径，为欧盟的数字经济发展提供了清晰的方向。为了确保数字经济发展战略与规划的有效实施，欧盟高度重视并积极推动相关立法工作。一系列与数字经济紧密相关的法律法规相继出台，如《网络与信息系统安全指令》《通用数据保护条例》《非个人数据自由流动条例》《网络安全法案》等，为数字经济的健康发展提供了坚实的法律保障，确保了数字领域的秩序与安全。

（三）英国

为抢抓信息时代发展机遇，应对未知的挑战，以及为经济寻求新的增长点，英国于 2008 年正式启动了"数字英国"计划。该计划双管齐下，一方面强化数字化条件下网络创新者的著作权保护；另一方面为数字化建设的主体——人，无论是数字化创业者、数字经济的消费者，抑或数字企业等提供全方位的发展便利与制度保障。随后，在"数字英国"计划发布不久，《数字英国法案》正式颁布。该法案共 48 条，涵盖网络、电视、广播、视频游戏等 11 个方面的内容，值得注意的是，其中近 1/3 条款是有关明确网络著作权保护的法律规制建设及建立第三方争端解决机制的内容。事实上，英国从数字化建设之初就严格保障网络著作权，为数字化的顺利推进奠定坚实基础。

2015 年，英国通过《英国 2015—2018 年数字经济战略》全面梳理了英国在发展数字经济过程中需要面对的三大类共 12 项挑战、四大发展机遇，以及英国 2015—2018 年在数字经济方面需要达成的 5 类共 22 项具体目标。这 5 类目标几乎都与个人或者数字经济中的平台个体有关，旨在通过一系列政策激励措施更好地培育英国在数字经济时代的比较优势。2017 年，英国就今后如何加快本国的数字化建设出台了《英国数字战略》，对英国的数字化建设作出全面部署。2020 年 6 月，英国宣布脱欧后的未来科技贸易战略，允许英国和某些亚太国家间的数据自由流动；同期，欧盟为推动《数字服务法案》的制定，发布《数字服务新发展》研究报告，提议建立与欧盟政治价值观配套的网络防火墙，限制国际互联网服务。

2022 年 6 月，英国政府发布了新版《英国数字战略》，明确了英国未来发展数字经济的六大支柱，并于同年 7 月对其进行更新。据此，英国将重点关注数字基础、创意和知识

---

① 徐金海，夏杰长. 全球价值链视角的数字贸易发展：战略定位与中国路径 [J]. 改革，2020（5）：58-67.

② 郑雪平. 欧盟数字经济发展政策取向及成效 [EB/OL].（2021-04-12）[2024-11-24]. https://www.cssn.cn/skgz/bwyc/202208/t20220803_5462176.shtml.

产权、数字技能和人才、为数字增长畅通融资渠道、高效应用和扩大影响力、提升英国的国际地位 6 个关键领域的发展。相关数据显示，截至 2018 年年底，英国的数字、文化、媒体和体育相关产业产值达 2680 亿英镑，其中创意产业的贡献巨大，产值超过 1000 亿英镑，并且英国在 2024 年发布的创意产业愿景中提出"到 2030 年将创意产业规模增长 500 亿英镑，并增加 100 万个工作岗位，而英国政府将为此提供 7700 万英镑的新增资金"的共同目标，为英国数字经济的长远发展奠定坚实基础。

总体来看，英国数字战略核心思想是"人"，强调从个人创业者、企业、平台等微观层面提升创新能力，为创新者营造良好的数字创新制度环境，以保障数字创作者的权益，避免要素价格趋"零"化，并激发创新活力，源源不断地"制造"新型生产要素，使之成为本国的充裕型禀赋要素，进而成长为英国在数字贸易中的比较优势，增强英国在数字时代的核心竞争力。

（四）日本

日本对数字贸易发展的战略定位，经历了从初期强化智能制造和数字化人才的培养，到近年来从国家战略层面高度重视数字贸易时代为日本企业发展提供的良好发展机遇的转变。

2001 年，日本提出"e-Japan"战略，积极加强数字基础设施建设。随后，日本进一步提出"u-Japan"及"i-Japan"战略，以提升公众上网的便利性并提高公共部门的数字化水平。2009 年，为应对全球金融危机的挑战，日本政府更是推出了《ICT 鸠山计划》，旨在抢占全球数字领域发展制高点。随着数字技术的飞速发展，日本逐步将数字贸易提升至国家战略高度。自 2013 年起，日本每年根据数字技术与产业创新前沿，定期发布《科学技术创新战略》，积极推动数字技术在各行各业的渗透，加速贸易数字化转型。2018 年，日本经济产业省出台《通商白皮书》，进一步强调了数字贸易的重要性，指出全球正在迎来数字贸易时代，抓住数字贸易发展的机遇有助于巩固日本在全球价值链中的主导地位，为日本企业提供良好的发展契机。

日本从多方面积极参与全球数字治理，抢抓数字贸易机遇。其中，从国际合作角度来看，2017 年美国退出《跨太平洋伙伴关系协定》（TPP）后，日本主导推动《全面与进步跨太平洋伙伴关系协定》（CPTPP），该协定在数字经济和数字贸易领域基本延续了 TPP 的高标准，为日本数字贸易发展创造了有利发展环境。此外，2019 年，日本还同美国专门签署了《美日数字贸易协定》，并在 2020 年与英国签署的贸易协定中专门设置了数字贸易条款，旨在构建更高水平的数字贸易规则体系。在全球数字贸易治理方面，日本积极参与世界贸易组织（WTO）框架下的多边数字贸易治理，在多边或小多边层面构建数字经济治理联盟。具体而言，2016—2019 年，日本向 WTO 共提交了 16 项与数字贸易相关的提案；2018 年，日美欧三边贸易部长会议开始寻求在数字贸易和电子商务领域达成共识，并呼吁更多 WTO 成员参与高标准规则；2019 年 1 月，日本与中美欧等其他 75 个 WTO 成员共同签署《关于电子商务的联合声明》，宣布启动 WTO 电子商务谈判。与此同时，日本政府提出"数据在可信任条件下自由流动"（DFFT）原则，并借助担任二十国集团轮值主席国的契机与中、美等国家共同签署了《大阪数字经济宣言》[①]。

整体来看，尽管在数字经济发展上，日本相对于中美等国处于被动落后的局面，但其政府对于参与全球数字经济治理、制定国际数字经济规则的战略意义有着深刻的认识。通过聚焦数字知识产权保护、数据隐私保护与跨境数据流动、公开政府数据及公平的数字贸易环境等数字规则中的关键议题，日本在数字贸易国际合作及在 WTO 电子商务联合声明倡议中发挥了积极作用，提出了被 G7 和 G20 采纳的以可信数据流动（Data Free Flow with Trust，DFFT）为核心的"大阪模式"，彰显了其在数字贸易国际规则中的话语权与影响力[②]。

主要国家数字化发展模式对比如表 4-1 所示。

表 4-1　主要国家数字化发展模式对比

国家/地区	发展理念	政策提案/法律法规	发展措施
美国	数字贸易自由化	《美国和全球经济中的数字贸易》《2015 年国会两党贸易优先事项和责任法案》《外国贸易壁垒评估报告》	一是对数字贸易的内涵界定和数字贸易发展的贸易壁垒研究；二是以法律的形式明确数字贸易谈判规则；三是全面推动数字贸易自由化
欧盟	数字单一市场原则	《欧洲数字议程》《数字单一市场战略》《数字贸易战略》《数字欧洲计划》	第一阶段，欧盟内部数字一体化阶段；第二阶段，欧洲数字一体化体系由内至外逐步向外部国家扩展阶段
英国	微观层面助力数字经济	《数字英国法案》《英国 2015—2018 年数字经济战略》《英国数字战略》	一是个人权利保护机制建设；二是全面为数字化建设的参与者提供发展便利和制度保障；三是脱欧之后发挥本国在数字领域的比较优势
日本	以科技创新为突破	"e-Japan"战略　"u-Japan"战略　"i-Japan"战略　《通商白皮书》	"e-Japan"信息化基础设施建设；"u-Japan"建设成果全民、全国普及应用；"i-Japan"公共部门信息化建设

资料来源：根据相关文献资料整理所得。

■ 二、我国主要数字贸易政策发展历程

专栏阅读 4-3
我国数字贸易
增长势头强劲

在信息技术等快速发展的当下，我国政府高度重视数字经济发展，特别是在数字贸易成为数字经济时代重要组成部分的背景下，鉴于数字贸易的巨大潜力及其对经济增长的重要作用，政府出台了一系列政策措施，以引导和规范数字贸易的发展。数字时代下，数字贸易政策的发展大致可以分为三个阶段。

[①] 复旦大学国际问题研究院.冷暖交织：新冠肺炎持续下的中日关系 2021[R].上海：复旦大学国际问题研究院，2022.

[②] 张雪春，曾园园.日本数字贸易现状及中日数字贸易关系展望 [J].金融理论与实践，2023（2）：1-8.

（一）第一阶段：初步基础设施建设阶段

此阶段聚焦于构建信息化的基石，可以追溯到 1999 年国务院办公厅转发信息产业部、国家计委发布的《关于加快移动通信产业发展若干意见的通知》，以及 2001 年《关于促进我国国家空间信息基础设施建设和应用若干意见的通知》等，主要聚焦于数字贸易的基础设施建设、市场准入条件的放宽及数字贸易企业的培育等方面，旨在搭建信息化的基础设施体系，为后续通信技术的革新发展及衍生产业的转型升级夯实基础。

（二）第二阶段：探索"互联网+"的发展阶段

在信息基础设施逐步完善的过程中，通信技术的不断演进带来了通信设备成本的降低和通信服务的便捷，互联网经济开始崭露头角，尤其以电子商务的迅猛发展为代表。此阶段，政府同样出台了一系列政策文件，政策重点转向了优化数字贸易环境、提升数字贸易竞争力及推动数字贸易与实体经济的深度融合，如 2002 年的《国务院办公厅转发国务院信息化工作办公室关于振兴软件产业行动纲要的通知》、2005 年的《国务院办公厅关于加快电子商务发展的若干意见》等，旨在推动"互联网+"模式的深入探索与应用。在此基础上，进一步出台了一系列"互联网+"产业布局政策，特别是 2015 年《国务院关于积极推进"互联网+"行动的指导意见》，标志着"互联网+"战略的全面铺开，促进了传统产业与互联网的深度融合。此外，政府出台了一系列促进数字贸易发展的政策措施，如加强知识产权保护、推动跨境电商发展、支持数字贸易企业"走出去"等，有力地推动了我国数字贸易的快速发展。

（三）第三阶段：数字贸易发展新阶段

在数字贸易新发展阶段，我国政府更加注重数字贸易的可持续发展和高质量发展。政策制定更加精细化、系统化，旨在构建更加开放、包容、普惠、平衡、共赢的数字贸易体系。

自习近平主席在第二届世界互联网大会上发表主旨演讲中首次提出中国将推进"数字中国"建设以来，中国数字贸易政策就进入了一个全新的发展阶段。这一阶段，政策焦点逐步转向传统领域与互联网的融合，即不仅仅是传统的"互联网+"，而是在于互联网的深度融合，并且，这时互联网不再只是一个单纯的"催化剂"工具，而正在逐步变成真正的"反应剂"。该阶段的国家政策和战略包括：2015 年，国务院发布《促进大数据发展行动纲要》，随后，党的十八届五中全会首次提出"国家大数据战略"；2016 年，《关于深化制造业与互联网融合发展的指导意见》《关于加快推进"互联网+政务服务"工作的指导意见》等文件发布，为先进技术与具体行业的深度融合指明了方向。

2017 年，"数字经济"首次被写入政府工作报告，并提出"推动互联网、大数据、人工智能（AI）和实体经济深度融合"的发展理念。数字贸易作为数字经济的主要组成部分，被赋予了推动传统贸易转型升级的重要使命。2019 年 11 月，《中共中央 国务院关于推进贸易高质量发展的指导意见》明确提出，推动互联网、物联网、大数据、人工智能、区块链与贸易有机融合，加快培育新动能；2020 年政府工作报告则表示要继续出台支持政策，全面推进"互联网+"，打造数字经济新优势，并明确将数据作为一种新型生产要素写入政策文件，着重布局数字要素市场，发展数字经济。2022年党的二十大报告强调，发展数字贸易，加快建设贸易强国；党的二十届三中全会提出，要健全因地制宜发展新质生产力体制机制，健全促进数字经济和实体经济深度融合的制度；2024年9月，《中共中央关于进一步全面深化改革推进中国式现代化的决定》提出创新发展数字贸易。可以说，中国数字贸易政策体系日益完善，战略定位越发明确。

在这个基础之上，中国逐步形成了较为完整和科学的数字经济促进政策体系。可以说，这一阶段，政府不仅继续加强数字贸易基础设施建设，还积极推动数字贸易规则制定、加强国际合作与交流，以及提升数字贸易治理水平。同时，政府还注重数字贸易与实体经济、社会、文化等领域的协同发展，努力实现数字贸易的全面深化和高质量发展。未来，随着贸易数字化水平的进一步提高以及中国数字贸易的进一步发展，中国对数字贸易的战略定位将会进一步明确。

我国数字贸易发展相关政策如表4-2所示。

表4-2　我国数字贸易发展相关政策

政策类型	文件名称	核心内容
数字贸易顶层设计	《国家信息化发展战略纲要》	提出了六大战略性导向、全局性导向、体系化导向、融合性导向、创新性导向及国际化导向
	《中共中央 国务院关于推进贸易高质量发展的指导意见》	加快培育贸易竞争新优势，推进贸易高质量发展
	《数字中国建设整体布局规划》	对加快贸易数字化发展作出具体要求
	《"十四五"数字经济发展规划》	明确要优化数字化发展国内国际"两个环境"
	《"十四五"商务发展规划》	提出"十四五"时期主要目标，包括：建设强大国内市场取得新成效；推动高水平开放迈出新步伐；参与全球经济治理彰显新担当；防范化解风险能力得到新提升
	《"十四五"服务贸易发展规划》	提出"大力发展数字贸易""促进传统服务贸易数字化转型"
	《"十四五"对外贸易高质量发展规划》	提出"十四五"时期主要目标，包括：贸易综合实力进一步增强；协调创新水平进一步提高；畅通循环能力进一步提升；贸易开放合作进一步深化；贸易安全体系进一步完善；展望2035年，外贸高质量发展跃上新台阶
国际数字贸易合作倡议	《二十国集团数字经济发展与合作倡议》	提出七项发展合作共同原则，并提出具体行动方案，包括：鼓励多层次交流、交流政策和立法，分享实践、加强培训和研究、开发更好指标、加强数字经济测度及国际交流
	《"一带一路"数字经济国际合作倡议》	提高宽带质量、促进数字化转型、促进电子商务合作、支持互联网创新、提升中小企业发展、加强数字技能培训、促进信息领域投资、推动城市数字经济合作、提升数字包容性、国际化合作及自主研发发展

（续表）

政策类型	文件名称	核心内容
数字贸易与实体经济融合	《国务院关于积极推进"互联网＋"行动的指导意见》	提出11项"互联网＋"具体行动，包括：创业创新、协同制造、现代农业、智慧能源、益民服务、普惠金融、高效物流、电子商务、便捷交通、绿色生态及人工智能
	《商务部等9部门关于拓展跨境电商出口推进海外仓建设的意见》	旨在拓展跨境电商出口，加快培育外贸新动能
地方政府数字贸易政策	《浙江省数字经济发展"十四五"规划》	到2025年，数字经济发展水平稳居全国前列、达到世界先进水平，数字经济增加值占GDP比重达到60%左右，高水平建设国家数字经济创新发展试验区，加快建成"三区三中心"，成为展示"重要窗口"的重大标志性成果
地方政府数字贸易政策	《贵州省"十四五"数字经济发展规划》	实施数字经济万亿倍增计划，建成全国大数据电子信息产业集聚区，打造全国数据融合创新示范高地、数据算力服务高地、数据治理高地；到2025年，大数据电子信息产业总产值突破3500亿元；全省数字经济增加值实现倍增，在GDP中的占比达到50%左右；三次产业规模以上企业基本实现大数据深度融合改造全覆盖；以贵阳贵安为核心，统筹区域发展和空间布局，引导省内其他地区错位互补、协同发展，形成"一核引领、两带协同、多点支撑"的数字经济产业发展布局

资料来源：政府网站，作者整理。

本章小结

　　本章以数字贸易战略概述为起点，介绍了战略与数字贸易战略的基本知识，列举了主要战略分析工具，阐述了战略规划的内涵特征及数字贸易战略规划的步骤。在此基础上，从创新、竞争、发展等角度出发，详细介绍了相关数字贸易战略。其中，从创新的角度出发，概述了数字贸易创新战略、世界各主要经济体的典型数字贸易创新战略以及中国数字贸易创新战略实施的着力点；从竞争的角度出发，对当前全球的数字贸易竞争版图进行概述，分析当前美国对中国的数字贸易竞争战略及我国的应对策略；从发展的角度出发，分析世界各主要经济体的重要数字贸易发展战略和我国主要数字贸易政策发展历程。

本章思考题：

　　1. 试分析主要战略与分析工具的优势和局限性。

2. 简要分析主要国家数字贸易竞争战略的特点。

3. 谈谈对我国数字贸易发展战略的理解。

案例研讨：

本章研讨案例

延伸阅读：

[1] 刘建平，王鹏 . 数字服务贸易国际竞争网络格局：中国战略地位凸显——基于整体、板块、个体层面的比较分析 [J]. 价格理论与实践，2024（5）：156-161.

[2] 李晓嘉 . 美国数字贸易战略：趋势、影响与应对 [J]. 人民论坛，2023（14）：89-93.

[3] 李俊，范羽晴 . 加快建设贸易强国背景下我国发展数字贸易的战略思考 [J]. 国际贸易，2023（6）：14-24.

[4] 赵瑾 . 跨越式发展：数字时代中国服务贸易发展战略与政策 [J]. 财贸经济，2023，44（3）：103-116.

[5] 陈颖，高宇宁 . 数字贸易开放的战略选择——基于美欧中印的比较分析 [J]. 国际贸易，2022（5）：49-55.

[6] 徐金海，夏杰长 . 全球价值链视角的数字贸易发展：战略定位与中国路径 [J]. 改革，2020（5）：58-67.

第五章
数字贸易技术

→ 本章要点

数字基础设施建设的核心技术

数字生产的核心技术

数字支付技术的主要内容

区块链的特点、应用领域

数字治理技术的影响

→ 关键术语

数字基础设施　数字技术　数字贸易　区块链　RSA

→ 章首案例

贵阳是国家大数据综合试验区，近几年来，贵阳大力发展新型的数字基础设施。一是建设数字感知基础设施，实现万物互联。贵阳经开区在应对新冠疫情的过程中，建立了一套全方位的人脸识别进出系统，实现了对重点小区的精确动态管理。二是加强通信网的基础建设，建设"双千兆城市"，建设"千兆入户、万兆入户"的光纤覆盖模式，积极推进 5G 网络及商用部署，结合各行业做好生活场景的应用覆盖。三是建设存算一体基础设施，实现多元协同供给。贵阳市依托大数据中心，大力推动"中国数谷"的建设，实现了多层次、多地域、多系统、多部门、多业务的协同管理与服务，数据要素市场的流通和交易日趋便利。四是建设"数字孪生城市靶场"，实现数字安全可控。贵阳市率先开展大数据安全立法探索，建立综合的城市危险源监控和应急反应控制系统，以保证数字基础设施建设和运行的安全、稳定与高效。贵阳通过一系列部署，为新旧动能转换提供了稳固支撑①。

资料来源：《经济日报》。

---

① 高升 . 加快建设新型数字基础设施 [N]. 经济日报，2020-5-11（011）.

第一节　数字贸易技术概述

一、数字贸易技术的产生

随着信息技术的迅猛发展，特别是互联网、移动互联网、大数据、云计算等前沿科技的广泛应用，贸易活动正在经历一场深刻的数字化转型。数字贸易技术作为这场变革的核心驱动力，不仅改变了传统贸易的运作模式，还催生了全新的商业模式和服务形态。下面从数字贸易技术的萌芽阶段、普及阶段、移动化阶段和智能化阶段四个方面，详细探讨其发展历程和影响。

（一）萌芽阶段：通信技术的兴起

数字贸易技术的起源可以追溯到 20 世纪 80 年代末至 90 年代初，当时互联网作为一种新兴的信息传播工具开始崭露头角。这一时期，通信技术尤其是电信通信的快速发展，为国际贸易提供了前所未有的便利。电子邮件、传真等工具的出现，使企业间的沟通变得更为快捷高效。然而，这一阶段的数字贸易技术仍处于初级阶段，主要集中在信息传递和初步的数据交换上，尚未形成系统的交易平台或支付手段。

（二）普及阶段：网络支付

进入 21 世纪初，随着互联网的普及和计算机技术的成熟，数字贸易技术进入了快速发展的普及阶段。这一时期，电脑支付和网络支付成为主流，电子商务平台如雨后春笋般涌现，彻底改变了人们的购物方式。PayPal、支付宝等第三方支付平台的崛起，不仅简化了在线支付流程，还大大提高了交易的安全性和可靠性。与此同时，B2B 和 B2C 等电子商务模式的兴起，为企业和个人提供了更加丰富的商品选择和便捷的交易环境。此外，搜索引擎、在线广告等数字营销工具的广泛应用，也使企业在激烈的市场竞争中能够更精准地触达目标客户。

（三）移动化阶段：以移动支付为主

随着智能手机的普及和移动互联网的飞速发展，数字贸易技术在 2010 年代中期进入了移动化阶段。这一时期，移动支付成为推动数字贸易发展的主要力量。二维码支付、近场通信等技术的广泛应用，使用户可以通过手机轻松完成支付操作。微信支付、Apple Pay 等移动支付工具的普及，不仅方便了消费者的日常生活，也为中小企业提供了新的发展机遇。移动支付的兴起不仅提升了支付的便捷性和安全性，还促进了线上线下消费场景的深度融合，形成了 O2O（线上到线下）等新型商业模式。此外，移动应用商店的兴起为内容提供商和开发者提供了广阔的市场空间，各类 App（应用程序）的繁荣发展进一步丰富了数字贸易的生态体系。

（四）智能化阶段：虚拟支付

近年来，随着人工智能、区块链等先进技术的不断突破，数字贸易技术进入了智能化阶段。这一时期，虚拟支付、内容付费和 NFT（non-fungible token，非同质化代币）等新兴领域迅速拓展，为数字贸易注入了新的活力。

（1）**虚拟支付**。虚拟支付是指在虚拟环境中进行的支付行为，如游戏内购买、虚拟礼物赠送等。随着虚拟现实（VR）和增强现实（AR）技术的发展，虚拟支付的应用场景不断拓展，为用户提供更加沉浸式的消费体验。例如，用户可以在虚拟现实游戏中购买装备或道具，也可以在虚拟社交平台上赠送虚拟礼物，这些交易均通过虚拟支付完成。

（2）**内容付费**。随着互联网内容的爆炸式增长，用户对高质量内容的需求日益增加，内容付费模式应运而生。用户可以通过付费订阅、单次购买等方式享受独家内容或增值服务。这一模式不仅为内容创作者提供了稳定的收入来源，还促进了内容市场的健康发展。Spotify、Netflix 等平台的成功，证明了内容付费模式的巨大潜力。

（3）**NFT**。NFT 作为一种基于区块链技术的数字资产，为数字贸易带来了革命性的变化。NFT 的独特之处在于其不可替代性和唯一性，每个 NFT 都代表了一个独一无二的数字物品，如艺术品、音乐作品、虚拟房地产等。通过 NFT，数字内容的所有权和版权得到了有效保护，创作者可以从中获得应有的收益。同时，NFT 市场的发展也为投资者和收藏家提供了新的投资机会。OpenSea、Rarible 等 NFT 交易平台的兴起标志着数字贸易进入了一个全新的时代。

数字贸易技术不仅极大地提高了贸易的效率和便捷性，还催生了众多新兴业态和服务模式。未来，随着 5G、物联网、人工智能等前沿技术的进一步发展，数字贸易技术将继续引领贸易领域的创新与变革，为全球经济带来更多的机遇和可能。特别是物联网、大数据、区块链和人工智能等前沿技术正被广泛应用于数字贸易的各个环节，包括物流、资金流、商流和信息流，从而显著增强了贸易过程的智能决策、供需匹配、风险管理和运营效率，推动着全球贸易向更加开放、包容和可持续的方向迈进。

■ 二、数字贸易技术的特征

数字贸易技术是指利用现代信息技术，特别是互联网、移动互联网、大数据、云计算、物联网、区块链和人工智能等先进科技手段，对传统贸易活动进行数字化改造和优化的一系列技术和方法。它不仅涵盖贸易过程中的信息流、物流和资金流的数字化管理，还涉及贸易各方的交互方式、信任建立、风险控制等多个方面。数字贸易技术的发展和应用，极大地提高了贸易的效率，降低了贸易成本，增强了贸易透明度，为全球贸易带来了深远的影响。

数字贸易技术的特征主要包括：

（1）**高度集成化**。数字贸易技术将信息流、物流和资金流有机结合起来，形成了一个高度集成的贸易生态系统。各个子系统之间通过标准化接口进行互联互通，实现了数据的无缝对接和流转。这种集成化的设计使整个贸易过程更加流畅高效。

（2）**用户中心化**。数字贸易技术以用户为中心，注重提升用户体验。无论是界面设计、操作流程还是服务内容，都力求简洁直观、易于理解和使用。个性化推荐、智能客服等技术的应用使用户能够获得更加贴心周到的服务。

（3）**开放共享性**。数字贸易平台通常采用开放式架构，允许不同类型的参与者加入并贡献自己的资源。这种开放共享的模式不仅促进了信息的自由流动，还激发了创新活力。

API（应用程序编程接口）的提供使开发者可以轻松接入平台，开发出更多有用的应用和服务。

（4）**安全性**。数字贸易技术高度重视安全性，采取多种措施保障用户数据和交易的安全。加密算法、防火墙、入侵检测系统等技术的应用有效防止了黑客攻击和数据泄露。同时，严格的用户身份验证机制和隐私保护政策也增强了用户的信任感。

（5）**可持续发展**。数字贸易技术的发展不仅关注经济效益，还注重环境保护和社会责任。通过优化资源配置、减少能源消耗、支持小微企业等方式，推动了绿色贸易和包容性增长。此外，数字贸易平台还积极投身公益事业，利用自身优势助力贫困地区和弱势群体。

■ 三、数字贸易能力

（一）影响数字贸易能力的因素

1. 生产要素

发展数字贸易的生产要素主要包括数据要素、现代通信及支付基础设施、人力资本等，其中数据要素是提升数字贸易国际竞争力的核心要素。一方面，数据要素具有强渗透性。在与土地、资本等传统生产要素融合的同时，可以以极低的边际成本完成数据采集、存储和流通，实现数据价值化，赋能传统贸易产业数字化转型；另一方面，数字技术、资本等要素驱动数字贸易加速发展，依托产业数字化的方式转型成为数据密集型产业，优化要素禀赋结构，提升我国数据密集型产业的人力资本水平，促进数字贸易高质量发展。

2. 需求条件

国内市场需求直接决定我国进口数字贸易的发展程度。自2010年起，我国居民的恩格尔系数呈不断下降趋势，这意味着居民收入水平和富裕程度不断提升。随着消费者对商品和服务要求的提高，其对数字贸易提出了更精细化的要求，对产业数字化发展产生了显著的正向带动作用。此外，随着技术水平的提升，消费的时间、空间界限被打破，为了满足消费者多层次、个性化需求，跨境电商平台可以将消费拓展至国际市场。由于平台数据存在规模报酬递增效应，大量数据积累形成数据资产，从而帮助企业有针对性地对跨境贸易、金融及咨询等数字服务实施产品差异化战略、改进流程以及优化服务。

3. 相关或支持性产业

数据要素的正外部性和规模经济性有助于数字贸易产业的相关或支持性产业的集聚，实现以数字化产业集群助推数字全产业链和生态圈的发展。同时，产业集聚又有利于加强数据在集群内横向间（企业与企业之间）、纵向间（上游与下游之间）及环向间（横纵向交织成环）的自由流动。两者相互作用和互相促进，提升数字贸易产业的劳动生产率。具体而言，我国跨境电商综合试验区可发挥数字技术的优势，在建设"单一窗口"时搭建数字综合信息平台及配套服务平台，聚集数字贸易企业、金融机构、监管机构等关联企业，为数字贸易提供交易、支付结算、通关、物流等"一站式服务"，使数据在产业集群内自由流动，实现信息的聚集与共享，并且能够推动跨境咨询、金融服务等知识密集型产业由低附加值向高附加值的升级 ①。

4. 信任与风险管理

在数字贸易中，产品和服务多以数据的形式存在，个人数据与信息可同时在多个地点以零边际成本进行收集、存储、加工、使用与传输，其交易不受时间、空间和交易形式的限制，信息和数据的流动成为数字贸易发生的关键环节。相应地，与国家安全、企业商业秘密和个人数据隐私相关的信任与风险管理问题成为数字贸易发展的新的决定性因素，日益成为各国政策关注的焦点。如何通过法律法规有效寻求数据跨境自由流动与数据安全保护监管之间的平衡是决定全球数字贸易发展的重要制度因素 ②。

（二）制约我国数字贸易能力提升的因素

近年来，数字经济快速发展，成为各国经济增长的又一重要引擎。新业态在创造庞大市场规模的同时，也带来了一系列制约我国数字贸易能力的因素。

1. 数字基础设施核心技术受制于人

虽然近年来我国也在加快推动数字基础设施建设且成绩斐然，但我国数字网络基础设施建设还需加强，仍有部分关键技术依赖进口、受制于人。底层技术缺乏原生性，数字技术自主创新水平有待提升。近几年来，美国一直在加紧对中国的遏制，已经针对我国在AI技术、AI芯片、量子计算等新兴和基础技术领域实施限制出口和技术合作的措施。数字基础设施核心技术自主创新能力不强，就无法解决数字服务贸易发展面临的核心难题，这成为当前制约我国数字贸易发展的桎梏。

2. 国内数字贸易规章制度不健全

数字贸易的发展带来了新情况、新问题，对现有监管体系提出了更多要求，在市场竞争、数据隐私与安全、知识产权等方面都需要制定新的规则予以规范。当前，我国针对数字贸易中出现的问题出台了相关政策，但也应认识到，我国数字贸易监管方面的相关法律法规体系还不完善，还没有形成一套完整的监管制度，尚未形成独属于自己的"中式模板"。例如，个人隐私安全得不到有效保护。虽然我国已出台相关法律法规和标准，但对个人信息保护并不充分，平台利用大数据"杀熟"、利用算法造成"信息茧房"等现象屡见不鲜，这些问题都有待合理有效地解决。

专栏阅读 5-1：四部门开展专项行动：严禁利用算法实施大数据"杀熟"

3. 数字贸易领域国际话语权缺失

数字贸易规则是全球新一轮经贸谈判的核心议题之一。目前，世界贸易组织还没有在数字贸易领域建立一套完整的规章制度体系，全球数字贸易规则的制定落后于发展实践。欧美发达国家在数据跨境自由流动、加强知识产权保护、完善个人隐私保护等方面已经建立了较为健全的法律法规与标准体系，形成了具有较大影响力的"美式模板"和"欧洲模板"。同时，美欧等国通过与其他国家签订的一些双边或多边贸易协定将其国内规则国际化，从而确立以自己为中心的新型贸易规则，这将使我国等后发国家在数字贸易规则制定方面丧失话语权，影响数字贸易的进一步发展。

---

① 喻文丹，姜兴民. 基于钻石模型的数字服务贸易国际竞争力提升研究 [J]. 商业经济，2022（2）：106-108.

② 盛斌，高疆. 数字贸易：一个分析框架 [J]. 国际贸易问题，2021（8）：1-18.

4. 数字贸易统计体系尚未建立

政府制定政策和企业决策都必须以科学、系统的数据分析为基础。如何将数字贸易从货物贸易和服务贸易统计中剥离出来，还存在技术上的难题，需要经过科学研究。目前，我国统计部门还未建立相应的数字贸易统计体系，也没有针对细分领域进行分门别类的统计，缺乏完善的体系数据，这不利于政府对数字贸易的监管及学者开展相关理论与政策的研究，不利于我国数字贸易的发展①。

（三）多管齐下提升数字贸易能力

数字贸易是新时代下的一种新模式、新业态，为进一步推动其健康可持续发展，面对目前发展中存在的制约因素，应采取针对性措施以提升数字贸易能力。

1. 完善数字贸易发展的基础设施

在中央以及地方各级政府的政策支持下，加强国内信息化基础设施建设，推动建立具备国际影响力和国际竞争力的产业集群中心，实现数字贸易与传统贸易融合协调发展。一要稳步推进城市网络升级提速和农村宽带推广普及，奠定数字贸易发展的坚实基础；二要适度降低我国数字基础设施行业的市场准入门槛，充分发挥国有企业的引领作用并激发社会资本的投资活力，共同推进我国数字基础设施建设②。

2. 积极参与数字贸易国际规则制定

世界主要国家都在抢抓新一轮科技革命和产业革命的新机遇，重点聚焦数字经济的发展。新形势对数字贸易开放发展的制度环境与监管协调提出了更高要求，数字贸易规则成为国际经贸规则重构和各方博弈的焦点。一直以来，我国在国际数字贸易领域的话语权较弱，处于被动适应规则的地位。在新形势下，为了推动我国数字贸易的快速发展，在遵循公平、公正原则的基础上，应采取灵活的谈判框架，率先探索新议题，分享发展实践经验，通过多种渠道的合作，完善国际管理体制，为数字贸易的发展创造一个有利的制度环境。这也有利于提高我国的国际话语权，为世界范围内数字贸易的发展贡献中国智慧，发出中国声音③。

3. 加强数字贸易统计体系建设

推动数字贸易统计体系建设，有助于深入分析数字贸易发展的现状，解决存在的问题和挑战，从而为科学决策奠定基础。目前，我国还没有权威部门对数字贸易总量进行统计，难以对我国数字贸易的发展精准把握。为此，我国可以借鉴国际上数字贸易发达的国家及联合国贸易和发展会议对数字贸易的统计框架，结合我国数字贸易的现实情况，明确数字贸易的统计口径，创新数字贸易的统计方法，构建科学的数字贸易统计指标体系。

4. 加快培育数字贸易新模式新业态

推进跨境电子商务综合试验区建设，复制推广成熟经验和做法。完善跨境电子商务零售进出口管理模式，优化通关作业流程，建立全口径海关统计制度。加快培育一批跨境电子商务平台和企业，支持企业运用跨境电子商务开拓国际市场。鼓励跨境电子商务企

---

① 郑小梅. 我国数字贸易发展现状、问题及应对策略 [J]. 海峡科学，2021（9）：98-102+112.
② 徐新明. 数字贸易发展的影响因素及发展对策研究 [J]. 商展经济，2021（14）：45-47.
③ 张琦，陈红娜，罗雨泽. 关注数字贸易国际规则构建与走向 [N]. 经济日报，2022-1-20（10）.

业通过建设"海外仓"等方式，进一步融入境外零售体系。推动企业提升贸易数字化和智能化管理能力，大力提升外贸综合服务数字化水平。加强数字技术在传统行业的应用，积极探索传统行业数字化转型的新模式，提升行业整体数字化水平，开发培育数字贸易潜能[1]。

（四）"数字丝绸之路"与跨境数字贸易

近年来，世界各国越来越重视数字经济的发展，相互之间的合作愿望也越来越强烈，新的产业、新的业态和模式也在加速发展。在这个过程中，中国积极参与全球数字经济建设，将数字经济作为与"一带一路"倡议沿线国家合作的重点领域，这使"数字丝绸之路"建设成为新的合作亮点。

在博鳌亚洲论坛 2021 年年会"数字丝绸之路：点亮疫后新基建"分论坛上，商务部研究院美洲与大洋洲研究所副所长周密表示，在各国经济复苏需求上升、采取疫情防控措施的背景下，发展数字经济为疫情之下开展经贸活动提供了新渠道，"数字丝绸之路"建设顺应了各国恢复发展经济的需求[2]。"一带一路"沿线国家在数字基础设施、企业技术、建设等方面还存在不足，推进"数字丝绸之路"建设将有助于缩小沿线各国之间的数字差距，为沿线国家经济发展培育新的增长点，促进各国实现更具包容性和可持续性的发展。同时，要推动"数字丝绸之路"与国内区域重大战略互促共进、融合发展，进一步畅通经济内外循环。在政策、规则等方面，与"一带一路"相关国家实现"软联通"，加快数字基础设施"硬联通"，与沿线国家形成多层次对接合作。数字经济作为新兴产业，尚未在全球形成统一的规则，各方秉承共商共建共享原则推进"数字丝绸之路"建设。不仅将为各国经济发展提供支持，也将对未来全球经贸规则产生一定影响，沿线国家及其他世界各国都会从中受益[3]。

跨境数字贸易是推动数字经济国际合作的核心领域之一，也是"一带一路"倡议及数字丝绸之路建设的关键组成部分。随着"一带一路"和数字丝绸之路建设的不断深化，为了强化数字互联互通，增进沿线国家间的数字经济联系与合作，中国与多个沿线国家共同提出了推动"一带一路"数字经济国际合作的倡议。这为跨境数字贸易的发展开辟了新机遇与新平台，促使全球跨境数字贸易步入快速发展阶段。中国在跨境数字贸易领域展现出强劲的发展势头，在持续深化与发展中国家合作的同时，也将"一带一路"沿线国家作为推进跨境数字贸易合作的重要方向。未来，"一带一路"沿线国家的跨境数字贸易合作将成为推动"一带一路"建设的重要先锋力量。

专栏阅读 5-2
"钢铁驼队"
赋能对外贸易

[1]　贺少军，夏杰长 . 促进数字贸易高质量发展的着力点 [J]. 开放导报，2020（2）：79-83.
[2]　李宁 . 数字丝路添彩一带一路"工笔画"[EB/OL]. 中国行业新闻网，（2021-05-13）[2024-09-28]. https://acin.org.
[3]　武汉大学国家发展战略智库课题组 . 激发数字经济发展潜能 [N]. 求是，2022（2）：22-27.

第二节　数字基础设施

一、数字基础设施

（一）定义与内涵

随着数字经济逐渐成为我国经济增长的新引擎，数据已成为推动经济发展的关键要素，也推动了基础设施建设的变革。作为数字贸易发展的基础和前提，数字基础设施伴随着新一轮的科技革命和产业变革而产生。一般认为，数字基础设施是以信息网络为基础，以知识产权为核心价值，以网络通信、大数据、云计算、区块链、人工智能、物联网及工业互联网等数字技术为主要应用，围绕数据的感知、传输、存储、计算和安全等环节形成支撑经济社会数字化发展的新型基础设施体系。狭义的数字基础设施指的是信息基础设施；广义的数字基础设施不仅包括信息基础设施，还包括融合基础设施，即传统基础设施利用新一代信息技术进行智能化升级改造后所形成的基础设施形态①。

近年来，中国经济增速放缓，以"铁公基"为代表的传统基础设施在经济转型过程中的乘数效应已日趋递减，而以数据、软件、芯片、通信及分子涂层等"数字材料"为主体构建的数字基础设施，其技术优势日益明显。在数字经济时代，数字基础设施正在成为拉动社会经济增长的源头基础和新生动力，对数字经济的发展起到重要的支撑作用。因此，协调好两者之间的关系，对于未来数字经济发展具有重要作用。

（二）数字基础设施的特征

1. 以数字技术为核心

数字基础设施的基石是先进的数字技术体系。从产业分类的视角来看，数字基建的投入虽有一部分是机械设备或大楼，但其主要归属电子及通信设备制造业、软件业、通信业、互联网和信息服务等高科技行业。从输出的观点来说，数字基础设施致力于提供一套全面的服务体系，涵盖数据采集、存储、传输、处理和各种软件应用的服务，而这些都离不开数字化技术的支撑。

2. 以科技创新为动力

数字基础设施的发展水平和质量一方面取决于投资规模，另一方面则受制于科技创新的程度。其建设过程中投入的技术具有先导性，科技创新的颠覆性越强，新技术工程化和产业化的速度就越快。随着应用程序的扩展，数字基础设施将会得到更大的发展。

3. 以虚拟产品为主要形态

虽然数字基础设施是以实物为载体的，但是它具有软硬、虚实结合的特点。在数字基础设施的硬件结构中，大量的代码、算法、数据，以及工业技术和技术标准，都是以虚拟的形式存在的。

---

① 黄舍予. 中国信通院院长刘多: "数字基建"在"新基建"中发挥核心作用 [N]. 人民邮电, 2020-04-22（010）.

4. 以平台为主要载体

数据的互联和传送是数字经济发展的核心，数据的存储、清洗、处理、应用越来越重要。数据中心、云计算中心、工业互联网等成为数据、算力和运算能力的重要平台，因此，大规模商用平台的出现，为中小规模的企业提供服务，使得数字基础设施以平台为主要载体的特征不断凸显 [①]。

■ 二、数字基础设施的核心技术

（一）网络通信技术

网络通信技术是网络强国战略的前提基础，更是数字基础设施建设领域的基础，只有建好网络通信基础设施这条"数字高速公路"，才能实现海量数据的运行、存储和流通，才能在此基础上开展大数据和云计算等相关技术应用，并建立起多样化的数字基础设施。

从第一代移动通信网络到现在的第五代移动通信网络，每一代移动通信网络的出现都有其标志性的功能及关键核心技术。第一代移动通信网络（1G）的出现标志着移动通信的诞生；伴随着大规模集成电路、微处理器和数字信号处理的应用不断成熟，2G 使我们进入了数字时代；3G 提升了数据业务的支持能力，使互联网世界和通信世界开始走向融合；4G 开启了移动互联网全面发展的时代，信息传输速率进一步提升；伴随着物联网和工业互联网的兴起，5G 将人与人、人与物、物与物之间构建起大连接，有力支撑起数字经济时代的发展需要。

移动通信网络整体架构如图 5-1 所示。

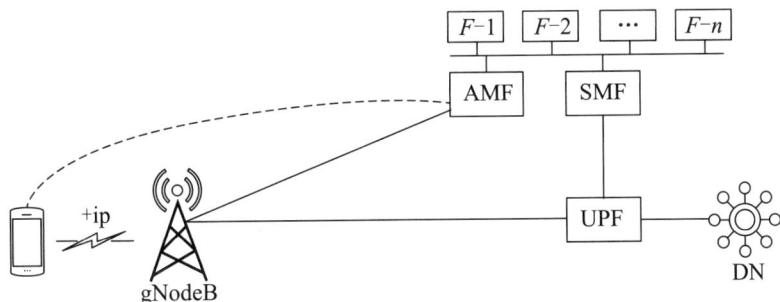

注：gNode B—新一代 Node B；AMF—接入和移动性管理功能；SMF—会话吧管理功能；UPF—用户平面功能；DN—数据网络；F-n—控制面板管理功能。

图 5-1　5G 移动通信网络整体架构

资料来源：韩涛，李翀，王冬海. 移动通信网络架构演进规律对列车运行控制系统发展的启示 [J]. 城市轨道交通研究，2021，24（4）：65-70.

相较于前四代通信网络而言，5G 通信网络具有高速率、大连接、低时延、高可靠的技术特性，除了能满足互联网发展的需要之外，5G 在各领域的应用还能产生显著的正向效应。

---

① 李小华. 把握新型基础设施新特征 [N]. 经济日报，2020-07-16（011）.

1.5G 技术与物联网

5G 技术在应用于互联网以外，其重点便是向物联网、产业互联网等领域发展。伴随着新一代信息技术的快速发展，数据量急剧增长，未来物联网、工业 4.0、智慧城市建设等都需要大规模的传感器及芯片的连接。而随着技术的发展，5G 未来将实现一平方公里支持 100 万个传感器的高密度连接，5G 应用于物联网将极大推动其发展。

2.5G 与人工智能

人工智能的核心要素即数据、算力和算法。5G 可以解决人工智能发展所需的数据问题，实现连接海量的物联网设备，而物联网的发展将产生大量的数据，由此使人工智能的潜力得到充分发挥。5G 能够推动人工智能取得算力突破，其核心网分布式架构能完美适应边缘计算的要求，使边缘计算的算力得到解放，有效解决人工智能的算力瓶颈。借助于数据和算力突破，5G 将促进人工智能的发展。此外，将人工智能应用于 5G 核心网中，也能帮助核心网在规划部署、运行维护等方面实现高度的自动化和智能化。

3.5G 与平台经济

随着信息技术的发展和国家政策的支持，我国的平台经济也进入了快速发展时期。在5G 技术的支撑下，数据资源的释放与流动促进了大规模社会化协作体系的完善，为我国平台经济的高质量发展提供强劲动力和全方位支撑，并对数字经济发展和数字中国建设产生巨大的推动作用。

4.5G 与新冠疫情防控

在疫情防控过程中，5G 发挥了重要的技术保障作用。在抗疫一线，三大电信运营商开通了雷神山、火神山医院的 5G 网络，利用 5G 网络，这两家医院与北上广等地区多家医院开展远程会诊。"5G 网络＋热成像人体测温"方案，以高效精准、无接触的测温方式，为防疫工作打造了新型信息化防线。"5G＋医疗"应用的快速落地，使新冠肺炎诊疗更加高效便捷，在避免交叉感染的同时缓解了医护人员紧缺的问题。

5G 首次实现了全球统一标准。中国的网络通信技术在历经"2G 跟随、3G 突破、4G 同步"后，实现了"5G 引领"的历史性跨越。将 5G 与人工智能、物联网、大数据及云计算等新技术进行融合，将释放巨大的潜力。同时，5G 向社会各领域的渗透不断深入，将充分释放数字化应用对经济社会发展的倍增作用，打造经济发展新动能。

（二）大数据技术

大数据作为通过特定数据模型汇聚的多元化信息汇总，对人与物的生存状况、发展状态进行数据描述，是以数据形式呈现的客观存在。狭义的大数据指的是海量、实时、多样化的数据集合，能够被采集、存储和开发；而广义上，其概念则进一步拓展，大数据不仅包含数据本身，还涵盖围绕这些数据集展开，旨在挖掘新知识、创造新价值、激发新增长动能的新型技术与商业模式。大数据之"大"，不仅体现在其庞大的数据规模上，更在于其蕴含的深厚价值与无限潜力。大数据系统是一个庞大而复杂的系统，它包含数据采集、传输、预处理、分布式存储、数据清洗、数据挖掘、数据仓库、并行计算、数据可视化等技术。其中，数据挖掘就是通过运用大数据来发现有价值的规则和有意义的模式，从而发现隐藏在大数据中的规律性，提高数据应用的质量和效率。大数据技术的应用为人类提供了全新的思维方式和探知客观规律、改造社会的新手段，从而对经济社会发展产生深刻影响。

世界已经进入了一个把数据视为一种战略资源的时代。大数据具有很大的价值与潜能，不仅是与物质、能源同等重要的经济要素，更是一种能够改变传统要素在经济发展中的结构、构建现代化经济系统必不可少的战略资源。数字经济是以大数据为依托的创新经济。信息科技与经济发展的交叉与融合，使数据快速成长，而当数据的分析与利用量迅速增加时，通过挖掘、去敏、去密、分析、应用、叠加应用，能够发掘出新的知识、创造新的价值，带来大知识、大科技、大服务、大发展。大数据作为一种新的经济发展动能，通过信息流带动技术、资金、物流、人才等要素流动，可以最大限度地优化资源配置，提高发展质量和效益，是实现经济转型和现代化的重要手段。

1. 填补数据缺口，打破"数据孤岛"

大数据技术的应用显著提升了数据采集和数据挖掘的效率，增强了数据的可得性，扩大了数据分析维度和覆盖范围，有效缓解了信息不对称问题。一是从传统的样本数据升级为全量数据，极大增加了数据信息量。在大数据时代，统计数据从少量、静态、单一的样本数据转变为海量、动态、多样的"全量数据"，数据样本增多、颗粒度更细、数据维度更多。大数据技术的应用，扩大了数据的覆盖面，提高了数据的时效性，极大提升了数据资源的容量。二是有助于打破"数据孤岛"，深度挖掘数据之间的关联。机器学习、深度学习和知识图谱等技术方法可以迅速将海量数据进行智能关联和挖掘分析，可以将其应用于货币政策评估、风险监测、压力测试等领域，从而弥补传统分析方法在处理海量数据方面的不足。三是数据呈现方式多元化，可视化技术提升数据的可接受度。随着云计算、数据挖掘、数据可视化等大数据技术分析方法的发展，大数据产品日趋多样化、目录化，基于追踪、画像、提示、匹配、优化等多种功能，可以根据不同的场景开发对应的可视化工具，以满足特定的数据需求，精准实现数据供需匹配。

2. 突出问题导向，提升数据效率

大数据技术能有效改善数据统计的供给和需求的关系，数据使用方能够从数据源头对数据统计供给提出需求。一是大数据智能工具的发展，使数据加工处理和分析应用更加高效便捷，数据需求方可以轻松了解数据标准、数据来源与结构，实现数据的高效利用。二是通过细颗粒度的基础数据和集中的数据存储，为应对复杂问题提供更加精细和关联性更强的数据源。三是数据使用方能够更加熟悉数据供给，提高业务响应效率。大数据是对统计的升级，在各种智能技术支撑下，大数据分析更为便捷，降低用户方使用各种技术的门槛，提升各种场景下的数据使用效率[1]。

（三）区块链技术

区块链通过加密技术形成一个去中心化的可靠、透明、安全、可追溯的分布式数据库。推动互联网数据记录、传播及存储管理方式变革，大大降低信用成本，简化业务流程；提高交易效率，重塑现有的产业组织模式、社会管理模式；提高公共服务水平，实现互联网从信息传播向价值传递的转变。因此，作为数字基础设施，区块链也被称为"创造

① 阮健弘. 大数据技术提升金融统计分析能力 [J]. 中国金融，2022（2）：14-16.

信任的机器"。区块链作为数字中国建设的底层架构和基础设施，目前正在进行大规模布局。其中，在供应链领域的应用，使区块链呈现出信任、精准溯源、数据存在性证明和完整且流畅的信息流等特性，如图 5-2 所示。未来的社会将由数据驱动。作为天生的去中心化的账本数据库，区块链能够保证数据真实不可篡改，为数据驱动的数字经济和智能社会提供保障。

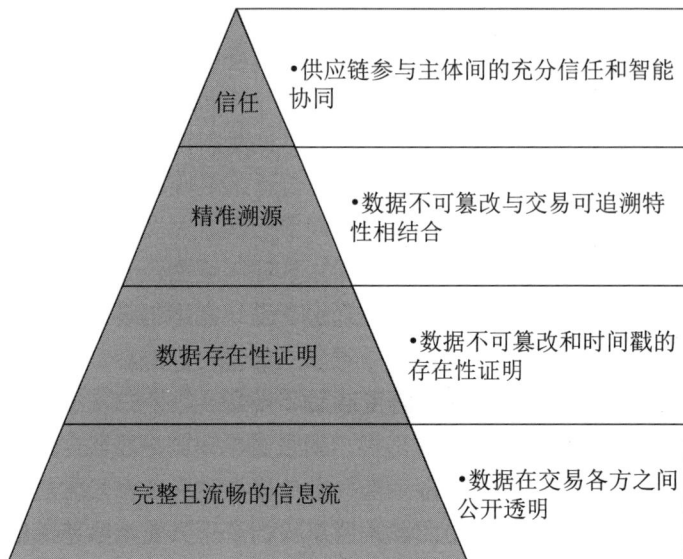

图 5-2　区块链适用于供应链领域的技术特性

资料来源：搜狐。

（四）虚拟现实技术与增强现实技术

数字技术的发展使物理世界、数字世界和人类社会之间的界限逐渐模糊，推动人类社会逐步进入人、机、物三元融合时代，而虚拟现实（Virtual Reality，VR）、增强现实（Augmented Reality，AR）技术的发展为人、机、物三元融合提供了重要支撑。虚拟现实技术，也称"灵境技术"，它是以计算机技术为基础，通过模拟生成听觉、味觉、嗅觉、视觉等一体化虚拟场景，使用者通过特定的输入和输出装置，与虚拟世界中的物体进行互动，从而达到一种身临其境的感觉。增强现实技术，也称为扩增现实，是虚拟现实技术的进一步拓展，它借助必要的设备使计算机生成的虚拟环境与客观存在的真实环境共存于同一个增强现实系统中，从感官和体验效果上给用户呈现出虚拟对象与真实环境融为一体的体验环境。

虚拟现实技术的发展涵盖多项核心技术：①动态环境建模技术，这包括基于图像的建模、三维扫描建模等多种技术；②实时三维图像渲染技术；③用户与计算机的交互技术；④显示技术，该技术在 VR 系统中扮演着重要角色，尤其是双目立体视觉技术，它主要通过利用奇偶数帧视差来实现深度感知；⑤立体声技术，利用不同位置录制的声音在左右耳间产生的差异来营造空间感；⑥感觉反馈技术，在 VR 系统中，允许用户"触摸"虚拟物体，尽管这种触觉并非真实，通常通过手套内的振动触点来模拟；⑦语音输入输出技术，能够将语音输入 VR 系统进行识别、处理并获得反馈；⑧系统集成技术，将分散的设备、功能和信息整合到一个统一、协调的系统中，实现资源的充分共享，这主要依赖于结构化的综合布线系统和计算机网络技术。

虚拟现实技术在实际应用中的范围很广，且应用较为成熟。在教育方面，虚拟现实技术能清楚地表达三维空间的事物，使学习者能直接、自然地与虚拟环境中的各种对象进行交互；在军事领域，利用 VR、AR 技术可以模拟新式武器的操纵和训练、仿真实际军事演习环境，以取代危险的实际操作；在工业方面，虚拟现实技术可应用于汽车设计、实验和培训等方面。除了上述应用领域，VR、AR 技术还在医疗、娱乐产业等领域有典型应用。虚拟现实技术的应用，为我们认识世界、改造世界提供了更便利高效的方式方法。

（五）云计算技术

2006 年，云计算的概念第一次被正式提出。随后，云计算行业迎来了高速发展时期，市场规模不断扩大，如图 5-3 所示。云计算技术源自超大规模分布式计算，融合了虚拟化技术、海量数据存储、管理以及分析技术等，将计算任务分布在大量计算机构成的资源池上，并通过移动互联网将计算结果以服务的方式提供给用户，按流量计费[①]。"云"作为数字经济时代的基础设施，为企业生产或社会服务提供强大的计算能力，使人们能以较低的成本从"云"中获取高质量的存储、数据、平台和应用服务。

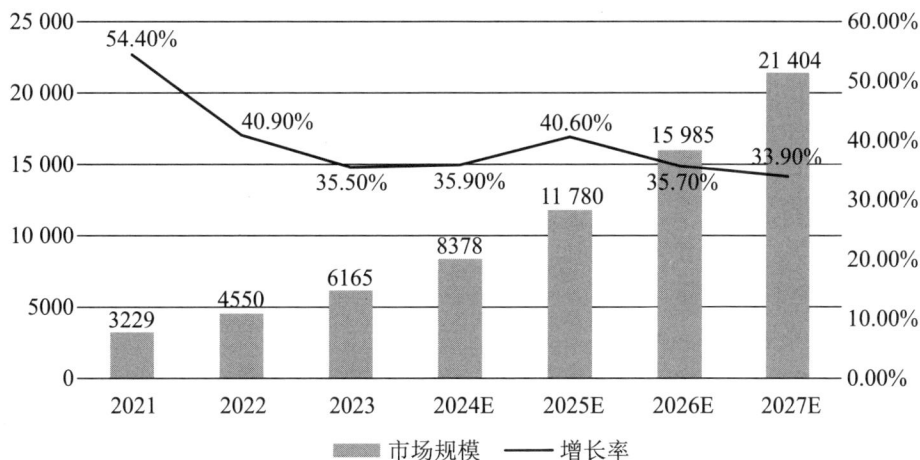

图 5-3　中国云计算市场规模及增速（亿元）

数据来源：中国信息通信研究院。

云计算的服务类型主要分为三种：SaaS（软件即服务）、PaaS（平台即服务）及 IaaS（基础设施即服务）。

（1）SaaS 服务通常采用 Web 技术和 SOA 架构，以提供完整且可直接使用的应用程序为特点，用户无须自行安装软件。

（2）PaaS 服务向用户提供平台软件层，使用户能够访问完整或部分应用程序。

（3）IaaS 服务主要是向用户提供完善的计算机基础设施。由于这一服务类型涉及较大的基础设施投入，并要求具备长期的运营管理经验，因此对企业实力有较高要求。

---

① 张建云. 大数据技术体系与当代生产力革命 [J]. 马克思主义研究，2021（4）：58-68+164.

在当前云计算技术快速发展的背景下，伴随数字经济的蓬勃兴起与新基建的加速实施，SaaS 服务的需求持续增长，尤其在新冠疫情之后呈现出井喷态势，部分原本属于 IaaS 的需求转向 SaaS，显著提高了 SaaS 的产业渗透率。与此同时，数字化转型加速了云计算在各行各业的渗透，使其逐渐成为数字经济的关键设施。在政策引导与数字经济的双重驱动下，各行各业积极探索云计算与产业深度融合的路径，力求通过协同作用为行业发展注入新活力。此外，随着传统企业与互联网企业业务边界的模糊化，传统企业与私有云、互联网企业与公有云之间的界限也被打破，混合云成为发展的必然趋势，进一步促进了企业间的合作共赢。

（六）物联网技术

物联网是利用无线射频识别、红外传感器、汽车卫星导航系统、激光扫描仪和其他传感器数据，根据约定的连接协议，将各种对象连接到互联网，交换信息并相互通信、识别、定位、跟踪、监视和管理的网络，简单来说就是物物相连的网络。但是，要成为物联网中的"物"，必须满足一些条件：能够接收适当信息，有数据传输路径、处理运算单元、执行操作系统，具备一定存储功能，拥有在网络世界中被识别的唯一号码及服从通信协议等。只有具备以上基本条件才有可能被连接到网络中。

物联网体系主要由感知层、网络层、平台层和应用层组成，见表 5-1。感知层位于物联网四层结构中的最底层，是物联网的核心，也是信息采集的关键部分；网络层包括接入层、汇聚层以及核心交换层；平台层是指系统及软件开发；应用层分为管理服务层与行业应用层。射频识别技术、传感器技术、无线网络技术、网络和通信技术共同构成了物联网的重要核心技术。

表 5-1　物联网体系的各组成部分

	芯片	嵌入式系统、通信芯片、定位芯片……
感知层	传感器	物理传感器、化学传感器、生物传感器、RFID 摄像头……
	无线模组	通信模组：Wi-Fi/ 蓝牙、ZigBee、蜂窝（2/3/4G，NB-IoT 等）天线；定位模组：GNSS 天线
网络层	通信网络	蜂窝网络：2/3/4G、NB-IoT、SIM 卡…… 非蜂窝网络：ZigBee、LoRa、Wi-Fi、蓝牙……
平台层	系统及软件开发	应用开发平台、链接管理平台、设备管理平台
应用层	物联网智能终端	To B 类（表计类、车载类、监控类、调度类……） To C 类（可穿戴设备、智能家居、消费电子……）
	系统集成应用服务	To B 类（公共服务、垂直行业……） To C 类（智慧生活……）

资料来源：中国信息通信研究院，东兴证券研究所。

1. 射频识别技术

射频识别（RFID）技术是一种非接触式自动识别技术，利用射频信号及其空间耦合传输特性，实现对静态或移动待识别物体的自动识别，用于对采集点的信息进行"标准化"标识。由于射频识别技术可实现无接触的自动识别，具有识别穿透能力强、无接触磨损，以及可同时实现对多个物品的自动识别等特点。因此，将这一技术应用到物联网领域，并与互联网、通信技术相结合，可实现对全球范围内物品的跟踪与信息共享。

2. 传感器技术

传感器技术主要是通过从自然源中获取信息并对信息内容进行处理、转换和识别，涉及传感器的规划、设计、开发、制造和测试、信息处理和识别等。在物联网中，传感器主要用于接收连接对象的信息。

3. 无线网络技术

无线网络技术包括短距离蓝牙技术、红外线技术和 Zigbee 技术，以及允许用户建立远距离无线连接的全球语音和数据网络。要实现在物联网中与人无障碍通信，高速无线网络至关重要。

4. 网络通信技术

网络通信技术的两大核心领域涵盖广域网络通信和近域通信。在广域网络通信方面，关键技术涵盖 IP 互联网体系及 2G 至 5G 的移动通信技术演进；在近域通信领域，当前以 IEEE802.15.4 标准引领的技术占据主导地位。要持续强化现有网络通信技术的专业深度与互联互通能力，以精准匹配物联网场景下对低移动性、低数据速率传输的特殊需求，确保信息传输过程中的安全性与可靠性。

目前，物联网的应用涉及面很广，智慧城市、智慧医疗、智慧交通、智能家居等的建设都离不开物联网技术的支持。

（七）工业互联网

工业互联网是新一代信息技术和工业经济深度融合而形成的一种全新的产业生态，通过全面连接工业体系，深度感知工业数据、实时传输交换、快速计算处理，实现智能控制、运营优化和生产组织方式变革，全面支撑新工业革命不断深化。

工业互联网利用新型网络打通全产业链、全价值链。其利用有线和无线网络将工业生产中的人、机器设备、软件系统等各环节、各要素连接起来，使数据可以在各环节与要素之间自由流动。从企业层级来看，企业管理层可以通过终端设备快速了解特定设备的运行情况、仓储情况等信息；从产品价值链来看，产品设计人员可以通过平台实时掌握用户使用习惯与产品原料市场价格趋势，实现不同业务部门间的信息互通。

工业互联网构建了一个全面的标识解析框架，实现了生产要素的编码认证与数字化映射机制。此框架通过高效的网络架构，实现了数据的实时采集与无缝传输，紧密连接了虚拟资产与实体资产，为每一项实体资产分配了独一无二的数字身份。通过对唯一编码的深度解析与智能识别，用户能够迅速获取实体资产的详尽虚拟信息，从而显著提升资产管理的精细化与智能化水平。同时，为了保障工业互联网体系在高度数字化环境中的稳定运行，构建一套综合性的安全保障体系至关重要。鉴于工业系统日益增长的数字化依赖，其生产环境也面临更为复杂多变的安全挑战。因此，建立一个涵盖设备安全、应用安全、数据安全等多个维度的安全防御网络和具备强大的威胁防护能力、敏锐的监测感知能力及高效的应急恢复机制，成为工业互联网发展中不可或缺的一环，以有效应对开放创新所带来的安全风险。

（八）人工智能技术

作为信息革命质的飞跃，人工智能是数据、算法、算力相结合的新兴技术，具有溢出带动性很强的"头雁效应"。人工智能技术通过深度学习、跨界融合、多主体协同、远程智能控制等手段，极大地提高了智能决策、管理、服务、监督等功能。人工智能技术主要包含以下几个研究领域。

1. 机器学习

机器学习是人工智能技术中的一个重要分支，它的研究范围非常广泛。它是指计算机通过模仿或实施人的学习行为，从而获得新的知识和技能，改变自身性能，进而重构和改进现有的知识结构。基于数据的机器学习是现代智能技术中的重要内容，其数据处理分析流程如图 5-4 所示。

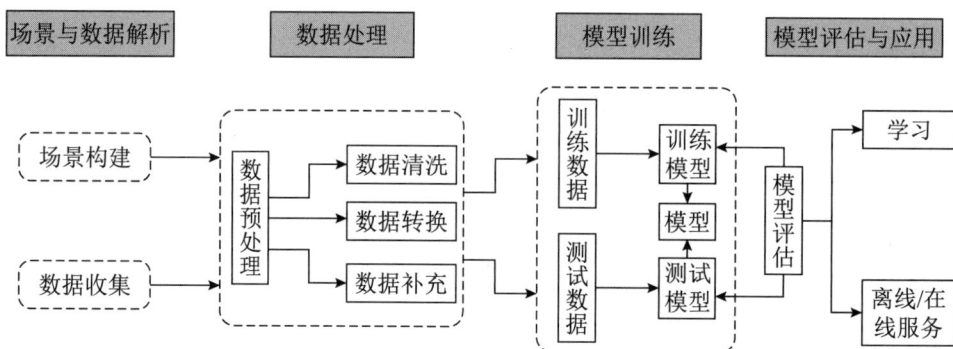

图 5-4　机器学习数据处理分析流程

资料来源：艾媒数据中心。

2. 知识图谱

知识图谱实质上是一种精心设计的语义知识存储结构，它以图形化的数据模型为核心，由节点与边线交织而成，旨在以符号化语言精准刻画物理世界中纷繁复杂的概念及其错综交织的关系。在此框架内，现实世界的各类"实体"用节点表示，实体之间的"关系"则通过边线直观展现。简而言之，知识图谱犹如一张庞大的关系织网，跨越信息边界，将各类异质信息融会贯通，构建出一个便于从"关系"维度深入剖析问题的智能平台。

3. 自然语言处理

自然语言处理作为计算机及人工智能领域的关键分支，致力于探索并实践使人机之间能以自然语言为媒介实现高效、流畅交流的理论与技术路径。其应用场景广泛，涵盖机器翻译、自动阅读理解、智能问答系统等多个领域，通过技术创新不断推动人机交互的边界，使计算机更加贴近并服务于人类的自然语言交流需求。

4. 生物特征识别

生物特征识别技术作为一种前沿的身份认证手段，依赖个体独特的生理或行为特征来验证身份。该技术通过精密的数据采集与处理流程，将提取的个性化特征信息进行存储与管理。其涵盖范围极为广泛，包括指纹、面部、虹膜、指静脉等多种生物标识符，并在识别过程中深度融合了图像处理、声音辨识及机器学习等先进技术，构筑起一个高效、准确的身份识别体系。

5. 计算机视觉

计算机视觉是通过模拟人类视觉，使计算机具备提取、处理、理解及分析影像和视频信息的功能。近年来，随着深度学习技术的不断进步，预处理、特征提取与算法处理有效融合，形成了一种基于人工智能的端到端算法框架。依据应用场景和解决问题的不同，计算机视觉可划分为计算成像学、图像解析、三维视觉、动态视觉分析及视频编解码五大类别。

（九）数字孪生技术

数字孪生概念最初由美国密歇根大学的格里夫斯（Grieves）教授提出，它指的是通过数字化手段构建物理实体的虚拟模型。这个过程涉及空间映射、虚实交互、数据融合、监测评估及决策优化等多个环节，旨在全面、精准、高效且智能地反映物理实体在现实环境中的全生命周期行为过程。它是一项具有重大革命性、迅速突破的技术，数字孪生技术的应用范围非常广阔，其具有以下特征。

（1）互操作性。在数字孪生中，实体和数字空间可以双向映射、动态交互和实时连接，因此它可以用多种数学模型来映射物理实体，通过转换、合并建立"表达"。

（2）可扩展性。数字孪生技术具有集成、添加、替换等功能，可以根据多尺度、多层次的模式内容进行扩充。

（3）实时性。数字孪生技术需要数字化，也就是通过一种能够被计算机识别和处理的方法来描述随着时间轴而改变的实体，从而构成一个虚拟实体的数字虚拟图。

（4）保真性。数字孪生的真实性是指对虚拟物体与物理实体之间的关系进行描述。这就要求虚拟物体与实体在几何形态、状态与时间上都要进行模拟。但是，在不同的模拟环境中，相同的数字虚拟物体的模拟程度会有很大差异。

（5）闭环性。数字孪生中的数字虚拟体要能够很好地描述物理实体的可视化模式和内部机制，以便更好地监测、分析和优化物理实体的状态数据，并据此作出相应的决策，因此数字孪生具有闭环性。

从目前发展情况来看，数字孪生技术广泛用于智能制造、医疗保健、新零售等行业，有效提升了行业的数字化、智能化水平。

■ 三、我国数字基础设施建设

（一）基本成效

随着数字技术创新能力的提升和"宽带中国"战略的实施，我国数字基础设施建设取得了一定的成效。从信息通信网络基础设施建设来看，我国坚持"适度超前"原则，5G网络建设全球领先。目前，我国已建成规模巨大、技术领先的5G网络，完成全国所有地级市的城区及县城的城区5G网络覆盖。根据工信部数据，截至2024年6月底，我国5G基站总数达391.7万个，占移动基站总数的33%。截至2023年年底，我国移动电话基站总数达1162万个；移动电话用户总数达17.27亿户，其中5G移动电话用户达8.05亿户，占移动电话用户的46.6%；5G虚拟专网数量超3万个。基础电信企业IP骨干网、区域网、接入网和终端IPv6改造全面完成，全国网络基础设施已全面支持IPv6。截至2023年年底, IPv6 活跃用户达到 7.76 亿, 全国网络基础设施已经全面支持 IPv6, 移动网络 IPv6 流量首次超过 IPv4, 占比达到 59.95%[①]。5G 的融合应用与深入拓展, 已成为推动实体经济数字化转型升级的关键驱动力。

专栏阅读 5-3
"东数西算"工程助力经济绿色高质量发展

此外, 人工智能加速算力基础设施智能化升级, 带动新一轮数字经济广泛增长。先进计算的不断突破与 AI 大模型的持续创新优化, 将加速催化各领域、各行业数据应用新模式、新业态衍生, 带动数字经济的发展。目前, 工业互联网已融入 49 个国民经济大类, 覆盖全部工业大类, 投标解析体系全面建成, 车联网由单条道路测试拓展到区域示范。未来, 它将带动城市交通、工业、能源、建筑等重点行业跨领域融合, 形成跨领域融合产业的倍增效应。

(二)推进阻碍问题的解决

虽然我国目前在数字基础设施建设方面取得了一定成效, 数字技术应用水平有了一定提高, 但同时我们也应该看到, 在融合程度、应用效果及覆盖范围等方面还存在不足, 制约了我国数字基础设施建设的快速推进。

1. 内在投资动力不足

传统基础设施一般由政府提供, 由此对私人部门产生降低生产成本、改善决策环境的正外部性, 而人工智能、大数据、云计算等新型数字基础设施则以战略性新兴产业为主体, 虽然可以对相关产业发展产生显著的溢出效应, 但其技术创新性强, 发展模式和商业模式多处于探索期, 初始投入大、融资成本高, 且投资回报存在明显的不确定性, 往往使新一代信息技术产业自身的投资动力相对不足。

2. 技术交叉融合有待加强

互联网技术可以将网络进行串联, 解决信息的传输问题, 促进数字经济时代的发展。但是新型数字基础设施是在互联网发展的基础上, 由 5G、大数据、云计算、人工智能、工业互联网、物联网等各技术模块融合、集成和迭代所形成的有机整体。只有在各项新兴信息技术充分交叉融合以后, 才能进一步对传统产业的改造升级及新兴产业的培育壮大发挥出叠加倍增的协同效应。比如, 5G 网络虽然能够低能耗、大容量地实现数据信息传输, 但这些海量数据信息需要经过云计算、人工智能等数据存储、处理才能转化为有价值的信息, 需要借助物联网、工业互联网等连接技术才能实现人、机、物之间及产业链上下游之间的充分连接。因此, 在推动经济高质量发展过程中, 新型数字基础设施中各项信息技术的交叉融合还有待加强[②]。

3. 数字鸿沟

"数字鸿沟"是在全球数字化过程中, 不同国家、地区、行业、企业间对数据要素、数字基础设施占有程度、应用程度的差异而造成的信息差及贫富两极分化。在国际层面主要体现为南北方国家在数字经济规模、数字基建、数字应用及数字规则主导权等方面的悬

① 国家数据局. 数字中国发展报告(2023)[R]. 北京:国家数据局, 2024.
② 钞小静. 新型数字基础设施促进我国高质量发展的路径[J]. 西安财经大学学报, 2020, 33(2):15-19.

殊差距①。我国的数字基础设施建设呈现明显的地域特征，相比于内陆和西部地区，我国东部的新型基础设施条件较为优越。这种"数字鸿沟"问题已成为全球数字经济发展面临的普遍问题。

4. 能耗与碳排放问题

数字基础设施作为数字经济发展的重要基础，不仅对经济发展发挥重要作用，同时也将影响我国的碳中和进程。一方面，将数字化技术与电力、交通、工业等重点碳排放行业深度融合，能够有效提升能源与资源的使用效率，实现生产效率与碳效率的双提升；另一方面，数据中心、5G等产业近年来加速发展，也带来了能耗与碳排放问题。根据相关预测，到2035年中国数据中心和5G的碳排放总量将达2.3亿～3.1亿吨，约占中国碳排放量的2%～4%，相当于目前两个北京市的二氧化碳排放量。与之相对比，钢铁、建材、有色金属等重点排放行业有望率先在2025年前后达到碳排放达峰并开始下降，而数字基础设施建设的碳排放"锁定效应"将成为中国实现碳达峰及进一步碳中和的重要挑战。

除了上述数字基础设施建设过程中的阻碍因素外，"数据孤岛"、复合型技术和人才缺乏、核心技术受制于人等也是制约数字基础设施快速发展的重要原因。

■ 四、大力推动数字基础设施建设

目前，数字经济已经成为全球经济发展的共同方向，正成为重组全球要素资源、重构全球经济结构的关键性力量，大力推动并不断夯实数字基础设施建设成为必要之举。

（一）加快建设信息网络基础设施

作为新技术迭代、新产业培育、新业态萌生、新模式拓展的基石与驱动力，信息网络基础设施是支撑其全面繁荣不可或缺的物质条件和核心要素。为强化信息基础设施建设的韧性，需要加速光纤网络的扩容与速度提升，并加速推进5G技术的商业化部署与规模化应用，同时，还应前瞻性地筹备第六代移动通信（6G）网络的技术积累，以构建一体化、高效能的大数据中心体系，稳步推进信息基础设施的进化与升级。在融合基础设施的发展上，全力加速传统基础设施的数字化转型步伐，特别是在工业、交通、能源、环境等关键领域加大建设力度，构建一个高度网络化、智能化的融合基础设施网络，以赋能各行业的创新发展。对于创新基础设施的前瞻性布局，应聚焦支撑国家科技自立自强的战略目标，打造一套协同运作、技术领先、开放共享、效率卓越的创新基础设施体系，为科技创新提供坚实的物质保障与平台支撑。

（二）推进创新链与产业链深度融合

数字技术是数字基础设施建设的核心，要强化科研引领作用，着力提升重大研发平台的层次，积极培育国家级、省级制造业创新中心；要加快主要城市的高新区、创新区建设，系统布局重大创新载体。同时，进一步提升技术要素的市场化水平，积极推进其与工业制造业的深度融合，拓展应用范围。在推进过程中，一方面，要深刻把握新型数字基础

---

① 陈伟光，钟列炀.全球数字经济治理：要素构成、机制分析与难点突破 [J]. 国际经济评论，2022（2）：60-87-6.

设施在不同领域、行业、环节的拓展规律和融合方式,分行业、分步骤推动新型数字基础设施在产业智能化、数字化制造中的普及和应用;另一方面,要鼓励、支持和引导各类新型数字基础设施供应商和服务商的发展,依靠市场力量持续为制造业的生产制造环节和市场匹配环节赋能①。

(三)同步规划建设数字安全设施

网络运行的安全和可靠是数字基础设施建设发展的底线保障。要推动构建跨领域、跨部门及跨主体的综合性互联网安全防护框架,专门针对数字基础设施的建设需求,同步策划与实施网络安全设施的部署,建立健全安全风险联防联控机制与高效应急体系,以形成完备的网络安全保障体系。同时,同步推进配套网络安全设施的建设,增强政府在网络安全领域的建设能力,鼓励市场力量积极参与,形成多元化、高效能的安全设施建设格局。此外,加强对新兴信息技术潜在安全风险的深入研究,提升新型基础设施设计的稳健性与可靠性,通过优化网络架构设计、实施节点冗余备份等综合性措施,确保数字基础设施在复杂多变的网络环境中能够平稳、可靠地运行。

(四)协调好政府与市场的关系

在推进新型数字基础设施建设的过程中,要发挥各级政府的引导协调作用,同时充分发挥市场作用,激发市场主体的活力。一方面,政府要不断完善顶层设计,深化体制机制改革,放宽市场准入,为数字基础设施建设营造良好的政策环境;另一方面,要充分发挥市场力量,打通多元投融资渠道。根据投资规模、建设周期、盈利性等,灵活选择政府直接投资、引导性资金、PPP模式、社会资本等多种资金投入方式,破除妨碍投资的壁垒,广泛吸引社会资本参与建设与运营,激发市场主体的活力。只有协调好政府与市场的关系,明确各方责任,才能使数字基础设施建设平稳有序推进②。

第三节　数字生产技术

数字生产技术涵盖智能制造、数字产品和用户生成内容(UGC)与专业生成内容(PGC)三个主要领域。智能制造利用自动化设备、物联网、大数据分析等技术,实现生产过程的高度自动化和智能化,显著提高生产效率和产品质量,降低成本并快速响应市场变化;数字产品包括传统的应用程序、操作系统以及基于云的服务、移动应用等,通过云计算、微服务架构等技术,提供更灵活、高效的服务,满足用户的多样化需求;用户生成内容(UGC)和专业生成内容(PGC)则是数字时代内容创作的两种主要形式,UGC强调普通用户的参与和自由创作,PGC则侧重于专业人士或机构的专业制作,两者共同丰富了网络空间的内容生态,促进了信息交流和知识分享。这些技术的发展和应用,不仅推

---

① 钞小静,廉园梅,罗鎏锴. 新型数字基础设施对制造业高质量发展的影响 [J]. 财贸研究,2021,32(10):1-13.

② 韦柳融. 关于加快构建我国数字基础设施建设体系的思考 [J]. 信息通信技术与政策,2020(9):63-66.

动了产业升级和经济转型，也为用户带来了更加丰富和便捷的体验。

一、智能制造

智能制造是指利用信息技术对制造过程进行优化的一种新型生产方式，涵盖设计、生产、管理和服务等多个环节，通过自动化设备、物联网（IoT）、大数据分析等先进技术实现生产过程的高度自动化和智能化。智能制造不仅能够通过集成先进的信息技术实现生产过程的高度自动化和智能化，显著提高生产效率，减少成本，还能快速响应市场变化，满足个性化需求，为企业带来显著的竞争优势。

（一）自动化设备的应用

智能制造的核心之一是自动化设备的应用。自动化设备包括工业机器人、自动化流水线、智能仓储系统等，它们能够在无人干预的情况下完成复杂的生产任务。例如，工业机器人可以用于装配、焊接、喷涂等工序，不仅提高了生产速度和精度，还减少了人工错误和工伤事故的发生；自动化流水线则能够实现物料的自动输送、加工和包装，大大提高了生产线的整体效率。

（二）物联网（IoT）技术的集成

物联网技术在智能制造中的应用使生产过程中的设备和系统能够实现互联互通。通过安装传感器和 RFID 标签，可以实时收集和传输设备的状态数据、环境参数等信息，实现对生产过程的全面监控。例如，智能工厂可以通过物联网技术实时监测机器的工作状态，预测故障并提前进行维护，避免因设备停机导致生产中断。此外，物联网技术还可以用于物流管理，通过智能仓储系统实现物料的自动入库、出库和盘点，提高库存管理的准确性和效率。

（三）大数据分析的赋能

大数据分析技术在智能制造中的应用使企业能够从海量生产数据中提取有价值的信息，为决策提供依据。通过对生产过程中的各项指标进行实时监控和分析，可以及时发现生产瓶颈和质量问题，采取相应的改进措施。例如，企业可以通过大数据分析优化生产计划，合理安排生产任务，避免资源浪费和产能过剩。此外，大数据分析还可以用于市场需求预测，帮助企业更好地把握市场动态，调整产品结构和生产策略。

（四）个性化生产的实现

智能制造的一个重要特点是能够快速响应市场变化，满足个性化需求。通过柔性生产线和模块化设计，企业可以根据客户的订单要求灵活调整生产计划，实现小批量、多品种的生产模式。例如，服装制造企业可以通过智能制造系统，根据消费者的体型数据和个性化需求，定制化生产服装，提高产品的附加值和市场竞争力。此外，3D 打印技术的应用使复杂零部件的个性化生产成为可能，进一步拓展了智能制造的应用领域。

（五）智能供应链管理

智能制造不仅关注生产过程的优化，还重视供应链管理的智能化。通过建立智能供应链管理系统，企业能实现从原材料采购、生产制造到成品销售的全流程管理。例如，企业可以通过供应链管理系统实时监控供应商的供货情况，预测原材料的价格波动，提前做好采购计划，降低供应链风险；智能供应链管理系统还可以用于物流管理，通过优化运输路线和配送方案，提高物流效率，降低物流成本。

专栏阅读：5-4 Cybercab 能否重塑未来出行格局？

（六）服务型制造的转型

智能制造的发展促使制造业向服务型制造转型。企业不再仅仅提供产品，而是通过提供全方位的服务，增强客户的满意度和忠诚度。例如，工程机械制造商可以通过远程监控系统，实时监测设备的运行状态，提供预防性维护和故障诊断服务，延长设备的使用寿命。此外，企业还可以通过数据分析，为客户提供生产优化建议和技术支持，帮助客户提高生产效率和产品质量。

■ 二、数字产品：软件产品

随着信息技术的发展，软件产品已经成为现代社会不可或缺的一部分。它们不仅包括传统的应用程序、操作系统等，还包括基于云的服务、移动应用等多种形式。软件产品的开发、分发和服务模式也在不断演进，云原生应用、微服务架构等新兴技术正在改变软件产业的面貌。

（一）传统软件产品的演变

传统的软件产品主要包括操作系统、办公软件、数据库管理系统等，这些软件通常以安装包的形式提供给用户，用户需要在本地计算机上安装和运行。随着互联网的普及，传统的软件产品逐渐向网络化、服务化方向发展。例如，云存储服务取代了传统的文件管理系统，用户可以通过网络随时随地访问和管理自己的文件。在线办公软件如 Google Docs 和 Office 365，使多人协作编辑文档成为可能，提高了工作效率。

（二）基于云的服务

基于云的服务是当前软件产品的重要发展方向之一。云服务提供商通过互联网为用户提供计算资源、存储资源、应用程序等服务，用户无须购买和维护昂贵的硬件设备，只要按需付费即可享受高性能的计算和存储服务。例如，亚马逊 AWS、微软 Azure 和阿里云等云服务平台为企业提供了丰富的计算资源和服务，支持企业快速搭建和扩展应用程序。此外，云服务还支持弹性伸缩，能够根据用户的实际需求自动调整资源分配，提高资源利用率。

（三）移动应用的兴起

随着智能手机和平板电脑的普及，移动应用成为软件产品的重要组成部分。移动应用不仅包括社交网络、即时通信、在线购物等消费类应用，还包括企业级应用，如移动办公、客户关系管理等。移动应用的特点是便携性和即时性，用户可以随时随地通过移动设备访问和使用应用程序。例如，企业员工可以通过移动办公应用在外处理邮件、审批文件，提高工作效率。此外，移动应用还支持离线模式，用户在网络不稳定的情况下仍然可以正常使用。

（四）开源软件的繁荣

开源软件是指源代码开放，允许用户自由使用、修改和分发的软件。开源软件的发展为软件产业带来了新的活力。开源社区聚集了大量的开发者和用户，他们通过合作和共享，不断改进和创新软件产品。例如，Linux 操作系统、MySQL 数据库管理系统等开源软件已经广泛应用于企业和个人用户。开源软件的优势在于成本低廉、灵活性高、安全性好，能够满足用户的多样化需求。此外，开源社区的活跃也为软件开发者提供了学习和交流的平台，促进了技术进步。

（五）云原生应用的崛起

云原生应用是指专门为云计算环境设计的应用程序，它们采用了微服务架构、容器化部署、持续集成 / 持续交付（CI/CD）等现代软件开发实践。云原生应用具有轻量级、可移植性强、弹性伸缩等特点，能够充分利用云平台的优势，提高应用的性能和可靠性。例如，Docker 容器技术使应用程序可以在不同的环境中一体运行，Kubernetes 容器编排平台则能够实现大规模容器集群的管理和调度。此外，云原生应用还支持快速迭代和持续交付，能够快速响应市场变化，提高开发效率。

（六）软件开发模式的变革

随着软件开发技术的不断进步，软件开发模式也在发生变革。敏捷开发、DevOps（开发运维一体化）等方法论的出现，使软件开发过程更加高效和灵活。敏捷开发强调快速迭代和用户反馈，通过短周期的迭代开发，逐步完善软件功能，提高用户的满意度。DevOps 则通过自动化工具和流程，实现了开发和运维的紧密协作，缩短了软件从开发到上线的时间。此外，低代码 / 无代码开发平台的兴起，使非技术人员也能够快速开发和部署应用程序，降低了软件开发的门槛。

■ 三、内容生成

用户生成内容（user generated content，UGC）和专业生成内容（professional generated content，PGC）是数字时代内容创作的两种主要形式。UGC 强调普通用户的参与和贡献，PGC 则侧重于专业人士或机构的专业制作。两者共同丰富了网络空间的内容生态，促进了信息交流和知识分享。

（一）用户生成内容（UGC）

UGC 是指由普通用户创造并发布的内容，包括文字、图片、音频、视频等形式。UGC 的特点是参与门槛低、创作自由度高，用户可以根据自己的兴趣和爱好，自由表达观点和情感。UGC 的主要平台包括社交媒体、论坛、博客、短视频平台等。例如，微博、微信朋友圈、抖音等平台上的用户帖子、评论、短视频等，都是典型的 UGC 内容。

UGC 的价值主要体现在以下方面。

（1）信息传播：UGC 内容的广泛传播，使信息的传播速度和范围大大增加。用户通过分享、转发等方式，可以将有价值的信息迅速传递给更多人。

（2）意见领袖：在 UGC 平台上，一些用户凭借其专业知识和影响力，成为意见领袖，引导和影响其他用户的观点和行为。例如，美食博主、旅游达人等通过分享自己的经验和心得，吸引了大量粉丝。

（3）社区建设：UGC 促进了网络社区的建设和维护。用户通过互动和交流，形成了一个个具有共同兴趣和话题的社区，增强了用户的归属感和参与感。例如，豆瓣小组、贴吧等平台的讨论区就是典型的社区建设案例。

（二）专业生成内容（PGC）

PGC 是指由专业人士或机构创造并发布的内容，通常具有较高的专业性和权威性。PGC 的内容创作者包括记者、作家、学者、企业等，他们通过专业的知识和技能，为用户提供高质量的内容。PGC 的主要平台包括新闻网站、专业论坛、学术期刊、企业官网等。例如，新华网、人民网等新闻网站上的报道文章就是典型的 PGC 内容。

PGC 的价值主要体现在以下方面。

（1）信息权威性：PGC 内容通常经过严格审核和编辑，具有较高的可信度和权威性。用户可以从中获取准确、可靠的信息，满足学习和工作的需求。

（2）深度解析：PGC 内容往往深入分析某一主题或现象，提供专业的见解和建议。例如，学术论文、行业报告等为用户提供深入的研究成果和数据分析。

（3）品牌宣传：企业通过发布 PGC 内容，可以提升品牌形象和知名度。例如，企业通过官方博客、视频号等发布相关内容不仅能够展示企业的文化和理念，还能推广产品和服务。

（三）UGC 与 PGC 的互补

UGC 和 PGC 虽然在内容质量和创作主体上有所不同，但二者并不是对立的关系，而是相辅相成的。UGC 的内容丰富性和多样性为 PGC 提供了大量的素材和灵感，PGC 的专业性和权威性又可以为 UGC 提供指导和支持。例如，社交媒体平台上的热门话题往往是由 UGC 引发的，而新闻媒体会对这些话题进行深入报道和分析，形成 PGC 内容。这种互补关系使网络空间的内容生态更加丰富和多元。

（四）内容生态的构建

UGC 和 PGC 的共同发展构建了丰富多彩的网络内容生态。内容平台通过制定合理的激励机制和管理规则，鼓励用户和专业人士积极参与内容创作，形成良性循环。例如，知乎通过积分系统和创作者计划激励用户分享高质量的知识和经验；腾讯新闻通过签约专栏作者为用户提供优质的专业报道。此外，内容平台还通过算法推荐和个性化推送，将合适的内容推送给合适的用户，提高内容的传播效果和用户满意度。

第四节　数字支付技术

支付行业进化至数字支付阶段，服务内涵和竞争维度均已发生改变。移动支付技术、加密技术和身份验证技术趋于成熟之后，各类支付服务商的业务逐渐延伸，聚合支付也只是一个服务商户的入口。服务商产业的落脚点在于利用支付通道深度服务商户经营。目前，"支付 +SaaS"的数字支付模式正引领支付业展开一场新的变革。

数字支付技术对数字贸易发展产生了深远的影响。首先，它简化了交易流程，使消费者能够更便捷地完成购买过程，尤其是在跨境电商场景下，减少了因支付方式不兼容而导致的障碍；其次，数字支付促进了小额交易的增长；再次，疫情期间，由于物理接触的限制，更多人转向了无现金支付，进一步加速了数字支付的普及；最后，数字支付技术也提升了消费者的购物体验，比如，通过手机 App 就能轻松完成线上购物、朋友间转账和线下零售支付等多种场景，且支付速度快、安全性高，还能享受额外优惠折扣，这些都是推动数字贸易增长的关键因素。

一、移动支付技术

随着智能手机普及率的提高，移动支付已成为人们日常生活中不可或缺的一部分。二维码支付因其便捷性和低成本广受欢迎；人脸识别支付提供了更高的安全性和便利性；近场通信（near field communication，NFC）技术则适用于需要快速交易的场景。

（一）二维码支付

二维码支付是目前最流行的移动支付方式之一。用户只需要用手机扫描商家提供的二维码，即可完成支付操作。二维码支付的便捷性和低成本使其迅速普及，尤其在中国，支付宝和微信等平台的二维码支付已经成为日常生活的标配。二维码支付不仅简化了支付流程，还减少了现金交易带来的安全隐患。此外，二维码支付还可以与优惠券、会员卡等功能结合，提供更加个性化的服务。

（二）人脸识别支付

人脸识别支付是近年来兴起的一种新型支付方式。通过面部识别技术，系统可以快速识别用户的身份，从而完成支付操作。人脸识别支付具有极高的安全性和便利性，特别适合在需要快速交易的场景中使用，如超市、便利店等。例如，阿里巴巴旗下的"刷脸支付"已经在多个城市试点，用户只需在摄像头前停留几秒钟，即可完成支付。人脸识别支付不仅提高了支付速度，还减少了用户因忘记带钱包或手机而导致的不便。

专栏阅读 5-5：
数字人民币全面
开花

（三）NFC 技术

NFC 技术是一种短距离无线通信技术，适用于需要快速交易的场景。用户只需将支持 NFC 功能的手机或卡片靠近读取设备，即可完成支付操作。NFC 支付速度快、操作简单，特别适合在公共交通、快餐店等场所使用。例如，Apple Pay 和 Samsung Pay 等移动支付应用就广泛采用了 NFC 技术。NFC 支付不仅提高了支付效率，还增强了用户体验。

二、数字加密技术

为了保障交易的安全，数字支付技术广泛应用了各种加密算法。

（一）RSA 加密算法

RSA 是一种非对称加密算法，由 Ron Rivest、Adi Shamir 和 Leonard Adleman 于 1977 年提出。RSA 算法的特点是使用一对密钥，即公钥和私钥。公钥用于加密数据，私钥用于解密数据。由于公钥可以公开，而私钥必须保密，因此 RSA 算法常用于数据传输的安全认证。在数字支付中，RSA 算法主要用于保护用户的敏感信息，如银行卡号、密码等，确保这些信息在传输过程中不被窃取。

（二）AES 加密算法

AES（advanced encryption standard）是一种对称加密算法，由美国国家标准与技术研究院（NIST）于 2001 年确立为新的数据加密标准。AES 算法的特点是加密和解密使用相同的密钥，具有高效性和安全性。AES 算法广泛应用于数据加密，特别是在数字支付中，用于保护用户的支付信息和交易记录。通过 AES 加密，可以确保数据在传输和存储过程中的安全性，防止数据被篡改或泄露。

三、身份验证技术

身份验证是确保支付安全的关键环节之一。区块链技术通过去中心化的方式记录交易信息，增强了数据的不可篡改性和透明性。尤其是在数字支付领域，区块链技术可以用于身份验证和交易记录的保护。通过区块链技术，用户的每一次支付操作都会被记录在一个不可篡改的区块中，确保交易的安全性和可靠性。此外，区块链技术还可以用于建立信任机制，减少中间环节，降低交易成本。

（一）区块链

数字经济是未来中国可持续发展的必由之路，而区块链则是未来改变经济的关键技术。区块链技术是一种分布式基础设施，其核心包括链式区块结构、分布式节点共识机制、点对点（P2P）网络通信技术和智能合约等。该技术起源于比特币系统的底层设计，由数据层、网络层、共识机制层、激励层、合约层及应用层等多个层面构成其基础架构。

区块链作为"十四五"七大数字经济重点产业之一，首次被纳入国家五年规划当中，充分体现了党中央、国务院对区块链技术和产业发展的高度重视。"十四五"是大发展、大繁荣的五年，也是区块链加快创新、构建生态、广泛落地、纳入监管的五年。

1. 区块链的类型

根据应用范围进行划分，区块链可分为公有链、联盟链和私有链。

（1）公有链

公有链是一种区块链类型，在任何节点均可读取数据，任何人均可发送交易，且这些交易能够得到有效验证，任何人都能参与到其共识机制中。公有链具备较低的使用门槛，并且其上的所有数据均公开透明。作为参与度最高的区块链形式，公有链常被视为实现了"完全去中心化"的典范。

（2）联盟链

所谓联盟链，就是所有参与的成员都拥有完全对等的权利，在没有充分可信的情况下，就可以进行信任的数据交换。联盟链是公司和公司、组织和组织之间的一种数据交换形式。联盟链能够实现网络节点之间的互联，以最低的成本进行运营，快速处理交易，且交易费用低廉，具有良好的扩展性，数据也具有一定的保密性，但是应用范围不大。

（3）私有链

私有链是一种非公开的区块链架构，其访问权限仅限于被授权的节点，这些节点能够参与并查阅所有信息。专用区块链则更适用于特定组织内部的信息管理和审计需求。相较于其他两种类型的区块链，私有链无须所有节点验证交易，从而实现了更快的交易速度。在专用链上，交易可以更加自由或以极低的成本进行，无须节点间达成全面共识，这大大降低了交易成本。此外，私有链还能确保区块链上数据隐私政策的一致性，无须复杂的访问权限管理，个人数据不会通过网络连接被未经授权的人员获取，为用户提供了更强的隐私保护。

2. 区块链的基本特点

（1）去中心化

区块链作为一种开放式、扁平化、平等性的系统，采用分布式存储和点对点通信，所有参与计算的节点都拥有完整或部分的区块链账本。因此，区块链的分布式存储架构节点越多，数据存储的安全性也就越高。区块链节点彼此之间可以自由连接，可在权限范围内根据自己的需要直接获取信息，而不需要中间平台传递信息。任意节点的损坏或者丧失对整个系统的运行都不会产生影响，系统具有极好的健壮性。

（2）集体维护

传统的数据库是一种单方维护的信息系统，对数据记录和访问有高度的控制权。在区块链中，所有节点都可以承担网络路由、构建新节点、验证，以及传播区块数据等功能，将对数据访问和使用行为等信息在短时间内大范围地进行全网广播、匹配、核查和认定。数据不再由单一主体单方面控制，而是需要经过多方验证与集体维护，这增强了数据存储的一致性。

（3）信息不可篡改

区块链的数据结构是由包含交易信息的区块按时间顺序有序连接起来的，每个区块都指向前一个区块，创建一条一直能追溯到第一个区块的链条，因此节点上的信息交换活动都可以被查询和追踪。区块链通过哈希算法将任意原始数据生成为哈希值，由于哈希值具有唯一性，一旦节点被恶意篡改，哈希值就会发生变化，那么该区块之后将失去连接，无法形成完整的区块链，这使篡改操作难以生效。

（4）自治性

区块链的自治性构建在规范和协议的基础上，整个系统中的所有节点在去信任的环境中自由安全地交换数据。区块链上的自治采用基于协商一致的规范和协议，让参与方和中心系统按照公开算法、规则,形成一种自发的共识,使记录在区块链上的每一笔交易都更加准确、真实,每个人都能对自己的数据做主,这是实现以客户为中心的商业重构的重要一环。区块链的智能合约更加接近现实,延伸到社会生活和商业等诸多方面,使其从多个方面让机器参与判断和执行。

3. 区块链技术推动数字经济发展的问题与挑战

目前,区块链作为数字经济革命中的重要支撑,正以新一代信息基础设施的姿态快速发展并渗透到我国经济的各个领域。在发展过程中,我国区块链也面临核心技术亟待突破、融合应用尚不成熟、产业生态有待完善、监管治理仍需探索等问题。从商业角度,区块链更多关注模式创新、组织结构创新与治理体系的创新,其与现有商业体系的融合存在瓶颈,应用落地难的问题仍客观存在于产业发展中。

(1)关键技术端

区块链技术有较大的提升空间,除了本身的技术脆弱性外,其异构多链的跨链体系、链上链下协同技术、隐私保护技术等仍有待发展。尤其是在当下热门的金融应用侧,如何在隐私保护和数据共享的前提下实现联盟链分布式、穿透式监管技术框架体系仍有难度①。在处理大规模交易时也存在瓶颈,网络拥堵和交易延迟是其面临的主要问题,要想进一步提高扩展性和交易速度,需要在采用分片、侧链、快速共识机制等技术手段方面下功夫。

(2)应用落地效果

应用效果是区块链对数字经济是否提供巨大助力的体现。目前,区块链在数字经济中的应用效果仍存在以下挑战:一是缺乏可规模化推广的区块链典型创新应用。由于涉及场景复杂,加之区块链技术目前尚不成熟,因此,区块链在农业、制造业等领域的应用场景落地存在困难,缺乏可复制、可推广的典型创新应用。二是区块链与其他数字技术融合创新存在难度。数字基础设施是数字经济发展的基础,区块链作为其中的重要组成部分,与其他数字技术融合创新是推动数字经济高质量发展的关键。但目前各项技术还处于不断成熟的阶段,只能实现小功能的集成,在深度融合方面存在困难。

(3)人才供给方面

区块链赋能数字经济需要大批高素质专业人才,而我国区块链和数字化人才的现有规模和质量无法满足需求。同时,区块链技术的快速发展需要既懂技术又懂应用场景的复合型人才。然而,高等院校相关课程开设滞后,目前这类人才相对短缺,人才供给和培养模式面临挑战,传统的人才培养模式无法满足产业对人才的需求,教育链和产业链之间没有实现有效衔接,掌握区块链专业技术的管理、营销等跨界人才极其匮乏。

(4)监管机制

区块链尚未形成系统的监管体系,各国监管体制发展程度不一致,也不利于区块链技术在世界范围内的交流合作。由于区块链技术具有去中心化、隐私匿名性等特点,在数字贸易过程中,监管部门很难监控到实名客户及其资金流向,犯罪分子非常容易利用这一点实施非法交易,由此带来了区块链在数字经济应用中的安全隐患。

① 中国电子信息产业发展研究院,赛迪(青岛)区块链研究院.中国区块链年度发展白皮书(2021)[R].北京:中国电子信息产业发展研究院,2022.

■ 四、元宇宙

伴随着元宇宙的兴起，非同质化代币（NFT）作为独特的数字资产标识，也可用于身份验证领域，确保每个用户的唯一性和安全性。通过将用户的个人信息或交易记录与 NFT 绑定，可以确保每个用户的唯一性和交易的真实性。此外，NFT 还可以用于创建数字身份，用户可以通过拥有特定的 NFT 来证明自己的身份和权益。例如，一些数字身份验证平台已经开始使用 NFT 来实现用户的数字身份管理，确保用户信息的安全性和隐私性。

2021 年被称为"元宇宙元年"。元宇宙作为经济社会数字化转型及信息通信技术快速发展时代的科技新形态，正成为新一代数字技术驱动的创新热点。"元宇宙"一词最早出现在美国科幻小说家尼尔·斯蒂芬森（Zark Zuckerberg）于 1992 年发表的作品《雪崩》当中，作品之中的"Metaverse"是一个与现实世界平行，并和社会紧密联系的三维数字空间，在这之中人们可以跨越时空距离用各自的"化身"进行交流。在当下，元宇宙概念爆火，各大公司争相进场。2021 年 10 月 28 日，马克·扎克伯格（Neal Stephenson）正式宣布 Facebook 改名 Meta，并在 5 年后要成为一家元宇宙公司；微软于 2022 年 1 月 18 日宣布，将以 687 亿美元的巨额现金收购世界顶级游戏公司——动视暴雪。国内互联网巨头百度、阿里、腾讯也纷纷入场布局元宇宙。作为众多先进技术的综合体，元宇宙无疑成为当下最热门的领域，元宇宙的本质及其进化路径也成为学术界的关注焦点。

（一）元宇宙的本质属性——媒介属性

元宇宙是一个可以根据技术发展而不断增减内涵的开放性集合概念，是对数字技术所驱动和连接的信息空间的新的概括性描述。从元宇宙多维度拓展方面看，媒介属性成为其本质属性。首先，从传播主体的角度看，在元宇宙中，通过技术深度嵌入自然人所造就的"赛博人"成为元宇宙中的传播主体，而其本身便是一种媒介形态；其次，从媒介内容生产和传播的角度来看，元宇宙拓宽了应用边界，依托元宇宙可以实现信息的传递与共识的形成，并且元宇宙通过技术手段所具备的"交互性、沉浸感、构想性"拓展了用户的感知维度，极大提升了用户的媒介体验；最后，从社会关系的角度看，元宇宙可被看作是建立在数字互联技术充分整合的基础上，沟通人、社会、自然以及技术等各类主体关系的纽带。因此媒介属性是元宇宙的本质属性，元宇宙一切技术价值、社会价值、市场价值的基础都源于其媒介属性。

（二）元宇宙的进化路径

1. 技术进化路径

作为新一代信息技术革命背景下诞生的元宇宙，其所依托的正是多项数字网络技术的深度融合。5G 通信技术的高速率、低延迟特性，以及云边协同计算能力，降低了其对终端硬件的性能要求，支撑逼真的感官体验和大规模用户的同时在线需求，提升其"沉浸感"；区块链技术为元宇宙中的数字资产和数字身份的安全提供保障，并且协助系统规则的透明执行；人工智能技术为元宇宙智能生成海量传播内容，贯穿元宇宙内容生产、分发到应用的全过程。所有这些新技术构成了元宇宙发展的"技术底座"，为元宇宙可持续发展提供了源源不断的技术动力。同时，技术的深度融合使元宇宙所构建的虚实相融环境超越虚拟现实技术带来的感官体验，是虚拟与现实的全面交织。这种虚实深度融合的方式也将对社会组织运行机制产生影响，给各方面带来变革。

2. 功能进化路径

就元宇宙的功能进化路径而言，其方向选择和进化速率取决于两方面：一是相关技术供给能力，二是社会需求强度。具体来说，第一，元宇宙的更新发展速度取决于数字技术的发展速率，而资本与技术的深度合作能力对数字技术的发展产生重要影响。面对元宇宙的市场潜力，众多国内外的互联网头部企业利用其资本和技术优势快速入局，同时国内外各类资本通过入股、并购等方式与研究机构和初创型企业合作，这正是资本与技术协作的体现。元宇宙未来发展如何将取决于资本与技术是否能建立长效合作机制。第二，从目前情况来看，人们对于元宇宙不乏想象力，关键取决于相应的行动力及政府的配套规制措施，元宇宙在倒逼政府及相应组织探寻新的治理路径，有关部门也应该针对目前元宇宙领域出现的问题采取特定的办法，完善法律法规①。

目前，元宇宙的发展受到了极大的关注，作为数字经济时代先进技术融合的产物，其发展潜力和市场前景很被看好，但是我们也应该理性看待，防患于未然。按照多元共治的原则，加强对元宇宙领域的管理。一方面，要将国家及产业主管部门自上而下的治理结构与行业、企业自下而上的自治自律相结合；另一方面，要将对现实世界的干预与虚拟世界的自治相结合。数字世界瞬息万变，我们要具体情况具体分析，在制度化处理、促进创新与保障消费者权益之间保持适度张力，以此促进元宇宙的可持续发展，使其能够成为引领数字经济向前发展的时代引擎②。

第五节　数字治理技术

进入数字时代后，信息技术的发展极大地推动了经济社会的进步，同时也带来了新的挑战。如何有效地利用这些新技术来改善社会治理，成为各国政府和研究者关注的重点。数字治理旨在通过信息化手段提升政府决策的科学性、公共服务的效率及社会管理的精准度，提高数据的可靠性，使数据能够支持有效的业务决策、运营效率和战略规划。数字治理技术在数字贸易中发挥着关键作用，通过优化政策制定、提高监管效率、增强数据安全和促进跨境合作，为数字贸易提供了更加透明、高效和安全的环境，从而推动了国际贸易的数字化转型和发展。

可从数据治理、智能政务和智慧城市建设三个方面详细探讨数字治理技术的应用及其带来的影响。

一、数据治理

数据治理是指通过规范数据管理、确保数据质量、促进数据共享和利用，以实现数据

---

① 戴元初. 元宇宙：媒介属性、进化路径与治理逻辑 [J]. 国家治理，2022（2）：21-26.
② 段伟文. 探寻元宇宙治理的价值锚点——基于技术与伦理关系视角的考察 [J]. 国家治理，2022（2）：33-39.

的最大价值。在数字治理中，数据治理是基础，也是核心。有效的数据治理能够提升政府决策的科学性和精准度，提高公共服务的质量和效率。

1. 数据采集与整合

数据采集是数据治理的第一步。通过物联网、传感器、卫星遥感等技术，政府可以实时收集来自各个领域的数据，包括交通流量、空气质量、公共安全等。这些数据需要经过清洗、整合和标准化处理，才能用于后续的分析和应用。例如，交通管理部门可以通过安装在道路上的传感器，实时收集交通流量数据，了解交通拥堵情况，为交通规划和管理提供依据。

2. 数据存储与管理

数据存储和管理是数据治理的重要环节。政府需要建立统一的数据中心或数据库，集中存储和管理各类数据。通过数据库、数据中心等技术，可以实现数据的高效存储和快速检索。同时，还需要建立健全的数据管理制度，明确数据的所有权、使用权和管理权，确保数据的安全和合规使用。例如，健康管理部门可以通过建立医疗数据中心，集中存储患者的病历、检查结果等数据，为医生提供全面的患者信息，提高医疗服务的质量。

3. 数据分析与应用

数据分析是数据治理的核心。通过大数据分析技术，可以从海量数据中提取有价值的信息，为政府决策提供科学依据。例如，通过对气象数据的分析，可以预测天气变化，为农业生产提供指导；通过对人口流动数据的分析，可以优化城市规划，缓解交通拥堵。此外，机器学习和人工智能技术的应用，使数据分析更加智能化和高效化。例如，智能交通系统可以通过分析历史交通数据，预测未来的交通流量，提前采取措施，避免交通拥堵。

4. 数据开放与共享

数据开放与共享是数据治理的重要目标。政府需要建立数据开放平台，向社会公众和企业开放数据资源，促进数据的再利用和创新。通过数据开放，可以激发社会创新活力，促进经济发展。例如，英国政府的数据开放平台 Data.gov.uk 提供了大量的政府数据资源，涵盖交通、教育、医疗等领域，企业和研究人员可以利用这些数据开发新的应用和服务。同时，数据共享机制的建立可以促进政府部门之间的协同合作，提高工作效率。

■ 二、智能政务

智能政务是指利用信息技术手段，提升政府服务的智能化水平，提高公共服务的效率和质量。通过智能化技术的应用，政府可以更好地满足人民群众的需求，提升社会治理的现代化水平。

1. 智能办公

智能办公是智能政务的基础。通过引入办公自动化系统、电子档案管理系统等，可以实现政府内部办公的数字化和智能化。例如，办公自动化系统可以自动处理文件审批、会议安排等事务，提高办公效率；电子档案管理系统可以实现档案的数字化存储和管理，方便查阅和利用。此外，通过引入人工智能技术，可以实现智能文档识别和分类，进一步提高办公效率。例如，智能 OCR 技术可以自动识别和转换纸质文档，实现文档的数字化管理。

2. 在线政务服务

在线政务服务是指通过互联网平台,提供各类政务服务,方便群众办事。通过建立统一的在线政务服务平台,可以实现政务服务的"一站式"办理,减少群众跑腿次数,提高办事效率。例如,中国政府网提供的"一网通办"服务涵盖工商注册、税务申报、社保缴纳等多个领域,群众可以通过互联网平台提交申请材料,实现全流程网上办理。此外,通过引入区块链技术,可以实现政务服务的透明化和可信化,提高群众的信任度。例如,区块链技术可以用于记录政务服务的过程和结果,确保数据的真实性和不可篡改性。

3. 智能决策支持

智能决策支持是智能政务的重要组成部分。大数据分析和人工智能技术可以为政府决策提供科学依据。例如,通过对经济数据的分析,可以预测经济形势,为经济政策的制定提供参考;通过对社会舆情的分析,可以了解公众的意见和需求,为社会治理提供依据。此外,通过建立智能决策支持系统,可以实现决策的智能化和自动化。例如,智能决策支持系统可以自动分析各类数据,生成决策建议,辅助政府领导决策。这不仅提高了决策的科学性和精准度,还节省了决策时间,提高了决策效率。

4. 公众参与和互动

公众参与和互动是智能政务的重要环节。通过建立公众参与平台,可以实现政府与公众之间的双向互动,提高社会治理的透明度和民主性。例如,通过建立在线民意调查平台,可以收集公众对政策的意见和建议,为政策制定提供参考;通过建立在线投诉举报平台,可以及时处理公众的投诉和举报,提高政府的服务质量和效率。此外,通过引入社交媒体技术,可以实现政府与公众之间的实时互动,提高公众的参与度和满意度。政府可以通过官方微博、微信公众号等渠道发布政策信息,回应公众关切,加强与公众的沟通。

■ 三、智慧城市建设

智慧城市建设是指利用信息技术手段,提升城市的管理水平和服务质量,实现城市的智能化和可持续发展。通过智慧城市建设,可以提高城市的宜居性和竞争力,促进经济社会的协调发展。

1. 智慧交通

智慧交通是智慧城市建设的重要组成部分。通过引入物联网、大数据、人工智能等技术,可以实现交通管理的智能化和高效化。例如,智能交通信号控制系统可以根据实时交通流量,动态调整信号灯的配时,减少交通拥堵;智能停车管理系统可以通过传感器和摄像头,实时监测停车位的使用情况,引导车辆快速找到停车位。此外,通过建立交通大数据平台,可以实现交通数据的集中管理和综合分析,为交通规划和管理提供科学依据。例如,交通大数据平台可以分析历史交通数据,预测未来的交通流量,为交通规划提供参考。

2. 智慧安防

智慧安防是智慧城市建设的重要保障。通过引入物联网、视频监控、人工智能等技术,可以实现城市安全的智能化管理。例如,智能视频监控系统可以通过摄像头和传感器,实时监测城市各个角落的安全状况,及时发现和处理安全隐患;智能报警系统可以通过物联网技术,实现报警信息的快速传递和处理,提高应急响应速度。此外,通过建立城市安全大数据平台,可以实现安全数据的集中管理和综合分析,为城市安全提供科学保障。城市安全大数据平台可以分析历史安全数据,预测未来的安全风险,为安全防范提供参考。

3. 智慧环保

智慧环保是智慧城市建设的重要内容。通过引入物联网、大数据、人工智能等技术,可以实现环境管理的智能化和高效化。例如,智能环境监测系统可以通过传感器和卫星遥感技术,实时监测空气质量、水质、噪声等环境参数,及时发现和处理环境污染问题;智能垃圾分类系统可以通过图像识别和语音识别技术,帮助居民正确分类垃圾,提高垃圾分类的效率。

4. 智慧社区

智慧社区是智慧城市建设的基本单元。通过引入物联网、大数据、人工智能等技术,可以实现社区管理的智能化和高效化。例如,智能物业管理系统可以通过传感器和摄像头,实时监测社区的安全状况,及时发现和处理安全隐患;社区大数据平台可以分析历史社区数据,预测未来的社区需求,为社区服务提供参考。同时,通过建立社区服务平台,可以提供各类便民服务,如在线缴费、预约挂号、社区活动等,提高居民的生活质量和满意度。

本章小结

本章详细探讨了数字贸易技术的发展历程及其在智慧城市建设中的应用。从数字贸易技术的萌芽阶段到如今的智能化阶段,经历了通信技术的兴起、网络支付的普及、移动支付的广泛应用,再到虚拟支付、内容付费和 NFT 等新兴领域的崛起等阶段,数字贸易技术不断推动着商业模式和服务形态的创新。这些技术不仅改变了传统的贸易运作模式,还催生了电子商务、移动支付、O2O 等新型商业形态。本章还深入分析了数字贸易技术在智慧城市建设中的应用,涵盖智慧交通、智慧安防、智慧环保和智慧社区四大领域。通过引入物联网、大数据、人工智能等先进技术,智慧城市建设实现了交通管理、城市安全、环境管理和社区服务的智能化与高效化,提升了城市的管理水平和服务质量。此外,本章还强调了数字基础设施建设的重要性,数字基础设施建设仍面临投资动力不足和技术交叉融合不足等挑战,需要通过政策支持、技术创新和多方合作来克服这些障碍,从而推动数字基础设施建设的进一步发展。

本章思考题:

1. 数字基础设施与传统基础设施相比有什么新特点?如何正确处理两者之间的关系?
2. 数字贸易中不同技术之间的关系是什么?

3. 区块链技术的特点是什么？结合实际，谈谈区块链在我们的生活中有哪些应用场景。

4. 数字治理技术如何影响数字贸易的发展质量？

案例研讨：

本章研讨案例

延伸阅读：

[1] 姚战琪 .5G 技术试点建设助力数字贸易国际竞争力提升 [J]. 学术探索，2024（2）：24-40.

[2] 黄森，刘雨，吕小明 . 数字基础设施 OFDI 对中国与 RCEP 国家数字贸易质量影响研究 [J]. 亚太经济，2023（4）：60-73.

[3] 欧阳日辉 . 数字基础设施促进电子商务创新发展的机理与路径 [J]. 广西社会科学，2024（1）：1-11.

[4] 张夏恒，李豆豆 . 数字经济、跨境电商与数字贸易耦合发展研究——兼论区块链技术在三者中的应用 [J]. 理论探讨，2020（1）：115-121.

[5] 史丹，聂新伟，齐飞 . 数字经济全球化：技术竞争、规则博弈与中国选择 [J]. 管理世界，2023，39（9）：1-15.

[6] 刘伟丽，陈腾鹏 . 数字贸易与企业绿色技术创新 [J]. 暨南学报（哲学社会科学版），2024，46（4）：132-150.

[7] 官华平，郭滨华，张建武 . 数字贸易、技术扩散与劳动力技能结构 [J]. 国际经贸探索，2023，39（5）：89-106.

[8] 高奇正，张建清，李舒婷 . 投入贸易自由化、偏向性技术进步与企业生产率 [J]. 经济科学，2022（5）：31-43.

[9] 金祥义，张文菲 . 人工智能与企业出口扩张：贸易革命的技术烙印 [J]. 国际贸易问题，2022（9）：70-87.

[10] 欧阳日辉，李林珂 . 区块链技术促进贸易创新发展的作用机制与路径 [J]. 国际贸易，2022（2）：47-57.

第六章

数字贸易平台

平台经济基础理论

数字贸易平台的内涵与外延

⊙ 关键术语

平台经济 电商平台 跨境电商平台 全球数字贸易平台

⊙ 章首案例

数字贸易是将数字科技作为潜在动能，将互联网作为主要依托载体，将数据形式的服务作为主要标识的跨境贸易活动，不仅涵盖借助电子商务进行的实体物品贸易，还涉及与其相关的服务性贸易，包括营销、支付、仓储、物流、通关、商检等全链条服务。数据是新的生产要素，是推动世界经济增长的新动力。数字贸易依托数字经济，展现出蓬勃的生命力和发展潜力。新思界研究报告指出，中国、美国在数字贸易领域的发展速度位居全球前列。美国有世界级的网络巨头，如微软、脸书、谷歌、亚马逊，它们对美国的数字经济起到了巨大的推动作用，也为数字贸易的发展带来了机会。美国政府十分重视电子商务的发展。中国的数字贸易发展得益于国内电子商务的迅速发展及阿里巴巴、腾讯等网络巨头的不断壮大，而5G技术的发展也为数字贸易的快速发展提供了有力的支持。

资料来源：维科网。

第一节　平台经济的起源与特征

■ 一、平台经济的起源

"平台"一词自古有之，在经济社会领域，其传统的内涵指的是实体空间，集市、商场、批发市场等连接双方甚至多方主体的实体空间都有平台的意义，这类实体平台通过提供一个集中的地点，使信息流通更加顺畅，交易成本得以降低，促进了经济活动和社会交往，本质上起到了连接买家与卖家或其他多方主体的作用，充当了交易或交流的中介。随着技术的发展和社会的变化，平台的概念也在不断演进，从传统的物理空间（如集市、商场）扩展到了数字世界（如社交媒体平台、电商平台、共享经济平台等）。无论是在线上还是线下，平台的兴起与发展，使得每个人都可以成为独立经济实体，创造更多价值。

1992 年，哈佛大学的惠尔赖特（Wheelwright）和克拉克（Clark）教授在《哈佛商业评论》上发表文章《创造项目计划聚集产业发展》，使用"平台"代表部件共用基础，是母模块的含义。这是"平台"一词最早进入管理学视野。2000 年，美国司法部在微软公司的反垄断调查报告中指出，微软公司的垄断行为区别于传统产品的垄断，开始对平台赋予"数字"含义。自此，对于平台经济的研究逐步发展。Gaillaud 和 Julien 用在线介质（cybermediaries）概括数字平台经济现象，认为平台具有很强的中介属性[1]。徐晋教授认为平台经济学的概念是经典经济学中"市场"概念的外化[2]，平台不仅有传统实体中介的含义，也可以是虚拟的，像电商平台、社交平台、众筹平台等也可称为平台。平台概念的延伸与平台的支撑引擎变化有很大关系。传统的平台介质为人或者一定时间下的空间（如集市），其承载力有限，容量规模较小，而且由于存在占地面积大、商品查找费力、店面成本和人力成本过高、固定资产过重的问题，其影响力往往有限。随着信息通信技术（ICT）的发展，平台的经济形态被赋予了新的意义。

2021 年 2 月，《国务院反垄断委员会关于平台经济领域的反垄断指南》（以下简称《反垄断指南》）指出，平台的实质是一种商业组织形态，是数字服务中介或互联网应用的一种组织形态。一方面，平台是企业面向消费者市场的一种商业选择；另一方面，它也是传统企业在数字化转型过程中采纳并倚重的商业模式。《反垄断指南》指出，平台的参与者为互相依赖的双边或者多边主体，既包括互联网中最普遍、最基础也是最小单元的用户，如卖家、买家、供应商、采购商和服务商，也包括平台经营者自身等非平台用户。平台主体之间的相互作用是一种"交互"。因为平台主体能在营销、交易等各环节相互影响，产生并借助数据这一数字经济时代的核心生产要素来降低信息不对称，提升交易效率。《反垄断指南》还将特定规则纳入平台的定义中，强调平台经营者必须认真履行法定义务，遵守国家法律规定，积极承担主体责任，管控平台中的入驻用户。同时，《反垄断指南》提出，平台的核心目标是实现价值的公共创造。平台既可以提供支付服务等不依赖数据赋能的传统数字服务，又可以提供精准营销等基于数据的新型服务，以帮助不同主体打破传统边界，在实现商业生态系统广泛互联的基础上不断共享创新。

综上所述，平台是基于数字技术，促使相互依赖的双边或者多边主体在特定载体提供的规则下交互以此实现价值共创的商业组织形态。

---

① Caillaud B，Jullien B. Competing cybermediaries[J]. European Economic Review，2001，45（4-6）：797-808.

② 徐晋 . 平台经济学 [M]. 上海：上海交通大学出版社，2012：5-6.

二、平台经济的概念

伴随着互联网与产业融合程度逐步加深，应用平台模式发展的产业领域日趋多元化，平台逐步由一种商业现象发展为一种经济形态，进入平台经济时代。学术界对平台经济的研究日益深入，但目前对于平台经济的定义尚未达成一致，主要形成了以下四种分析视角。

（一）经济形态视角

平台经济是一种新兴的经济形态，其核心在于数字平台的运营及其与经济主体之间的互动关系。在这种经济形态下，平台不仅是一个交易空间，更是全球化、信息化和网络化趋势融合的结果。平台经济通过新一代信息技术的支持，构建了一个由平台运营者、参与者和运行规则组成的生态系统。在这个系统中，平台运营者遵循"小投入、多方受益"的原则，系统地开发和聚集资源，既使参与者获益，又创造了可持续增值的商业模式。

（二）资源配置方式视角

平台经济是数字经济时代重要的资源配置方式。其利用现代网络数字技术，实现了比传统方式更为高效的资源配置，为所有相关方创造了更大的价值。这种方式不仅提升了经济效率，还提高了社会的整体福利水平，释放了数字红利。

（三）商业模式视角

平台经济是一种创新的商业模式。这种模式通过创建真实或虚拟的交易环境，促进了买卖双方或多边消费者的交易，并从中收取费用以获得收益。平台经济的核心在于搭建一个高效、透明的交易中介，为参与者提供便利，同时确保自身的可持续发展。

（四）中介机器视角

平台可以看作是一种连接生产和消费的中介机器。平台经济是利用这种中介机器整合资源、优化流程的一种经济运营方式。特别是在社会主义市场经济背景下，平台经济通过有效资源整合，提高了生产和消费的匹配度，促进了经济的健康发展。

尽管学者对平台经济的定义存在差异，但普遍认同的是，平台经济是基于互联网和现代信息技术的一种新型经济形态，它通过高效的资源配置、创新的商业模式和强大的中介作用，推动了经济和社会的发展。本教材将平台经济定义为：平台经济是通过提供实体或虚拟交易环境，促进供需双方交易而获取收益的一种商业模式。平台经济以信息技术为动力，以互联网平台为载体，以网络基础设施为重要支撑，包括电子商务平台、金融服务平台、生活服务平台、信息搜索平台、游戏平台等多种平台应用，能有效整合数据资源、提高效率、畅通各大环节，全方位渗透到人们的生产生活中。

三、平台经济的特征

平台经济作为一种新兴的经济形态，相较于传统的工业经济，展现出独有的特征，不仅推动了全球经济的转型和发展，也为消费者和生产者提供了前所未有的便利。

1. 零边际成本复制

平台经济最引人注目的特点之一便是其零边际成本复制的能力。这意味着，在平台搭建完成后，每一次新增加的服务或产品，其复制成本几乎是零。例如，阿里巴巴旗下的淘宝网、京东及亚马逊等电商平台，在最初的建设阶段确实需要巨大的资金投入，用于开发网站、构建物流体系、建立数据中心等。然而，一旦平台搭建完成，新的商家或商品加入平台时，几乎不需要额外的成本。这种低成本扩张的能力，使平台能够迅速扩大规模，吸引更多的商家和消费者加入，形成庞大的市场网络。相比之下，传统工业经济中的零售企业，每新开设一家实体店都需要支付相应的土地购置费、建筑费用、装修费用、员工工资等。由于成本高昂，难以实现快速扩张。

2. 开放性

平台经济的开放性体现在多个层面，包括但不限于开放的服务体系、技术接口和平台源代码等。这种开放性极大地促进了创新和技术进步，也为各类企业和个人提供了展示自我、实现价值的机会。在电商领域，平台允许来自全球各地的品牌和商家在同一平台上竞争，为消费者提供了丰富的选择。支付平台如支付宝和微信通过开放 API 接口，使商家能够轻松接入支付功能，提升了交易的便捷性和安全性。更有甚者，一些科技巨头如谷歌和苹果开放了操作系统的部分源代码，鼓励开发者基于这些平台进行二次开发，创造出更多创新的应用程序和服务。这种开放性不仅促进了平台内部的生态繁荣，也为整个行业的发展注入了活力。

3. 分享性

分享性是平台经济的又一重要特点，它强调的是资源的有效利用和共享。在平台经济模式下，无论是物质资源还是非物质资源，都可以通过平台实现更高效的配置和利用。以滴滴出行为例，该平台通过智能算法将有车一族与需要出行的乘客相匹配，不仅解决了城市交通拥堵的问题，也提高了车辆的利用率，减少了资源的浪费。同样，社交平台如微信和抖音，让用户能够轻松分享自己的生活点滴、创意作品或是有价值的信息，促进了文化的交流和传播。这种基于分享的经济模式，不仅降低了用户的使用成本，也促进了社会资源的合理分配，体现了经济效益和社会效益的双重提升。

4. 外部性

平台经济的外部性主要表现为网络效应，平台的价值随着用户数量的增长而增加。在平台经济中，供需双方通过平台相互影响，彼此的需求和供应构成了一个双边市场。例如，在线教育平台上的教师越多，学生的选择就越多，反之亦然。这种相互依存的关系促使平台不断吸收新的参与者，形成正向反馈机制，进而促进平台价值的持续增长。此外，平台上的评价系统和推荐算法也发挥了重要作用，它们帮助用户做出更明智的选择，同时激励商家提高服务质量，形成良好的市场秩序。

5. 聚合性

平台经济的聚合性体现在它能够将不同的用户群体、信息资源和社会关系聚集在一起，形成一个复杂的生态系统。在这个生态系统中，每个参与者都是网络的一部分，他们的行为和决策相互影响，共同塑造着平台的未来。与传统的商业模式不同，平台经济不仅关注产品的销售，更重视用户体验和社区建设。通过提供个性化推荐、社交互动等功能，平台能够吸引并留住更多的用户。同时，平台通过对海量数据的分

专栏阅读 6-1：泉州数字经济平台达 90 个，5 个平台年交易额超百亿元

析，可以更准确地预测市场需求，指导商家调整经营策略，实现资源的最优配置。这种聚合能力，使平台能够在激烈的市场竞争中脱颖而出，成为推动经济社会发展的重要力量。

第二节　数字贸易平台发展演变

一、数字贸易平台发展背景

（一）技术的发展

信息通信技术和数字技术的发展极大地推动了数字贸易平台的成长，不仅提升了平台的功能性和用户体验，还促进了新的商业模式和服务形式的诞生。信息通信技术（ICT）主要包括互联网技术、移动通信技术、无线网络技术等，它们在数字贸易平台的发展中起到基础支撑作用。信息通信技术的发展带来了贸易连接的颠覆性变革，使商家和消费者之间能够通过互联网进行即时沟通，无论地理位置如何，都能实现无缝对接。信息通信技术的发展提供了支付解决方案，电子支付系统的安全性和便捷性得益于先进的加密技术和快速的数据传输能力。在信息通信技术中，5G 和光纤网络提供了高带宽和低延迟的数据传输能力；加密技术确保了支付数据在传输过程中的安全，防止数据被窃取或篡改。信息通信技术的发展推动了物流发展，通过 GPS、RFID 等技术，商家和消费者可以实时追踪包裹的位置，提高了物流效率和服务质量。

数字技术包括大数据、人工智能、区块链、云计算等先进技术，它们在数字贸易中发挥了更为重要的作用。利用大数据分析，企业可以从海量交易数据中挖掘出有价值的市场趋势和消费者行为模式，以指导业务决策。AI 技术可以帮助企业自动执行复杂的交易分析和预测模型，提高决策的准确性和速度。区块链技术不仅提供了一种去中心化、不可篡改的数据记录方式，还增强了交易双方的信任，这在跨境贸易中尤为重要。云计算为数字贸易提供了灵活可扩展的 IT 资源，企业可以根据实际需求随时调整资源使用量，降低成本。信息通信技术和数字技术的结合，不仅提高了电子商务和数字贸易的效率和安全性，还催生了许多新的商业模式和服务形态。随着技术的不断进步，未来数字贸易平台将更加智能、高效，为用户和社会创造更多价值。

（二）数字经济的兴起

数字经济以数字化的知识和信息为关键生产要素，以数字技术创新为核心驱动力，以现代信息网络为重要载体，通过数字技术与实体经济深度融合而形成的新型经济形态。随着信息技术的快速发展，数字经济逐渐成为全球经济的重要组成部分，为数字贸易平台的产生提供了广阔的市场环境和增长空间。

随着数字经济的兴起，消费者和企业的需求日益多样化。数字化产品和服务以其便捷性、个性化和高效性，迅速赢得了广大消费者的青睐。从在线购物、数字娱乐到远程办公、在线教育，数字化产品和服务已渗透到人们生活的方方面面，成为现代生活不可或缺的一部分。数字化发展趋势不仅推动了传统商品交易向线上转移，使越来越多的传统商品通过数字贸易平台进行交易，更促使数字贸易平台不断拓展业务领域，将触角延伸到了数字内容、软件、数据等无形资产的交易上，进而满足了消费者日益增长的多元化需求。这些新兴领域不仅为平台带来了更为丰富的商品种类，也为其创造了新的利润增长点。

与此同时，数字经济的全球化特点也推动了数字贸易平台的国际化发展。在全球化趋势的推动下，数字贸易平台通过跨境合作、海外布局等方式，积极将业务扩展到全球市场。这不仅为平台带来了更广阔的市场空间，也促进了国际贸易的便利化和自由化。通过数字贸易平台，消费者可以轻松购买到来自世界各地的商品和服务，而企业也可以更加便捷地进入国际市场拓展业务。

（三）企业数字化转型

在全球经济格局的快速变迁中，数字化转型已成为企业存续与发展的必由之路。通过数字化转型，企业能够优化资源配置、提升运营效率、增强市场竞争力。这一进程不仅促进了产业结构的优化升级，还为全球经济的稳定增长注入了新的活力。因此，企业数字化转型不仅是企业自身发展的需求，更是推动全球经济可持续发展的关键所在。

受限于核心技术落后和专业人才短缺，企业在推进数字化转型的过程中面临着复杂挑战。首先，多数企业面临着数据资产薄弱的问题。由于历史积累不足和技术手段有限，许多企业拥有的数据质量不高，数据价值难以充分显现。同时，数据的应用范围也相对狭窄，主要局限于内部运营和管理，未能充分发挥数据在业务决策和市场开拓中的重要作用。其次，部分企业转型方向不明确。面对数字化转型的广阔前景，一些企业缺乏清晰的战略规划和目标定位，导致在转型过程中方向迷失、资源浪费。最后，企业自身能力不足也是制约数字化转型的关键因素。由于核心技术落后和专业人才短缺，许多企业在技术创新和产品研发方面难以取得突破，无法打造具有核心竞争力的产品和服务。这不仅影响了企业的市场竞争力，也制约了数字化转型的深入推进。

数字贸易平台的发展为企业数字化转型提供了全方位、多层次的支撑。数字贸易平台集成云计算、大数据、AI等技术，为企业提供了强大的技术支持。云计算按需调配资源，提高利用率；大数据挖掘信息，助力决策；AI自动化处理任务，提升效率。同时，数字贸易平台在数据管理上确保准确性、完整性和一致性，提供分析和可视化工具，洞察市场趋势。平台注重数据安全与隐私保护，保障传输、存储和处理的安全性。此外，数字贸易平台促进内外部协同创新，实现信息共享与协同工作，提高运营透明度与效率，激发创新思想。平台通过用户画像、行为分析等手段提供个性化服务，满足企业客户需求，提升其满意度与忠诚度，为企业创造更多收入来源和竞争优势，如电商平台推荐商品、金融科技公司为客户定制贷款和理财产品等。数字平台正成为企业数字化转型的重要推手。

■ 二、数字贸易平台发展阶段

（一）电子商务平台阶段

我国电子商务的发展经历了从无到有、从小到大的过程，如今已取得显著成就。我国电子商务平台的发展历程可以分为三个阶段：

1. 萌芽引入阶段（1991—2002 年）

电子商务的概念最早可以追溯到 20 世纪 70 年代。当时，美国出现了最早的电子商务应用，如自动取款机（ATM），这可以被视为电子商务的雏形。随着互联网的普及，电子商务的定义逐渐明确。它是指在互联网（internet）、企业内部网（intranet）和增值网（value added network，VAN）上以电子交易方式进行交易活动和相关服务的活动，是传统商业活动各环节的电子化、网络化。电子商务的快速发展需要一种高效、准确的信息交换方式，电子数据交换（EDI）技术正好满足了这一需求。1991 年，我国成立电子数据交换委员会（CEC），推动 EDI 技术的发展。EDI 技术的引入，为我国电子商务的发展奠定了技术基础。1994 年，我国首次实现与国际互联网的连接，标志着互联网在中国的正式起步。在 20 世纪 90 年代中后期，随着网络技术的不断发展，电子商务开始崭露头角。早期的电子商务主要集中在电子邮件和新闻浏览上，但随着经济的发展、互联网的普及和网民的增加，电子商务逐渐为人们所熟知。1999 年阿里巴巴成立，成为中国 B2B 电子商务平台的先驱。同年，8848、当当网、易趣网等电子商务平台相继成立。

2. 恢复发展阶段（2000—2009 年）

在 2000—2002 年的全球互联网泡沫时期，中国电子商务也受到冲击，许多初创企业倒闭，幸存的电子商务企业开始调整战略，寻找可持续发展的模式。2001 年，阿里巴巴实现现金流首次盈余，开始稳步发展。2002 年，易趣网获得 eBay 的投资，阿里巴巴实现盈利。2003 年，随着网络技术的不断进步和网民数量的快速增长，电子商务的市场环境日益成熟。企业开始意识到电子商务的潜力，纷纷涉足这一领域。"非典"疫情进一步推动了电子商务的发展，人们更多地选择在线购物。2003 年，淘宝网诞生，标志着电商新时代的开启。淘宝网以 C2C 模式为核心，不断引入新技术和创新模式，提升用户体验和交易效率，逐渐发展成为全球最大的综合性 C2C 电子商务平台之一。2005 年京东开始转型为电商平台，并专注于 B2C 模式。利用自营及与第三方合作的模式，通过品质保障、快速配送和优质服务等措施，京东逐渐在电商领域崭露头角。随着市场份额的增长和品牌影响力的提升，京东逐步发展成为中国 B2C 电子商务平台的领军企业。同期，阿里巴巴继续深耕 B2B 市场，并于 2007 年成功在香港上市，成为中国首家上市的 B2B 电子商务平台公司。这一阶段，随着我国电子商务平台发展的成熟，电子商务贸易快速发展。2009 年，我国网购人数突破 1 亿，全国电子商务交易额达到 3.8 万亿元人民币，同比增长 21.7%。

3. 转型升级阶段（2010 年至今）

智能手机和移动互联网的普及，大数据、云计算等新技术的应用，不断提升了电子商务的效率和服务质量。电子商务平台开始多元化发展，不断拓展业务范围，移动电商、农村电商、社交电商、直播电商等新型模式不断兴起。2010 年《国务院关于加快培育和发展战略性新兴产业的决定》强调要大力发展基于互联网的新型服务业，包括电子商务、云计算、物联网等。2010 年是中国移动支付发展的起步阶段，支付宝正式推出了手机客户端，这是国内首个专门用于移动支付的应用程序；中国银联也在 2010 年开始涉足移动支付领域，推出了基于手机的支付业务；中国移动推出手机钱包业务，用户可以通过手机进行小额支付和充值。移动支付手段的兴起为移动电子商务发展提供了技术支持，2010 年，中国移动电子商务实物交易规模达到 26 亿元，同比增长 370%。2013 年，淘宝和京东开始大力推广移动端应用，通过各种优惠活动和便利功能吸引用户。2014 年，淘宝移动端交易额首次超过 PC 端。2016 年，直播电商崭露头角，各大电商平台纷纷推出直播功能，通过主播推荐商品的方式吸引用户购买。2020 年，直播电商市场规模突破万亿元。

（二）跨境电子商务平台阶段

随着全球经济一体化的加深，国际贸易的需求不断增加，企业需要寻找更广阔的市场。跨境电子商务的发展促进了国际贸易的增长，为全球经济注入了新的活力。随着消费者个性化需求增多，加之互联网技术迭代，跨境电子商务发展平台日新月异，其发展可分为三个阶段。

1. 萌芽期（1998—2004 年）

这一阶段的跨境电商平台并不参与交易过程，也未形成线上交易方式，平台主要承担信息收集的角色，跨境交易的支付、物流和通关等环节都需要在线下进行，难以沉淀真实的交易数据。亚马逊和 eBay 两家美国电商平台分别于 1998 年和 1999 年登陆欧洲市场，拉开跨境电商平台发展的序幕。1999 年，中国电商平台阿里巴巴正式成立阿里巴巴国际站，推出英文版网站，开始吸引全球买家和卖家；2000 年，阿里巴巴国际站正式在美国设立办事处，标志着其正式进入美国市场。亚马逊、eBay 及阿里巴巴国际站通过提供信息撮合服务，初步搭建了全球跨境电商的桥梁。最初的跨境电商平台功能相对简单，亚马逊平台主要销售图书类产品，阿里巴巴国际站主要提供信息撮合服务。

2. 成长期（2004—2005 年）

随着线下交易逐渐向线上转移，跨境电商平台通过引入在线支付系统、物流跟踪和电子合同等技术，由单一的信息平台逐渐蜕变为信息数字化的线上交易平台。2004 年，亚马逊在英国、德国、法国等欧洲国家设立站点，为全球卖家提供了进入欧洲市场的渠道；2005 年，亚马逊推出 Fulfillment by Amazon（FBA）服务，为第三方卖家提供仓储、包装、配送等一站式物流解决方案；2007 年，亚马逊继续推出 Amazon Payments，提供在线支付解决方案，简化了跨境支付流程；2010 年，亚马逊进一步推出 Amazon Web Services（AWS），提供云计算服务，为跨境卖家和企业提供强大的技术支持。而在中国，最早开展跨境 B2B 线上交易的跨境电商平台敦煌网于 2004 年成立，它通过提供一站式交易服务，帮助中小企业开拓国际市场，开创了中国跨境 B2B 线上交易的先河。同时，速卖通和兰亭集势等 B2C 出口平台的迅速崛起，为中国卖家提供了直接面向全球消费者的渠道；洋码头和天猫国际等 B2C 进口平台则让中国消费者能够方便地购买到全球优质商品，实现了跨境购物的便捷化和多样化。

3. 成熟期（2015—2019 年）

随着信息通信技术的快速更新，消费者对多样化服务的需求日益增加，这促使跨境电子商务平台不断向规模更大、业务更广的方向拓展。这些平台不仅为交易双方提供了更加便捷和高效的交易环境，还通过积累的交易数据和技术手段，实现了供需之间的高效匹配。此外，平台提供的低成本和专业化供应链服务，进一步简化了线上交易流程，提升了用户体验。亚马逊作为全球领先的电商平台，通过不断的技术创新和业务扩展，满足了消费者和商家的多样化需求。它于 2014 年收购游戏直播平台 Twitch，2017 年收购高端食品连锁店 Whole Foods Market，不断丰富内容生态，为其用户提供了更多样化的服务。阿里巴巴国际站在 2015 年全面上线信保业务，实现了交易全链路数据的基本沉淀，不仅增强了买家和卖家之间的信任，还为平台提供了丰富的交易数据，用于进一步优化服务。这一举措不仅增强了买家和卖家之间的信任，还为平台提供了丰富的交易数据，用于进一步优化服务。阿里巴巴国际站汇聚了两千多种数字化工具，涵盖从市场分析、产品展示、订单管理到物流配送等各个环节，为用户提供全方位的供应链服务。例如，通过数据分析工具，卖家可以精准定位目标市场和潜在客户；通过物流管理工具，卖家可以实时追踪货物状态，确保及时交付；通过支付和融资工具，卖家可以获得便捷的支付解决方案和资金支持。

（三）全球数字贸易平台阶段

数字技术的应用和数字贸易的发展使数字服务提供商能够以平台方式集聚供需双方，形成专业性或综合性的全球数字贸易平台。这些平台与跨境电子商务平台一样，都是虚拟互联网交易平台，能够为传统贸易中的弱势群体参与国际贸易提供帮助。然而，与跨境电子商务平台不同的是，开放型全球数字贸易平台具备提供一揽子数字化外贸解决方案的能力，能够打破各类贸易壁垒，促进线上统一大市场的形成和发展。全球数字贸易平台与跨境电子商务平台主要有以下几方面的特征。

1. 多边化

跨境电子商务平台以"卖全球、买全球"为愿景，主要聚焦于连接全球的买家和卖家，但通常缺乏多边化特点。这些平台在数字资源整合和治理能力方面较弱，难以充分满足贸易弱势群体数字化转型的资源需求。全球数字贸易平台面向全球范围内的市场主体，致力于实现"卖全球、买全球"的愿景，能够弱化国别属性，具备整合全球数字资源的能力和条件，还能提供一揽子数字化外贸解决方案，打破各类贸易壁垒，促进线上统一大市场的形成和发展。以阿里巴巴国际站为例，该平台在全球市场基础上拓展了优质的贸易渠道，帮助世界各地的商家直接面对来自世界各地的消费者；通过全面上线信保业务，实现了交易全链路数据的沉淀，为买家和卖家提供了透明、可信的交易环境；为用户提供了全方位的供应链服务，以帮助商家优化运营，提升效率。

2. 数字化

跨境电子商务平台主要以传统商品交易为主，受限于技术应用短板和数据管控能力，难以进行大量数字内容产品的交易。全球数字贸易平台在交易标的上更加广泛，不仅包括传统商品，还包括数量庞大的数字内容产品。这类平台通过高度数字化的外贸全流程，打破了传统贸易的局限，为全球商家提供了更加便捷和高效的交易环境。全球数字贸易平台还具备强大的技术应用能力和数据管控能力，能够有效地处理复杂的数字交易内容，确保交易的安全性和可靠性。以敦煌网为例，该平台在整合业务系统、国际物流系统、支付服务系统和金融服务系统的基础上，打通了全贸易链条的各个服务环节，为外贸企业提供了一站式外贸综合服务解决方案，实现了外贸全流程的数字化。

3. 智能化

跨境电子商务平台在精准营销方面存在明显不足，通常只能通过绑定方式提供基础性服务。全球数字贸易平台基于大数据、云计算和人工智能等先进数字技术，为买卖双方提供了智能化的精准营销和交易履约服务。这些平台通过积累海量交易数据，能够深入分析用户行为和市场趋势，为商家提供个性化的营销建议和解决方案，为贸易弱势群体提供定制化的服务方案，帮助其克服跨境贸易中的各种障碍。以亚马逊为例，该平台通过积累海量的交易数据和资源，搭建起数字化和智能化的营销渠道，以此精准了解客户的潜在需求，实现与用户的全方位互动。

4. 生态化

跨境电子商务平台受限于自身的资源整合能力，通常只能提供某一单元的服务内容，无法提供一揽子数字化外贸解决方案。全球数字贸易平台具备强大的资源整合能力，能够与政府部门、高等院校和行业协会等多方主体合作，共同参与数字贸易发展建设。这些平台不仅提供基础的交易服务，还能整合社会资源，提供一揽子数字化外贸解决方案，涵盖市场分析、供应链管理、金融服务、物流配送等多个方面。以敦煌网为例，该平台通过整合社会资源，与政府部门、高等院校和行业协会紧密合作，提供了一揽子数字化外贸解决方案。敦煌网利用西安等地高校的教育资源，积极推动校企合作和产学结合。通过与高校的合作，平台不仅为学生提供了实习和就业机会，还推动了高校的职业技能教育，促进了数字贸易人才的培养向体系化、标准化和规范化发展。

电子商务平台、跨境电子商务平台和全球数字贸易平台是数字贸易发展不同阶段的数字平台，三者并非简单的承接关系，而是在功能、服务对象和应用场景上各有侧重，但彼此之间通过互补和协同，共同推动了数字贸易的发展。电子商务平台拥有庞大的用户基数和成熟的国内交易经验，可以为跨境电子商务平台和全球数字贸易平台提供用户基础和技术支持；跨境电子商务平台通过国际交易经验和服务网络，为电子商务平台和全球数字贸易平台拓展国际市场提供了经验和渠道；全球数字贸易平台通过全面的数字化服务和资源整合能力，为电子商务平台和跨境电子商务平台提供了高级的数据分析和智能化服务。

专栏阅读 6-2
敦煌网：五大
创新点打造
B2B 跨境电商
综合服务平台

第三节　数字贸易平台商业模式

一、数字贸易平台分类

数字贸易平台是指利用互联网、云计算、大数据、人工智能等现代信息技术构建的在线提供商品和服务交易的虚拟市场。这类平台通过连接全球范围内的买家和卖家，促进跨境电子商务的发展，提高交易效率，降低交易成本，并提供一系列增值服务，如支付结算、物流配送、信用评估、市场推广等。数字贸易平台是数字经济的重要组成部分，对于推动国际贸易便利化、促进中小企业国际化、提升消费者福祉具有重要意义。顺应全球数字贸易发展的趋势，许多企业纷纷构建数字贸易平台，根据交易主体、运营模式等不同，数字贸易平台可以划分为不同的类型。

（一）按交易主体分类

1. B2B 平台

B2B（business to business）平台是企业与企业之间的交易平台，通过互联网连接供应商和采购商，提供商品和服务。这类平台通常涉及大宗交易，订单金额较大，主要用户群体是企业、商家和供应商。相比于其他类型的交易平台，B2B 平台的交易频率较低，但每次交易的金额较高。此外，B2B 平台还提供一系列增值服务，包括供应链管理、物流配送、支付结算和信用评估等。这类平台帮助企业优化业务流程，提高运营效率。代表性的 B2B 平台包括阿里巴巴国际站、环球资源网和慧聪网等，这些平台通过数字化手段极大地提高了交易的效率和透明度，促进了企业间的合作与竞争。

2. B2C 平台

B2C（business to consumer）平台是企业与消费者之间的交易平台，通过互联网连接商家和终端消费者，提供商品和服务。这类平台通常涉及小额交易，订单金额较小，主要用户群体是个人消费者。相比于 B2B 平台，B2C 平台的交易频率较高，但每次交易的金额较小。此外，B2C 平台还提供一系列增值服务，包括个性化推荐、支付结算、物流配送和售后服务等，并通过这些服务提升消费者的购物体验和满意度。代表性的 B2C 平台包括亚马逊、京东、淘宝和天猫等，这些平台通过便捷的在线购物体验和丰富的商品选择，吸引了大量消费者，成为现代零售业的重要组成部分。

3. C2C 平台

C2C（consumer to consumer）平台是消费者与消费者之间的交易平台，通过互联网连接个人买家和卖家，提供商品和服务。这类平台通常涉及小额交易，订单金额较小，主要用户群体是个人消费者。相比于企业和企业之间的交易，C2C 平台的交易频率较高，但每次交易的金额较小。为了保障交易的安全性和可靠性，C2C 平台提供了一系列增值服务，包括信用评价、支付结算和物流配送等服务。代表性的 C2C 平台包括淘宝、eBay 和闲鱼等，这些平台不仅为个人消费者提供了便捷的交易渠道，也促进了二手市场和个人手工艺品市场的繁荣发展。

4. B2B2C 平台

B2B2C（business to business to consumer）平台是企业通过互联网平台连接其他企业和消费者，提供商品和服务的交易场所。这种模式结合了 B2B 和 B2C 的特点，旨在为企业和消费者提供一站式服务。B2B2C 平台的交易灵活，既可以涉及大宗交易，也能处理小额交易，覆盖广泛的用户群体，包括企业和个人消费者。交易频率依据具体的业务模式而有所不同，可以较高也可以较低，适应性强。为了更好地服务于平台上的商家和消费者，B2B2C 平台提供了一系列增值服务，包括但不限于供应链管理、物流配送、支付结算、信用评估和市场推广等。这些服务不仅提升了交易的效率和安全性，也为商家和消费者带来了更加便捷和个性化的体验。代表性的 B2B2C 平台包括京东、苏宁易购和国美在线等，这些平台通过整合上下游资源，形成了强大的供应链体系，成为连接企业和消费者的重要桥梁。

（二）按运营模式分类

1. 第三方平台

第三方平台自身完全不直接参与商品的销售活动，而是作为中介的角色，通过邀请贸易企业入驻平台，向采购方提供多样化的商品和服务。这类平台的核心价值在于为买卖双方提供一个高效、透明的交易环境，通过集成一系列增值服务，如商品展示、在线交易、支付结算、物流配送、信用评价等，极大地方便了交易双方。以敦煌网为例，它不仅是一个交易中介，更致力于以其全球数字贸易中心（DTCs），即海外运营中心，作为国内产业集群在国际市场上的关键支点，帮助国内商家开拓国际市场，完成从 B2B 到 B2B2C 的全链路渠道建设。

2. 自营型平台

自营型平台的核心特点是平台上销售的所有商品均由平台方自行采购和销售。这种方式使平台能够对商品的质量、价格及供应链的各个环节进行严格的控制，从而为消费者提供更加可靠和优质的商品及服务。典型的自营型电商平台包括京东、考拉海购等。以考拉海购为例，该平台采取了一种独特的"自营直采"模式，通过在美国、德国、意大利、日本、韩国和澳大利亚等地设立分公司或办事处，深入产品原产地进行高品质商品的直采，力求从源头上杜绝假货，为消费者提供真正意义上的正品保障。这种模式不仅有助于维护品牌形象，增强消费者信任，也大大减少了中间环节，降低了成本，这使考拉海购能够在竞争激烈的跨境电商市场中脱颖而出。

3. 混合型平台

混合型平台是一种融合了第三方开放平台和自营型平台特点的电子商务模式。在这种模式下，平台不仅作为基础设施的提供者，邀请贸易企业和商家入驻，也提供一个集商品展示、交易、支付、物流等多功能于一体的线上市场，平台自身作为普通的贸易商身份参与商品销售，直接向消费者提供商品和服务。阿里巴巴国际站就是一个典型的混合型平台实例。在阿里巴巴国际站上，平台不仅为中小企业提供了广阔的国际市场和便捷的贸易工具，帮助他们拓展出口业务，还通过自身的全球采购网络和供应链资源，精选高品质商品进行直销，满足消费者对进口商品的需求。这种双重角色的设定，使阿里巴巴国际站能够同时服务于买卖双方。这不仅为入驻商家提供了更多的曝光机会和销售渠道，还通过自营业务为消费者带来更加丰富和高品质的商品选择。

（三）按数字内容分类

1. 搜索引擎服务型平台

搜索引擎服务型平台是一类以搜索引擎为主要服务内容，为用户提供高效、精准的信息搜索服务的数字平台。在中国市场，百度公司无疑是这一领域的领头羊，它拥有世界上最大的中文信息库，而且还在不断探索和应用新一代人工智能技术，不仅能够为用户提供卓越的信息搜索体验，还为企业和个人提供了一系列基于搜索的增值服务，如百度知道、百度贴吧、百度百科等。这些服务不仅丰富了用户的搜索体验，也为内容创作者和商家提供了展示自己内容和服务的平台。例如，百度知道作为一个互动问答平台，让用户可以轻松获取问题的答案；百度贴吧为兴趣爱好者提供了交流的社区；而百度百科则是中文互联网上最大的在线百科全书，为用户提供详尽的知识信息。这些增值服务不仅增加了用户黏性，也为百度带来了额外的商业价值。

2. 社交服务型平台

社交服务型平台主要以社交服务为核心，为用户提供了一个多功能的网络沟通平台。腾讯公司是中国乃至全球最大的社交服务提供商之一。腾讯的微信和 QQ 等社交应用能够在单一的应用程序中满足用户的多样化需求，包括即时通信、支付、游戏、新闻阅读等多种功能。腾讯的社交应用不仅仅局限于简单的消息传递，而是构建了一个全方位的数字生活平台。微信和 QQ 不仅支持文字、语音和视频通话，还集成了支付功能，内置了丰富的娱乐功能。通过这些功能的整合，腾讯成功地将社交平台转变为一个综合性的数字生活中心，满足了用户在日常生活中的多种需求。腾讯的社交平台还是连接企业和消费者的桥梁。通过微信公众号、小程序等功能，企业可以与用户建立直接的联系，提供个性化的服务和产品。

3. 商品订购服务型平台

商品订购服务型平台主要以商品订购为主要服务内容，为用户搭建一个高效的商品买卖渠道。亚马逊是此类平台的典范，它以订购服务为核心，面向全球市场提供一系列数字服务，成为全球领先的电子商务平台之一。亚马逊的 Kindle 电子书阅读器和电子书店极大地促进了数字内容的消费，支持通过无线网络直接下载和购买电子书，无须通过电脑等其他设备，极大地简化了用户的购书流程。Kindle Unlimited 订阅服务允许用户以固定月费无限量借阅电子书，不仅降低了用户的阅读成本，也激发了用户的阅读热情，促进了数字阅读的普及和发展。此外，亚马逊还与众多出版社和作者合作，确保电子书店中的内容不断更新，满足用户对新书和热门书籍的需求；通过推出 Prime 会员服务，为会员提供包括快速配送、视频、音乐、阅读等增值服务，进一步提升了用户的购物体验，增加了用户的消费频次和忠诚度。

4. 移动应用商店服务型平台

移动应用商店服务型平台主要致力于提供移动应用的下载与管理服务，旨在帮助用户更好地享受智能生活。苹果公司的 App Store 无疑是这一领域的领军者。自 2008 年推出以来，App Store 通过提供高质量的应用程序和服务，不仅极大地丰富了用户的移动体验，还为开发者创造了一个展示和推广作品的舞台，从而构建了一个充满活力的应用生态系统。苹果通过严格的审核机制确保应用程序的质量和安全性，为用户提供了一个值得信赖的应用下载平台。同时，App Store 还通过个性化推荐、排行榜和搜索优化等多种方式，帮助用户更容易地发现和获取感兴趣的应用程序，极大地提升了用户的使用满意度。苹果还通过 App Store 建立了与开发者的紧密合作关系。通过合理的收入分成机制，苹果激励了大量开发者投入 iOS 生态系统的建设，共同推动了应用质量的提升和功能的创新。

专栏阅读 6-3
苹果案例：利用商业模式创新持续增长

■ 二、数字贸易平台商业模式

数字贸易平台不仅是一种技术工具，更是一种创新的商业模式。这种模式通过互联网和现代信息技术连接了买家和卖家，创造了全新的交易方式和价值创造途径。数字贸易平台的主要商业模式有以下几种。

（一）交易佣金模式

交易佣金模式是数字贸易平台普遍采用的一种商业模式，平台从每笔成功的交易中抽取一定比例的佣金作为收入来源。这种模式的一个关键特点便是低门槛，商家和个人能够以极低的成本，甚至无须费用就可以入驻平台，这不仅极大地降低了进入市场的难度，还吸引了大量的用户和商家加入，形成了一个庞大而活跃的市场生态。例如，淘宝和 eBay 通过提供简单快捷的注册流程和友好的界面设计，让即使是初涉电商领域的新手也能轻松开设店铺并展示和销售商品，因而迅速积累了庞大的用户基数。

高流动性则是交易佣金模式的另一大特色，平台通过促进大量的交易活动，确保了自身收入的稳定性和持续性。在数字贸易平台中，每天都有成千上万笔交易发生，这些小额但频繁的交易累积起来，为平台带来了稳定的佣金收入。这种基于高交易量的盈利模式，不仅能够有效抵抗市场波动带来的风险，还能够随着平台用户数量的增长和交易频率的提升，实现收入的稳步增长。淘宝和 eBay 的成功在很大程度上得益于它们所构建的高效交易机制和庞大的用户网络，这使它们能够持续不断地创造交易机会，保持高流动性。

此外，交易佣金模式还具有分散风险的优势。由于平台的收入不是集中于少数几笔大额交易，而是来源于众多的小额交易，这意味着即使部分市场出现波动或某些交易失败，也不会对平台的整体收入造成重大影响。这种多元化的收入结构有助于平台保持财务的稳定性，增强其抵御市场不确定性的能力。例如，eBay 在全球范围内运营，面对不同国家和地区的市场变化，它能够灵活调整策略，保持业务的持续增长。

（二）广告收入模式

广告收入模式是数字贸易平台广泛采用的又一种商业模式，平台通过向商家提供广告位和推广服务来获取收入。这种模式的核心在于利用先进的技术和丰富的用户数据，为商家提供高效的广告解决方案，从而实现双赢的局面。

首先，精准营销是广告收入模式的一大亮点。平台利用大数据分析和先进的算法技术，能够深入了解用户的偏好和行为模式，从而实现广告的精准投放。这种精准的广告投放不仅能有效提升广告的转化率，还能为商家节省广告预算，避免无效的广告支出。例如，亚马逊和京东等大型电商平台通过用户浏览历史、购买记录等数据，为用户推荐可能感兴趣的商品，这种个性化的广告推送显著提高了用户的购买意愿。

其次，广告收入模式支持多样化的广告形式，以满足不同商家的需求。平台提供的广告形式包括但不限于搜索排名、推荐位、横幅广告等。这些不同的广告形式不仅能够覆盖用户的多种接触点，还能根据商家的具体需求和目标进行选择和组合，实现理想的广告效果。例如，商家可以根据产品的特点和目标受众，选择最适合的广告形式，无论是通过搜索结果顶部的广告位来提高产品的可见度，还是通过首页的推荐位来吸引潜在客户的注意，都能达到理想的效果。

最后，增值服务也是广告收入模式的重要组成部分。除了提供广告位之外，平台还向商家提供数据分析和营销策略建议，帮助商家更好地理解和利用平台资源，提升销售业绩。这些增值服务不仅能够帮助商家优化广告投放策略，提高广告效果，还能通过专业的数据分析，为商家提供宝贵的市场洞察，助力商家做出更加明智的商业决策。例如，京东平台不仅为商家提供广告投放服务，还通过其强大的数据分析能力，帮助商家了解消费者的购买行为，识别市场趋势，优化库存管理和营销活动。这种全方位的支持，使商家能够在激烈的市场竞争中脱颖而出，助力其实现持续增长。

（三）会员订阅模式

会员订阅模式是数字贸易平台中一种日益流行的商业模式，平台通过向用户提供付费会员服务，让会员享受额外的优惠和特权。这种模式的核心优势在于它能够为平台提供稳定的收入来源，同时通过一系列特权和服务增强用户的忠诚度，提升复购率和用户体验。具体来说，会员费作为定期支付的费用，为平台带来了可预测且持续的现金流，这对于平台的财务健康和长期发展至关重要。亚马逊 Prime 会员计划就是这一模式的成功案例，用户支付年度会员费后，可以享受免费的快速配送、独家折扣、视频流媒体服务等多项特权，这些特权不仅吸引了大量用户订阅，还显著提高了用户的购物频率和消费额。

此外，会员订阅模式通过提供丰富的会员特权，有效增强了用户的黏性和忠诚度。平台通常会为会员提供诸如免费或优先配送、专享折扣、会员专属活动等一系列特权，这些特权不仅能够满足用户的基本需求，还能通过提供超出期望的服务，让用户感受到尊贵和特别，进而增加用户的满意度和忠诚度。以阿里巴巴 1688 为例，该平台为付费会员提供了包括专属客服、优先处理订单、更灵活的支付方式等在内的多种特权，这些特权不仅提升了会员的购物体验，还促进了会员之间的口碑传播，进一步扩大了会员基数。

更为重要的是，会员订阅模式还能够提供高度个性化的服务和优惠，从而进一步提升用户体验。通过收集和分析会员的行为数据，平台能够深入了解会员的兴趣和需求，为会员量身定制个性化的推荐和服务。例如，亚马逊 Prime 不仅为会员提供专属的商品推荐，还会根据会员的历史购买记录和浏览行为，推送个性化的促销信息和优惠券。这种个性化的服务不仅能够提高会员的购物效率，还能激发会员的购买欲望，增加复购率。

（四）数据变现模式

数据变现模式是数字贸易平台中一种极具潜力的商业模式。通过收集和分析交易数据，平台能够提供高附加值的数据产品和服务，从中获取收入。数据产品和服务的高附加值特性是数据变现模式的重要优势之一。通过对海量交易数据的深度分析，平台能够挖掘出有价值的洞察和趋势，转化为数据报告、预测模型等高附加值的产品和服务。这些产品和服务不仅能够为商家提供精准的市场分析和预测，帮助他们做出更加明智的商业决策，还能通过提供定制化的解决方案，满足商家的个性化需求，从而实现更高的利润率。例如，阿里巴巴的数据银行通过整合和分析商家的交易数据，为商家提供包括消费者画像、市场趋势、竞争对手分析等在内的全方位数据支持，帮助商家精准定位目标客户，优化产品策略，提高销售效率。

数据变现模式的创新驱动特性为商家带来了显著的竞争优势。平台利用先进的数据分析技术和算法模型，能够实时监测市场动态，捕捉消费者行为的变化，为商家提供即时的数据洞察。这种数据驱动的决策和创新能力，使商家能够快速响应市场变化，优化运营策略，提高运营效率。例如，京东的京准通平台通过分析用户的搜索记录、浏览轨迹、购买行为等数据，为商家提供精准的广告投放建议和营销策略优化服务，帮助商家在激烈的市场竞争中脱颖而出，实现销售额的持续增长。

数据变现模式在追求商业价值的同时，也非常注重用户隐私的保护。平台在收集和使用数据的过程中，严格遵守相关法律法规，采取多种技术手段确保数据的安全性和隐私性。例如，阿里巴巴的数据银行在收集用户数据时，会进行严格的脱敏处理，确保数据中不包含任何能够直接识别用户身份的信息。同时，平台还会通过设置数据访问权限、加密传输等措施，防止数据泄露和滥用，保障用户的信息安全。这种对用户隐私的高度尊重和保护，不仅增强了用户对平台的信任，也为平台的长远发展奠定了坚实的基础。

（五）供应链金融模式

供应链金融模式是数字贸易平台中一种创新的金融服务方式，通过为商家提供融资和金融服务，有效解决了其在经营过程中面临的资金周转问题。供应链金融模式通过平台的信用背书，显著降低了商家的融资成本。数字贸易平台凭借其广泛的用户基础和强大的数据处理能力，能够为商家提供无抵押、无担保的信用贷款。例如，阿里巴巴的"网商贷"通过分析商家在平台上的交易记录、信用评分等多维度数据，为符合条件的商家提供快速审批的贷款服务，有效缓解了商家的资金压力，降低了融资成本。

供应链金融模式利用大数据和风控模型，有效管理金融风险，确保了金融服务的安全性和可靠性。平台通过收集和分析商家的交易数据、财务数据、信用记录等信息，构建了全面的风险评估模型。这些模型能够实时监测商家的经营状况和信用变化，及时发现潜在风险，并采取相应的风险管理措施。例如，京东的"京小贷"，利用京东平台积累的大量商家数据，结合先进的大数据技术和人工智能算法，建立了完善的风控体系，能够在短时间内完成对商家的信用评估和风险定价，有效降低了贷款违约率，保障了资金的安全。

供应链金融模式提供从融资到支付的一站式金融服务，极大提升了商家的使用体验和运营效率。平台不仅为商家提供便捷的融资服务，还提供涵盖支付结算、账单管理、财务管理等全方位的金融服务。这种一站式的服务模式使商家在一个平台上就能够完成所有金融操作，简化了流程，节省了时间和成本。例如，阿里巴巴的"网商贷"不仅提供贷款服务，还整合了支付宝、余额宝等支付和理财工具，为商家提供了一体化的金融服务解决方案。同样，京东的"京小贷"也提供从融资到支付的一站式服务，商家可以通过京东金融App 轻松管理贷款、支付和账单，提升了运营效率。

（六）平台生态系统模式

平台生态系统模式是数字贸易平台中一种高度集成的商业模式，通过构建一个包含多种服务的生态系统，形成闭环，从而增强用户黏性和平台的整体价值。

首先，平台生态系统模式通过提供多维度的服务，满足了用户在不同场景下的多样化需求。例如，阿里巴巴集团构建了一个涵盖电商、金融、物流、云计算等多个领域的庞大生态系统。在电商领域，淘宝和天猫为用户提供丰富的商品选择和便捷的购物体验；在金融领域，蚂蚁集团旗下的支付宝和网商银行为用户提供支付和融资服务；在物流领域，菜鸟网络为商家和消费者提供高效的物流解决方案。这种全方位的服务体系不仅提升了用户的满意度和忠诚度，还为平台带来了更多的商业机会和收入来源。

其次，平台生态系统模式通过各业务模块之间的协同效应，显著提升了整体竞争力。各业务模块之间相互支持、互补，形成了一个高效运转的生态系统。例如，腾讯公司通过整合社交、内容、游戏、金融等多个领域的资源，构建了一个多元化的生态系统。微信作为核心社交平台，为腾讯的其他业务提供了巨大的流量入口，腾讯云则为各业务提供了可靠的技术支持。这种协同效应极大地提升了腾讯的市场竞争力。

最后，平台生态系统模式通过丰富的服务和良好的用户体验，吸引了大量用户，并形成了一个稳定且活跃的用户生态。平台通过不断优化服务质量和用户体验，提高了用户的留存率和活跃度。例如，阿里巴巴集团通过不断的创新和改进，为用户提供了更加个性化的推荐、更加便捷的支付方式、更加高效的物流服务，使用户在平台上的购物体验不断提升。腾讯公司通过丰富的内容生态和多元化的服务，吸引了大量用户，形成了一个高度活跃的社交网络。这种用户生态不仅为平台带来了持续的流量，增加了用户黏性，还为平台的持续发展提供了坚实的基础。

（七）共享经济模式

共享经济模式的数字贸易平台通过连接资源的提供者和需求者，实现了资源共享和优化配置。这种商业模式不仅提高了资源利用率，还为用户提供了灵活便捷的服务体验，并通过社区和评价系统增强了用户之间的互动和信任。具体而言，共享经济平台通过技术手段将分散的资源进行整合，使资源提供者能够将闲置资源转化为可交易的共享资源，需求者则可以根据自身需求随时获取和释放资源，从而最大化资源的利用效率。例如，Airbnb 作为一个典型的共享住宿平台，通过连接房东和房客，将空置的房间或房屋转化为短期租赁资源，不仅为房东带来了额外收入，也为旅行者提供了更多住宿选择，进而提高了房屋资源的利用率。

共享经济平台的灵活性和便捷性为用户带来了极大的便利。用户可以通过手机应用程序或其他在线平台随时随地查找和预订所需资源，无须担心传统服务中的时间和地点限制。以滴滴出行为例，用户只需通过滴滴出行 App 下单，即可快速匹配到附近的司机，享受到便捷的出行服务。这种即时响应和按需使用的模式不仅提高了用户的出行效率，还减少了交通拥堵和环境污染等问题。

共享经济平台还通过社区和评价系统增强了用户之间的互动和信任。平台通常设有用户评价和反馈机制，允许用户对服务提供者进行评分和评论，这些评价信息不仅为其他用户提供了参考，也促使服务提供者不断提升服务质量。同时，社区功能还促进了用户之间的交流和互助，形成了一个互信互助的社区氛围。例如，Airbnb 的社区功能让用户可以在平台上分享旅行经验、交流住宿心得，这种互动不仅增强了用户之间的信任，还为平台积累了宝贵的用户反馈和口碑。

第四节　数字贸易平台价值创新

数字贸易平台在数字贸易发展中扮演着至关重要的角色，它们不仅是连接买家和卖家的桥梁，更是推动全球数字贸易繁荣发展的核心驱动力之一。这些平台通过提供一系列服务和支持，极大地促进了贸易的便捷性和效率，也为中小企业和个体创业者提供了前所未有的市场机会。

一、提供高效的交易环境

数字贸易平台通过提供一个集中展示商品和服务的空间，极大地提高了买卖双方匹配的效率。这些平台不仅提供实物商品的交易，还包括数字产品和服务的交易，如软件应用、数字内容、在线服务等。通过高效的搜索引擎和推荐系统，数字贸易平台能够帮助消费者快速找到满足需求的产品和服务，也能让供应商精准触达潜在客户，从而降低交易成本，提高交易成功率。

（一）优化交易流程，提升用户体验

数字贸易平台通过集成先进的技术工具，如人工智能、大数据和云计算，优化了整个交易流程。这些技术的应用使平台能够提供更加个性化和精准的服务。例如，通过用户的历史浏览记录和购买行为，平台可以推荐符合用户兴趣的商品和服务，从而提高他们的购物满意度和忠诚度。此外，高效的订单管理系统和自动化处理工具也大幅缩短了交易时间，减少了人为错误，提升了整体交易效率。

（二）打破信息不对称，促进公平交易

在传统的贸易模式中，信息不对称是一个长期存在的问题，往往导致买家和卖家之间的信任度不高、交易成本增加。数字贸易平台通过提供透明的市场信息和评价系统，有效地解决了这一问题。买家可以通过查看其他用户的评价和反馈，了解产品的质量和卖家的信誉，从而做出更加明智的购买决策。卖家则可以通过优质的商品和服务积累良好的口碑，吸引更多的潜在客户。这种透明化的交易环境不仅增强了买卖双方的信任，也促进了市场的公平竞争。

（三）降低进入门槛，支持中小企业发展

数字贸易平台为中小企业和创业者提供了前所未有的市场机会。传统的贸易模式通常需要较高的初始投资和复杂的供应链管理，这对资源有限的小型企业来说是一大挑战。而数字贸易平台通过提供低门槛的入驻条件和一站式服务支持，使中小企业能够轻松地进入全球市场。例如，平台提供的在线支付、物流配送和市场营销工具大大降低了企业的运营成本，提高了市场竞争力。

（四）创新商业模式，拓展市场边界

数字贸易平台不仅改变了传统的交易方式，还催生了许多新的商业模式。例如，订阅制、按需付费、虚拟体验等模式在数字贸易中得到了广泛应用。这些创新的商业模式不仅为消费者提供了更加灵活和个性化的选择，也为供应商开辟了新的收入来源。此外，数字贸易平台还支持跨境交易，使本地企业能够轻松地拓展国际市场，实现业务的全球化发展。

■ 二、支持跨境交易

数字贸易平台打破了地域限制，使跨境交易变得更加容易。通过提供多语言界面、多种货币结算选项及国际物流解决方案，这些平台降低了跨国交易的门槛，帮助中小企业和创业者开拓了海外市场。例如，阿里巴巴、亚马逊等大型电商平台为全球买家和卖家提供了一个无缝对接的交易环境，促进了全球贸易的发展。

（一）多语言界面，消除语言障碍

语言障碍是跨境交易中的一大难题。数字贸易平台通过提供多语言界面和支持多种语言的搜索和推荐功能，消除了语言障碍，使来自不同国家和地区的买家和卖家能够无障碍地进行沟通和交易。例如，阿里巴巴国际站提供多种语言界面，包括英语、西班牙语、法语、俄语等，帮助用户在不同语言环境下轻松购物和销售产品。这种多语言支持不仅提高了用户的购物体验，也扩大了市场覆盖范围。

（二）多种货币结算，降低汇率风险

货币结算问题是跨境交易中的另一个重要挑战。数字贸易平台通过提供多种货币结算选项，帮助用户降低汇率风险，提高了交易的灵活性和安全性。例如，阿里巴巴国际站的跨境支付结算服务覆盖了 26 个主流币种，实现了在线秒级汇兑、全程资金链路透明可追溯、全球收汇可视化。这种高效的支付结算系统不仅简化了交易流程，也增强了用户的信任度。

（三）国际物流解决方案，提升物流效率

物流配送是跨境交易中的关键环节。数字贸易平台通过整合全球物流资源，提供一站式的国际物流解决方案，帮助用户高效地完成货物的跨国运输。例如，阿里巴巴国际站推出的全球化、多元化物流解决方案，覆盖了从发货、运输、清关到配送的全流程，为中小企业提供了便捷、可靠的物流服务。这些物流解决方案不仅提高了物流效率，也降低了物流成本，使中小企业能够更好地参与国际市场竞争。

（四）本地化服务，增强用户信任

为了更好地服务不同国家和地区的用户，数字贸易平台还提供了本地化服务，包括本地货币报价、本地支付方式、本地客户服务等。这些本地化服务不仅提高了用户的购物体验，也增强了用户对平台的信任。例如，XTransfer 通过在全球多个地区设立本地收款账户，帮助中小微企业解决跨境支付效率低下和中间行手续费高昂的问题，提升了跨境贸易的便利性和成本效益。

（五）数据驱动，优化交易匹配

数字贸易平台通过大数据分析和人工智能技术，优化了交易匹配过程，提高了交易成功率。平台能根据用户的购买历史、搜索记录和行为数据，为用户推荐最符合需求的产品和服务。例如，阿里巴巴国际站的数字化定向流量引入和海外精准流量匹配系统帮助中小企业精准触达潜在客户，提高了营销效果和转化率。

三、促进金融服务创新

数字贸易平台不仅仅是商品和服务的交易场所，它们还促进了金融服务的创新和发展。许多平台内置了支付系统、信用评价体系、贷款服务等功能，为用户提供了一站式的金融服务解决方案。这些金融服务不仅能提高交易的安全性和可靠性，也为中小企业和个人创业者提供了必要的资金支持，帮助他们更好地参与市场竞争。

（一）内置支付系统，提升交易安全性

数字贸易平台内置的支付系统为用户提供了安全、便捷的支付体验。这些支付系统通常支持多种支付方式，包括信用卡、借记卡、电子钱包等，确保用户可以选择最适合自己的支付方式。例如，阿里巴巴旗下的支付宝和蚂蚁金服提供的支付解决方案，不仅支持国内支付，还支持跨境支付，为全球用户提供了无缝的支付体验。这些支付系统通过多重安全措施，如加密技术、身份验证和反欺诈系统，确保了交易的安全性和可靠性。

（二）信用评价体系，降低交易风险

信用评价体系是数字贸易平台的重要组成部分，它通过收集和分析用户的交易数据，为每个用户生成信用评分。这些信用评分可以帮助买卖双方更好地了解对方的信誉，降低交易风险。这种信用评价体系不仅提高了交易的透明度，也增强了用户的信任感，促进了更多交易的发生。

（三）贷款服务，解决融资难题

数字贸易平台还提供了多种贷款服务，帮助中小企业和个人创业者解决融资难题。这些贷款服务通常基于用户的交易数据和信用评分，提供快速、灵活的融资方案。例如，阿里巴巴旗下的网商银行通过大数据分析，为中小企业提供无抵押、无担保的贷款服务，帮助他们在关键时刻获得必要的资金支持。这种基于数据的贷款服务不仅提高了融资的效率，也降低了融资的成本，使更多中小企业能够获得资金支持，扩大业务规模。

（四）综合金融服务，提升用户体验

除了支付系统、信用评价体系和贷款服务，数字贸易平台还可以提供一系列综合金融服务，包括保险、理财、风险管理等。例如，京东金融提供的综合金融服务平台，不仅支持支付、贷款和理财，还提供保险、众筹等多种金融服务，满足了用户多样化的需求。这些综合金融服务不仅提高了用户的体验，也促进了平台的生态系统建设，使其形成良性循环。

四、推动数据互联互通

数字贸易平台通过收集和分析大量的交易数据，能够为商家提供宝贵的市场洞察和决策支持。这些数据不仅有助于商家优化库存管理、营销策略和客户服务，还能促进不同行业之间的数据共享和合作，推动整个数字经济的健康发展。此外，随着数据安全和隐私保护意识的增强，数字贸易平台也在不断加强数据保护措施，确保用户信息的安全。

（一）提供市场洞察，优化商业决策

数字贸易平台通过收集和分析大量的交易数据，能够为商家提供宝贵的市场洞察。这

些数据包括消费者的购买行为、偏好、搜索记录等,帮助商家更好地理解市场需求和消费者行为。例如,拼多多的商品详情 API 提供了丰富的数据类型,包括商品基本信息、价格与销量、用户评价等,帮助商家从多个维度进行市场分析、制定更加精准的市场策略。这些数据不仅有助于商家优化库存管理,避免过度库存或缺货的情况,还能帮助商家调整营销策略,提高市场竞争力。

(二)促进数据共享,推动行业合作

数字贸易平台不仅为单个商家提供数据支持,还能促进不同行业之间的数据共享和合作。通过数据共享,不同行业的企业可以相互借鉴经验和资源,实现互利共赢。例如,阿里巴巴国际站的数据共享平台允许不同行业的企业共享市场趋势、消费者行为等数据,帮助企业更好地把握市场机会。这种跨行业的数据共享不仅提高了数据的利用率,也促进了整个数字经济的健康发展。

(三)优化库存管理,提高运营效率

通过数据分析,数字贸易平台能够帮助商家优化库存管理,提高运营效率。例如,基于 AI 的大数据分析可以实时监控和分析供应链中的各个环节,帮助商家更准确地预测市场需求、优化库存水平、降低库存成本,提高供应链的效率和灵活性。这种实时的库存管理不仅减少了库存积压的风险,也提高了订单处理的速度,提升了客户满意度。

(四)改进客户服务,提升用户体验

数据分析还可以帮助商家改进客户服务,提升用户体验。通过分析用户的购买记录、评价和反馈,商家可以更好地了解客户的偏好和需求,提供个性化的服务。例如,阿里巴巴国际站的客户管理系统可以根据用户的购买历史和行为数据,为用户提供个性化的推荐和服务,提高用户的购物体验。这种个性化的服务不仅增加了用户的忠诚度,也提高了复购率。

(五)加强数据保护,确保信息安全

随着数据安全和隐私保护意识的增强,数字贸易平台也在不断加强数据保护措施,确保用户信息的安全。例如,阿里巴巴国际站采取了多重安全措施,包括数据加密、身份验证和反欺诈系统,确保用户的交易数据和个人信息不被泄露或滥用。平台还定期进行安全审计和漏洞扫描,及时发现和修复安全问题,保障用户的数据安全。

本章小结

平台的实质是一种商业组织形态。伴随着互联网与产业融合程度逐步加深,应用平台模式发展的产业领域日趋多元化,平台逐步由一种商业现象发展为一种经济形态,进入平台经济时代。学术界分别从经济形态视角、资源配置方式视角、商业模式视角、中介机器视角来解读平台经济的内涵。综合来看,平台经济是通过提供实体或虚拟交易环境促进供

需双方交易而获取收益的一种商业模式，具有零边际成本复制的优势，以及分享性、外部性、聚合性的特征。

技术的发展、数字经济的兴起、企业数字化转型共同推动了数字贸易平台的发展，迄今经历了电子商务平台、跨境电子商务平台、全球数字贸易平台三个阶段。根据交易主体、运营模式、数字内容等，数字贸易平台可以划分为不同的类型。数字贸易平台不仅是一种技术工具，更是一种创新的商业模式。当前数字贸易平台的主要商业模式包括：交易佣金模式、广告收入模式、会员订阅模式、数据变现模式和供应链金融模式。数字贸易平台通过提供高效交易环境、支持跨境交易、促进金融服务创新、推动数据互联互通等推动数字贸易发展。

本章思考题：

1. 如何理解各类数字贸易平台对经济社会的影响？
2. 不同类型的数字贸易平台具有怎样的特点？
3. 试讨论各类数字贸易平台的商业模式。

案例研讨：

本章案例研讨

延伸阅读：

[1] 谭观福. 国际贸易法视域下数字贸易的归类 [J]. 中国社会科学院研究生院学报，2021（5）：45-56.

[2] 谢富胜，吴越，王生升. 平台经济全球化的政治经济学分析 [J]. 中国社会科学，2019（12）：2-81，200.

[3] 李俊，李西林，王拓. 数字贸易概念内涵、发展态势与应对建议 [J]. 国际贸易，2021（5）：12-21.

[4] 鞠雪楠，赵宣凯，孙宝文. 跨境电商平台克服了哪些贸易成本——来自"敦煌网"数据的经验证据 [J]. 经济研究，2020（2）：181-196.

[5] 吕雪晴，周梅华. 我国跨境电商平台发展存在的问题与路径 [J]. 经济纵横，2016（3）：81-84.

第七章
数字贸易支付

→ **关键术语**

　　数字支付　数字货币　数字人民币　贸易结算

→ **章首案例**

　　中国移动与工商银行于 2021 年 10 月 8 日共同推出了基于 5G 消息的数字人民币钱包，成为第一家在 5G 消息中应用数字人民币的运营机构，为以 5G 消息为载体构建数字人民币应用生态奠定了坚实基础。5G 消息是在短信上支持文本、语音、图片、视频、表情、位置等多种媒体格式。5G 消息数字人民币钱包，则相当于在手机短信消息窗口给数字人民币业务功能加了个快捷键，使数字人民币钱包服务变得更加轻量化、便捷化。数字货币和 5G 消息的结合，为用户在社会上的使用带来了更方便、快捷的社交支付能力，为数字人民币的快速推广提供了强有力的支持。通过 Chatbot 智能化服务，可以在聊天模式下完成查询余额、查询明细、转账等数字人民币功能，使用户充分享受到 5G 消息带来的金融服务便利性。实际上，早在 2020 年 10 月，中国联通便联合中国银行试点了数字人民币在 5G 消息上交话费、购物的应用。从体验上而言，未来当 5G 消息普及之后，其轻量化的特点结合数字人民币的普适性或给用户提供更多选择。

　　资料来源：澎湃新闻。

第一节　数字支付的源起与特点

一、数字支付的产生与发展

（一）数字支付的产生

数字支付的产生与互联网技术的迅猛发展息息相关，它是传统支付模式局限性日益凸显背景下的必然产物。20世纪90年代末至21世纪初，随着互联网技术的普及和电子商务的蓬勃兴起，纸质交易模式的低效、高成本及安全风险等问题逐渐暴露。为了解决这些难题，人们开始积极探索更加快捷、便利的支付方式，数字支付应运而生。早期的在线支付平台，如PayPal等，为电子商务的发展提供了关键支撑，允许用户通过互联网进行资金转移和支付。

智能手机的普及和移动互联网技术的飞速发展，为数字支付注入了新的活力。移动支付技术的迅速崛起，使用户可以通过手机应用轻松完成支付操作，无须携带现金或银行卡，这极大地提高了支付的便捷性，并推动了线上线下商业模式的深度融合。同时，区块链技术的引入为数字支付带来了去中心化和安全性的显著提升，基于区块链的数字货币如比特币等更是实现了无须信任第三方的点对点支付，为数字支付领域带来了革命性的创新。

在技术创新和市场需求的双重驱动下，数字支付市场在全球范围内持续扩大。中国数字支付市场经过多年的创新发展，已跃居世界领先地位，交易规模不断攀升。全球范围内，越来越多的国家和地区开始接受并使用数字支付方式，这不仅推动了全球经济的数字化转型，也促使数字支付的应用场景不断拓展。从最初的线上购物到现在的线上线下全方位支付，数字支付已经渗透到人们生活的方方面面，可以用于缴纳水电费、交通罚款等公共事业费用。随着物联网、人工智能等技术的不断发展，数字支付还将与更多创新技术相结合，拓展出更加丰富的应用场景和商业模式。

（二）数字支付的发展

1. 电子支付阶段

在20世纪90年代末至21世纪初，随着互联网技术的迅猛发展，电子支付应运而生，标志着数字支付进行了初步探索。这一阶段，传统的纸质交易模式因效率低下、成本高昂及安全风险大等问题而面临挑战。电子支付通过在线支付平台，如PayPal等，实现了资金转移的电子化，打破了时空限制，极大地提高了交易效率并降低了成本。这一创新不仅为电子商务的蓬勃发展提供了关键支撑，还深刻改变了人们的交易习惯，开启了数字支付的新纪元。

2. 第三方平台支付阶段

进入21世纪，智能手机的普及和移动互联网技术的飞速发展为数字支付带来了前所未有的机遇。第三方平台支付以Apple Pay、Alipay（支付宝）等为代表，它们凭借便捷的移动支付技术和卓越的用户体验，迅速成为市场主流。这一阶段，数字支付不仅实现了从在线到移动的跨越，更推动了线上线下商业模式的深度融合，极大地提升了消费者的购物体验和商业创新活力。同时，政府监管的加强和支付机构自律的提升有效维护了市场秩序，保障了消费者权益，为数字支付的持续健康发展奠定了坚实基础。

3. 数字货币支付阶段

近年来，随着区块链技术、人工智能等新兴技术的引入，数字支付领域迎来了新的变革。数字货币支付作为数字支付的高级形态，以其去中心化、安全、便捷等特点逐渐崭露头角。虽然数字货币支付仍面临监管、技术、市场接受度等多重挑战，但其潜在的应用前景和商业模式创新已引起广泛关注。国家政策的支持和技术的不断进步为数字货币支付的发展提供了有力保障。未来，数字货币支付有望成为数字支付领域的新宠，进一步拓展数字支付的应用场景，推动金融科技的深入发展，为经济社会发展注入新的活力。

■ 二、数字支付的内涵与特点

（一）数字支付的内涵

数字支付作为现代经济活动中的重要组成部分，其定义在国内外存在多种观点，这些观点从不同角度揭示了数字支付的本质和特征。

从广义角度来看，数字支付是指通过数字化方式实现经济活动中的货币债权转移。这一定义强调了数字支付在交易过程中的数字化特性，即货币债权的转移不再依赖于有形的物理货币，而是通过数字化、无形的信息流或资金流来完成。这种支付方式的出现极大地提升了交易效率，降低了交易成本，并增强了交易的透明度和安全性。它涵盖各种数字技术驱动的支付方式，如ATM交易、电话转账、POS机转账、互联网支付、移动支付等，以及基于区块链技术的数字货币支付。

从狭义角度来看，数字支付特指单位或个人为实现所有权转移，通过使用包括数字化的商业银行存款货币或数字货币在内的支付介质，完成货物或服务购买、债务偿还等经济活动。这一定义更加具体地描述了数字支付在实际应用中的场景和方式，突出了其作为支付手段在商品交易和服务提供中的关键作用。

值得注意的是，数字支付并不等同于数字货币支付或电子支付。数字货币是一种具有多种货币职能（如价值尺度、流通手段等）的货币形式，而数字支付则仅指支付这一行为模式。同时，虽然数字支付与电子支付在行为主体、行为表现和行为结果上存在相似之处，但随着区块链等数字技术的发展，数字支付相比电子支付拥有了更加丰富的支付介质和更高的技术含量。

综上所述，数字支付是一种通过数字化方式实现经济活动中的货币债权转移的行为，其内涵丰富多样，既包括传统的电子支付方式，也涵盖新兴的数字货币支付方式。从广义和狭义两个角度来界定数字支付，有助于我们更全面、深入地理解其本质和特征，并为其在未来的发展和应用提供更为清晰的指导。

（二）数字支付的特点

1. 高效便捷性

数字支付通过数字化手段实现了货币的快速转移，极大地缩短了交易时间。用户只需通过智能手机、电脑等智能设备，即可随时随地完成支付，无须携带大量现金或银行卡，进而提高了支付的便捷性。同时，数字支付系统能够自动处理交易信息，减少了人工干预，提高了支付效率。

2. 广泛覆盖性

数字支付打破了地域和时间的限制，使支付服务能够覆盖更广泛的地区和人群。无论是城市还是农村，只要有互联网连接，用户就能享受到数字支付带来的便利。此外，数字支付还支持多种支付场景，如线上购物、线下消费、跨境支付等，满足了用户多样化的支付需求。

3. 安全可靠性

数字支付采用了先进的加密技术、身份验证机制和风险控制措施，确保交易信息的安全传输和存储。通过多重验证和实时监控，数字支付系统能有效防止欺诈、盗刷等风险事件的发生，保障了用户的资金安全。同时，数字支付还提供了交易记录查询、异常交易提醒等功能，增强用户对支付过程的可控性和信任度。

4. 创新发展性

数字支付作为金融科技的重要组成部分，不断创新和发展是其显著特征之一。随着区块链、人工智能、大数据等技术的不断进步，数字支付领域涌现出了许多新的支付方式和应用场景。例如，基于区块链的数字货币支付、智能合约支付等新型支付方式正在逐步探索和应用中。这些创新不仅提升了支付效率和服务质量，还推动了金融行业的转型升级和高质量发展。

第二节　数字货币的产生与分类

一、数字货币的产生与发展

数字货币的产生根植于密码学、信息技术的进步以及对传统货币体系的反思。20世纪80年代，大卫·乔姆提出的"数字现金"概念标志着数字货币理论的初步形成。进入20世纪90年代，随着互联网技术的蓬勃发展，电子黄金、自由储备等数字货币概念相继涌现，为数字货币的实践奠定了基础。然而，这些早期尝试多停留在理论或小规模应用阶段，尚未形成广泛影响。

（一）私人数字货币时代

2009年，比特币的诞生标志着私人数字货币时代的正式开启。比特币作为首个基于区块链技术的分布式数字货币，以其去中心化、匿名性等特点迅速吸引了全球关注。随后，各类私人数字货币如雨后春笋般涌现，形成了多元化的数字货币生态。这一阶段，私人数字货币经历了从发行、认可到推广、使用的全过程，相关产业链及配套设施逐步完善，包括挖矿、交易、钱包、支付等金融服务应运而生。然而，私人数字货币的快速发展也伴随着价格剧烈波动、监管缺失、技术安全等问题，引发了社会各界对其合法性和稳定性的广泛讨论。

（二）私人与法定数字货币共存的时代

面对私人数字货币的兴起及其带来的挑战，各国政府和央行开始积极探索法定数字货币的研发。2017年，中国人民银行等七部委联合发布《关于防范代币发行融资风险的公告》，对代币发行融资行为进行了规范，这标志着中国政府对数字货币领域监管的加强。与此同时，全球主要经济体纷纷启动法定数字货币的研发工作，旨在通过国家信用背书和先进技术支撑，打造一种更为稳定、安全、可控的货币形式。法定数字货币的研发过程通常包括以下几个阶段：首先，由央行或政府牵头成立专家组，对研发法定数字货币的可行性和必要性进行深入研究；其次，细化战略目标和实现路径，涉及技术难点攻克、标准制定、风险防控等方面；再次，开展设计研发工作，进行闭环测试，并建立相关市场标准、法律体系和监管制度；最后，在部分城市或地区进行内部封闭试点测试，与互联网企业及金融机构合作，探索法定数字货币的实际应用场景。

全球各国在法定数字货币的研发上取得了不同程度的进展，但总体上仍处于探索阶段。许多国家对数字货币持谨慎观望态度，既要考虑技术创新带来的机遇，也要防范潜在的风险和挑战。未来，随着技术的不断成熟和监管体系的完善，数字货币有望在全球范围内实现更加广泛和深入的应用，为数字经济时代的货币体系注入新的活力。

■ 二、数字货币的内涵

从货币电子化、网络经济发展至今，电子货币、虚拟货币、数字货币等概念尚未得到明确的定义，国内外学者和新闻媒体对其术语的使用也普遍存在互相替代的现象。正确认识数字货币的含义，首先要厘清这些概念之间的差异和联系。

（一）电子货币

电子货币是一种以电子方式存在的主权货币，其发行对象和发行规模与主权货币一致。电子货币是一种储蓄货币，它包括银行卡、移动支付、第三方支付等。电子货币是以电子支付技术为基础的。电子货币账户可划分为金融机构账户和非金融组织账户。金融机构账户是指在银行、信用卡公司、网上银行等金融机构中设立的一种电子账户。非金融组织账户指的是支付宝、微信支付等非金融组织的支付账户。理论上，电子货币的使用范围与主权货币相当，但实际上，只有当交易双方拥有同样的交易账户和可兼容的交易设备时才能进行。

（二）虚拟货币

虚拟货币是指在一定的虚拟环境中流通的一种货币。从法律上讲，虚拟货币并不是一种货币，而是一种可以在一定范围内进行交换的虚拟物品或提供服务的虚拟物品。虚拟货币有两种：一种是虚拟道具货币，另一种是虚拟商品货币。虚拟货币只会通过系统的奖励在虚拟世界中产生，而不是国家发行的货币。比如，Q币就是一种在QQ空间中虚拟存在的金币道具。可以用国家货币购买虚拟货币，但不能通过官方渠道反向兑换，如某些网游里的"充值金币"。

（三）数字货币

数字货币是一种能够实现货币功能的数字交易媒介。加密数字货币（cryptocurrencies）是一种以数字形式表达、能够发挥货币功能的交易媒介。从发行主体上看，中央银行发行的数字货币是以国家的主权信用为基础的，是中央银行的主权信用货币，也是央行的数字货币或主权数字货币，一般以 CBDC（central bank digital currency）或 CBCC（central bank cryptocurrency）来表达。没有国家主权信用支持的数字货币主要有两种：一种是无发行主体、无中心化的数字货币；另一种是通过发行代币的形式投放到市场上的数字货币。

电子货币和虚拟货币在发行方式、流通范围及与法定货币之间的关系上存在着差异。从其产生的年代来看，它们彼此继承、互相启发。首先是电子货币，随着第三方支付的兴起，其应用领域由金融机构扩展到了非金融组织。虚拟货币诞生于虚拟社区。数字货币影响着科技创新对货币发行与会计核算方法的影响。

■ 三、数字货币的分类

数字货币可以分为私人数字货币与央行数字货币，它们的主要区别在于发行机构不同。

（一）私人数字货币

私人数字货币，也称私有数字货币，是由市场机构或个人设计并发行的数字货币，并不代表中央银行的债权。私有的数字货币不依赖于具体的金融机构，而是基于特殊的算法，利用加密技术保证所有货币在流通过程中的安全。以密码来设置障碍关卡的设计使私有数字货币只能由真正的持有者进行转让和支付。这也保证了货币的所有权和流动的匿名性。按照区块链技术的不同，私有的数字货币也可以分为两种：一种是比特币，另一种是智能合约。

1. 比特币的诞生

随着区块链技术的突破性发展，2008 年 11 月，中本聪（Nakamoto）设计的比特币横空出世，它不仅标志着"数字货币"时代的正式到来，也奠定了分布式记账技术的基础。比特币作为一种基于区块链的分布式 P2P 网络系统，通过精心设计的算法实现了货币的发行与交易，其独特的点对点交易机制颠覆了传统金融体系。

比特币作为首个且最为知名的加密数字货币，其技术特性令人瞩目。比特币的总量被严格限制在 2100 万个，通过算法确保增速递减，这一特性使其具有类似黄金的稀缺性。比特币的产生机制"去中心化"，每台计算机都有可能通过解决复杂数学问题获得新币，该机制增强了系统的安全性与信任度。然而，比特币交易虽然高度匿名（指用户身份不直接暴露），但交易记录却是公开且不可逆的，这在一定程度上保障了交易的透明度与安全性。比特币的这些独特技术特征，激发了社会各界的广泛兴趣与投资热情，其市场价值波动成为全球经济领域的重要议题。

尽管比特币引领了数字货币的潮流，但它也面临交易时间长、资源消耗大等挑战。为了解决这些问题，技术界不断探索，以太坊（Ethereum，ETH）和莱特币（Litecoin，LTC）等新型加密货币应运而生。这些数字货币大多继承了比特币的竞争创造模式与"去中心化"特征。同时，在交易效率、资源利用等方面进行了优化与创新。

2. 加密数字代币的诞生

比特币因其匿名性和缺乏管制的特点而风靡世界，促使了大量数字加密货币的诞生。如果说基于区块链技术创造"去中心化"加密数字货币是区块链技术应用的 1.0 版本，那么区块链技术的进一步演进，特别是在以太坊区块链上部署智能合约（smart contract），以技术开发链上应用（DApp），则标志着区块链技术步入了 2.0 时代。智能合约作为自动执行的合约或协议，通过将合约条款编码为程序代码，实现了合约的自动履行与不可篡改性，极大地拓宽了区块链技术的应用场景。

面对比特币区块链在性能上的局限性，以太坊区块链通过引入智能合约机制，为开发者提供了在链上构建复杂应用的平台。基于以太坊智能合约的 DApp 现已广泛应用于转账记账、游戏开发、版权管理等多个领域，其中最为成熟且广泛的是加密数字代币（Token或 Crypto-token）的发行。这些代币，如 EOS、TRX、BNB、USDT 等，相较于比特币、以太币等早期的加密货币，往往展现出更为"偏中心化"的特征，即它们多源自特定发行机构，并伴随着明确的应用背景或技术创新描述，旨在吸引投资者并承诺未来权益，如公司股权、特定应用服务使用权或网络资源访问权等。因此，Token 一词常被译为"通证"，以强调其作为权益凭证的属性。

值得注意的是，近年来，稳定币（stable coins）如 USDT、TUSD、GUSD 等，作为加密数字代币的一种特殊形式，因其通过抵押法定货币、主流数字货币或算法调节供应量来维持价格稳定，正逐渐成为区块链行业、金融领域及监管机构的关注焦点。稳定币不仅继承了加密数字代币的基本特性，还通过其价格稳定机制，为区块链技术在更广泛的经济活动中的应用提供了可能。

（二）法定数字货币

不完全的数据显示，在全世界，大量发行的非法数字货币超过 150 种，如比特币、以太坊、门罗、大零币等。数字加密货币的普及引发了一系列法律问题，因此，各国中央银行纷纷着手开发本国的法定数字货币，以强化监管。

法定数字货币也被称为中央银行数字货币，是一种用于支付和存储的电子货币。我国的数字货币是一种基于广义账户系统，支持银行账户松散耦合，与纸币、硬币等值，具有价值特性和法律补偿，可控制且匿名的支付工具。近年来，随着世界各国数字货币的迅猛发展，各国中央银行纷纷对其进行了积极的探索，一些国家已经开始建立 CBDC 的底层基础设施，并启动了 CBDC 技术的试验。

自 2020 年 4 月起，中国率先在国内部分城市及商业银行、跨境支付等领域进行了试点，并于 2020 年 12 月完成了第一个数字人民币保单的发行。法国中央银行于 2020 年第一季度进行了数字货币的试验。新加坡中央银行于 2020 年 7 月公布了一套跨界支付系统，该系统将使国际结算更加便捷、高效、低成本。加拿大、瑞典、英国等多个国家的中央银行与 BIS 组成了 CBDC 工作组，并准备启动试点计划。美国政府公布了 DDP 白皮书，其中包括美国 CBDC 的基本结构、发行目的及可能的应用情况。CBDC 引起了社会各界的广泛关注，毫无疑问，它是今后发展的必然趋势。

（三）私人数字货币与法定数字货币的区别

在资产与负债的关系上，数字货币是一种债务；而在持有者看来，它是一种数字货币，也是一种资产。私有数字货币和比特币一样，与黄金或白银有着同样的特性。它没有一个传统的中央货币发行体系，而是由一种预先设定好的规则发行的。也就是说，私有的数字货币并不属于任何机构，但它是所有者的财产。

1. 从是否存在中心性的特点来看

私人数字货币的核心特征在于其去中心化的本质。该特征意味着私人数字货币没有中央发行机构，不受任何单一中心的控制与管理，其旨在打破传统金融体系中的中心化垄断，实现交易过程的自主、透明与高效。法定数字货币在设计之初便遵循了中心化控制的核心原则，尽管同样采取了区块链等先进技术，但法定数字货币的发行与管理权掌握在中央银行手中。通过去中心化的管理与控制，中央银行能够确保法定数字货币的合法流通、防止非法活动，并根据宏观经济形势灵活调整货币政策。

2. 从是否实名的角度来看

法定数字货币与私人数字货币在匿名性设计上存在显著差异。法定数字货币追求的是可控的匿名性，允许其持有者在日常交易中享有一定的隐私保护，即除非持有人自愿提供账户交易信息，否则即便是银行、商家或其他机构相互合作，也难以直接追踪到具体的交易历史和用途。相比之下，私人数字货币，如门罗币，通常具有高度匿名性。门罗币通过创新的加密技术，如隐藏地址来确保交易的不可链接性，以及采用环签名机制来保障交易的不可追踪性。这些技术手段使门罗币能隐藏所有交易金额、来源和目的，极大地增强了交易的隐私性。然而，这种高度匿名性也为其被用于非法活动提供了可能，如洗钱、逃税等。

四、数字人民币

（一）推出数字人民币的背景

数字人民币（e-CNY）是在全球加密货币兴起与传统金融体系变革交织的大背景下应运而生的。自比特币问世以来，加密货币市场虽然发展迅速，但因其缺乏价值支撑、价格波动大、交易效率低及存在被用于非法活动等风险，始终难以真正融入日常经济生活。同时，随着金融科技的飞速进步和全球支付体系的数字化趋势，传统货币体系面临着前所未有的挑战与机遇。

在此背景下，中国作为全球第二大经济体，积极响应金融数字化的浪潮，依托自身在移动支付、电子商务等领域的领先地位，开始积极探索央行数字货币的研发与推出。数字人民币的推出，不仅是为了应对加密货币带来的挑战，更是为了优化资源配置、提升金融效率、促进经济体系的数字化转型。通过采用区块链等先进技术，数字人民币旨在打造一个更加安全、高效、普惠的新型零售支付基础设施，以满足人民群众日益多样化的支付需求，并助力数字经济发展。

此外，数字人民币的推出还承载着推动人民币国际化、提升中国在全球货币体系中的地位和影响力的战略考量。随着"一带一路"倡议等国际合作倡议的深入推进，数字人民币在跨境支付、国际贸易等领域的应用前景广阔，有望为全球货币体系的变革注入新的活力。

（二）数字人民币的定义和特征

数字人民币是由中国人民银行发行的数字形式的法定货币，由指定运营机构参与运营并向公众兑换，以广义账户体系为基础，支持银行账户松耦合功能，与纸钞、硬币等价，具有价值特征和法偿性，支持可控匿名。主要特征有：

（1）法定货币地位。数字人民币与纸钞和硬币具有同等的法律地位和经济价值，是中国人民银行发行的法定货币。这确保了数字人民币在全国范围内的广泛接受度和法偿性。

（2）中心化管理、双层运营。数字人民币采用中心化管理模式，但运营上实行双层体系。中国人民银行负责数字人民币的发行与监管，而商业银行等指定运营机构则负责向公众提供兑换和流通服务。这种设计既保证了货币的稳定性，又提高了运营效率。

（3）广义账户体系为基础。数字人民币以广义账户体系为基础，不依赖于特定的银行账户，实现了银行账户的松耦合。这意味着用户即使没有银行账户，也能通过数字钱包等方式使用数字人民币，提高了金融服务的普惠性。

（4）支持可控匿名。数字人民币在保护用户隐私的同时，也实现了交易的可追溯性。通过采用先进的加密技术和隐私保护机制，数字人民币能够在确保交易安全的同时，保护用户的个人信息不被滥用。

（5）双离线支付能力。数字人民币支持双离线支付，即在没有网络或网络不佳的情况下，两个数字钱包之间仍然可以完成交易。这一特性使数字人民币在偏远地区或网络不稳定的环境下具有更强的实用性。

（6）支持智能合约等创新应用。数字人民币的底层技术支持智能合约等创新应用，这为未来金融创新提供了广阔空间。通过智能合约，可以实现更加复杂和高效的金融交易和风险管理，推动金融行业的数字化转型。

（三）数字人民币的发展历程

1.起源与初步研发（2014—2019 年）

早在 2014 年，中国人民银行便敏锐地察觉到了数字货币的潜力与挑战，开始着手进行数字人民币的研发工作。这一时期，数字人民币的研发主要聚焦于技术框架的构建、安全性的保障及与传统金融体系的融合等方面。通过深入研究和反复测试，中国人民银行逐步明确了数字人民币作为法定数字货币的定位与功能，为其后续的发展奠定了坚实的基础。

2.试点探索与逐步推广（2019 年至今）

2019 年，数字人民币正式进入试点阶段。中国人民银行选择了多个具有代表性的城市和地区，如深圳、苏州、雄安新区等，开展数字人民币的试点应用。通过与实际场景的深度融合，数字人民币在零售支付、公共交通、生活缴费等多个领域展现出了便捷、高效、安全的特点，得到了广大用户的认可与好评。随着试点工作的不断深入，数字人民币累计开立个人钱包数量和试点地区交易金额均实现了快速增长。截至 2024 年 7 月末，我国数字人民币 App 累计开立个人钱包已达 1.8 亿个，试点地区累计交易金额更是突破了7.3 万亿元。这一数据不仅彰显了数字人民币在国内的广泛应用与接受度，也为其国际化流通奠定了坚实基础。

（四）数字人民币在数字贸易中的应用

数字人民币在数字贸易中的应用日益广泛，它不仅为贸易活动带来了前所未有的便捷性和安全性，还推动了全球贸易体系的数字化转型。以下是数字人民币在数字贸易中的几个主要应用场景。

1. 跨境支付与结算

数字人民币支持实时结算和多种货币兑换，这极大地提高了跨境支付的效率并降低了成本。传统的跨境支付通常需要通过银行进行，过程烦琐且耗时较长，而数字人民币则可以实现即时到账，大幅缩短了交易周期。此外，数字人民币还支持智能合约等功能，为贸易双方提供了更多的融资和风险管理选择。

2. 贸易融资

数字人民币的智能合约功能为贸易融资提供了全新的解决方案。通过智能合约，贸易双方可以设定自动执行的支付和融资条件，一旦满足特定条件，资金将自动划转，无须人工干预。这不仅提高了融资效率，还降低了操作风险。例如，在供应链金融中，数字人民币可以用于实现上下游企业之间的自动结算和融资，促进供应链的稳定运行。

3. 贸易透明度与监管

数字人民币的使用可以实现所有交易的可追溯性，这有助于打击非法活动和洗钱行为。同时，数字人民币还提高了贸易的透明度，使监管机构能够更准确地掌握贸易活动的真实情况，从而更有效地进行监管和风险管理。此外，数字人民币还可以与区块链技术结合使用，进一步增强贸易数据的安全性和可信度。

4. 促进国际贸易合作

数字人民币的国际化流通有助于促进国际贸易合作。通过推动数字人民币在国际贸易中的应用，可以降低贸易壁垒和成本，提高贸易效率。同时，数字人民币还可以作为一种新的国际储备货币和支付手段，增强中国在全球贸易体系中的话语权和影响力。

第三节　数字支付、货币与数字贸易

一、数字支付对当前数字支付体系的影响

1. 建立健全高效、稳健的数字支付体系

数字货币的引入为数字支付体系注入了新的活力。第一，数字货币基于先进的区块链技术，实现了交易信息的实时记录和更新，提高了支付系统的处理效率。与传统支付系统相比，数字货币支付可以实现更快速的交易确认和结算，减少了中间环节，降低了交易成本。第二，数字货币的分布式账本特性增强了支付系统的稳健性。通过去中心化的验证机制，数字货币能够有效防范单点故障和黑客攻击，提高支付系统的安全性和可靠性。因此，数字货币有助于建立健全高效、稳健的数字支付体系，为数字经济的健康发展提供有

力支撑。

2. 降低数字支付系统风险

数字货币在降低数字支付系统风险方面发挥了重要作用。一方面，数字货币的匿名性保护用户隐私，减少了个人信息泄露的风险。同时，通过先进的加密技术，数字货币能够确保交易信息的真实性和完整性，防止数据被篡改或伪造，从而降低了欺诈和洗钱等非法活动的风险。另一方面，数字货币的发行和流通受到严格的监管，有助于防范系统性风险。与传统支付系统相比，数字货币的监管更加透明和可控，能够及时发现和应对潜在风险，保障支付系统的稳定运行。

3. 打破第三方支付的平台壁垒

数字货币的普及和应用有助于打破第三方支付的平台壁垒。在传统支付体系中，第三方支付平台往往作为交易中介，掌握了大量的用户数据和交易信息，形成了较高的市场进入门槛。而数字货币的引入使用户可以直接进行点对点的交易，无须依赖第三方支付平台。这降低了交易成本，提高了交易效率，也为中小支付机构提供了更多的发展机会。数字货币的普及将促进支付市场的竞争和创新，推动支付体系的多元化发展。

4. 形成新的数字支付业务发展模式

数字货币的兴起为数字支付业务带来了新的发展机遇和挑战。一方面，数字货币的支付功能为传统支付业务提供了新的支付方式和服务模式。例如，通过数字货币支付，可以实现跨境支付的即时到账和低成本转账，为国际贸易和跨境电子商务提供了更加便捷的支付解决方案。另一方面，数字货币的智能化特性也为支付业务带来了创新空间。结合人工智能、大数据等先进技术，数字货币可以实现智能合约、自动支付等功能，为支付业务提供更加个性化、智能化的服务。这将推动数字支付业务向更高层次、更广领域发展，形成新的业务增长点和竞争优势。

二、数字支付对数字贸易的影响

（一）数字支付对数字贸易的积极影响

1. 降低交易成本

数字支付通过减少现金处理、银行手续费、跨境支付费用等，显著降低了数字贸易中的交易成本。例如，传统的跨境支付可能需要几天甚至更长时间才能完成，且手续费高昂，而数字支付可以实现实时或接近实时的跨境转账，并降低手续费。

2. 提高交易效率

数字支付使交易过程更加快速和高效。买家和卖家能即时完成支付和收款，无须等待银行处理时间。这加快了商品和服务的交付速度，提升了客户满意度。

3. 扩大市场边界

数字支付打破了地理限制，使全球范围内的消费者和商家能够更容易地进行交易。中小企业和偏远地区的商家也能通过数字支付进入国际市场，拓宽了贸易渠道。

4. 增强交易的透明度和安全性

数字支付通过记录每一笔交易的详细信息，增强了交易的透明度。同时，采用先进的加密技术和安全协议，有效降低了欺诈和洗钱等风险，提高了交易的安全性。

5.促进金融创新

数字支付为金融行业带来了创新机遇。例如，基于区块链技术的数字货币和智能合约等新型支付方式的出现，为数字贸易提供了更加便捷、安全和高效的支付解决方案。

（二）数字支付对数字贸易的消极影响

1.数据安全和隐私保护问题

数字支付涉及大量个人和企业的敏感信息，如身份信息、交易记录等。如果这些信息被泄露或滥用，将给个人隐私和企业安全带来严重威胁。因此，如何保护用户数据安全和隐私成为数字支付面临的一大挑战。

2.支付失败和延迟问题

尽管数字支付在大多数情况下都能实现快速、准确的支付，但仍存在支付失败和延迟的情况。这些问题可能是由技术故障、网络问题或银行处理时间等原因造成的，给交易双方带来了不便和损失。

3.监管挑战

数字支付的快速发展给监管机构带来了新的挑战。如何制定合适的监管政策，既保障用户权益和市场稳定，又不抑制创新和发展，成为监管机构需要面对的现实问题。

4.技术依赖和更新压力

数字支付高度依赖技术和基础设施的支持。随着技术的不断发展，数字支付系统需要不断更新和升级以保持竞争力。这对技术实力较弱的商家和地区来说可能构成一定的压力。

在数字贸易的持续发展过程中，确保数据资源顺利转化为具备经济价值的数据商品是一项核心任务，此过程离不开全方位配套策略的有效支撑。从货币体系的视角出发，尽管传统货币依旧扮演着数据商品交换中的基本媒介角色，但在涉及数据商品的所有权确认、价值评估等核心环节时，其影响力显得相对有限。相反，数字货币凭借其内置的可编程特性及潜在的智能合约部署能力，展现出强大的推动力。不仅能够激发数据商品的生产活力，还能连接数据商品的流通链条，进而成为驱动数字贸易加速发展的关键力量。因此，数字货币与数据商品生产、市场流通、价值制定及交易执行等各个环节的深度融合，促进了贸易结算方式的革新，并为国际货币体系的优化与完善提供了新的契机。

三、数字货币对数字贸易的影响

（一）数字货币促进贸易结算方式的创新

1.传统的国际支付结算

在国际支付与结算体系中，传统的支付方式是依托于银行账户体系，通过各国银行在结算中心余额的变动来实现债权债务的清算。这一过程往往遵循各国中央银行所构建的支付网络，如美国的纽约清算银行同行支付系统（CHIPS）、欧洲的泛欧实时全额自动清算系统（TARGET2）及中国人民币大小额支付系统和跨境支付系统（CIPS）等。

传统国际支付结算的具体流程如图7-1所示，当A国居民张三想要通过开户银行A1

向位于 B 国的居民李四的收款银行 B2 汇款时，若 A1 与 B2 间无直接业务联系，则需要借助两家代理银行 A2 与 B1 作为桥梁。在此机制下，汇款发起银行 A1 利用 SWIFT 国际通信标准，将张三的汇款指令传输至其代理银行 A2。随后，A2 代理银行将该指令转发至清算中心进行资金清算。一旦清算完成，款项随即转入收款人李四的代理银行 B1。接着，B1 代理银行再次通过 SWIFT 系统，将款项到账的信息传递给收款银行 B2，至此，整个国际支付与清算流程圆满结束。

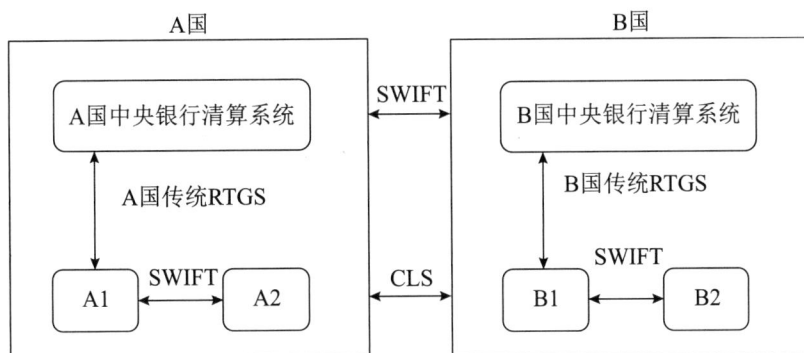

图 7-1　传统国际支付结算的具体流程

　　传统国际支付结算体系存在多重局限性。首先，其效率低下，具体表现为较长的处理时间。这一流程往往需要通过多层级银行（包括中央银行、代理银行及开户行）间建立复杂业务关系，并依赖如欧洲 SEPA 转账系统等工具，每一环节都可能因独立账目系统而引入延时，导致国际支付普遍耗时 3 个工作日以上，资金流动效率显著受限。其次，费用高昂亦是其显著弊端。麦肯锡 2016 年研究报告指出，美国银行利用代理渠道完成的跨境支付，其平均成本高达 25 美元至 35 美元，较国内支付成本高出近十倍。这一高昂成本主要归因于资金锁定成本（占 34%）、司库操作开销（27%）、外汇交易费用（15%）及合规性支出（13%）。再次，传统体系还伴随着较高风险隐患。一方面，若收款银行在资金转移过程中倒闭，将直接波及汇款银行的财务安全；另一方面，国际局势的不确定性，如战争等不可抗力因素，也可能给跨境支付链条上的银行带来连锁风险。最后，从监管视角来看，传统国际支付结算模式不利于反洗钱等措施的有效实施。其中涉及众多中间机构，资金流转路径复杂多变，不仅会增加资金流动的隐匿性，也极大地提升监管部门的监督难度，对维护金融安全构成挑战。

　　2. 区块链国际支付结算运行模式

　　区块链技术支撑的国际支付结算体系由两大核心角色与四大关键模块构建而成。两大角色界定清晰：客户作为交易发起与资金转移的主体，通过区块链网络实现跨境支付。这不仅加速了交易流程，还显著降低了管理费用，确保客户能即时获取资金流转的确认信息；网关则扮演桥梁角色，涵盖金融机构、流动性提供者及做市商等，旨在促进不同法币顺畅接入区块链支付体系。四大模块各司其职：网络连接器作为接入工具，无缝对接金融机构既有国际支付系统至区块链网络，促进无缝融合；区块链分布式账本作为核心，汇聚金融机构与做市商，实现数据透明、不可篡改的交易记录；做市商客户端贡献外汇市场实时报价，增强市场活跃度；交易商客户端则构建客户与区块链账本的直接通道，简化国际支付操作流程。

图 7-2 直接展示了区块链国际支付结算模式的运作机制：一旦银行或金融机构通过网关接入区块链网络，它们便能执行点对点的高效支付。在此过程中，外汇做市商作为资金流动性的重要提供者，通过区块链的智能路由功能，在众多报价中筛选出最优选项，有效降低跨境支付成本。此外，该体系还引入基于私有链的虚拟货币作为交易媒介，进一步增强了跨境支付系统的安全性与稳定性。

图 7-2　区块链国际支付结算模式的运作机制

3. 两种国际支付结算模式的比较

支付结算机制存在显著差异。传统国际支付结算模式因受限于不同国家的时空差异，产生了复杂的支付流程，导致传统的国际支付方式成本高、效率低。相比之下，区块链驱动的国际支付结算模式摒弃了对中心化机构的依赖，通过交易的即时确认与分布式账本的同步更新，直接省去了清算与对账环节。这大大减少了付款的费用，提高了付款的效率，避免了以往采用层层代理账户的烦琐手续，减少了在途资金的风险。在交易场景方面，传统国际支付结算基于账户体系，依赖于对中心及中介机构的信任，交易过程可能涉及资产与负债方的内容或同步调整。而区块链支付以其独特方式，为支付监管与隐私保护提供了强大工具。传统模式因中间机构众多，特别是第三方支付兴起后，支付透明度不足，监管难度加大。区块链分布式账本的不可篡改与可追溯性，则为风险防控构筑了坚实防线。在区块链平台上，所有支付行为均公开透明，监管机构能迅速识别异常交易，显著增强了监管效能。因此，传统的国际支付结算方式存在耗时、费用昂贵、不安全、监管困难等缺陷，而区块链的跨境支付系统因其点对点的直接交易，减少了跨境支付的时间和费用，保障了交易的安全。另外，当前国际货币体系以美元为主导，其背后是美国强大的军事实力、经济实力及完善的法律金融体系支撑，使美国的主要技术力量能够吸引世界各国的资金进入本国的资本市场。

数字货币的兴起有望重塑国际支付结算与国际货币体系。首先，数字货币可以减少跨境支付的费用，提高跨境支付的效率；其次，数字货币将会使国际支付链缩短，从而突破传统的国际支付和结算系统的垄断地位；再次，数字货币将推动国际货币的流动，重建对安全资产的需求；最后，数字货币对提升各国主权货币的国际地位、增强主权货币在世界范围内的话语权具有重要意义。

（二）数字货币促进跨境支付系统的完善

1. 数字货币降低跨境支付结算成本

数字货币在跨境支付结算中的应用，可以采取联盟链的形式，即各国央行与某一金融机构联合维护分布式的数字货币账户，其特征是跨境支付网络越来越扁平化，趋向于更加直接、高效的点对点支付流程，预示着未来数字货币跨境支付或将简化成像发一封电子邮件那样容易。点对点的数字货币之所以能在国际上应用，是因为它能避开传统中心化跨境支付清算体系的弊端，从而克服传统中央支付体系的高成本和低效率。世界银行调查显示，传统跨境汇款常需耗时 3 ～ 5 个工作日，且成本高昂，可占汇款本金的 6.94%。此外，主权数字货币的分布式架构与可控匿名性特性，可以降低跨境支付中的合规成本，包括反洗钱（AML）与反恐怖融资（CTF）审查流程。利用区块链技术与数字货币技术建立跨境支付体系，可以避免对 SWIFT 和美元清算系统的依赖，尽管短期内难以达到大规模的影响，但也能防止被 SWIFT 系统边缘化。美国政府利用 SWIFT 与美元清算系统实施制裁已成为常态，即便其不直接控制 SWIFT 决策，但通过影响 SWIFT 章程解释，仍能间接施压。随着美国量化宽松政策可能推动全球去美元化趋势，采用数字货币技术打造支持多种币种清算与业务信息高效传输的系统势在必行，可逐步解决银行业信息传输障碍及美元清算体系下的局限性。

2. 数字货币改进传统跨境支付结构

传统跨境支付流程复杂，需要经过多层代理构建资金链条，这些链条交织构成了既有的跨境支付体系。我国目前存在着以代理行为代表的跨国支付结算制度，但这种制度存在支付链条长、结算过程复杂的问题，同时由于市场被少数大型机构垄断导致跨境资金流转效率低下且成本高昂。此外，在分布式的跨境支付系统中，传统的代理银行模式因付款链条的缩短而面临危机。而数字货币的出现，特别是加密货币如瑞波币、稳定币 Libra，以及各国央行积极探索的央行数字货币，正逐步渗透跨境支付领域，其发展态势无疑将加剧市场竞争格局。为应对这一变革，全球多家中央银行已着手测试基于分布式账本技术的数字货币跨境支付系统。例如，新加坡金融管理局（MAS）自 2016 年起便启动了 Ubin 项目，以探索数字货币在跨境支付中的应用。同时，欧洲央行与日本央行也携手合作，推进 Stella 项目，共同探索分布式跨境支付的新路径。

本章小结

数字货币领域可细分为私人数字货币与中央银行数字货币（CBDC）两大类别。在私人数字货币领域内，依据区块链技术的演进阶段，可进一步分为以比特币为典型代表的加密货币及基于智能合约技术的加密代币。数字货币演进轨迹鲜明地展示了从比特币兴起至 CBDC 探索历程，这一过程中深刻影响传统金融体系，特别是比特币的价格剧烈波动所诱发的投机性风险，以及 CBDC 对货币供给与流通体系的潜在变革。数字货币技术的持续进步，特别是分布式账本技术的广泛应用，预计将对跨境支付清算机制及国际货币架构产生深远影响。与此同时，数字贸易正逐步将数字货币视为其不可或缺的组成部分，预示着在未来货币生态中，美元的传统主导地位或将面临逐步稀释的挑战。在此背景下，发达国家对于法定数字货币推进采取相对审慎的态度，而主要经济体之间围绕法定数字货币的竞争与合作态势日益显著，展现出全球货币体系转型的新图景。

本章思考题：

1. 数字支付经历了哪些发展阶段？
2. 数字人民币具有哪些特点？
3. 电子货币、虚拟货币和数字货币的区别是什么？
4. 数字支付、数字货币与数字贸易的关系是什么？

案例研讨：

本章研讨案例

延伸阅读：

[1] 宗良，林静慧，吴丹 . 全球数字贸易崛起：时代价值与前景展望 [J]. 国际贸易，2019（10）：58-63.

[2] 赵忠秀，刘恒 . 数字货币、贸易结算创新与国际货币体系改善 [J]. 经济与管理评论，2021，37（3）：44-57.

[3] 马述忠，郭雪瑶 . 数字经济时代中国推动全球经济治理机制变革的机遇与挑战 [J]. 东南大学学报（哲学社会科学版），2021，23（1）：77-89，147.

[4] 严宇珺，龚晓莺 . 数字人民币的时代机遇、发展价值与未来进路 [J]. 学术交流，2023（2）：88-98.

第八章
数字贸易营销

→ 本章要点

数字营销的基本内涵

数字营销的发展历程及未来趋势

数字营销的类型

→ 关键术语

搜索引擎营销　社会化媒体营销　内容营销　智能技术营销

→ 章首案例

2021年7月起，在"双减"政策和新冠疫情的共同影响之下，教培行业纷纷开始调整业务方向，缩减人员，其中也包括新东方在线及新东方集团。2021年12月，定位于助农项目的直播平台"东方甄选"上线，俞敏洪在抖音进行了首场农产品带货直播。他表示，将带领没有离开新东方的老师入驻抖音，一同进行助农直播。于是，曾经的新东方老师化身主播，用流利的中英双语直播带货。2022年6月，东方甄选直播带货，一位自称长得像兵马俑的"方脸小哥"董宇辉爆红，东方甄选迎来属于自己的"流量红利"。东方甄选的粉丝从0增长到100万用了6个月，而粉丝数从100万增长到1000万，只用了约一周的时间。

如今的新东方选择两条腿走路，新东方在线专注直播带货，新东方集团则继续坚持教育主体业务。俞敏洪表示，对于转型做助农直播，不是一时头脑发热，而是经过了深思熟虑。他认为直播经济是商业的第三次革命：第一次是大卖场，第二次是电商，第三次是直播带货，而选择农产品带货则与他的情怀有关。

董宇辉双语带货的出圈，既不靠卖弄长相，也不靠唱歌跳舞，凭的就是讲故事、秀才华，以及丰富的知识底蕴和超高的授课技巧，顺便带货，却吸引了无数不想离开直播间的粉丝。只见他手拿小白板，一边介绍产品，一边在直播间进行英语教学，时不时还会抛出一些段子与观众互动，无论天文地理还是古今历史，都生动有趣、引人入胜。接下来一众主播也一边带货，一边穿插着讲起了历史、哲学、文艺、爱情等话题，他们谈起了《小王子》和《月亮与六便士》，说到了张爱玲，唱起了《当你老了》……这些前新东方金牌教师纷纷化身直播间里的带货主播，他们有趣、有梗、有文化、有情怀，手里有货，脑子有料，吸引了无数网友在学习中"剁手"下单。

东方甄选在收获流量的同时获得社会大量好评，网友评价东方甄选是"最有文化的直播间""最安静的直播间"。时任新东方在线 CEO、东方甄选负责人的孙东旭曾表示，这也是团队从第一天就定下的调性。他表示："同样是卖货，但我们的直播间不会变成人声鼎沸的菜市场。直播间应该更像节目化的方式，我们的主播可以陪你聊聊天，没准儿让观众还能学点知识。观众买不买东西没关系，但经常来逛一逛，放松一下。"虽然东方甄选的主播不会大喊"3、2、1，上链接"，也不搞库存倒计时，但观众的停留时长明显比其他直播间要长。这便是"文化直播间"背后的真正目的——增加观众的停留时间，进而创造潜在的购物机会。有很多网友便表示，选择东方甄选其实是在"知识付费"。董宇辉金句频出，让很多人买个玉米都能听哭。网友们纷纷打趣道：

"没想到买个桃子，还送个单词。"

"小时候上新东方的课，长大了买新东方的货。"

"一时之间，我不知道该下单还是该记笔记。"

"老师的尽头是直播，直播的尽头是新东方。"

的确，以往的直播惯用语境基本上就是各种搞怪、出奇招，而这样的直播带货方式简直是一股清流，没有限时限量限价，没有催单，没有不断叠加福利，而是用了大段的时间来卖书、讲述农民的不易，正是靠着这样的方式，新东方在线和新东方走出了自己的道路。

资料来源：腾讯新闻网。

第一节　数字营销概述

网络产业的兴起促进了数字市场的发展。国际市场正处于一种数字化的变革之中，营销的界限也不断被突破和重组。近几年，随着我国经济的飞速发展，人们的生活水平不断提高，对人工智能、大数据等技术的需求越来越大，传统的营销方式也越来越不适应时代的发展，而数字营销作为一种新型的营销手段，在市场上占据着越来越重要的地位。

一、数字营销的定义

当前，信息共享和数据采集被广泛应用，通过降低市场营销的成本，借助大数据对用户形态的特定化分析及精准查找，进一步促进了数字营销的长远发展。关于数字营销的定义，主要涉及三个学科，分别是营销学、管理学和传播学。

从营销学的视角，张廷茂（2000）提出，数字营销是基于互联网和电脑通信技术、数字交互式媒体来实现营销目标的一种营销方式[①]。王霆和卢爽（2003）提出，数字营销是

---

① 张廷茂. 网络营销 [M]. 石家庄：河北人民出版社，2000.

以计算机信息网络技术为基础，通过现代电子手段和通信网络技术，有效地调动企业资源，并开展市场营销活动，以实现企业产品和服务有效销售的一系列企业活动的过程[①]。Cristian 等（2008）提出，数字营销是用相关的、个性化的和低成本的方式使用数字分销渠道到达消费者，以促进产品和服务销售的一种营销方式[②]。姚曦和秦雪冰（2013）提出，数字营销是以数字化技术为基础，通过数字化手段调动企业资源进行营销活动，以实现企业产品和服务的价值过程[③]。

从管理学的视角，Kannan 和 Li（2017）提出，数字营销是一种适应性强、以数字技术为支持的流程，通过该流程，企业可以与客户及合作伙伴协作，共同为所有利益相关者创造、沟通、交付和维持价值[④]。施德俊（2017）提出，数字营销是以数字化技术为手段，以系统化分析为方法，以建立有效连接为指向，以创造和留住顾客为目标的商业管理模式，是一个发现、创造、激发和满足顾客需求的统一过程[⑤]。

从传播学的视角，美国数字营销协会（2014）提出，数字营销是利用数字技术开展的一种整合、定向和可衡量的传播，以获取和留住客户，同时与他们建立更深层次的关系[⑥]。阳翼（2015）认为，数字营销是使用数字媒体推广产品和服务的营销传播活动，主要包括社会化媒体营销、移动营销、微电影营销、虚拟游戏营销、搜索引擎营销和电子商务营销六种方式[⑦]。曹虎（2015）提出，数字营销是新兴多媒体用数字化工具取代以往的技术来进行传播活动，并且进行销售、沟通的营销活动[⑧]。

本教材认为，数字营销是营销者在数字技术支持下，通过数字媒介实施精准互动的营销传播活动。

■ 二、数字营销的特征

与传统营销相比，数字营销更具深度互动性、目标精准性、平台多样性及个性化的特征。

（一）深度互动性

互动性是数字营销的本质特征。随着数字媒体的发展，消费者参与营销传播变得越来越容易。数字营销能让商家更容易地将产品和服务的信息以更方便的方式展示在网络的虚拟世界里，消费者可以通过浏览、评论、购买等多种交互方式，对产品或服务提出意见，

---

① 王霆，卢爽. 数字化营销 [M]. 北京：中国纺织出版社，2003.

② Cristian M，Elena E，Camelia V. Digital Marketing - An Opportunity For The Modern Business Communication[J]. Annals of the University of Oradea Economic Science，2008（4）：982-987.

③ 姚曦，秦雪冰. 技术与生存：数字营销的本质 [J]. 新闻大学，2013（6）：58-63，33.

④ Kannan P K，Li H A. Digital Marketing：A Framework，Review and Research Agenda[J]. Social Science Electronic Publishing，2017（1）：22-45.

⑤ 施德俊. 数字营销短视症 [J]. 清华管理评论，2017（3）：91-95.

⑥ Roylc J，Laing A. The digital marketing skills gap: Developing a Digital Marketer Model for the communication industries[J]. International Journal of Information Management，2014，34（2）：65-73.

⑦ 阳翼. 数字营销：6 堂课教你玩转新媒体营销 [M]. 北京：中国人民大学出版社，2015.

⑧ 曹虎. 数字时代的营销战略 [M]. 北京：机械工业出版社，2015.

这对企业来说就能更好地与顾客进行交流。例如，百事可乐的"把乐带回家"系列微电影，融入互动视频技术，微电影推出后结合互动播放功能推出《家有一宝》互动版，让用户参与视频互动环节，体验"看剧寻宝"。

（二）目标精准性

由于数字技术的应用，企业能够对顾客的信息进行更广泛的搜集与分析，能够准确地刻画出顾客的形象，并能满足顾客的基本需求。与此同时，利用大数据和算法技术，能够准确定位到目标受众。通过对用户数据的深度挖掘和分析，企业可以了解用户的真实需求和潜在需求，从而制定出更具针对性的营销策略。在精准定位的基础上，企业可以实现广告的精准投放。无论是搜索引擎营销（SEM）、社交媒体营销（SMM）还是内容营销（content marketing），企业都可以根据用户画像和标签，将广告推送给最有可能感兴趣的用户群体。

（三）平台多样性

数字营销平台不再局限于传统的单一渠道，而是涵盖多个平台和媒介。除了传统的网站、App、微信和微博等平台外，数字营销的平台逐渐多元化，如近几年发展势头比较猛的短视频、直播等。企业不再孤立地使用某个平台，而是将多个平台有机结合起来，形成一个统一的营销体系。通过多渠道整合，企业可以实现信息的跨平台传播和互动，提升营销效果和用户体验。对于企业来说，需要站在全局的角度考虑如何整合多平台，实现全方位的传播。

（四）个性化

在消费升级的背景下，个性化和定制化越来越受到消费者的青睐，而在大数据分析的基础上，企业更容易洞察消费者的个性化需求。根据每个客户的独特喜好、行为模式和需求，制定高度个性化的营销策略。这种个性化不仅体现在营销内容的定制上，还贯穿整个营销过程，包括目标客户的选择、营销渠道的选择、营销信息的推送等。

■ 三、数字营销的功能

（一）引流

数字营销引流的第一步是明确目标受众，即确定产品或服务所针对的特定人群。这包括了解目标受众的特征、需求、兴趣和行为习惯等。引流的目的是发现那些对产品有潜在需求的消费者。搜索引擎是最有效的、能够发现潜在消费者的数字媒介，我们可以将其定义为主动需求型媒介。搜索行为是受众的主动行为，并反映了其内在需求。搜索引擎优化是增加流量的重要手段，帮助企业在搜索引擎中占据有利位置，吸引更多潜在客户的点击和访问。

（二）连接

数字营销基于数字技术和数据管理系统可以保留数据流量的信息，并将它们存储在数据平台，然后通过程序化平台精确地瞄准这个流量，并在消费者下次出现时再次与他进行沟通。营销者甚至可以通过各种激励手段将这个流量纳入企业的私域流量池，并进行更精细的沟通互动，从而将弱连接升级为强连接。与目标消费者建立并保持连接体现了数字营销的精髓。

（三）转化

销售转化可以发生在与消费者的第一次接触时，也可以是多次接触或者是在从公域流量转到私域流量池之后经过深度沟通后的销售转化。这是最受营销者青睐的数字营销与传统广告的差异点。数字营销在相当程度上减少了潜在消费者流失的可能性。数字营销的每次接触都可以将信息的传达与销售连为一体，电商平台的发展使那些产生消费欲望的消费者可以随时随地实施消费行为。营销者可以对私域流量池的消费者进行深度的品牌教育和有针对性的激励措施，以促进销售转化。转化后，营销者通过售后服务和有计划的互动沟通保持与顾客的联系，推动顾客的重复消费，甚至鼓励顾客将消费体验分享到社交平台以引进更多的流量。这种沟通在以前可能因为高额的人工成本使企业放弃顾客的维护，但当下基于人工智能的支持，可以有效地将成本控制在较低的水平，从而使顾客关系管理成为一种真正有效益的营销手段。

■ 四、数字营销的发展历程

（一）数字营销的萌芽阶段（20世纪80—90年代）

20世纪80年代，数字营销的概念由SoftAd集团（现ChannelNet）首次提出，该公司尝试借助数字技术将广告宣传以软广告的形式组合起来，此时的数字营销只在广告领域中应用。1990年前后，数字营销开始被应用到不同领域和情境中，其发展开始发生了改变。1994年10月，美国的Wired杂志推出hotwired.com网站，在主页上刊登了AT&T等14个客户的横幅广告，互联网上的第一个广告由此诞生，它标志着互联网网站也可以成为广告媒体，而电视、报纸、广播、杂志等则成为传统媒体。同时，网络广告第一次使广告效果可以测量，可以记录多少人点击过该广告，让更多的投资者看到了互联网的商业价值。同样在1994年，雅虎（Yahoo）成立，次年，雅虎开始销售广告。1997年，雅虎仅广告业务就创造了超过7000万美元的收入。

这一阶段的数字营销主要是基于互联网知识信息发布的简单平台，网页的内容主要是网站的运营人员或网络营销人员创作，而用户只能单纯地通过浏览器获取信息。由于当时互联网的适用性和普及率相对较低，互联网能够提供的服务也较少，因此数字营销在当时的人气和发展非常有限。

（二）数字营销的新生阶段（2000—2004年）

2000年开始，学术界和产业界开始寻求用更科学的方法来解释数字营销领域的某些现象。在这一阶段，研究者发现消费者本身可以作为信息受众或信息源，利用网络与其他消费者发生联系，并且会通过数字化社区平台、口碑营销（WOM）和在线社区来寻求自我定位，典型应用就是社交网络（SNS），如国内的开心网、人人网、豆瓣、微博、微信及国外的Facebook等。此外，研究者还发现，互联网可以帮助消费者更容易地搜索、优化消费者的选择，互联网变成了一种决策工具。因此，研究者认为，互联网可以作为一种智能营销的工具，消费者借助这个工具可以找到与自己匹配度更高的产品，而企业也可以借助它预测消费者的偏好和行为，获得更高的客户满意度和忠诚度。

在数字营销的实践层面，虽然从业者将互联网看成具有很大潜力的营销工具，但是他们仍然对这种数字化工具抱有怀疑态度。总的来说，这一阶段数字营销的发展是没有规则且不受重视的。

（三）数字营销的成长阶段（2005—2010 年）

到了 2005 年，数字营销才真正意义上开始被广大用户所认知。消费者不仅是互联网的使用者，也成为互联网的主人，这在很大程度上推动了数字营销的发展。众多社交媒体或社交网站也都在 2005 年前后成立，并渐渐发展成主流媒体，如脸书（Facebook，2021年改名为 Meta）、亿客行（Yelp）、谷歌邮箱（Gmail）、推特（Twitter，2023 年改名为X），众多品牌开始利用这些社交网站或者社交媒体作为数字营销的渠道。

在该阶段，研究者将在线口碑与社交网络作为研究的重点，学术期刊中开始出现了一些有关用户生成内容（UGC）和产品评论对销售影响的相关研究。研究发现，网络论坛为表达个人看法提供了有效平台，相比于传统营销，在线的口碑营销更能吸引长期用户，企业都希望通过与消费者的积极互动来形成良好的品牌社区。在实践上，从业人员和研究人员一起去寻求用户生成内容与企业业绩相关的方式，从业人员希望能够将这些社交平台和媒体作为营销渠道。不过当时学术界与实践界之间仍然存在着一定的脱节，市场营销人员仍然不确定如何利用社交媒体进行数字营销。

据估计，2010 年数字营销的增长率约为 48%。各界对数字营销的意识已经觉醒，这为之后数字营销全方位、大规模的发展奠定了良好的基础。这一时期数字营销的最大特征是企业利用大数据技术，可以在合适的时机，通过合适的渠道，在合适的场景，把合适的产品提供给合适的用户，从而实现更精准、可衡量和高投资回报的营销沟通。

（四）数字营销的快速发展阶段（2011 年至今）

2011 年之后，互联网开始全面进入社交媒体时代，数字营销也随之迈进了"快速发展"时代。2015—2016 年，A 级营销期刊中已经发表或者即将发表的文章中，关于数字营销主题的就有 20 多篇。研究发现，消费者的"权力"变得越来越大，他们在被市场影响的同时，也在积极塑造新的市场，研究者的重点放在了大部分消费者身上，而不仅仅是一些"有影响力"的人。消费者不仅是 WOM 流的贡献者，也有可能是营销行为的破坏者。此外，研究者也开始用一些新的分析方法，以及更强的算法分析工具，对之前的研究主题进行深入探索，如在线口碑营销、个性化在线表达等。

近年来，人工智能技术的逐渐成熟给营销领域带来了极大的变革。智能营销是以人工智能为基础，运用自然语言处理、机器学习和知识图谱等技术，对营销中的关键环节如数据处理、内容投放及效果监测等进行赋能，从而对投放策略进行优化，做到投放更有针对性。例如，京东智联云的 AI 技术为用户多元购物体验赋能，京小智的智能客服可以智能生成数百万份营销方案，每天相当于超过 500 个文案编辑人员的工作量。基于 AI 技术的智慧营销，其核心是帮助营销行业节约成本、提高效率、拓展更多营销渠道。在此期间，中国的数字营销已经取得了巨大的发展，各类技术的运用和表现方式不断丰富，移动电商、O2O、移动支付等方式也得到了广泛运用。越来越多的企业和营销人员认识到了数字营销的重要性，数字营销成为众多企业强有力的武器。

第二节 搜索引擎营销

■ 一、搜索引擎营销的定义与特征

（一）定义

搜索引擎营销（SEM）的基本理念就是让使用者在网上找到自己所需的资讯，然后再通过搜索引擎找到更多的资讯。在介绍搜索引擎策略的时候，通常会把搜索引擎优化（SEO）的主要目标分为两个层面：一是确保网站内容被搜索引擎有效索引与收录；二是提升在搜索结果页面中的排名位置，使其更为显眼。这一认知已作为行业共识深入人心。简单来说，SEM 所做的就是以最小的投入在搜索引擎中获得最大的访问量并产生商业价值。多数网络营销从业者及专业服务提供商均将上述双重目标视为搜索引擎营销策略的基础设定。但事实证明，仅仅靠搜索引擎收录和高排名是远远不够的，并不能提高用户的点击率，更难以确保将访问流量转化为实际顾客或潜在消费群体。

（二）基本特征

搜索引擎营销作为一种基于搜索引擎平台的网络营销方式，具有一系列显著的基本特征，主要体现在以下几个方面。

1. 进入门槛低，性价比高

搜索引擎作为一个开放且平等的宣传平台，其准入门槛较低，不区分企业规模、实力、品牌知名度的差异。任何企业均有机会在此平台上开展营销推广活动，且通过科学合理的推广策略，完全有可能使自身的营销信息在搜索结果中脱颖而出，占据更显眼的位置。尤其值得一提的是，依托搜索引擎网站进行广告投放，不仅成本更为经济，而且还能迅速见到成效，只要正确地使用推广方法，就有可能在搜索结果中获得较高的排名。另外，使用搜索引擎进行广告宣传，成本低、见效快、效率高。

2. 定位精准

搜索引擎将使用者的网页浏览和点击行为等详细信息录入到索引数据库中，按照不同的分类标准进行分类。企业在进行搜索引擎营销策略部署时，能够依据产品特性与目标人群需求精准匹配合适的搜索引擎，实现营销目标的高效定位。针对搜索广告，企业借助关键词广告策略，精准锁定使用特定关键词检索的用户群体，确保推广信息仅对潜在兴趣客户展示，极大提升了信息的靶向性与有效性。而对于内容定位广告，搜索引擎则运用先进的算法，依据用户在互联网上的浏览、点击行为轨迹，智能地将广告内容与用户兴趣标签匹配，实现广告展示的高度个性化。当用户输入相关关键词进行检索时，即可浏览到与其兴趣紧密关联的广告内容。运用搜索引擎营销不仅增强了用户体验，也使企业能够利用关键词广告模式，引导用户根据自己的需要和企业发展现状，进行更精确的信息检索，并促使用户点击与自身需求最为契合的网页链接，从而明确用户目的，进一步强化营销活动的精准度与效果。

3. 广泛使用

当前，搜索引擎已跃升为网民获取与筛选信息的首选高效渠道，其在中国市场的用户基础持续壮大，用户覆盖率逼近80%。这个趋势彰显了用户对于搜索引擎快速响应、精准获取信息的依赖，也促使搜索引擎技术不断进化。通过复杂的算法与先进技术，力求使检索结果与用户的个性化需求实现更高度的契合，同时优化排序机制，确保相关信息在结果列表中占据更显眼位置。在此背景下，搜索引擎营销作为一种战略性的营销手段，正逐步渗透到各类企业的营销策略核心之中，成为企业触达目标受众、提升品牌影响力与市场份额的关键一环。

4. 受众自主选择，可信度高

搜索引擎营销作为一种用户导向型的网络营销策略，其成效紧密关联于用户的搜索与点击行为模式。在此过程中，企业扮演的是响应者的角色，而搜索者则掌握着主动权。他们在搜索引擎平台上自由浏览网页时，搜索者便可以自主地选择各种类型的广告，企业无法直接干预这一自主决策过程。正是用户搜索行为的这种自发性与主动性，构建了对搜索引擎广告更坚实的信任基石，因为用户在主动寻求信息的过程中接触到这些广告，从而赋予这些广告更高的接受度与可信度。

5. 用户主动查询，针对性强

在"眼球经济"的今天，利用搜索引擎进行网络营销一定会有很好的成效。而要实现搜索引擎的营销目的，最关键的一点是确保推广信息能够在搜索结果中占据更为靠前的位置，从而吸引更多潜在客户的目光。搜索引擎营销不受时间、空间、地域的限制，展现出极高的灵活性与广泛的覆盖力，还以其独特的性价比优势与精准定位能力，在传统营销模式中展现出更好的效果。正因如此，越来越多的企业开始采纳这一营销策略，并成功从中获取可观的商业回报。

■ 二、搜索引擎营销的作用与优势

（一）搜索引擎营销的基础是企业网络营销的信息源

搜索引擎作为信息汇聚与分发的核心平台，汇聚了海量、多样、实时的网络营销信息资源。这些资源覆盖了各行各业的产品、服务、品牌及市场动态，为企业提供了丰富且精准的市场情报与用户需求洞察。企业可以依托搜索引擎的强大功能，轻松获取目标客户群体的搜索习惯、兴趣偏好及潜在需求，为制定精准营销策略提供有力支持。网络营销信息源包括内部信息源和外部信息源，两者都可以利用搜索引擎实现信息传递。当然，前提是信息源发布的网站平台具有良好的网站优化基础。所以，无论是通过企业官方网站、关联网站还是第三方网站发布消息，都要求平台具有搜索引擎优化基础，因为这是企业信息发布取得搜索引擎推广效果的基础。

（二）搜索引擎传递的信息发挥向导作用

搜索引擎作为用户获取信息的主要入口，其展示的结果往往成为用户了解某一产品或服务的第一印象。当用户在搜索框中输入关键词时，搜索引擎会根据算法将相关信息进行排序和展示，这些信息的呈现方式、内容质量及其与企业品牌的关联度，都会直接影响用户对该品牌或产品的初步认知。因此，可通过搜索引擎进行营销，引导用户产生正面的品牌联想和购买意愿。搜索引擎传递的信息还能够帮助用户进行信息筛选和决策辅助。在信息时代，用户面对海量的信息往往感到无所适从，而搜索引擎通过其强大的过滤和排序功能，为用户提供了高效的信息筛选工具。企业可以利用搜索引擎这一特性，通过关键词优化、广告投放等手段，将自己的产品或服务信息精准地推送给目标用户群体，并在用户进行信息比较和决策时提供有力的支持。

（三）搜索引擎营销是用户主导的网络营销方式

用户主导性意味着搜索引擎营销活动的出发点和落脚点都是围绕用户的实际需求与兴趣展开的。在搜索引擎平台上，用户通过输入关键词主动发起搜索行为，这本身就蕴含了明确的意图和需求。企业则通过关键词优化、广告投放等手段，将自己的产品或服务信息精准地呈现在用户面前，满足其搜索需求并引导其进一步了解与购买。搜索引擎平台通过收集和分析用户的搜索历史、流量行为等数据，能够为用户提供个性化的搜索结果与推荐信息。企业可以利用这一特性，根据用户兴趣偏好、购买习惯等信息，为其量身定制个性化的营销内容与策略。这种高度个性化的营销方式不仅能够提升用户的满意度和忠诚度，还能够增强品牌的吸引力和竞争力。

（四）搜索引擎营销可以实现较高程度的定位

网站营销的一个重要特征就是能够精确地分析和定位用户，实现对潜在客户的精准定位。企业可以根据产品或服务的特点、目标市场的特征及竞争对手的情况，精心选择并优化关键词，确保当用户在搜索引擎上输入这些关键词时，能够看到自己的推广信息。这种基于关键词的定位方式，使企业的营销信息能够直接触达那些具有明确需求和购买意向的用户，从而大大提高营销活动的有效性和转化率。搜索引擎营销还可利用地域、时间等维度进行进一步定位。企业可以根据业务覆盖范围和目标市场的地理位置，设置地域定向投放，确保营销信息的精准度，帮助企业更好地把握市场机遇和节奏。此外，搜索引擎营销还可通过数据分析与智能推荐技术，不断优化定位效果。搜索引擎平台拥有庞大的用户数据和先进的算法技术，能够实时分析用户的搜索行为、兴趣偏好以及购买历史等信息，并据此为用户提供个性化的搜索结果和推荐信息。

（五）搜索引擎营销的效果表现为网站访问量的增加而不是直接营销

搜索引擎营销往往首先表现为网站访问量的显著增加，而非直接转化为营销成果。这种看似间接的效果实则蕴含着深远的商业价值，为企业带来了多方面的积极影响。一方面，网站访问量的增加是搜索引擎营销成效的直接体现。当用户通过搜索引擎找到并点击企业的网站链接时，这标志着企业的营销信息已经成功吸引了用户的注意并激发了他们的兴趣。另一方面，虽然搜索引擎营销的效果首先表现为网站访问量的增加，但这种增加往往会间接促进销售转化和营销目标的实现。随着网站访问量的增加，企业的产品或服务便有机会被更多的潜在客户所了解。当这些潜在客户对企业产生信任并认可其价值时，他们就有可能转化为实际购买者。

（六）搜索引擎营销需要适应网络服务环境的发展变化

搜索引擎技术本身就是一个不断创新和发展的领域。随着人工智能、机器学习、大数据等技术的不断进步，搜索引擎的算法和功能也在不断更新和完善。搜索引擎营销需要紧跟这些技术发展的步伐，利用最新的技术手段来提升营销效果。例如，通过优化关键词策略，利用自然语言处理技术提升搜索结果的准确性、利用数据分析工具来洞察用户行为等，都是搜索引擎营销适应技术发展变化的重要体现。由于搜索引擎营销的策略多种多样，在网络服务环境的发展变化中，企业需要灵活组合这些策略以适应不同的市场环境和用户需求。在内容为王的时代，通过注重内容营销来提升品牌形象和用户黏性，结合多样化的策略组合和灵活调整，企业可以在复杂多变的市场环境中保持竞争力。

■ 三、搜索引擎营销的模式

（一）竞价排名

在搜索引擎营销模式中，竞价排名机制以其广泛的适用性，成为最受欢迎的方式。其核心机制在于，在多个网站竞相购买同一关键词后，其展示顺序依据支付费用的高低进行自然排序，出价更高者享有更靠前的位置。竞价排名的特色在于其独特的按点击付费模式，即未发生点击则无须承担费用，有效降低了成本风险。对于采纳此模式的用户而言，关键词点击付费机制不仅实现了高度的目标市场聚焦，还缩短了营销周期，同时保持了相对低廉的成本结构。在该模式下，企业具有极高的自主性与灵活性，使其能够精准调控广告预算，以成本效益最大化的方式吸引潜在客户的注意，从而实现公司品牌知名度的攀升及利润空间的拓展。在中国市场，百度、雅虎及谷歌等搜索引擎平台因其高效的点击付费服务而备受推崇，成为行业标杆。值得注意的是，即便实施了PPC（pay-per-click，点击付费）广告及竞价排名策略，企业仍应重视搜索引擎优化工作，并主动将网站提交至各大免费搜索引擎目录，以全方位提升在线可见度与访问量。

（二）搜索引擎登录

搜索引擎注册作为搜索引擎营销的早期关键组成部分，主要通过向搜索引擎提交网站或URL，使其进入搜索引擎的索引，从而确保网站被搜索引擎索引库所收录。尽管此方式不直接保障网站信息在搜索结果中优先展示，但它确保了内容的全面展现与可访问性。搜索引擎登录包含免费与付费两种模式，其中免费登录，尤其是分类目录的提交，曾是网站推广初期的常见策略。随着行业趋势向付费模式的演进，免费登录因运行周期长、智能化程度低而逐渐边缘化，被市场淘汰。自2001年下半年起，国内各大搜索引擎服务商纷纷推出了付费用户登录服务。相对于免费登录，付费搜索引擎的登录效率要高得多，操作起来也比较简单，只要缴纳一定的费用，然后按照搜索引擎的提示来提交推广信息。随后，搜索引擎将根据花费的多少进行排序，让用户点击。尽管付费登录可能在一定程度上影响了部分网站的选择意愿，但其提供的专业服务对于提升搜索引擎营销的整体效果而言，起到了很大的促进作用。

（三）购买关键词广告

搜索引擎关键词广告作为一种高效的付费推广手段，简单来说，就是在搜索引擎中输入一个关键词，然后在搜索结果中出现与这个关键词相匹配的广告信息。关键词广告定位精度高、针对性强、价格公道，是最具性价比的网站推广手段，因而被广泛采用。关键词广告能够精准匹配用户的搜索意图，确保广告信息只展示给真正感兴趣的潜在客户，从而提高广告的转化率和投资回报率（ROI）。关键词广告给予广告主极大的灵活性，允许其根据市场需求变化即时替换关键词、调整广告内容、设置预算和出价等，以适应市场变化和用户需求的变化，确保信息传达的时效性与吸引力。基于搜索引擎提供的详细数据统计和分析工具，广告主可以实时了解广告的展示次数、点击次数、点击率、转化率等关键指标，从而评估广告效果并进行优化。关键词广告一旦被投放，关键词的精选与排名策略便成为影响企业品牌曝光度及网站流量增长的关键因素。

（四）搜索引擎优化

搜索引擎优化是一种策略性过程，它按照搜索引擎的检索方法和特点，对网站的基础要素进行更新和优化，以确保网站符合搜索引擎的排名标准。此过程旨在增强网站在搜索引擎索引库中的可见度，促使更多网页内容被有效收录，并在用户搜索时获得更靠前的展示位置，从而达到提高搜索效果的目的（欧朝晖，2007）。搜索引擎优化的首要任务是深入理解搜索引擎的技术细节，并据此指导网站的开发与维护，确保网页布局、内容及功能均能贴合用户通过搜索引擎查找信息的行为习惯。通过提升用户体验界面的友好度，增强网站的吸引力，进而提升其在搜索结果中的自然排名，增加站点的访问量，进一步优化网站的市场推广效能。具体而言，搜索引擎优化主要有三个方面内容：网站的优化、关键词的优化、搜索引擎技术的优化。

第三节　数字内容营销

■ 一、数字内容营销的概念与特点

（一）数字内容营销的概念

"内容营销"这一词汇最早出现在1996年美国报纸编辑协会[①]，其原意是指以故事的形式将品牌介绍给消费者。但是，在那个时代这还不是重要的营销策略。随着互联网尤其是移动端的迅猛扩张，消费者获得信息的途径和方式都发生了很大的改变，因此，企业必须以高质量的内容和高效的信息传播来进行营销。

---

① Lorenz L.Content maeketing-The what，why and how[J].Hudson Vlley BusinessJournal，2022，22（29）：501-502.

内容营销作为一种独立且关键的市场营销策略，日益受到商业界的广泛认可与重视，成为连接品牌与消费者的桥梁。美国内容营销协会认为，内容营销是一种通过制作有价值的、与目标人群相关的、持续性的内容来吸引目标人群，使目标人群的行为发生变化，从而实现商业转换目的的营销方式。

（二）数字内容营销的特点

1. 内容的相关性

相关性是指营销内容需要与目标受众建立深度联系，其主要特征是对客户深层需求的探索与对潜在客户行为偏好的深入剖析。在这个过程中，洞悉客户的普遍关切、兴趣焦点、当前关注的话题是亟待解决的难题。市场营销内容的构建目的是强化产品与客户的联系纽带，确保客户能够迅速且精准地识别内容对其自身的价值所在。营销主体所创造的市场内容使产品与顾客之间的联系更加紧密，消费者能够更迅速、更精确地感受到产品的价值。市场营销人员要分析顾客在寻找和使用资讯时的各种动机，并根据这些动机选取适当的内容材料，以他们所感兴趣的方式呈现出来，激发他们参与讨论与分享的热情。

2. 向消费者提供有价值的内容

有价值的内容构建不仅体现在对创作者与传播者的意义方面，更体现在对接收者的深远影响上。主要通过价值的传递，吸引并赢得客户的长期信赖，构建双赢的价值体系。对于目标客户群体而言，营销内容应融入功能价值与情感价值，既要有功能性又要有情感，必须是对顾客有利、吸引人的内容。这些优质的内容具有教育意义、思维转变等作用，或者可以解答问题，培训技巧技能等。要提供具有审美、情感价值的娱乐资讯，不是被动地让顾客接受、要以社会互动的方式激发他们的共享与协作。对于营销主体来说，精心策划的内容能使他们留住老客户，发展新客户，增加销售业绩，提升品牌的知名度和影响力。要通过创造和发表有价值的内容，展现自己的专业技能，以个案的方式描述公司的业绩，达到赢得顾客关注的基本目的。此外，内容的高度参与性、移动适配性及易于分享的特性，有助于促进与客户展开深度互动，让讨论与分享成为一种乐趣，推动目标客户从"路人"转变成"忠实粉丝"。

3. 内容表达形式多样化

企业在展示其产品或品牌时所创造的涵盖文字、图像、音频、视频等多种形式的信息载体，被统称为"内容"。这些内容依据其展示方式的多样性，可划分为多个维度下的不同类型。从传播媒介的传统与现代革新视角来看，内容可分为传统形式（如博客文章、会议论文、研究报告等）与新兴的移动互联技术产物（如虚拟展会、网络直播等）。同时，依据受众的偏好与接受度，内容亦可分为热门列表、直观的信息图表、深入的研究调查等。此外，从创作难度的角度出发，内容被划分为基础类别（如博客帖子、详尽的白皮书）与进阶形式（包括短视频、移动应用程序 App、微电影等），以满足用户不同层次的需求与期望。

4. 内容营销更强调企业和消费者之间的互动

内容营销策略着重于以消费者视角为核心，通过引导消费者主动接纳与自发传播信息来达成营销目的。企业要准确把握各类媒体平台的特性，巧妙设计互动环节，吸引并鼓励消费者深度参与内容营销活动,从而引导用户不仅成为信息的传递者,更转化为品牌的倡导者或实际消费者。以小红书平台上的"蓝色情人节"主题营销活动——"晒晒我的蒂芙尼"为例,这个活动在有效传递品牌理念的同时,也成功构建了一个富有吸引力的消费场景,促进了品牌与消费者之间的情感共鸣及购买行为的转化。

■ 二、数字内容营销的优势

(一)成本低

内容营销广告不像硬性广告的门槛那么高,推广成本几乎不需要花费太多钱,只要写得好,能与读者产生共鸣,就能达到很好的推广效果。

(二)增强信任度

对于内容营销来说,只要撰写者能用心撰写对读者有用的营销内容,而不是通篇假大空的话、泛泛地为企业做广告,受众都愿意接受,帮助传播。以新闻性内容营销为例,生活中的新闻具有权威、真实、客观、容易被消费者信赖等特点,因此多数新闻性内容营销都有很强的推动作用,能帮助企业快速提高声誉。

(三)隐蔽性

内容营销与网络广告不同,它没有明确的广告目标,只是将所要传达的信息嵌入文本,从侧面描写,是一种渗透式的传播,让受众在不知不觉中受到影响。现在网络媒体的各个角落都充斥着商业性文章,读者可能到最后都很难分辨哪些是内容营销,哪些是普通的文章。

(四)内容丰富

内容营销中所包含的内容丰富,并且其载体形式、传播渠道也是多种多样的,如论坛帖子、博客文章、网络新闻、电影、游戏等。因此,绝大部分网民都是内容营销的消费者。

(五)吸引力强

内容营销的目的是吸引读者、获取读者信任,因此一般的内容营销中都会包含吸引网民的标题或主题,然后用精巧、有亲和力、诙谐幽默的文字,以说书的形式来吸引顾客。文章的内容也是从消费者的角度出发,剖析顾客心理,让读者容易接受。

(六)实时交流

随着手机和社交网络的出现,人们可以全天候上网,这不仅会影响人们彼此的交流,还会影响他们的购物和搜索。顾客需要的是即时性,所以品牌商要做的就是满足需求,除了要做大量的广告宣传,还要有 24 小时的新闻工作室,既能做内容,又能做内容销售,并能管理整个过程。

(七)多渠道参与

富媒体、新媒体、自媒体的蓬勃发展使消费者获得信息的渠道越来越多样化。同时,社交媒体的发达也使消费者更愿意传播有价值的内容，从而带动品牌的传播效果。由于载体的多样性及传播的便捷性，有优秀内容的营销案例的传播速度是很快的。

三、数字内容营销的模式

数字内容营销是以数字技术和互联网平台为依托，通过创造、发布和分享有价值的内容来吸引、转化和保留客户的营销模式。

（一）信息发布模式

在传统的互联网市场中，最基本的内容销售方式就是通过网站、博客来发布信息。这不仅是企业官方资讯传播与发布的常规手段，也是网络营销战略中不可或缺的基础性与持续性任务，它为后续多元化的内容营销方式提供了坚实的信息基础与发布平台，如网站内容营销、博客营销、关联网站营销等。

（二）信息引导模式

在用户获取企业基础信息的路径中，常由第三方网站或服务直接引导用户至企业官方网站。这些基本的信息是通过搜索引擎的检索功能，或借助第三方网站中的广告展示、内容嵌入的超链接等渠道，吸引用户主动访问。企业所发布的核心内容，在结合第三方网站的导流作用与用户根据自身兴趣进行的选择性点击行为下，共同编织成一个完整的信息传递闭环，如搜索引擎营销、博客营销、内容合作。

（三）信息订阅模式

企业提供订阅内容，由用户主动订购，企业以合适的方法向用户传送信息。这是一种典型的许可营销，即用户主动获得信息的方式，如许可电子邮件营销、微信公众号营销、短信营销等。

（四）社交分享模式

企业通过社交平台或其他方式发布信息，用户通过参与评论、转发等互动实现浏览和再次传播。用户自愿利用自己的社会关系网络主动传播企业的信息，这是内容营销的社会化形态。社交关系传播是移动互联网中最重要的内容营销方式，如微博营销、微信朋友圈营销、病毒性营销等。

（五）资源分享模式

资源分享模式是一种通过提供有价值的内容来吸引、保留并转化潜在客户的策略。知识是有价的，知识营销具有网络营销的天然属性。通过有价值的内容资源分享，可获得长期的网络营销效果，如电子书下载、文档分享、图片分享、视频分享。

四、数字内容营销的步骤

（一）了解营销目的

随着互联网的出现，内容营销的需求日益增大。过去，由于传统媒体垄断了信息渠道，企业仅靠说明产品的优势，一次接触就能成交客户。随着新媒体的发展，消费者不再被传统媒体劫持。他们可以直接通过网络渠道获得信息，轻而易举就能做到货比三家，拥有更强的消费自主权。因此，企业必须持续向消费者输送有价值的内容，多次与他们接触，并慢慢建立起信任感，才能引导他们下单购买。内容营销需要数月的计划和策略发展，甚至是长期的投入。但随着时间的推移，我们会发现，为客户提供免费的信息，将会获得丰厚的回报——客户对产品的忠诚度及更高的潜在客户转化率。

（二）了解营销对象

了解营销对象意味着要想知道消费者是怎样的客群，首先需要分析目标用户，构建消费者画像。然后通过用户调研或访谈，分析在不同决策阶段用户的痛点问题。例如，我们今天贩售保温瓶，客群可能锁定上班族女性，年龄为 23 ～ 35 岁，讲求养生，喜欢喝温热水，在意外形与品位，可能是久坐办公室，也可能常需出差，平常有运动健身习惯等；或是年龄为 30 ～ 50 岁、讲究环保与方便、家庭主妇、外出携带自己想喝的饮料的族群。

（三）设定营销目标

企业的营销部门需要明确内容营销在整体市场战略中的作用，以及内容营销需要达成的目标。设定营销目标是关键的一步，它为后续的策略制定、执行和评估提供了明确的方向和基准。营销目标要求具体、清晰，避免模糊或笼统的表达，每个目标由可量化的指标来衡量其达成情况。同时，营销目标应与企业的整体业务战略保持一致，确保数字内容营销活动能够支持并推动企业的长期发展。一般来说，企业营销目标可以分为品牌层面的目标和效果层面的目标。前者关注通过营销活动带来品牌文化、企业文化、社会责任方面的输出，后者表现为通过营销活动直接带来销量增长、市场扩张、用户增长等。

（四）内容品质管理

沿着设定的顾客轨迹，研究他们喜欢或关心的议题，将内容放在与产品本质相关的资讯上，由浅入深地增加专业形象，成为这方面的权威，让消费者相信企业并建立起信任感。例如保温瓶，我们假设了顾客的样子与喜好，因此设定了可引起他们兴趣的内容，如分享养生茶饮制作与功用、保温瓶与时尚穿搭、环保议题推广等，让消费者明白我们除了能提供商品之外，还能提供更多有价值的信息给他们，从而逐渐增加他们的黏着度。

（五）加强内容推广

在数字内容营销过程中，内容推广直接关系到内容能否有效触达目标受众，进而影响品牌知名度、用户参与度以及最终的营销效果。在信息爆炸的互联网时代，内容海量且更新迅速。加强内容推广能够确保内容在众多信息中脱颖而出，提高其在目标受众中的可见性。通过分享有价值、有吸引力的内容，品牌可以吸引潜在客户的关注，提高品牌知名度和曝光度。在内容营销的整个执行过程中，媒体平台承担着重要的内容发布和传播渠道的角色。除了企业官网，各类社交媒体平台，如 Meta、Instagram、YouTube、LinkedIn 等，可以同时进行。

（六）效果评估及内容优化

内容发布和推广之后，企业还需要对内容营销的效果进行评估。美国内容发布公司

（ContentLaunch）的 CEO 乔恩·维本（Jon Wuebben）提出从六个魔法指标来评估内容营销的成效，即消费量——网页浏览数、视频浏览数、文章浏览数、下载量和社会化媒体提及率；分享——喜欢数、分享数、微博数、转发数、外部链接数；销路拓展——完成填表并下载，E-mail 和博客订阅，博客评论和你的转化率；销售——了解通过内容影响的线上和线下的销售；思想领导力——成为特约博客的请求数量；忠诚度——主张、推荐和口碑。最后，还需要根据评估的结果反复调整内容策略或内容生产，以此来不断提升内容的质量。

专栏阅读 8-1：方太的《油烟情书》

第四节　社会化媒体营销

■ 一、社会化媒体营销的概念与特征

社会化媒体营销，作为一种创新的推广手段，巧妙借助各类社交媒体平台。核心理念主要是深入洞察消费者的心理动机，分析他们的消费偏好与需求，进而整合多元化的社交媒体资源，精心构建用户与产品间紧密相连的互动桥梁。在这个过程中，主要目的就是促进用户在购买与体验环节中获得所需的产品与服务，更享受到超越期待的极致体验，最终实现商业盈利的目标。一般来说，社会化的媒体营销工具包括论坛、微博、微信、博客、SNS 社区、图片和视频，并通过自媒体平台或组织媒体平台进行发布和传播。社会化媒体营销具有以下特征。

（一）互动性

分享、影响、互动是社会化媒体营销的三大要素，在消费者之间、企业和消费者之间形成了一种协同、共赢的互动关系。在社交网络平台上，消费者个体与广泛群体间建立起紧密的互动网络，然后通过一系列的联系将这些信息串联起来，这种信息链分享性很强，可以吸引更多的人来评论、转发、分析。同时，用户还可以提出问题、分享经验、提供反馈和分享意见，企业通过分析消费者关注的热点，了解他们的需要，在倾听基础上与消费者对话互动，将信息准确传达给他们。

（二）传播性

由于移动互联网的普及极大地促进了信息获取的便捷性，社会化媒体平台凭借其庞大的用户基数和固有的强大传播力，为消费者提供了前所未有的交流渠道，让消费者以更加多样化的方式，与更广泛的人群保持紧密连接。在这个过程中，用户自发成为品牌与产品的传播者，其口碑推荐相较于传统媒体广告，展现出更高的可信度、可靠性和参考价值。消费者在做出购买决策前，更加倾向于听取来自亲朋好友的口碑推荐，这种基于信任的推荐方式被视为最具说服力的广告形式。社会化媒体不仅强化了这一推荐机制，还直接促进了推荐信息的广泛传播，对潜在消费者的购买决策产生深远影响。同时，多数社交平台融合了娱乐元素，能够让消费者在轻松愉悦的氛围中接收产品信息、了解服务详情，尤其是

那些富含个性创意的内容，更能激发消费者的主动分享与转发行为，进而增强了平台内的用户互动，实现了信息传播的连续性、真实性和高效性。企业还需要确定并调动主要的舆论导向者，使之形成具有影响力的口碑，以促进和激励消费者。

（三）精准性

社会化媒体营销策略的起点在于深度聆听，细致洞察消费者的生活偏好、消费模式、购买力水平，同时全面审视品牌自身及市场竞争者的动态。这将为精准定位消费者群体奠定坚实基础，进而实现营销信息的定向投放，与用户当前情境紧密融合，减少非必要干扰。借助移动终端 LBS 的定位服务，通过"双精准"的市场影响因子和传播途径，达到更精确的市场营销效果。社会化媒体营销的实质就是在恰当的时机，将合适的商品和服务，以恰当的方式，准确、有效地传播给合适的用户。社会化的大数据能够发掘出更多的社会化媒体营销机会，也可以促进传统的商业模式向新媒介的转变，利用更多的大数据来了解用户对企业的口碑和评价，根据产品服务的评价完善其功能并提升其服务。

（四）主动参与

在当今社会化媒体环境下，消费者的权限与层级差异被显著淡化，这种趋势极大地激发了用户的参与热情与反馈积极性。顾客的参与是以有兴趣或有需要为前提，其参与的动力包括对所喜爱的产品和服务的充分理解、对所喜爱的品牌或公司的改进，或者获得知识和技能的认可。在参与过程中，顾客可以积极地分享自己的经验、观点、想法、愿望和意图，从而获得更大的决策权和话语权。把市场推广的内容交给消费者，由消费者来创造，这就是用户生成内容（UGC）。让消费者做公司的品牌推销员、维护者、倡导者，协助公司推进以顾客为导向的产品和服务创新，挖掘尚未满足的顾客需求。

（五）社群性

社会化媒体营销的核心在于建立高关联度的社群网络，营造浓厚的社群氛围，以此强化消费者与企业之间的互动与连接紧密性。顾客基于共同的兴趣爱好，自主汇聚成各具特色的社区，进行自由交流与分享。企业要将社区内的人调动起来，与他们互动，帮助他们解决问题，满足他们的需要，将原本松散的社群关系转化为紧密联结的忠实粉丝群体。将关系网络建立在深厚的情感基础之上，企业需要利用社会化平台，与消费者建立一种深厚的感情纽带，其表现形式是企业与顾客之间的亲密关系，而非单纯的朋友。企业要构建社会化的个性，与顾客进行频繁的交流和接触，加深相互间的信任，实现价值的交换和资源的增值，从而提高企业的品牌传播能力和影响力，形成长久的市场资产。

（六）及时性

在移动互联网时代背景下，企业与消费者之间的距离被空前拉近，几乎为零。企业能够即时响应，利用多样化的媒体平台实施精准交流，迅速捕捉并回应客户的反馈与需求，持续激发企业的创新活力，提高市场关联度。同时，将品牌或产品元素融入快速变化的社会热点中。此外，鉴于消费者偏好的日新月异，营销策略和产品特性也要不断更新，以适应消费者对新事物的需求。企业应保持敏锐的市场洞察力，密切关注市场动态与消费者行为的变化，灵活调整营销策略，实现精细化运营。针对消费者在不同阶段、不同情境下的需求变化，企业可精准把握六个关键情境触点——购买前、途中、到店后、选购中、付款时及购买后，充分利用消费者的具体情境（如地点、时间、需求等），有效影响信息传播、激发购买欲望、促进分享行为，并提供客户服务，打造全方位的全时营销。

■ 二、社会化媒体营销的优势

（一）精准定位目标客户

由于社会网络拥有用户的海量信息，因此，通过对用户发布和分享内容的分析，能够得出其喜好、消费习惯、购买能力等深层次信息。这使企业能够基于这些数据进行精准的目标客户定位。相较于传统营销方式，社会化媒体营销能够更准确地识别并解锁潜在消费者，提高营销的针对性和实效性。同时，社会化媒体营销具有极强的互动性，企业可以通过社交媒体平台与用户进行实时沟通，解答疑问，收集反馈。这种双向互动不仅有助于建立良好的品牌形象，还能够提高用户的参与度和忠诚度。用户可以通过点赞、评论、分享等方式参与品牌活动，形成积极的口碑传播效应。

（二）拉近企业和用户的距离

在过去，交互性是相对于传统媒介而言最显著的优势。然而，在社会化媒体兴起之前，我们却从未感受到其神奇的力量。通过社交网络，企业不仅构建了官方微博等互动桥梁，还凭借这些平台自带的平等氛围与沟通便捷性，极大地促进了消费者之间的紧密互动与融合，共同塑造了积极正面的企业品牌形象与公众认知。另外，微博等社交媒体平台天然地充当了客户关系管理的有效工具。企业能迅速捕捉并响应消费者对于品牌或产品的讨论、建议，乃至不满，实现即时的反馈与问题解决，从而维护并提升顾客满意度。如果一个企业的官方账号能够和客户或潜在客户建立起一种友好的联系，那么它所带来的收益将是不可估量的。

（三）低成本进行市场调查

通过对社交平台海量数据进行深度剖析或市场调研，企业能够精准挖掘用户偏好，为产品设计与开发奠定坚实的市场基础。例如，某蛋糕制造商若洞察到社交媒体上充斥着对欧式蛋糕的浓厚兴趣，即可据此加强该领域的产品研发与设计，以满足市场需求。社交网络作为低成本的强大工具，使企业能够轻松汇聚起一支庞大的粉丝宣传队伍。以小米手机为例，其背后庞大的粉丝群体——"米粉"，已成为品牌崛起的坚实后盾。每当小米有新动态或产品发布，这些忠诚的粉丝便自发成为传播者，积极推广，有效扩大了品牌影响力，且此过程几乎零成本运作。如果缺失了社交网络的助力，小米若要动员"米粉"群体为小米品牌造势，无疑将面临高昂的组织与宣传成本。

■ 三、社会化媒体营销的策略

（一）精准定位策略

企业在运营过程中，先要明确自身的市场定位与目标受众群体。鉴于不同社交平台各自独特的用户构成与特征，企业基于自身的品牌定位和目标客户画像，应审慎选择与之匹配的社交平台作为营销阵地。简而言之，企业应精准识别其目标客户活跃的社交领域，并相应地将自身影响力拓展至那些平台上，以确保营销活动的精准触达与高效转化。

（二）全面营销策略

社交媒体的营销并非一件容易的事情，仅仅建个账号、发个新闻是远远不够的。在建立账号矩阵、策划内容、建立互动反馈机制、建立危机公关等方面，都需要进行细致的分析和规划。要制定一套全面而系统的营销策略，并通过持续不懈的维护与优化，确保其为企业带来长远的价值与增长。

（三）数据监测策略

要对系统进行实时监测，并定期进行数据分析。企业必须建立一套高效的监测体系，以捕捉关键议题与关联人物动态。这包括识别在社交媒体上提及品牌的客户，评估其品牌评价的正负倾向，以及确定哪些用户群体对品牌最为关注并可能具备潜在消费意向。对于这些发现，企业应及时给予反馈与互动。此外，定期的营销报告与总结对于推动社会化营销策略的迭代升级至关重要。鉴于互联网环境的快速变化，企业的营销策略亦需灵活调整，以保持与市场动态的高度契合。

■ 四、社会化媒体营销新趋势

在传统营销模式下，品牌往往依赖集中式的大众传媒渠道进行宣传推广。但是，随着当前媒介生态日益呈现碎片化的趋势，这种中心化的传播方式在触及受众及构建品牌信任方面的效能显著减弱。因此，去中心化媒介策略应运而生，引领了社会化媒体营销的新风尚。私域流量的深耕、直播电商的兴起，以及圈层营销的精准定位，共同构成了当前营销领域的新兴趋势。

（一）私域流量

"私域流量"的推广，就是通过对现有用户群体进行精细化管理与运营，促使品牌策略从单纯追求客户增长，转向深化老客户的复购及口碑推荐。其中，社群、微信个人号、私信及朋友圈分享构成了核心的私域流量阵地，同时，App、小程序、新媒体矩阵等媒介也因其兼具公私域特质，成为拓展私域流量的重要渠道。私域流量的有效运营能够提升老客户的复购频率、转化率及推荐意愿，从而增强用户的生命周期价值（LTV），并直接促进产品销售转化率的提升。此外，私域流量池独特的品牌黏性优势有助于降低客户获取成本，优化品牌营销的投资回报率（ROI）。更重要的是，私域流量策略强调对用户需求的精准把握与高频互动，这种深度沟通机制有助于构建用户与品牌之间更为坚实的信任桥梁，进而培育出一批忠诚度高的核心用户群体。

（二）电商直播

电商直播是指在电商平台上，通过直播形式进行商品展示、推广和销售的一种新型商业模式。其融合了社交媒体的互动性和电商的交易便利性，具有实时互动、所见即所得、社群效应等特征。消费者可以实时观看主播的商品展示，并通过弹幕、评论等方式与主播互动，提高购物体验。直播的直观性让消费者能够真实感受到产品的外观、质量和功能，提高购买决策的准确性。电商直播还能够迅速聚集目标消费者，形成社群文化，增强用户黏性和品牌忠诚度。主播利用营销节点的常态化，精准匹配商家的目标细分客户，例如，"618"、"双 11"购物节进一步延伸出零食节、亲子节、童装节等。

（三）圈层营销

圈层营销指的是基于爱好、兴趣、行为把消费者聚到一起，通过小圈子、强关系的人际传播，打通信息传播渠道，引爆营销话题，让产品影响力呈指数级扩散。当前，年轻人群圈层化特征日益明显，二次元、手办、电竞等圈层的用户正渐渐影响着流行文化的走势，各兴趣圈层的消费潜力也在不断释放，圈层用户逐渐成为各品牌进行年轻化营销的重点目标。随着社会群体的不断壮大，娱乐和消费市场之间的跨界合作也越来越多，品牌在圈层营销过程中也开始关注圈层之间的联动及圈层外的爆发，通过内容的持续输出来实现品牌产品从圈层热门成为全民爆款。

专栏阅读 8-2：
"完美日记"
的社会化营销
策略

第五节　智能技术营销

在营销领域，消费者的个性化需求日益凸显，如何对低价值密度且分布散乱的海量用户消费数据进行深度挖掘、分类、处理、分析，已经成为数字经济时代急需解决的问题。为了实现各主体的价值共享和整体的可持续发展，要依托智能技术的营销不断发展，开启资源共享、智能互联的营销新局面。

■ 一、智能技术营销的内涵和特点

（一）智能技术营销的内涵

智能技术营销作为数字经济浪潮中的璀璨明珠，巧妙融合了大数据、人工智能、机器学习、物联网等前沿科技，旨在深度剖析消费者行为、精准把握市场脉搏、持续优化营销成效。这一过程不仅实现了营销活动的精准定位、个性化定制与自动化执行，更通过技术创新显著提升了营销效率与效果，精准对接消费者日益多元化的个性需求，有力推动了企业的可持续发展进程。具体而言，智能技术营销涵盖以下几个核心领域。

（1）人工智能营销。依托人工智能的强大算力与智能算法，对海量消费者数据进行深度挖掘与智能分析，从而精准描绘用户画像，实现营销策略的个性化定制与智能推送。这不仅极大地提升了营销活动的针对性与转化率，还通过自动化流程减少了人力成本，提高了营销效率。

（2）VR 营销（虚拟现实营销）。借助虚拟现实技术，为消费者打造沉浸式的购物体验。通过模拟真实场景，让消费者在虚拟环境中自由探索、体验产品，从而增强其对品牌的认知与好感度。VR 营销以其独特的互动性与沉浸感，为消费者带来了前所未有的购物体验，也为企业开辟了新的营销渠道。

（3）AR 营销（增强现实营销）。在现实世界的基础上叠加虚拟信息，为消费者带来更加丰富、生动的视觉体验。通过 AR 技术，企业可以在产品包装、广告海报等载体上嵌入互动元素，让消费者在扫码或扫描时即刻触发有趣的互动体验，从而加深品牌印象，提升营销效果。

（4）物联网营销。利用物联网技术实现产品、设备、消费者与企业之间的无缝连接，通过收集、分析消费者在使用产品过程中的数据，为企业提供宝贵的市场洞察与消费反馈。物联网营销不仅有助于企业优化产品设计、提升服务质量，还能通过智能化的产品推荐与个性化服务，进一步增强消费者的忠诚度与满意度。

（二）智能技术营销的特点

智能技术营销的特点主要体现在以下几个方面。

（1）数据驱动。智能技术营销高度依赖于数据，通过收集、整合和分析来自多个渠道的海量数据，深入了解消费者行为、偏好和需求，为精准营销提供数据支持。

（2）个性化定制。基于数据分析的结果，智能技术营销能够针对每个消费者的独特需求，为其提供个性化的产品推荐、内容推送和服务体验，从而提高营销的相关性和吸引力。

（3）自动化与智能化。通过算法和模型，智能技术营销可以自动执行营销任务，如广告投放、电子邮件营销、客户服务等，同时根据市场反馈和消费者行为动态调整策略，实现营销活动的智能化管理。

（4）实时响应。智能技术营销能够实时监测市场变化和消费者行为，并迅速作出反应，调整营销策略，确保营销活动始终与市场和消费者需求保持同步。

（5）效果可衡量。通过数据分析工具，智能技术营销可以精确衡量营销活动的效果，包括点击率、转化率、ROI 等关键指标，为优化营销策略提供数据支持。

（6）持续学习与优化。智能技术营销系统能够不断学习市场变化和消费者行为模式，通过机器学习算法不断优化营销策略和模型，提升营销效率和效果。

■ 二、人工智能营销

（一）概念和特点

人工智能营销（artificial intelligence marketing）是指将人工智能技术运用于营销领域，通过对大数据进行分析处理，描绘数字用户画像，预测消费者行为偏好，从而帮助企业预测市场趋势并做出科学决策。主要有以下特点。

（1）高度精准性。通过对用户表现、消费习惯、市场趋势等数据进行深度挖掘，企业可以更好地理解目标客户，制定针对性的营销策略。

（2）实时性。借助大数据技术，企业可以实时监测市场动态和客户反馈，及时调整营销策略，以适应不断变化的市场环境。

（3）互动性。通过社交媒体、移动应用等渠道，企业可以与客户进行实时互动，解答客户的疑问，增强客户的参与感和忠诚度。

（4）高效性。利用自动化的营销工具和流程，企业可以大大提高营销效率，降低营销成本。例如，通过算法自动分析客户数据，制定营销策略，并在合适的时机推送相关信息。

（5）预测性。通过对市场趋势、用户需求等数据实施深度分析，算法能够预测未来的市场变化，为企业提供战略决策依据。

（二）营销策略和方法

目前主要的营销策略和方法主要包括以下几种。

（1）精准定位。借助人工智能技术，企业可以对目标客户实现精准定位，深入了解客户需求，制定符合客户利益的营销策略。例如，在电商领域，通过分析用户的购物记录、搜索记录等数据，算法可以为客户推荐相关性更高的商品，提高转化率。

（2）个性化推荐。利用机器学习算法，能够按照客户的浏览记录、购买记录等信息为客户推荐个性化的产品或服务。例如，通过分析用户的购物记录和浏览行为，为消费者提供个性化的优惠券和商品推荐。

（3）智能客服。利用自然语言处理技术能够模拟人类客服，提供 24 小时在线咨询，提高客户服务效率。例如，在智能客服领域，通过语音识别、自然语言处理等技术，可实现对用户咨询的实时响应，提高客户满意度。

（4）跨渠道整合。人工智能营销方案设计可以实现多渠道营销整合，提升营销效率。例如，通过整合线上线下的营销渠道，利用算法为用户提供个性化的购车方案，提高购车转化率。

（5）内容营销。可分析客户的阅读习惯、兴趣爱好，帮助企业创作更具吸引力的内容，提升内容营销的效果。例如，利用写作工具生成文章，提高内容创作效率；利用语音助手进行语音直播，提升互动性。

专栏阅读 8-3：亚马逊的个性化精准营销策略

（6）智能投放。利用算法，实现广告的精准投放。例如，通过分析客户行为，投放相关性更高的广告，提高转化率。

（7）智能优化。人工智能营销方案设计通过不断学习和优化，提升营销效果，降低营销成本。例如，通过算法优化广告投放策略，增强广告投放效果，降低广告成本。

三、VR 营销

（一）概念和特点

VR 营销是指利用虚拟现实技术（virtual reality，VR）进行产品或服务的营销和推广。通过创建沉浸式的三维虚拟环境，VR 营销能够让用户身临其境地体验产品或服务，从而加深用户对品牌的认知和情感连接。

VR 营销主要呈现出以下特点：第一，沉浸式体验使用户仿佛置身于真实的环境中，与产品或服务进行互动，这种体验方式极大地增强了用户的参与感和记忆度。第二，高度互动。用户可以与虚拟环境中的对象进行互动，这种互动体验使用户能够更深入地了解产品或服务的特性和优势。第三，情感连接。VR 营销通过创建引人入胜的虚拟环境，与用户建立情感连接，增强用户对品牌的忠诚度和信任度。第四，数据驱动。在 VR 营销过程中产生的数据，如用户行为数据、互动次数等，为品牌提供了宝贵的市场洞察，有助于品牌优化营销策略和提升用户体验。

（二）营销策略和方法

1. 虚拟体验店

品牌可以创建虚拟体验店，让用户通过 VR 头盔等设备进入到一个逼真的虚拟购物环境中。在这个环境中，用户可以浏览产品、试穿衣物、体验产品性能等，仿佛身临其境般地体验购物过程。例如，耐克与 VR 公司合作，创建了一个虚拟的运动鞋体验店。用户可以在虚拟环境中试穿不同款式的运动鞋，感受鞋子的舒适度、外观和性能。这种体验方式极大地提升了用户的购买欲望及对品牌的忠诚度。

2. 虚拟现实广告

VR 广告是一种创新的广告形式，它允许品牌在虚拟环境中展示产品或服务，吸引用户的注意力并激发购买欲望。通过 VR 广告，品牌可以创造独特的视觉体验，增强用户对品牌的记忆度。例如，可口可乐在波兰创造了一场华丽的虚拟雪橇旅程。通过使用 Oculus Rift，人们可以沉浸在虚拟现实世界里，扮演一天的圣诞老人，驾驶雪橇车穿越波兰拜访各个村庄。这种创新的广告形式吸引了大量用户的关注和参与，有效提升了品牌的知名度和美誉度。

3. 虚拟现实活动

品牌可以组织虚拟现实活动，如虚拟音乐会、虚拟发布会等，吸引用户的参与和关注。这些活动不仅能够提升品牌的知名度，还能够增强用户对品牌的情感连接。例如，麦当劳曾推出过一款开心乐园餐，消费者吃完后可以把套餐包装盒折叠成谷歌 Cardboard 一样的眼镜盒子。然后，用户只需在这款 VR 眼镜盒子中插入手机，再下载一款 VR 滑雪应用，就能在 VR 中体验滑雪带来的快感。这种结合线下餐饮和线上 VR 体验的活动形式既吸引了消费者的参与，又增强了品牌的互动性和趣味性。

4. 内容营销与故事讲述

VR 营销不仅仅展示产品或服务，更是讲述品牌故事、传递品牌价值观的重要途径。通过创建引人入胜的虚拟环境和故事情节，品牌可以吸引用户的关注并激发他们的情感共鸣。例如，《纽约时报》通过 VR 技术拍摄了相关的 VR 沉浸纪录片，如关于叙利亚难民危机的纪录片《云上的西德拉》。这种通过 VR 技术讲述真实故事的方式，增强了用户的情感共鸣和对品牌的认知。

■ 四、AR 营销

（一）概念和特点

AR 营销是指利用增强现实技术（augmented reality，AR）进行产品或服务的营销和推广策略。通过在手机、平板或 AR 眼镜等设备上叠加虚拟信息到现实世界中，AR 营销能够为用户提供一种融合现实与虚拟的独特体验，从而增强用户对品牌的认知和兴趣。主要特点如下。

（1）现实与虚拟融合。AR 营销将虚拟信息无缝融入用户的现实环境，创造出一种既真实又富有想象力的体验，提高了用户的参与度和兴趣。

（2）即时互动。用户可以通过设备直接与现实世界中的虚拟信息进行互动，如触摸、移动、旋转等，这种即时反馈增强了用户的沉浸感和体验深度。

（3）精准定位。AR 营销能够利用设备的定位功能，将虚拟信息精准地投放到用户所在的位置或特定的物体上，实现精准的营销定位。

（4）社交分享。用户往往愿意将有趣的 AR 体验分享到社交媒体上，这不仅可以扩大品牌的曝光度，还能通过用户的口碑传播提升品牌的信誉和影响力。

（二）营销策略和方法

1. AR 滤镜与特效

品牌可以开发具有品牌特色的 AR 滤镜和特效，让用户通过社交媒体平台或专门的 AR 应用拍摄并分享带有品牌元素的照片或视频。例如，Snapchat 与迪士尼合作推出了 AR 滤镜，用户通过 Snapchat 应用可以拍摄带有迪士尼经典卡通角色（如米老鼠、唐老鸭等）的 AR 照片或视频，这种滤镜不仅增加了趣味性，还通过迪士尼这一知名 IP 吸引了大量用户参与和分享，提升了 Snapchat 的品牌曝光度和用户黏性。

2. AR 产品展示

品牌可以利用 AR 技术将产品以三维模型的形式展示在用户眼前，用户可以通过手机或 AR 眼镜等设备查看产品的详细信息、功能演示等。例如，宜家推出了一款基于 ARKit 的 AR 应用 IKEA Place，用户可以通过手机摄像头将虚拟家具放置在现实环境中，查看家具的摆放效果、尺寸比例等。这种直观的展示方式极大地提升了用户的购物体验，可以帮助用户做出更准确的购买决策。

3. AR 互动游戏

品牌可以开发具有趣味性和挑战性的 AR 互动游戏，吸引用户参与并传播品牌信息。例如，奥利奥（Oreo）与支付宝合作推出了 AR 游戏机，用户通过支付宝的 AR 扫一扫功能扫描奥利奥饼干包装上的特定图案，即可解锁 AR 游戏。游戏中，奥利奥饼干变成了游戏道具，用户可以通过不同的操作方式（如旋转、移动等）与虚拟角色进行互动，完成游戏任务并赢取奖励。这种结合了产品和游戏的 AR 营销方式极大地提升了用户的参与度和品牌忠诚度。

4. AR 内容营销

AR 营销不仅仅展示产品或服务，还可以结合品牌故事、价值观等内容进行深度营销。例如，为纪念改革开放 40 周年，新华社 App 发起了一系列 AR 纪念活动。用户通过打开新华社 App 并点击开屏广告进入 AR 界面，可以召唤出虚拟的"神舟飞船"等模型，并与之进行互动。同时，新华社还通过 AR 技术展示了改革开放 40 年来的重要时刻和成就，为用户提供了沉浸式的历史回顾和体验。

■ 五、物联网营销

（一）概念和特点

物联网营销（internet of things Marketing，IoT Marketing）是指利用物联网技术，通过

连接智能设备、收集和分析数据，以及优化用户体验，来实现产品或服务的精准营销和推广。物联网营销通过构建一个互联互通的物理世界，使品牌能够更深入地了解用户需求，提供个性化的服务，并增强用户与品牌之间的互动。其具有以下特点。

（1）数据驱动。物联网设备能够实时收集大量用户数据，为品牌提供深入的市场洞察和用户行为分析，从而支持精准营销决策。

（2）个性化服务。基于用户数据，品牌可以提供个性化的产品推荐、内容和服务，满足用户的特定需求，提升用户体验。

（3）实时互动。物联网技术使品牌能够实时与用户进行互动，响应用户的需求和反馈，建立更紧密的用户关系。

（4）智能化决策。通过物联网收集的数据和智能算法，品牌可以做出更智能的营销决策，优化资源配置，提高营销效率。

（二）策略和方法

1. 智能设备连接与数据收集

将智能设备（如传感器、智能家电、可穿戴设备等）与用户的日常生活紧密相连，收集用户的偏好、行为和使用习惯等数据。通过嵌入式传感器、移动应用或云平台，实时收集并传输数据至中央数据库进行分析。例如，耐克通过在其运动鞋中嵌入传感器，与iPhone等苹果设备连接，收集用户的跑步数据（如距离、速度、时间等）。这些数据不仅帮助用户更好地了解自己的运动状态，还为耐克提供了宝贵的用户行为数据，支持其进行产品改进和精准营销。

2. 个性化推荐与定制服务

基于收集到的用户数据，通过算法分析用户的偏好和需求，提供个性化的产品推荐和服务。利用机器学习算法和大数据分析，构建用户画像，实现精准推荐。例如，亚马逊通过 Echo 音箱收集用户的语音指令和购物习惯数据，为用户提供个性化的产品推荐和购物服务。

3. 实时互动与反馈响应

通过智能设备与用户建立实时互动渠道，及时响应用户的需求和反馈，提升用户体验和忠诚度。利用移动应用、智能助手或社交媒体等渠道，实现与用户的即时沟通和互动。例如，星巴克通过其移动支付应用收集用户的购买数据和偏好，为用户提供个性化的优惠和奖励。同时，应用还允许用户实时反馈意见和建议，通过这一途径，星巴克能够迅速响应并改进服务，提升用户体验和忠诚度。

4. 智能化营销决策与优化

利用数据分析结果和智能算法，优化营销策略和资源分配，提高营销效率和投资回报率。通过 A/B 测试、预测模型等工具，评估不同营销策略的效果，并根据结果进行调整和优化。例如，可口可乐在部分市场部署了智能售货机，这些售货机能够实时收集销售数据、用户行为数据和天气数据等。通过数据分析，可口可乐能够了解哪些产品最受欢迎、何时需要补货，以及如何调整价格策略等，从而做出更智能的营销决策，优化资源配置和提高销售效率。

本章小结

近年来，随着我国经济的快速发展及社会水平的不断提升，人工智能和大数据技术得到了广泛应用，而当前传统的市场营销已经跟不上时代发展的速度，新兴的数字营销已经在市场中占据不可替代的位置。数字营销是营销者在数字技术支持下，通过数字媒介实施精准互动的营销传播活动。与传统营销相比，数字营销更具深度互动性、目标精准性、平台多样性以及个性化。数字营销经历了萌芽阶段、新生阶段、成长阶段、快速发展阶段。

在市场营销中，最主要的营销手段是内容营销、社会化媒体营销、搜索引擎营销。内容营销是指通过制作有价值的、与目标人群相关的、持续性的内容来吸引目标人群，从而使目标人群的行为发生变化，进而达到商业转化的目的。社会化媒体营销是以社交媒介为渠道进行市场营销的一种手段。在社会化营销中，以消费者的消费心理为动力，通过对其消费价值和需求的观察，将社会化媒体资源整合起来，建立起一种与商品的交互关系，使消费者在购买和体验中获得的商品和服务，从而实现利润最大化。一般的社交媒体营销工具包括论坛、微博、微信、博客、SNS 社区、图片和视频，在媒体平台上进行发布和传播。搜索引擎营销的基本理念就是让使用者在网上找到自己所需的资讯，然后再通过搜索引擎的搜索，找到更多的资讯。网络营销是指通过互联网开展一系列的销售活动，实现销售目的的营销模式。网络具有快速、高效、低成本的特性，通过互联网实现信息资源的共享，不存在任何进入壁垒。

本章思考题：

1. 什么是数字营销？它与传统营销有什么区别？
2. 数字营销有哪些类型？有什么主要特征？
3. 大数据技术的发展为营销领域带来了机遇，同时也不可避免地存在一些问题，数字营销可能面临哪些挑战？

案例研讨：

本章研讨案例

延伸阅读：

[1] 程明，龚兵，王灏 . 论数字时代内容营销的价值观念与价值创造路径 [J]. 出版科学，2022，30（3）：66-73.

[2] 朱明洋，张永强 . 社会化媒体营销研究：概念与实施 [J]. 北京工商大学学报（社会科学版），2017，32（6）：45-55.

[3] 王亚炜 . 全息数字营销环境下的品牌塑造创新 [J]. 兰州大学学报（社会科学版），2014，42（3）：123-128.

第九章

数字贸易物流

智慧物流的基本内涵

智慧物流的发展历程

数字贸易背景下智慧物流的主要模式

关键术语

智慧物流　海外仓

章首案例

受疫情影响，盒马鲜生（以下简称"盒马"）越来越接近社区居民。在高端技术支持下，用户满意于盒马30分钟送达新鲜商品的服务，盒马声名大噪，成为很多人生活中不可或缺的一部分。众人只看到疫情期间盒马订单大涨，却看不到它背后的难题，那么盒马是怎样迎难而上的呢？

智能物流突破壁垒。因为物流的高效、快捷，网购才变得顺畅和普及。当同城配送发展起来的时候，线上线下的本地新零售又应运而生。当购买行为发生时，智能数据可以迅速从离消费者最近的仓点甚至是实体店进行仓配无缝对接发货，让货物以最低的成本、最快的速度抵达消费者手中。新零售模式下的新型物流必然是供应链的一个扩展，其通过大数据、云计算、物联网等新兴信息技术，实现了商流、物流、信息流、资金流的整合，把市场、行业、企业、个人联系起来，使我们的时代不断发生变化，实现了智能化管理和智能生活。新零售模式下的企业端新物流对企业产品进行销售预测和库存管理，有效降低了物流成本；消费端的新物流将从消费者体验和需求出发，持续满足消费者多样化、个性化、碎片化的需求，使商品能够更快地送到消费者的手里，从而提升他们的消费体验。

盒马主张"让做饭变成一种娱乐"，服务覆盖3公里半径范围，5000平方米以上布局超过3000个SKU。社区O2O生鲜平台主张"像经营化妆品一样经营生鲜"，服务覆盖1公里半径范围，200～300平方米布局1600个SKU。钱大妈主张"不卖隔夜肉"，服务覆盖200～500米半径范围，相当于就在小区门口的第5个档口，70平方米布局600个SKU。"在楼下"自动售菜机，服务覆盖最后100米半径范围，网订柜取，是社区智慧微菜场。这些平台在不同覆盖半径范围内布局，真正做到"单未下，货先行"，印证了新物流是新零售无法剥离的存在。

资料来源：智慧零售与参与。

第一节　智慧物流的产生与特点

一、智慧物流的基本内涵

智慧物流作为现代物流与信息技术深度融合的产物，代表了物流行业向自动化、可视化、可控化、智能化及网络化方向发展的高级形态。其核心理念在于，通过集成应用智能硬件、物联网、大数据、云计算、区块链等前沿技术，实现对物流活动全过程的全面感知、精准控制、智能决策与自我优化。智慧物流具体包括以下四层含义。

（1）智慧物流强调"全面感知"。借助物联网技术，物流系统中的各类要素，包括货物、车辆、仓储设施等，都能被实时、准确地监测和追踪。这种全面的信息获取能力为物流管理的精细化和透明化提供了坚实基础。

（2）"优化决策"是智慧物流的核心。通过大数据分析和云计算技术，物流系统能够基于海量数据快速进行模式识别、趋势预测和风险评估，从而制定出更加科学、合理的物流策略。这种智能化的决策支持显著提升了物流运作的效率和响应速度。

（3）"智能执行"体现了智慧物流的自动化和可控性。智能设备如自动化仓储系统、无人运输车辆等，能够根据预设的指令或实时决策结果，自主完成物流任务。这种高度自动化的执行方式不仅减少了人力成本，还提高了物流作业的准确性和安全性。

（4）"自我调整"是智慧物流持续优化的关键。物流系统能够根据实际运行情况和外部环境变化，自动调整策略、优化路径、调配资源，确保物流活动始终保持在最佳状态。这种自我学习和适应的能力是智慧物流区别于传统物流的重要标志。

综上所述，智慧物流是一种高度集成现代信息技术和智能设备的物流系统，它通过全面感知物流状态、优化决策过程、智能执行任务和自我调整系统，实现了物流活动的高效、精准和可持续发展。智慧物流不仅是物流行业技术进步的体现，更是推动物流产业转型升级、提升供应链整体效能的关键力量。

二、智慧物流的发展历程

物流作为商品等物质资料在空间与时间中的动态流转，其形态与效率始终伴随着技术的进步而不断演变。从20世纪初的机械化起步，到20世纪末的自动化普及，再到如今的智能化飞跃，物流行业经历了三次重大的技术革新，最终催生了智慧物流这一全新业态。

（一）物流机械化阶段（20世纪初—20世纪50年代）

在20世纪初的工业革命大潮中，机械设计的创新与广泛应用为物流行业带来了历史性的变革。这一时期，工业搬运车、堆垛起重机、传送带输送机等机械设备的出现彻底改变了物流行业的作业方式。这些机械设备的应用不仅大幅提高了物流作业的效率，还显著降低了人力成本，标志着物流行业正式从人力为主的时代迈入机械化阶段。然而，这一时期的机械化设备还处于初级阶段，其功能和应用范围相对有限。例如，早期的仓库管理主要依赖人工搬运和简单的机械辅助，对于大批量货物的处理仍显得力不从心。尽管机械设备在一定程度上提高了作业效率，但由于缺乏系统化的管理和协调，整体物流流程仍然存在诸多瓶颈和问题。

（二）物流自动化阶段（20 世纪 50 年代—20 世纪末）

20 世纪 50 年代，随着自动化技术的蓬勃发展，物流行业迎来了第二次重大变革。自动化立体仓库、自动导引运输车（AGV）、条码与扫描技术等先进设备的出现使物流系统能够更高效地执行搬运、储存与信息管理等工作。自动化立体仓库通过自动化控制系统实现货物的自动存取，极大地提高了仓储效率和空间利用率；AGV 能够在预设的路径上自动行驶，完成货物的搬运和配送任务；条码与扫描技术的应用则使物流信息的录入和查询变得更加快速和准确。然而，这一阶段的自动化仍然存在一定的局限性。虽然自动化设备能够高效地执行预设的任务，但由于缺乏信息化平台的统筹管理，各个物流环节之间的协同性仍然不足。这导致物流系统整体运行效率难以达到最优，同时也增加了物流管理的复杂性和难度。

（三）物流智能化阶段（20 世纪末—2009 年）

20 世纪末，随着信息技术、互联网技术、物联网技术和人工智能技术的迅猛发展，物流行业迎来了智能化转型。在这一阶段，物流系统不仅实现了更高级别的自动化，还具备了强大的数据处理和分析能力。例如，通过引入 RFID 技术，物流企业能够实时追踪货物的位置和状态，实现物流信息的透明化和可视化；利用互联网技术，物流企业能够构建信息化的物流平台，实现物流信息的共享和协同；而人工智能技术的应用，则使物流系统能够自动优化路径规划、智能仓储管理等，进一步提高了物流效率并降低了成本。这一时期，电子商务和在线零售的兴起对物流服务提出了更高要求。消费者对于物流服务的速度、准确性和个性化需求不断增加，促使物流企业寻求更智慧的解决方案以满足市场需求。因此，物流企业开始积极探索和应用智能化技术，以提升物流服务的品质和竞争力。

（四）智慧物流的正式问世（2009 年至今）

2009 年，随着技术的不断积累和市场的持续推动，智慧物流正式问世。智慧物流不仅是技术进步的产物，更是市场需求、成本压力和环境保护意识共同推动的结果。它以信息化、自动化、智能化为特征，通过整合物流资源、优化物流流程、提升物流效率，实现了物流行业的全面升级。以亚马逊的 Kiva 机器人为例，这些自动化拣选机器人能够高效地在仓库中穿梭，根据订单自动拣选商品。不仅大大提高了拣选效率和准确性，还降低了人力成本，成为智慧物流的典型应用之一。同时，智慧物流还通过优化路径规划、智能仓储管理等方式，实现了物流成本的降低和效率的提升。例如，利用大数据和人工智能技术，物流企业能够实时分析交通状况、货物需求等信息，自动规划最优的配送路线；通过智能仓储管理系统，物流企业能够实现货物的自动分类、存储和出库，提高仓储效率和准确性。此外，智慧物流还注重环境保护和可持续发展。它通过优化物流流程、减少资源浪费和碳排放等方式，实现了绿色物流的目标。例如，利用物联网技术实时监测货物的温度、湿度等环境数据，确保货物在运输过程中的安全性和质量；通过智能调度系统减少空驶和等待时间，降低能耗和排放。

■ 三、智慧物流的特点

（一）高度智能化与自动化

智慧物流的显著特点在于其高度智能化与自动化水平。通过集成人工智能、机器学习等先进技术，物流系统能够模拟人类智能进行决策，实现自动化作业。例如，在仓储环节，智能仓储系统能够利用机器人进行货物的自动分拣、搬运和存储，这不仅提高了作业效率，还减少了人为错误。同时，通过智能算法优化运输路线和配送策略，实现运输资源的合理分配，降低了运输成本。这种高度智能化与自动化的特点，使智慧物流在应对大规模、高频次的物流需求时，能够保持高效、准确的运作。

（二）全程可视化与透明化

智慧物流利用 GPS、GIS、RFID 等技术，实现了物流过程的全程可视化与透明化。这意味着从货物出库、运输到最终送达客户手中的每一个环节都可以被实时追踪和监控。例如，在运输过程中，通过 GPS 定位技术，企业可以实时获取车辆的位置信息，了解货物的运输进度；RFID 标签则能够记录货物的详细信息，如品名、数量、生产日期等，便于企业进行质量追溯和库存管理。这种全程可视化与透明化的特点，增强了供应链的可见性和可控性，提高了客户的服务体验和满意度。

（三）深度集成化与协同性

智慧物流注重物流系统各个环节的深度集成与协同作业，通过构建统一的信息化平台，实现采购、仓储、运输、配送等业务流程的无缝对接和高效协同。例如，在供应链管理中，企业可以通过信息化平台实时共享库存信息、订单需求等，使供应商、生产商、分销商等各方能够紧密配合，共同应对市场变化。这种深度集成化与协同性的特点有助于优化资源配置、减少库存积压、提高物流效率，从而降低企业的运营成本。

（四）灵活性与可定制性

智慧物流系统具备高度的灵活性和可定制性，能够迅速适应不同企业的物流需求和业务模式。通过模块化设计和可配置的功能组件，企业可以根据自身情况选择适合的物流解决方案，并进行灵活调整和优化。例如，在电商物流领域，智慧物流系统能够根据订单量、配送范围等动态因素调整运输路线和配送策略，确保物流服务的及时性和准确性。这种灵活性与可定制性的特点使智慧物流能够广泛应用于各行各业，满足不同企业的个性化需求。

第二节　智慧物流的分类与模式

■ 一、智慧物流的分类

根据智慧物流技术应用和实现功能的不同，将其细分为以下几个主要类别。

（一）信息化物流

信息化物流是智慧物流的基础层，它侧重于利用现代信息技术对物流活动进行信息采集、处理、传递和存储，以实现物流过程的透明化、可视化和可控化。信息化物流不仅涉及物流信息的数字化处理，如条码技术、RFID 技术、数据库技术等在物流数据采集和管理中的应用，还包括物流信息系统的构建，如物流管理系统（LMS）、仓储管理系统（WMS）、运输管理系统（TMS）等，这些系统能够实现对物流活动进行全面监控和管理。通过信息化手段，物流企业能够实时掌握物流动态，优化物流流程，提高物流效率，降低运营成本，同时提升客户服务质量。

（二）网络化物流

网络化物流是智慧物流的重要组成部分，它利用互联网、物联网、大数据、云计算等现代信息技术，构建物流网络平台，实现物流资源的高效整合和优化配置。网络化物流不仅实现了物流与分销网点的网络化布局，使物流企业能够根据市场需求和销售情况灵活调整物流网络结构、提高物流服务覆盖范围和响应速度，还通过物流配送系统的计算机通信网络实现物流信息的实时传递和共享，促进物流作业的无缝衔接和协同作业。网络化物流的发展使物流企业能够更高效地管理物流资源，提升物流效率和服务水平，同时降低物流成本。

（三）虚拟化物流

虚拟化物流是智慧物流的一种创新模式，它利用计算机模拟和虚拟现实技术构建虚拟物流环境，实现对真实物流流程的模拟和优化。虚拟化物流能够模拟物流活动的各个环节，包括货物运输、仓储管理、配送服务等，通过三维数字化模型和分析工具对物流流程进行仿真和优化，以提高物流设计的准确性和可行性。虚拟化物流的应用不仅能够帮助物流企业降低物流设计和实施的风险，还能够提高物流效率和服务质量，同时降低物流成本。此外，虚拟化物流还能够为客户提供更加个性化的物流服务体验，满足客户的多样化需求。

（四）智能化物流

智能化物流是智慧物流的高级阶段，集成了人工智能、机器学习、大数据分析等先进技术，实现物流过程的自动化、智能化和决策优化。智能化物流不仅能够实现物流作业的自动化和智能化，如自动化仓储、智能配送等，还能够通过数据分析和预测，优化物流决策，提高物流效率和服务质量。智能化物流的核心特征在于其能够模拟人类智能，具有思维感知、学习、推理、判断和自行处理等能力，能够自主应对复杂的物流环境和需求变化。通过智能化技术的应用，物流企业能够实现对物流活动的精准控制和优化管理，提高物流运营效率和客户满意度。

▊ 二、智慧物流的主要模式

（一）国际邮政小包

国际邮政小包是指通过邮政空邮服务寄往国外的小邮包，是中国邮政下设的一项国际业务项目，隶属邮政航空小包。其业务范围广，覆盖了全球230多个国家和地区。最大的邮品为重量不超过2公斤、外包装长宽高之和小于90厘米、最大宽度不超过60厘米的商品。国际邮政包裹分为两类：常规航空邮件（normal air mail，非挂号）和挂号（registered air mail）邮件。前者收费低，不提供追踪查询；后者收费略高，可在线追踪查询。

国际邮政小包的优点有：①全球覆盖，便捷性强。邮政小包业务网络广泛，几乎覆盖了全球每一个角落，为跨境电子商务提供了无界限的物流解决方案。②经济实惠，成本较低。相较于其他国际物流方式，邮政小包在费用上具有显著优势，尤其适合中小规模跨境电商企业，有助于降低运营成本。③安全性高，丢包率低。

邮政系统成熟的物流管理和完善的追踪机制（特别是挂号邮件），确保了包裹的安全送达，降低了丢包风险。

国际邮政小包的缺点则表现为：由于邮政小包通常采用集运方式，且需要经过多国邮政系统的转运，因此物流时效较长，可能不适合对时效性要求极高的商品。对于选择常规航空邮件（非挂号）的用户，包裹的追踪服务有限，一旦出现问题，查询和追踪的难度较大，影响了客户体验。

专栏阅读 9-1
万国邮联国际小包终端费改革

（二）国际快递

国际快递主要由 UPS、TNT、DHL、FedEx 四家大型国际快递公司经营，其基本情况如表9-1所示；而国内顺丰也加快了在国际快递业务的布局。国际快递速度快，是国际邮政小包的 5～6 倍，能实时向客户提供物流信息。丢包率比国际邮政小包还低，但是成本较高，对物品类型有严格限制，适用性较差，这使该模式的业务范围较窄。

表 9-1　四大国际快递的比较

国际商业快递	DHL	TNT	FedEx	UPS
总部	德国	荷兰	美国	美国
优势	全球快递、洲际运输和航空货运的领导者，可邮寄到全球220多个国家和地区，查询快递方便、单号更新及时，解决问题速度快	时效快，清关能力强，查询方便，处理问题及时，在西欧国家清关能力较强	提供隔夜快递、地面快递、重型货物运送等，在东南亚、中美洲和欧洲价格较有竞争力	全球领先的物流企业，提供高效、可靠的快递和物流服务，全球网络覆盖
劣势	走小货运费贵不划算，对托运物品严格限制，拒收许多特殊商品	价格比其他国际快递公司高	运费贵，对托运物品限制严格	运费比较高，对托运物品限制严格

（续表）

运送时效	正常情况下2～6个工作日可送达，欧洲国家一般3个工作日，东南亚一般2个工作日	正常情况下3～5个工作日可送达	参考时效2～4个工作日	一般2～4个工作日可送达，飞美国时效更快
服务范围	遍布全球220多个国家和地区	服务全球200多个国家和地区	提供全球服务	业务网点遍布全球220多个国家和地区

（三）国际专线物流

物流公司使用自有货车、专车或航空资源将货物运送到目的地。一般情况下，采用这种物流模式的物流公司在目的地都有自己的分公司或合作网点，能够切实提升车辆的实载率。目前，我国已开通的国际专线物流有俄速通、南美专线、俄邮宝、俄罗斯专线、中东专线等。相对于国际邮政小包来说，国际专线物流的优势在于速度更快、丢包率更低等。因为国际专线物流采用的是大规模集货运输，具有规模运输优势，能够使运输成本显著下降，但在国内，国际专线物流的服务范围比较小。

（四）海外仓

海外仓是建立在海外的仓储设施。国内跨境电商卖家将货物运输到海外的仓库，仓储仓库负责货物的储存、分拣、配送等一站式服务。卖家提前将货物运输到国外仓库储存，等客户下单之后，海外仓直接为客户发货，大大减少了物流时间，提高了物流效率。通过建立海外仓，出口企业可以将货物大批量运输到国外，存储到海外仓中，实现本地销售、本地配送，以降低配送成本、提升配送效率。但是海外仓也存在一些缺点：前期投入成本较高，海外人员管理困难，适合该物流模式的货物种类有限。

（五）边境仓

边境仓是指在靠近邻国国境线的地区设立或租赁的仓库，用于预先存放货物，并在网上接到订单后从该仓库组织发货。依据仓库的具体位置，边境仓可分为绝对边境仓和相对边境仓两类。绝对边境仓是指当电子商务企业所在国与目标国相邻时，将仓库设在两国边界的区域。例如，在中俄跨境电子商务交易中，在中国或俄罗斯靠近边境的地方建立物流仓库。相对边境仓则指跨境电商活动在两个不接壤的国家间进行时，仓库设在买方国家的边境附近。例如，在中阿跨境电子商务中，在与阿根廷接壤的第三国边境线附近设立物流仓库。对于买方而言，这是边境仓库；对于卖方而言，则为海外仓库。海外仓的管理费用高，且存在库存积压风险，货物到达后很难再回到国内，因为这将产生高昂的运输和时间成本，这为边境仓的发展提供了契机。例如，中俄跨境电商交易中心在中国和俄罗斯边境附近分别设立了边境仓和转运仓。当前，一些国家的经济发展趋势不明确，税收政策、金融政策和汇率政策波动很大，这些都促进了边境仓的建立。例如，巴西的税率较高，导致海外仓运营成本高，所以可以把仓库设在邻国，依据南美自由贸易协定开展跨境电商活动。

专栏阅读 9-2：
海外仓 vs
边境仓

（六）保税区、自贸区物流

保税区是由海关设置的、受海关监督和管理的、可以较长时间存储商品的区域，它是经国务院批准设立的、海关实施特殊监管的经济区域。保税区的功能定位为"保税仓储、出口加工"。外国商品存入保税区，不必缴纳进口关税，可自由进出，只需交纳存储费和少量费用，但如果要进入关境，则需交纳关税。自贸区指自由贸易区（free trade area）。《自由贸易协定》签订之后，成员国将取消对商品的关税和商品数量的限制，以使其能够在各成员国之间自由流动。但是成员国对非成员国的商品出口的控制依然没有改变。有些自由贸易区只允许特定的货物自由贸易。比如，在欧洲自由贸易区，自由贸易产品被限制在工业领域，而不是在农业领域，这些地区被称为"工业自由贸易区"。而有的自贸区对一切货物都实行自由贸易。比如，拉丁美洲自由贸易区和北美自由贸易区对区域内的一切工农业产品一律免征关税，不受数量限制。

（七）集货物流

集货物流是将商品运送至销售目的地的仓库，待货物积累到一定数量后，再委托物流公司配送至客户。此外，它还能将来自不同区域的货物汇集起来，统一进行打包和物流配送。电子商务企业间通过建立战略合作关系，形成物流配送联盟，利用规模经济效应或资源互补优势，有效降低跨境物流成本。以中恒集团为例，其在重庆、深圳设立了集散中心，利用国际物流渠道将货物运送至海外买家。

（八）第三方物流

第三方物流（third-party logistics，3PL）是指那些专门提供物流服务的企业，它们作为独立于买卖双方的市场主体，通过签署合同为交易双方提供物流解决方案。当前，国内大型电商平台纷纷着手建立自己的物流体系。然而，在跨境电子商务领域，由于需要申报出入境手续、租用海外仓、人员培训等，导致自建物流体系成本高昂。因此，与第三方物流公司合作是一种比较好的选择，如中国邮政、海外快递公司等都可以提供国际物流服务。甚至有些专门的物流公司也会选择与国际快递巨头合作，把国内的物流业务外包出去。在国际物流的供应链中，第三方物流企业之间同样存在着广泛的业务合作。我国拥有众多海运企业和货运代理中介机构，它们拥有丰富的海外物流行业资源，可以为企业提供各类物流服务。

专栏阅读 9-3
建设全国统一
大市场：大力
发展第三方物
流，培育一批
有全球影响力
的企业

（九）第四方物流

第四方物流（fourth party logistics，4PL）概念最早于 1998 年由美国埃森哲咨询公司提出，指专注于为第一方、第二方及第三方物流提供全面的物流规划、咨询、物流信息系统及供应链管理等服务的企业。第四方物流不仅包括传统的物流服务，还进一步整合了金融、保险及多站式物流配送等业务，形成了一个综合性的物流解决方案。与第三方物流单纯提供物流服务不同，第四方物流更强调整合性，能够协助解决出口关税问题并处理收款等附加功能。因此，第四方物流可以被视为物流设计与整合的专业提供者。

专栏阅读 9-4：
菜鸟裹裹——
第四方物流

第三节　海外仓的发展与类型

一、海外仓的内涵

海外仓作为跨境电商物流领域的一项创新举措，其内涵丰富且深远，不仅体现了物流模式的革新，更是全球化贸易与数字经济深度融合的产物。简而言之，海外仓是在海外目标市场建立的一个集仓储、分拣、配送及增值服务为一体的综合性物流节点，它打破了传统跨境物流的时空限制，为跨境电商卖家提供了更为高效、灵活且经济的物流解决方案。

二、海外仓的产生与发展

随着全球贸易的持续增长和跨境电子商务的蓬勃发展，传统的跨境物流模式逐渐暴露出诸多弊端，如长周期、高成本、复杂的退换货流程及随时间放大的风险等。这些挑战促使全球数字贸易企业寻求更加高效、可控且便捷的物流解决方案。2010年前后，面对跨境物流的种种困境，海外仓作为一种创新的物流模式开始崭露头角。其核心理念是在目标市场国家建立仓库，将商品提前运至这些仓库，从而缩短配送距离，提高物流效率。海外仓的初衷是解决传统跨境物流中的"最后一公里"配送难题，通过本地化存储和分拣，实现快速响应市场需求，降低物流成本。

在初始阶段，海外仓的功能相对单一，主要以存储和分拣为主。这些仓库通常位于靠近消费者市场的地区，以便能够迅速将商品送达消费者手中。随着技术的进步和物流行业的不断创新，海外仓的功能开始逐步扩展。除了基本的仓储功能外，还增加了如标签贴附、打包包装、质量检查等增值服务，以满足市场多样化和个性化的需求。随着跨境电商的兴起，海外仓的重要性进一步凸显。跨境电商平台需要更加高效、可靠的物流支持，以确保商品能够顺利、及时地送达消费者手中。海外仓凭借其独特的地理位置和丰富的功能，成为跨境电商平台的重要组成部分。它们不仅提供仓储和配送服务，还开始涉足国际物流、报关、退货处理等与跨境电商相关的支持服务。这些服务的整合使海外仓能够为跨境电商企业提供更加全面、一站式的供应链解决方案。

近年来，海外仓的数量和规模迅速增长。以中国为例，据商务部数据，截至2021年12月30日，中国海外仓的数量已超过2000个，面积超过1600万平方米。这些海外仓遍布全球各地，其中美国、英国、德国、日本等国家的海外仓数量尤为突出。中国海外仓体系的建立和完善不仅提升了中国电子商务的渗透率，也增强了供应链的全球竞争力。

三、海外仓的类型

（一）自建海外仓

自建海外仓是指跨境电商企业根据自身业务需求，在海外目标市场自行投资建设并运营管理的仓库。这种模式赋予企业高度的自主权和灵活性，能够完全掌控物流链条的关键环节，实现个性化服务和定制化运营。自建海外仓通常需要企业投入较大的资金和人力资源，从长期来看，有助于降低物流成本、提升物流效率、增强品牌竞争力。

以安克创新为例，其在全球多个市场建立了自己的海外仓，通过本地化仓储和配送服务提高了物流效率，增强了客户体验。其海外仓不仅服务于自身业务，还向其他数字贸易企业提供仓储和配送服务，实现了资源共享和互利共赢。

（二）平台海外仓

平台海外仓是由电商平台（如亚马逊、eBay 等）提供的海外仓储服务。这类仓库通常与电商平台紧密集成，卖家只需将商品发送至指定仓库，后续的存储、分拣、打包、配送等环节均由平台负责处理。平台海外仓的优势在于一站式服务便捷、物流效率高，且能享受平台流量扶持。但卖家可能需要支付一定的服务费用，并要对平台的运营规则和费用结构有深入的了解。

亚马逊的 FBA（Fulfillment by Amazon）仓库是平台海外仓的典型代表。FBA 仓库为亚马逊的卖家提供了包括仓储、拣货、打包、配送、客服和退货处理等在内的一条龙服务。卖家只需要关注商品的销售和营销，无须担心物流问题。借助 FBA 仓库，卖家可以显著提升商品的配送速度和客户满意度，进而提高销售额和市场份额。

（三）第三方物流海外仓

第三方物流海外仓是由专业的第三方物流企业建立并运营的仓储中心。这些企业通常拥有丰富的跨境物流经验和资源，能够为卖家提供包括清关、入库、质检、订单处理、分拣、配送等在内的全方位物流服务。第三方物流海外仓的优势在于灵活性高、服务范围广，能够满足不同卖家的个性化需求。同时，卖家可以通过比较不同服务商的报价和服务质量，选择性价比最高的合作伙伴。

许多知名的第三方物流企业都提供海外仓服务，如 DHL、UPS 等。这些企业拥有完善的物流网络和先进的仓储管理系统，能够为卖家提供高效、可靠的物流服务。例如，某跨境电商卖家选择将商品存储在某第三方物流企业的海外仓中，当收到订单后，该物流企业会迅速进行订单处理、分拣和配送，确保商品能够及时送达消费者手中。通过这种方式，卖家不仅降低了物流成本，还提升了客户满意度和品牌形象。

专栏阅读 9-5：纵腾集团入选商务部"首批优秀海外仓实践案例"

第四节　智慧物流与数字贸易

一、提高物流效率与降低成本

智慧物流通过应用先进的物联网技术和自动化设备，如智能仓储系统、自动分拣机器人、无人驾驶车辆等，实现了物流作业的高效化和自动化。这些技术的应用大大提高了物流处理速度，减少了人为错误，从而显著提升了物流效率。同时，通过大数据分析和优化算法，智慧物流能够更精准地预测需求、优化库存管理和路径规划，有效降低物流成本，为数字贸易企业提供了更强的竞争力。

二、增强供应链的可视化与透明度

智慧物流利用物联网技术和云计算平台实现了对物流全链条的实时监控和追踪。从原材料采购、生产制造、仓储管理到配送交付，每一个环节的数据都能被实时采集和分析，形成了完整的供应链可视化体系。这种透明度不仅有助于数字贸易企业及时了解供应链状况、做出快速响应，还能增强消费者信心，提升品牌信誉。

三、促进个性化服务与定制化生产

智慧物流通过大数据分析，能够深入挖掘消费者需求和行为模式，为数字贸易企业提供个性化的物流服务方案。例如，基于消费者购买历史和偏好，智能推荐最合适的配送方式和时间；通过预测分析，提前将商品调配至消费者附近的仓库，实现快速配送。此外，智慧物流还支持定制化生产模式，可以根据消费者需求灵活调整生产计划，实现供应链的柔性化管理。

四、推动跨境电商快速发展

跨境电商是数字贸易的重要组成部分，而智慧物流为其提供了强大的支撑。通过跨境物流信息平台、智能仓储与配送系统等技术手段，智慧物流解决了跨境电商在物流、关税、清关等方面的痛点问题，实现了商品在全球范围内的快速流通。这不仅促进了国际贸易的便利化，还拓展了数字贸易企业的市场边界，为其带来了更广阔的发展空间。

五、提升应对风险的能力

在全球化的背景下，数字贸易面临诸多不确定性风险，如自然灾害、政治动荡、经济波动等。智慧物流通过构建智能化的风险预警和管理系统，能够实时监测和分析各种风险因素，为数字贸易企业提供及时、准确的预警信息，帮助其制定有效的应对策略。同时，智慧物流的灵活性和可调整性也使企业在面对突发事件时能够迅速调整物流方案，确保供应链的稳定运行。

本章小结

智慧物流作为物流行业的新兴业态，是科技进步与物流需求升级的必然产物。随着物联网、大数据、云计算、人工智能等技术的不断成熟与融合，智慧物流得以快速发展，不仅极大地提升了物流效率，还降低了运营成本，增强了供应链的韧性和响应速度。从自动化仓储到智能配送，从数据分析到风险预警，智慧物流正逐步渗透到物流链的每一个环节，引领着物流行业的变革。

智慧物流的核心在于"智慧"，即通过技术手段实现物流活动的智能化管理。它具备高度自动化、可视化、可控化、智能化和网络化的特征，能够实时感知物流状态，预测未来趋势，优化资源配置，提升服务质量。这些特性使智慧物流在应对复杂多变的国际贸易环境时表现出更强的适应性和灵活性。

智慧物流的发展对数字贸易产生了深远的影响。它不仅降低了物流成本、提高了物流效率，还促进了供应链的数字化转型，增强了企业的市场竞争力。特别是在跨境电商领域，智慧物流的引入使商品能够更快、更安全地跨越国界，满足消费者对高品质、快速配送的需求。同时，智慧物流还推动了物流行业的创新与合作，为数字贸易的持续发展注入了新的活力。

本章思考题：

1. 数字物流的基本内涵和特征是什么？
2. 数字技术的应用对传统物流模式有哪些影响？
3. 现阶段主要的数字物流模式有哪些？企业如何选择物流模式？

案例研讨：

本章研讨案例

延伸阅读：

[1] 王术峰，何鹏飞，吴春尚 . 数字物流理论、技术方法与应用——数字物流学术研讨会观点综述 [J]. 中国流通经济，2021，35（6）：3-16.

[2] 宋丹，徐政 . 新质生产力与数字物流双向交互逻辑和路径 [J]. 中国流通经济，2024，38（5）：54-65.

[3] 马述忠，潘钢健 . 从跨境电子商务到全球数字贸易——新冠肺炎疫情全球大流行下的再审视 [J]. 湖北大学学报（哲学社会科学版），2020，47（5）：119-132，169.

第十章
数字贸易规则

◯→ **章首案例**

　　自 2016 年起，敦煌网 CEO 王树彤受土耳其政府邀请，带领其团队成员多次赴土耳其调研，摸索出了跨境电子商务的中土合作模式。如今，敦煌网不仅在伊斯坦布尔开设了数字贸易中心，建成了土耳其语电子商务网站，还成立了土耳其首家跨境电商 B2B 平台，旨在促进中土两国数万家中小企业的贸易便利化，让土耳其货"卖全球"。土耳其数字贸易中心不仅是跨境电商平台，还集中国—土耳其物流专线、海外仓储、商务培训于一体，为中国卖家提供针对土耳其市场特点的品牌推广、线下展示、渠道合作等全方位服务。对卖家而言，这种"全球本地化运营"能帮助他们更迅速地进入土耳其市场。此外，土耳其具有连接亚欧的通道优势，其制造业在欧洲很受欢迎，与欧盟有一些优惠的关税协议。到 2019 年，中土两国在贸易、工程承包和相互投资等方面已初具规模，并已互为重要合作伙伴，因古丝路而结缘的中土两国随着"一带一路"倡议将更加紧密地联系在一起。

　　资料来源：新华丝路网、亿邦动力网。

第一节 数字贸易规则概述

一、数字贸易规则的提出

自 20 世纪以来，全球经济治理经历了由霸权走向共治、由分裂走向合作、由单边走向多边的演变历程。数字经济的蓬勃发展对全球经济治理既有有利影响，也有不利之处。如何有效降低数字经济的负面作用，发挥正向影响，成为世界范围内各个经济体不懈追求的共同目标，全球数字经济治理因此成为新时期全球经济治理的重要表现形式。数字贸易规则的提出背景是多方面的，既包括全球化进程中的技术进步和经济变革，也涉及国家间的利益冲突与合作需求，还包括国际组织的作用、科技巨头的责任、消费者权益保护及可持续发展的要求等多个层面。随着全球化进程加速，互联网技术迅速发展，数字经济成为全球经济的新引擎。根据国际电信联盟（ITU）的数据，全球互联网用户数量从 2000 年的 3.6 亿增长到 2023 年的约 53 亿，互联网普及率超过 66%。数字技术的应用不仅改变了人们的生活方式，也深刻影响了全球经济结构。电子商务、在线支付、云计算、大数据等新兴业态蓬勃发展，为经济增长注入了新的动力。然而，数字技术的快速发展也带来了跨境数据流动、知识产权保护、网络安全等一系列新挑战，迫切要求建立一套完善的数字贸易规则体系。

传统的国际贸易规则主要围绕货物和服务贸易制定，对于数字贸易这一新兴领域缺乏明确的规定。世界贸易组织（WTO）虽然在 1998 年通过了《全球电子商务宣言》，呼吁成员国就电子商务相关议题进行讨论，但至今未达成具有法律约束力的协议。此外，各国在数字贸易政策上存在较大差异，如数据本地化要求、跨境数据传输限制、数字服务税等，这些政策差异导致了市场准入壁垒的增加，阻碍了全球数字贸易的自由流通。因此，建立统一的数字贸易规则，协调各国政策，已成为国际社会的共同诉求。

数字技术的发展不仅推动了经济的快速增长，也带来了一系列新挑战。首先是数据安全与隐私保护问题。随着个人数据的大量收集与使用，数据泄露事件频发，用户隐私面临严重威胁。例如，2018 年 Facebook 数据泄露事件影响了约 8700 万用户，引发了全球对数据安全的高度关注。其次是知识产权保护问题。数字产品和服务的复制成本极低，盗版现象严重，给原创者造成了巨大损失。再次是税收公平问题。大型科技公司在全球范围内开展业务，但往往通过转移定价等方式将利润转移到税率较低的国家，导致税收流失。最后是就业市场的变化。自动化和人工智能的发展可能导致部分传统就业岗位消失，同时创造出新的职业机会，对劳动力市场结构产生深远影响。面对这些挑战，国际社会需要通过制定数字贸易规则来寻求解决方案。

在全球化背景下，国家间的利益冲突日益凸显。一方面，发达国家凭借技术优势在数字贸易中占据主导地位，希望通过制定规则来巩固其领先地位；另一方面，发展中国家希望借助数字技术实现跨越式发展，但又担心过度开放市场会损害本国产业。例如，美国积极推动跨境数据自由流动，而欧盟则更加重视数据隐私保护，两者在数据治理方面的立场存在明显分歧。此外，一些发展中国家出于国家安全考虑，实施了严格的数据本地化政策，这与发达国家的自由贸易理念相悖。因此，如何平衡各方利益，找到合作的路径，成为制定数字贸易规则的关键所在。

■ 二、数字贸易规则的内涵

数字贸易规则（digital trade rules）泛指通过削减或消除贸易壁垒、规范平台行为、推进环境保护等一系列法律法规和标准，促进全球数字经济的协同、健康和可持续发展。数字贸易规则涵盖从电子商务的基本法律框架，如确保电子签名与手写签名具有同等法律效力，到数据跨境流动、隐私保护、技术创新和环境保护等多个方面。数字贸易规则是世界各国为适应数字贸易发展、维护国际贸易有序发展而共同推动形成的，其本质是各国和经济体为争夺自身利益而进行的政治博弈。

早期规则重点在于消除贸易壁垒，确保电子传输、数字产品得到"非歧视"待遇，建立市场和消费者信心。随着数字经济的深入发展，规则进一步扩展到促进数据自由流动、降低服务准入壁垒、加强技术、隐私和网络安全保护，以及通过数据共享、创新监管、政府数据开放等方面，以激发数据要素的应用价值。此外，数字贸易规则还注重国内监管政策的协调，创设人工智能、金融科技等新兴议题，确保国家间数字经济在设施、标准、监管框架等各层面的包容、协调、安全、可持续发展。通过这些综合性的规则体系，国际社会致力于构建一个开放、公平、透明的数字贸易环境，为全球数字经济的繁荣发展提供坚实的法律基础。

具体而言，数字贸易规则主要涵盖以下内容。

（1）削减或消除贸易壁垒。这一规则旨在通过关税豁免、流程简化、数据自由流动、税收协调等多维度措施，降低数字贸易的跨境交易成本，促进全球数字经济的开放与协作。然而，各国在数据安全、隐私保护等方面的利益差异仍可能引发争议，需通过国际合作与规则创新实现平衡。

（2）促进数字经济协同发展。其中，服务于跨境电商发展的规则主要聚焦于贸易便利化议题，确保电子传输、数字产品得到"非歧视"待遇，确保电子签名、无纸贸易获得"同等性"认证，确保用户在线上交易中受到"合法性"保护；服务于数字贸易全球化发展的规则更加强调数据要素的自由流动和相关主体权益的保障，进一步排除数据、设施等流动限制，降低服务准入壁垒，加强技术、隐私和网络安全保护；服务于数字经济协同发展的规则更注重国内监管治理政策的协调，一方面创设人工智能、金融科技等新兴发展议题，另一方面通过数据共享、创新监管、政府数据开放等规则，激发数据要素应用价值。

（3）形式更加灵活多样。除了传统的自由贸易协定中的电子商务章节外，专门的数字贸易协定也开始出现。例如，2019年，WTO成员启动了电子商务联合声明倡议（JSI），旨在就电子商务相关议题达成共识。目前已有86个成员加入该倡议，涵盖全球90%以上的数字贸易流量。此外，亚太经济合作组织（APEC）、经济合作与发展组织（OECD）等区域性和国际性组织也在数字贸易规则制定方面开展了大量工作。这些组织通过举办研讨会、发布研究报告等形式，促进了各国之间的交流与合作，为构建全球数字贸易规则体系奠定了基础。

（4）科技巨头开始扮演重要角色。以谷歌、亚马逊、脸书、苹果等为代表的美国科技公司，以及阿里巴巴、腾讯等中国科技企业，不仅在市场份额上占据绝对优势，还在技术创新、标准制定等方面拥有话语权。这些科技巨头的商业活动涉及多个国家和地区，其行为直接影响全球数字贸易的格局。因此，国际社会在制定数字贸易规则时，必须充分考虑科技巨头的利益和责任。一方面，要鼓励它们继续创新，为全球经济发展做出贡献；另一方面，也要加强对它们的监管，防止其滥用市场支配地位，损害消费者和其他企业的合法权益。

（5）可持续发展与环境保护成为制定数字贸易规则的重要方面。数字技术的应用有助于提高资源利用效率，减少碳排放，促进绿色经济发展。然而，电子废弃物处理不当、数据中心能耗过高等问题也不容忽视。国际社会应通过制定相关规则，引导企业采用环保技术和材料，加强电子废弃物回收利用，降低数据中心能耗，推动数字贸易与环境保护协调发展。

■ 三、数字贸易规则的演进

（一）初期阶段：电子商务条款的确立

早期数字贸易中最活跃的是电子商务。1998 年，世界贸易组织（WTO）通过了《全球电子商务宣言》，明确提出成员国应努力确保电子签名与手写签名具有同等法律效力，以促进电子商务的广泛应用。这一举措率先确立了线上交易形态的合法性地位，去除了绝对壁垒，建立了市场和消费者的信心，保障了产业的平稳起步和发展。例如，《全球电子商务宣言》明确了电子签名的法律效力，确保电子合同的合法性和可执行性，为电子商务的蓬勃发展奠定了基础。

（二）发展阶段：数据跨境流动与贸易便利化

随着数字技术的快速发展，全球经贸格局发生了深刻变革，产业链和供应链相互融合渗透。2010 年以来，确保数字贸易开放发展的制度环境与监管协调，降低数字贸易合规成本，成为需要数字经贸规则解决的又一关键问题。这一阶段的规则重点转向了数据跨境流动、知识产权保护、网络安全等领域。例如，2010 年《美韩自由贸易协定》中设立了专门的电子商务章节，涵盖数据本地化、跨境数据传输、电子签名等议题，旨在促进两国之间数字贸易的自由流通。此外，各国也开始探索如何通过国际合作，解决数字贸易中的知识产权保护问题，防止数字产品的盗版和侵权行为。例如，2015 年《美澳自由贸易协定》中明确规定，双方应确保电子传输免征关税，以促进电子商务的发展。同时，规则还强调了消费者权益保护，要求成员国采取措施打击网络诈骗和侵犯消费者隐私的行为。

（三）成熟阶段：数字治理与协同发展

近年来，新冠疫情加速了全球数字化转型，数字经济作为世界经济新动能的重要地位逐步凸显。除了降低数字经贸壁垒外，如何促进各方共同把握数字经济的发展合作机遇成为新的目标。相关协定中开始纳入涉及系统互通、信息互认、技术互信的数字经济协同发展议题，进一步强调利用数字技术改善业务模式、创造新产品和新市场，确保国家间数字经济在设施、标准、监管框架等各层面的包容、协调、安全、可持续发展。

第二节　数字贸易规则分类

伴随着数字贸易的快速发展，数字贸易规则日趋复杂多样，逐渐从一般性条款中脱离出来，成为单独的贸易协定，并因贸易对象、贸易方式、贸易范围等层面的不同而表现出差异性。概括而言，数字贸易规则主要涉及以下类型。

一、按照范围划分

（一）全球贸易协定

全球贸易协定是指涉及多个国家或地区，旨在建立全球性数字贸易规则的协议。这类协定通常由国际组织发起，覆盖面广，影响力大。世界贸易组织（WTO）是全球贸易协定的主要制定者之一。1998 年，WTO 通过了《全球电子商务宣言》，呼吁成员国就电子商务相关议题进行讨论，但至今未达成具有法律约束力的协议。2019 年，WTO 成员启动了电子商务联合声明倡议（JSI），旨在就电子商务相关议题达成共识。全球贸易协定的目标是通过多边协商，制定一套普遍适用的数字贸易规则，促进全球数字经济的健康发展。

近年来，WTO 主要成员国已围绕数字贸易等相关议题提出了多项议案，旨在更新或澄清现有的承诺，这些承诺涉及多个重要协议，如《关税及贸易总协定》、《服务贸易总协定》（GATS）、《与贸易有关的知识产权协议》（TRIPS）、《技术性贸易壁垒协议》（TBT），以及乌拉圭回合之后签署并生效的《贸易便利化协定》（TFA）与《信息技术产品协定》（ITA）等，均可在现有基础上或通过延展规则监管数字贸易[①]。

以《服务贸易总协定》（GATS）为例，它是与数字贸易规则相关的基本协定，在数字贸易中发挥了重要作用。GATS 的附件中关于通信服务的规定明确指出，各成员应确保其他成员的服务提供者能够使用公共通信传输网络和服务，在其境内或跨境传送信息，这包括服务提供者的公司内部通信，以及使用在任何成员领土内的数据库所包含的或以机器可读形式存储的信息。然而，GATS 也规定了一般例外条款，允许各成员为"保护与个人信息处理和传播有关的个人隐私及保护个人记录和账户的机密性"而采取必要措施。

GATS 进一步提出了服务贸易的四种方式，这些方式涵盖不同形式的跨境服务提供，具体包括：（1）成员国境内向任何其他成员国境内提供服务；（2）成员国境内向任何其他成员的服务消费者提供服务；（3）成员的服务提供者在任何其他成员国境内以商业存在提供服务；（4）成员的服务提供者以自然的存在向任何其他成员国境内提供服务。此外，跨境交付模式指的是消费者处于本国领土上，而服务由另一不同国家的供应商提供，并跨越

---

① 盛斌，陈丽雪.多边贸易框架下的数字规则：进展、共识与分歧[J].国外社会科学，2022（4）：93-110，198.

国界进行交付。值得注意的是，在这四种服务贸易方式中，只有第一种贸易方式不需要服务供需主体在交易时发生位置移动。同时，只有跨境交付模式满足在线服务和在线交付这两个条件时，跨境交付形成的服务产品和贸易才成为数字贸易中的一大类别。因此，可以认为 GATS 框架下确实存在着以电子传输方式跨境交付为特点的数字贸易模式。

世界贸易组织（WTO）在其多边贸易体制框架下，对于数字贸易规则的探索与构建正逐步深入。通过各成员国围绕相关议题提出的议案，以及对现有重要协议的探讨和可能的延展，为数字贸易规则的完善提供了方向。尽管当前数字贸易规则的制定尚面临诸多挑战与分歧，但 WTO 及其主要成员国已展现出积极推动数字贸易规则完善的决心与努力，且随着数字贸易的持续快速发展，WTO 多边贸易体制下的数字贸易规则仍需不断演进和完善。

未来需要进一步明确和细化相关规则，以适应数字贸易不断涌现的新形式、新问题。成员国之间应加强沟通与合作，共同探讨如何在保障各方利益的基础上促进数字贸易的健康、有序发展。同时，要密切关注数字技术的发展动态，及时调整和更新规则，确保其能够有效地规范数字贸易行为，解决可能出现的贸易争端，为全球数字贸易创造一个公平、透明、稳定的规则环境。这样，WTO 才能在数字贸易时代更好地发挥其核心机构的作用，推动全球贸易的持续繁荣和发展，使各国在数字贸易的浪潮中实现互利共赢，共同迎接数字经济带来的机遇和挑战。

（二）区域贸易协定

区域贸易协定是指涉及特定区域内的多个国家或地区的协议，旨在建立区域内统一的数字贸易规则。这类协定通常由区域性的国际组织或国家集团发起，覆盖面相对较窄，但更具针对性和操作性。例如，亚太经济合作组织（APEC）在数字贸易规则制定方面开展了大量工作，通过举办研讨会、发布研究报告等形式，促进了成员国之间的交流与合作。2018 年，APEC 成员国通过了《APEC 互联网和数字经济路线图》，旨在促进区域内数字贸易的自由化和便利化。此外，《区域全面经济伙伴关系协定》（RCEP）也包含了数字贸易的相关条款，强调了数据保护和隐私权的重要性，要求成员国在数字经济领域加强合作。

（三）双边贸易协定

双边贸易协定是指涉及两个国家或地区的协议，旨在建立双边的数字贸易规则。这类协定通常由两个国家或地区直接协商制定，灵活性高，谈判速度快。例如，2019 年，美国和日本签署了《美日数字贸易协定》，涵盖数据本地化、源代码保护、网络安全等议题，旨在促进两国之间的数字贸易合作。2020 年，新加坡和英国签署了《新加坡－英国数字经济协定》，包含电子传输免征关税、数据创新、数字身份等条款，为两国数字经济的合作提供了法律依据。双边贸易协定的优势在于可以根据双方的具体需求量身定制规则，确保合作的实效性和可操作性。

■ 二、按照态度划分

数字贸易规则按照态度可以划分为四类，包括开放型、弱开放型、审慎型和抵制型。

不同国家对待数字贸易规则的态度不同，如表 10-1 所示。

表 10-1　不同国家对待数字贸易规则的态度比较

态度类型	具体表现
开放型	如美国和日本，提倡全面的数据开放与数字贸易自由化，包括免除贸易壁垒、非歧视性待遇、跨境数据自由流动、禁止数据本地化、禁止泄露源代码等
弱开放型	如欧盟各国、加拿大、新加坡、韩国等发达国家，这些国家赞同免征关税和禁止数据本地化与公开源代码，允许数据流动，但同时强调保留合理的隐私保护与安全例外条款
审慎型	包括中国与俄罗斯，支持暂停征收关税和改善数字贸易营商环境的贸易便利化规则，但出于宽泛意义的网络安全考虑，对跨境数据流动持谨慎态度
抵制型	如印度、印尼、南非，出于对自身产业与安全的考虑，反对开放数据流动、要求数据存储本地化，甚至不支持永久停止对电子传输征税

（一）开放型

开放型国家或地区倡导全面的数据开放与数字贸易自由化，包括免除贸易壁垒、非歧视性待遇、跨境数据自由流动、禁止数据本地化、禁止泄露源代码等。美国和日本是典型的开放型国家。美国在数字贸易规则制定中一直坚持自由贸易的原则，主张数据跨境自由流动，反对数据本地化要求，强调保护知识产权和技术秘密。日本也持类似立场，认为数据自由流动是数字经济发展的关键，主张通过国际合作，建立统一的数字贸易规则。开放型国家的目标是通过降低贸易壁垒，促进全球数字贸易的自由流通，推动技术创新和产业发展。

（二）弱开放型

弱开放型国家或地区赞同免征关税和禁止数据本地化与公开源代码，允许数据流动，但同时强调保留合理的隐私保护与安全例外条款。欧盟各国、加拿大、新加坡、韩国等发达国家属于弱开放型。这些国家在数字贸易规则制定中，既注重促进数据自由流动，又强调保护个人隐私和数据安全。例如，欧盟的《通用数据保护条例》（GDPR）对个人数据的收集、处理和传输设置了严格的标准，确保数据主体的隐私权不受侵犯。加拿大和新加坡也制定了类似的隐私保护法规，确保数据在跨境流动过程中得到有效保护。弱开放型国家的目标是在促进数字贸易自由化的同时，维护数据安全和个人隐私，实现经济与社会的协调发展。

（三）审慎型

审慎型国家或地区支持暂停征收关税和改善数字贸易营商环境的贸易便利化规则，但出于宽泛意义的网络安全考虑，对跨境数据流动持谨慎态度。中国和俄罗斯是典型的审慎型国家。中国在数字贸易规则制定中，强调数据安全和国家主权，主张对跨境数据流动进行必要的监管。例如，《中华人民共和国网络安全法》对数据出境设置了严格的审查程序，确保数据在跨境传输过程中不会危害国家安全和公共利益。俄罗斯也采取了类似的做法，通过立法手段加强对数据出境的管控。审慎型国家的目标是在保障国家安全的前提下，促进数字贸易的健康发展，防止数据泄露和滥用。

（四）抵制型

抵制型国家或地区出于对自身产业与安全的考虑，反对开放数据流动，要求数据存储本地化，甚至不支持永久停止对电子传输征税。印度、印尼和南非是典型的抵制型国家。印度的《个人数据保护法案》要求外国公司在印度存储和处理印度公民的个人数据，以确保数据的安全性和可控性。印尼和南非也采取了类似的做法，通过立法手段加强对数据出境的管控。抵制型国家的目标是通过严格的监管措施，保护本国产业和数据安全，防止外部势力对本国经济和社会的干预。

■ 三、按照相关性划分

（一）一般性贸易规则的析出条款

一般性贸易规则的析出条款是指从传统贸易协定中分离出来的、专门针对数字贸易的条款。这类条款通常出现在多边、区域或双边贸易协定中，作为独立章节或条款出现。例如，2018 年生效的《全面与进步跨太平洋伙伴关系协定》（CPTPP）中包含了专门的数字贸易章节，涵盖数据流动、源代码保护、电子传输免征关税等内容。这些条款旨在确保数字产品和服务在国际贸易中的平等对待，促进数字贸易的自由化和便利化。一般性贸易规则的析出条款通常是在传统贸易规则的基础上，针对数字贸易的特点进行补充和细化，为数字贸易的发展提供更加具体的法律保障。

（二）纯数字贸易规则

纯数字贸易规则是指专门为数字贸易制定的、独立的法律法规和标准。这类规则通常以专门的协定或框架协议形式出现，涵盖数字贸易的各个方面，包括数据跨境流动、隐私保护、网络安全、知识产权保护等。例如，2020 年生效的《数字经济伙伴关系协定》（DEPA）是世界上首个专门针对数字经济的协定，涵盖人工智能、数据创新、数字身份、数字包容性等议题，为成员国之间的数字经济合作提供了法律依据。纯数字贸易规则的优势在于其针对性强，能够全面覆盖数字贸易的各个领域，为数字经济的发展提供系统的法律保障。此外，纯数字贸易规则通常具有较高的灵活性和可操作性，可以根据数字经济的发展变化，及时进行调整和完善。

第三节 数字贸易规则核心议题

当前，数字贸易规则正面临诸多争议和困难，这些问题不仅制约了全球数字经济的健康发展，也对国际贸易秩序产生了深远影响。首先，数据跨境流动的规则尚未达成一致，各国在数据自由流动与隐私保护之间的立场存在显著差异，导致数据流动受限，影响了全球数字贸易的效率；其次，知识产权保护问题日益突出，数字产品的复制成本低，盗版现象严重，给原创者造成了巨大损失，急需国际社会制定统一的保护标准；最后，税收公平问题也成为数字贸易规则制定中的难点，大型科技公司通过转移定价等方式将利润转移到税率较低的国家，导致税收流失，引发了国际社会的广泛关注。同时，就业市场的变化、跨境执法与监管、可持续发展与环境保护等问题也对数字贸易规则提出了新的挑战。面对这些争议和困难，国际社会需要通过多边、区域和双边合作，寻找共识，制定科学合理、公正透明的规则，以促进全球数字贸易的健康发展。

一、数字贸易规则的主要议题

信息通信技术的迅速发展及数字经济的广泛普及，促进了交易内容、业务模式、规则体系的创新性变革，而未来的贸易模式及利益的分布则有赖于体系规则的制定及相应制度的建立，因此，在数字全球化风靡的大背景下，数字贸易规则的制定成为各国关注的焦点。当前，数字贸易的发展所涉及的规则领域广泛且复杂，有的是与数字贸易直接相关的显性问题，有的则是与数字政府关系密切的隐性问题（见表 10-2）。

表 10-2 数字贸易涉及的主要规则议题

大类	分类	议题	焦点
显性的数字贸易规则议题	当前议题	贸易便利化	通关便利化，无纸化贸易，电子认证和签名，电子发票等
		市场准入	服务市场开放承诺，GATS 电信附件等
		关税与数字税	电子传输关税，跨境电商最低免征税额，数字（服务）税等
		跨境数据流动	通过电子方式跨境传输信息，设施本地化等
		知识产权保护	源代码，商业秘密，数字内容版权，"强制技术转让"等
		网络安全和消费者保护	非应邀商业电子信息，在线消费者保护，个人信息保护等
	未来议题	数字货币规则	国际结算权利，数字货币的互操作、协调和透明度机制，相关安全机制等
		人工智能治理标准规则	价值观伦理，治理规则，国际国内治理标准规范等
隐性的数字贸易规则议题	传统贸易投资保护问题	数字领域投资壁垒	外资安全审查，投资额外条件等
		传统贸易保护措施	补贴，政府采购，出口管制，技术性贸易壁垒，自然人流动等
		跨境司法管辖	跨境平台的协同监管，对本国境外平台的监管，对平台在境外侵犯本国权益或法律的监管等
	数字治理问题	数字技术标准的非歧视性及科技合作交流	标准组织及标准合作机制的开放性和非歧视性，国际技术标准的公益性和非歧视性等

（续表）

大类	分类	议题	焦点
隐性的数字贸易规则议题	数字治理问题	网络执法与网络主权	数据安全，内容审查，全球互联网的去中心化、分布式管理，避免恶意网络攻击等
		打造公平竞争的市场环境	反垄断，平台责任豁免，政务数据公开，对新兴技术的包容性，数字鸿沟等相关问题

注：显性规则指在当前或未来多双边数字贸易、服务贸易投资谈判或非正式磋商中涉及的议题；隐性规则指不直接相关、但对数字贸易发展具有重要影响的议题。

就显性数字贸易规则议题而言，包括当前议题与未来议题。当前议题主要关注贸易便利化、市场准入、关税与数字税、跨境数据流动、知识产权保护及网络安全和消费者保护等方面。例如，通关便利化、无纸化贸易、电子认证和签名、电子发票等贸易便利化措施；服务市场开放承诺和 GATS 电信附件等市场准入议题；电子传输关税、跨境电商最低免征税额及数字（服务）税等关税与数字税问题；跨境数据流动中的信息电子传输和设施本地化等议题；源代码、商业秘密、数字内容版权和"强制技术转让"等知识产权保护问题；非应邀商业电子信息、在线消费者保护和个人信息保护等网络安全和消费者保护议题。而未来的显性议题则包括数字货币规则和人工智能治理标准规则等，涉及国际结算权利、数字货币的互操作、协调和透明度机制，以及价值观伦理、治理规则和国际国内治理标准规范等方面。

隐性数字贸易规则议题更加复杂，包括传统贸易投资保护问题、跨境司法管辖及数字治理问题等。其中，数字领域投资壁垒、外资安全审查和投资额外条件等传统贸易投资保护问题，补贴、政府采购、出口管制、技术性贸易壁垒和自然人流动等传统贸易保护措施，以及跨境平台的协同监管、对境外平台的监管和对平台在境外侵犯本国权益或法律的监管等跨境司法管辖议题均对数字贸易发展具有重要影响。此外，数字技术标准的非歧视性及科技合作交流、网络执法与网络主权，以及打造公平竞争的市场环境等数字治理问题也是不可忽视的重要议题。这些问题涉及标准组织及标准合作机制的开放性和非歧视性、国际技术标准的公益性和非歧视性、数据安全、内容审查、全球互联网的去中心化、分布式管理、避免恶意网络攻击，以及反垄断、平台责任豁免、政务数据公开、对新兴技术的包容性和数字鸿沟等相关问题。

■ 二、发达国家的数字贸易规则及比较

在数字贸易领域，美国和欧盟是主要的参与者和推动者。美国作为数字贸易大国，自20 世纪 90 年代起便意识到数字经济和数字技术的重要性，并一直在积极构建有利于自身的全球数字贸易规则体系；欧盟则拥有欧洲最大的数字贸易市场和规模，通过制定相应的数字经济发展策略来促进数字贸易的发展，进而推动欧盟的经济增长。与此同时，其他经济体对全球数字贸易规则也越来越关注，积极提出符合各自诉求的建议和观点，但尚未形成完善的规则体系且影响力较弱。

（一）美国数字贸易国际规则和进展

美国作为全球数字经济的重要引领者和数字贸易的积极推动者，在数字贸易国际规则的制定与实践中起着至关重要的作用。近年来，与美国有关数字贸易的协定如表 10-3 所示。从形式上看，自 2001 年美国—约旦 FTA 首次包含非约束力的电子商务章节开始，到 2004 年美国—新加坡 FTA 中首次出现具有法律约束力的电子商务章节，再到 2015 年美国主导的 TPP 协定（虽美国已于 2017 年 1 月正式退出但仍有深远影响）中完整地呈现数字贸易章节，数字贸易规则在美国所主导的区域贸易安排中的地位日益提升。

从内容上看，美国所参与的数字贸易规则不再局限于"电子商务章"，而是已循序渐进地深入渗透到"跨境服务贸易章""投资章""信息技术合作章"及"知识产权章"等多个领域[①]。美国凭借其在数字贸易领域的技术和制度优势，坚持"数据自由流动"的主张，致力于打造一个具有约束力并有利于其自身的全球数字贸易规则体系。

近年来，在规则制定过程中，美国主要从三个方面入手。

（1）基于自身优势，美国对数字贸易进行了明确的定义，这些定义虽在不断变化，但基本涵盖美国在数字贸易领域具有领先优势的大部分业态。例如，2013 年，美国国际贸易委员会（USITC）在《美国和全球经济中的数字贸易 I》中率先界定了数字贸易的定义与范围，即数字贸易是利用互联网传输、交付产品和服务的商业活动或国际贸易；次年，在发布的《美国和全球经济中的数字贸易 II》中将数字贸易分为搜索引擎、社会媒介、数字化交付内容以及其他数字产品或服务等四类[②]，并将国内贸易纳入其中，认为数字贸易是"互联网以及基于互联网的技术在产品和服务的订购、生产或交付中扮演重要角色的国内和国际贸易"；随后美国贸易代表办公室（USTR）则提出，数字贸易不仅包括消费者产品在互联网上的销售以及在线服务的提供，还包括实现全球价值链的数据流、实现智能制造的服务以及无数其他平台和应用，简言之，是用电子手段进行的贸易。

（2）在国际活动中积极提出并推动数字贸易规则的制定。美国已签订了众多包含数字贸易的 FTA 协定（见表 10-3），并在多个国际论坛中强调消除数字贸易壁垒的重要性。具体来说，在双边贸易协定中，美国将数字贸易规则作为单独的一个章节下的独立条款，其发展历程大体可分为四个时期：①以 2001 年生效的美国—约旦特别优惠条约为代表，首次将"电子商务"作为独立章节出现，其可以被看作数字贸易交易规则在国际协定中的雏形；②以 2004 年美国—智利自贸协定为代表，这一协定提出了数字产品的定义、关税和非歧视待遇这三个问题；③以美国—韩国自贸协定为代表，其中提出了数据产品交易中的跨境信息流以及互联网的访问和使用原则；④以跨太平洋伙伴关系协定为代表，进一步对相关规则进行了补充和细化。

此外，在世界贸易组织（WTO）、跨太平洋伙伴关系协定（TPP）、跨大西洋贸易与投资伙伴协议（TTIP）、国际服务贸易协定（TISA）和 G20、G7 等国际论坛中，美国将消除数字贸易壁垒作为重点解决的议题之一，并在 TPP 中取得重大进展。虽然美国在总

① 李杨，陈寰琦，周念利. 数字贸易规则"美式模板"对中国的挑战及应对 [J]. 社会科学文摘，2016（12）：58-59.

② 刘晨哲，宾建成. 数字贸易国际规则的新进展 [N]. 中国社会科学报，2021-08-11（2227）.

统特朗普任职期间正式退出 TPP，但这并不意味着美国在电子商务方面的态度和要求会有很大转变。2017 年 3 月，美国贸易代表办公室（USTR）向美国国会提交了《2017 年总统贸易政策议程及 2016 年美国总统关于贸易协议项目中的年度报告》，其中，在"总统贸易政策议程"部分"最高优先事项"一节明确指出，他国对数据流动的不合理管控、数字服务限制及商业秘密侵权等行为已对美国企业的利益造成严重损害。为此，美国政府将利用所有可能的举措鼓励其他国家开放市场，给美国企业提供公平、互惠的市场准入。

表 10-3 美国关于数字贸易的相关协定

时间	组织协定	类型
1997 年	《全球电子商务纲要》	多边
1997 年	《信息技术协定》	多边
1998 年	WTO 部长级会议"维持现有对电子传输免关税的做法"	多边
2001 年	美国—约旦 FTA	双边
2004 年	美国—智利 FTA	双边
2004 年	美国—新加坡 FTA	双边
2005 年	美国—澳大利亚 FTA	双边
2006 年	美国—摩洛哥 FTA	双边
2006 年	美国—多米尼加 FTA	双边
2006 年	美国—巴林 FTA	双边
2008 年	APEC《数字繁荣的行动清单》	多边
2009 年	美国—阿曼 FTA	双边
2009 年	美国—秘鲁 FTA	双边
2012 年	美国—哥伦比亚 FTA	双边
2012 年	美国—巴拿马 FTA	双边
2012 年	美国—韩国 FTA	双边
2018 年	《全面与进步跨太平洋伙伴关系协定》（CPTPP）	多边
2018 年	美国—墨西哥—加拿大协定（USMCA）	多边
2019 年	美国—日本数字贸易协定（UJDTA）	双边

（3）美国进一步支持能够巩固其在数字贸易领域商业利益的规则。如在 TPP 中，有保持互联网的自由开放、数字产品禁收关税等规则，并通过一系列规则确保贸易伙伴不能进一步采取数据保护措施。除此之外，由于世界知名的数字服务提供商大部分是美国企业，这些企业通过专利技术可以向其他国家提供相应的服务来赚取高额的利润，因此，美国还倡导技术中立原则。在这里技术中立是指数字服务的主体可以自主选择数字贸易所需的技术种类，以确保其利益不受损害。

综上所述，美国的数字贸易国际规则呈现出明显的"美式模板"特征，这是美国为满足自身利益而构建的贸易规则体系，不仅体现了美国为主导全球数字贸易而为其他国家设定具有较强约束力的标准，还反映了其试图通过强大的数字技术优势来封锁后发国家并塑造全球数字贸易规则体系的意图。

（二）欧盟数字贸易国际规则和进展

近年来，数字经济在欧盟国家 GDP 中所占比重不断攀升，已成为欧盟国家经济发展的重要组成部分，并使欧盟对数字贸易发展越发重视。为此，欧盟致力于构建数字化统一市场，通过签署多个自由贸易协定（FTA），在"电信""金融""投资"及"知识产权"等章节中提出了一系列与数字贸易相关的规则，形成了体现欧盟政治体制、利益诉求与文化价值观的数字贸易规则的"欧式模板"。

"欧式模板"主要聚焦于三大领域，即推进跨境数据流动、完善知识产权保护及促进视听合作，旨在实现数字贸易的良性发展。其中，欧盟在其数据保护法中规定了个人数据跨境流动制度的相关规则。根据 1998 年生效的《关于个人数据处理保护与自由流动指令》，数据跨境流动可划分为两个层面，即欧盟境内成员国和欧盟与其境外国家。一方面，在境内成员国间，各成员国拥有同等数据保护水平是数据在其内部自由流动的前提，欧盟禁止成员国借数据保护的名义限制个人数据在欧盟境内自由流动；另一方面，对外则只能将欧盟居民的个人信息资料传送到拥有"充分保护水平"的国家和地区，或是在数据主体明确表示同意、传输为履行合同所必需，且合同在维护数据主体的利益、保护重大公共利益等 6 种情形下，成员国才可以将个人数据传输到不具备"充分保护水平"的区域。截至 2021 年 4 月，共有安道尔公国、阿根廷、加拿大（商业组织）、法罗群岛、根西岛、以色列、马恩岛、日本、泽西岛、新西兰、瑞士和乌拉圭 12 个国家和地区获得了欧盟委员会认定，享有同等数据保护水平。

知识产权保护方面，完善知识产权保护对于欧盟而言至关重要，原因在于知识产权密集型企业在欧洲提供的就业岗位占其就业市场的 35%。但随着数字产品在全球经济贸易中的迅猛发展，欧盟于 1994 年提出的《与贸易有关的知识产权协定》（TRIPS）已无法满足其对知识产权保护的需求，加之欧盟在数字贸易规则"知识产权保护"的制定上也与美国存在一定程度上的差距，因此，针对数字贸易知识产权领域的执法程度和保护水平，欧盟全面推动了"TRIPS +"条款，旨在削减例外条款并提高权利人保护水平。具体来说，一是削减已有的例外条款，尤其是取消那些在 TRIPS 中针对中等经济体的保护措施和例外条款；二是提高权利人保护水平的广度和深度，如延长音乐和艺术等视听作品的版权保护年限，确保音乐和艺术作品拥有者在缔约国领土内，其作品被使用时获得薪酬的权利等①。

视听合作方面，因为视听部门是文化领域的一部分及受到欧盟文化保护宗旨的影响，一直被欧盟视为数字贸易规则制定的重点。1993 年，法国提出"保持民族文化独立"，这为欧盟文化保护宗旨奠定了基础，使其认为文化产品兼具商品的流动性与服务的文化价值两种属性。这种理念逐渐成为欧盟在贸易规则中制定有关文化视听部门规则的代表性立场。例如，GATT 文本中在专门条款"有关电影的特殊规定"（GATT 第 4 条，1994）中规定了电影配额制度，以及在"一般例外"（GATT 第 20 条，1994）中规定可采取"保护本

---

① 周念利，陈寰琦. 数字贸易规则"欧式模板"的典型特征及发展趋向 [J]. 国际经贸探索，2018，34（3）：96-106.

国具有艺术、历史或考古价值的文物而采取的措施"，但"对类似情况下的成员国，不得采取构成对国际贸易的变相限制或构成不合理或者武断的差别待遇"。此后，欧盟于2015年还出台了《视听媒体服务指令》，强调必须坚持从技术进步中获利的原则，为相关的媒体产业创造最佳的竞争条件，以促进欧洲文化产业的繁荣发展。主要包括两方面内容：一是要保障所有视听媒体的公平竞争环境，涵盖电视媒体和所有通过通信网络向大众提供资讯的媒体；二是对视听媒体进行分类管理，依据媒体服务提供者对节目播出时间、内容控制程度，媒体服务可分为线性和非线性两种类型，其中，线性媒体以传统广播电视、互联网广播电视等为代表，非线性媒体主要指点播类视听媒体服务。比如，一般来说，对于线性媒体，要求欧洲作品占广播电视播出时间的大部分，即占比超过50%；非线性媒体在可选择播放目录中，欧洲作品所占比例至少要达到30%。

观察欧盟自身关于数字贸易规则的主张，可以发现：与"美式模板"相比，"欧式模板"更偏向于建立一个较为安全的且更注重个人隐私保护和数据安全的数字贸易规则，通过限制跨境数据流动和利用自身的科技优势来推动欧洲区域内的数字经济发展，从而增强其数字经济产业的竞争力。

（三）美国与欧盟数字贸易国际规则比较

美国与欧盟在全球数字贸易领域具有强大的影响力，并主导着数字贸易国际规则制定的话语权，这使其在发展数字贸易的进程中成为一股不容忽视的力量。在发展数字贸易进程中，两者均以推动本国经济发展为目标，制定旨在维护本土利益的数字贸易国际规则，并在个人隐私保护方面也存在相似标准。然而，它们在跨境数据流动的基本观念及个人隐私保护方面仍有很大差别。

美国与欧盟对于数据跨境流动的规则有着不同的立场。美国作为互联网和数字技术都相对发达的国家，对于数据跨境流动规则的制定体现了其一贯的风格，包括制定有关数据自由流通的政策、大力推进数字贸易、倡导数字自由思想，甚至主张把跨境数据流动提高到个人隐私保护之上的位置。例如，在TPA-2015中，美国规定在外贸谈判中须确保数字贸易谈判的正当性，同时也要以实体贸易的标准来保护跨境数据流动和电子交付的产品和服务，确保数字产品不受基础设施、知识产权和其他数据本地化规则的限制。这显示出美国政府对维护数据跨境自由流通的决心。相比之下，欧盟对跨境数据流动持更为审慎的态度，认为其在某种程度上会侵犯人权和消费者权益。欧盟的人权法要求保护个人隐私数据的安全，限制公司收集个人数据的自由程度。同时，欧盟将数据保护纳入法规，还要求数据接收的第三国建立相应的数据保护机构，并且规定企业或个人需要获得欧盟委员会的批准才能处理个人隐私数据。

对于个人隐私权的保护，美国与欧盟也采取了不同的措施。欧盟强调通过国家立法或修正法律的方式来统一规范个人数据的收集、处理及运用，以确保成员国在隐私权保护方面的一致性。而美国则更注重企业的自律性，倡导通过行业自律与国家立法相结合来保护个人隐私权。

美国与欧盟在数字贸易国际规则方面既存在一定的共性，又有着显著的差异，这些差异反映了双方在经济结构、文化背景、法律传统及发展理念等多方面的不同。在未来的数字贸易发展中，国际社会也期待美国和欧盟能够在数字贸易规则制定上加强对话与合作，共同引领全球数字贸易朝着更加健康、有序、公平的方向发展。同时，其他国家和地区在制定自身的数字贸易政策和参与国际规则制定时，也可以从美国和欧盟的经验中吸取有益的启示，结合自身实际情况，探索适合本国数字贸易发展的道路，促进全球数字贸易的繁荣与共赢。只有通过各方的共同努力，才能在数字经济时代实现数字贸易的可持续发展，为全球经济增长和社会进步做出积极贡献。

■ 三、全球层面的核心议题

数字贸易规则的制定在当今全球化背景下显得尤为重要，它不仅关乎国家间的经济合作，还直接影响个人隐私保护、企业利益乃至国家安全。核心议题涵盖数据跨境流动、电子传输免征关税、数据本地化与源代码保护、消费者权益保护等多个方面，每一个议题都是国际社会广泛关注的焦点。

（一）数据跨境流动

数据跨境流动作为数字贸易的核心议题之一，其重要性不言而喻。在全球化进程中，数据的自由流动有助于促进资源的有效配置，提升经济效率，增强全球市场的活力。然而，各国在此议题上的立场差异显著，形成了一定的分歧。美国和日本等国主张数据自由流动，认为这能极大地促进技术创新和经济发展，减少贸易壁垒，提高全球市场的透明度。相反，欧盟则更加注重数据隐私保护，通过《通用数据保护条例》（GDPR）等法规，对数据出境设置了严格的标准，确保了个人隐私和数据安全不受侵害。中国和俄罗斯等国则出于国家安全和数据主权的考虑，对数据跨境流动持谨慎态度，要求数据本地化存储，以确保数据的安全性和可控性。全球层面的数据跨境流动规则需要在数据自由流动与隐私保护之间找到平衡点，既要满足商业需求，又要保护个人隐私和数据安全，确保数据在跨境传输过程中的安全性和合法性。

（二）电子传输免征关税

电子传输免征关税是另一个备受关注的全球性议题。随着电子商务的蓬勃发展，电子传输已经成为国际贸易的重要组成部分。许多国家和地区主张对通过电子方式传输的产品和服务免征关税，以促进电子商务的发展，降低交易成本，提高市场效率。然而，一些发展中国家出于财政收入和产业发展考虑，对永久停止对电子传输征税持保留态度。这些国家担心，取消电子传输关税可能会导致财政收入减少，影响国家经济的稳定发展。因此，全球层面的电子传输免征关税规则需要平衡各国的利益，确保政策的一致性和公平性，既要促进电子商务的发展，又要兼顾发展中国家的财政需求和发展利益。

（三）数据本地化与源代码保护

专栏阅读 10-1
国贸云链的数字化转型实践

数据本地化和源代码保护是数字贸易规则中的另一重要议题。数据本地化要求外国企业将数据存储在本地服务器上，以确保数据的安全性和可控性。这一要求在一定程度上增加了企业的运营成本，限制了数据的自由流动，但也为数据保护提供了保障。美国和日本等国坚决反对数据本地化要求，认为这会增加企业的运营成本，限制数据自由流动，影响全球市场的效率。欧盟和加拿大等国家在保护数据隐私和源代码的同时，允许一定程度的数据本地化，以平衡数据安全和市场效率。中国和俄罗斯等国则主张数据本地化，以保护国家安全和数据主权，确保数据在本国境内的安全性和可控性。源代码保护则是为了防止技术秘密的泄露，保护企业的知识产权。全球层面的数据本地化和源代码保护规则需要在保护数据安全和促进数据自由流动之间找到平衡点，既要确保数据的安全性和可控性，又要促进技术创新和市场发展，实现数据的高效利用和合理保护。

（四）消费者权益保护

随着电子商务的快速发展，消费者权益保护成为数字贸易规则中的又一个重要议题。消费者在享受数字贸易便利的同时，也面临个人信息泄露、虚假广告、售后服务不到位等风险。全球层面的消费者权益保护规则需要确保消费者的合法权益得到有效保障，维护市场公平竞争和消费者信心。例如，WTO 的 JSI 倡议中包含了消费者权益保护的相关条款，要求成员国采取措施打击网络诈骗和侵犯消费者隐私的行为。国际电信联盟（ITU）和经济合作与发展组织（OECD）等国际组织也在消费者权益保护方面开展了大量工作，通过发布研究报告、举办研讨会等措施，促进了各国间的交流与合作。双边层面的消费者权益保护规则同样重要，各国通过签订双边协定，明确了在消费者权益保护方面的具体措施，确保消费者在享受数字贸易便利的同时，其合法权益得到有效保障。例如，2019 年，美国和日本签署了《美日数字贸易协定》，要求双方采取措施打击网络诈骗和侵犯消费者隐私的行为。2020 年，中国和新西兰签署了《中国—新西兰自由贸易协定升级议定书》，要求双方采取措施保护消费者的合法权益。这些规则不仅有助于维护消费者权益，也能促进数字贸易的健康发展，增强市场的透明度和公平性。

第四节　数字贸易规则完善

■ 一、WTO 现有架构面临数字贸易规则的挑战

数字贸易作为基于互联网信息技术的新型贸易形式，天然地具有开放性和自由化特征。然而，世界贸易组织（WTO）现有架构在应对数字贸易规则方面面临诸多挑战。

（一）利益诉求差异

根据当前的全球治理实践及规则制定现状，不同发展程度的国家在数字贸易中的利益诉求存在差异。发达国家如美欧日等拥有全球领先的信息利用和信息保护技术，普遍主张自由宽松的跨境数字流动规则；发展中国家如中国和俄罗斯等考虑到自身数字贸易发展水平尚不成熟，主张建立以货物贸易为主的跨境电商规则，对跨境数字流动管理较为严格；非洲等欠发达地区则反对将数字贸易纳入多边框架内讨论，因其国内数字贸易基础设施、信息技术和数字贸易发展均较为薄弱。

（二）传统规则不适应

随着数字贸易在全球贸易中的比重不断攀升，WTO 框架下的传统货物和服务贸易规则都与数字贸易产生了一定的阻碍和冲突，无法满足数字贸易快速发展下的制度需求。加之数字贸易的虚拟性和开放性与传统贸易的实物性和区域性形成了天然的对立，使传统贸易规则在治理数字贸易时显得力不从心。

（三）规则空白与摩擦升级

数字贸易规则的空白严重制约了其良好发展，直接影响全球经济发展和地区稳定。近年来，数字贸易摩擦不断升级，在多边框架下，世界各国就数字贸易核心问题如跨境数据流动、知识产权等一直未取得一致意见。这导致数字贸易规则呈现区域化趋势，越来越多的经济体选择以区域贸易协定的形式构建有利于本国数字贸易发展的规则。

（四）定性分类与规则归属

由于不同贸易协议所对应的贸易待遇限制截然不同，目前各成员国尚无法明确地将数字贸易规则归属于某一特定规划类别中。因此，数字贸易的定性分类是数字贸易规则领域亟待解决的基础性问题。此外，随着数字技术的不断变革和数字贸易的进一步发展，当下已有但不完善的数字贸易规则的适用性也将面临挑战。

■ 二、TPP 为全球数字贸易规则树立标杆

基于多哈谈判进展缓慢的背景，各国开始寻求 WTO 之外的谈判空间，以推动全球数字贸易规则的发展。其中，《跨太平洋伙伴关系协定》（TPP）、《跨大西洋贸易与投资伙伴关系协定》（TTIP）和《国际服务贸易协定》（TISA）是讨论最为活跃的三大协定，且 TTIP 和 TISA 都是试图以 TPP 为基础提出更加细化的数字贸易规则，但是由于 TTIP 和 TISA 在谈判过程中触及美欧之间在隐私保护等敏感利益方面的分歧，导致谈判进程受阻。

TPP 于 2016 年正式签署，成为全球数字贸易规则的蓝本。它形成了数字贸易规则的基本框架和主要内容，以此为模板的数字贸易规则逐渐扩展，形成了"美式模板"和"欧式模板"[1]。尽管"领头羊"美国已于 2017 年退出 TPP，但其强调的降低数据流动壁垒、推进数字贸易自由化的原则，仍可能对未来的国际贸易规则产生影响[2]。可以说，TPP 在推动全球数字贸易规则发展方面具有重要作用，并在一定程度上为全球数字贸易规则的制定树立了标杆。

一方面，TPP 制定了更高标准的贸易壁垒降低措施。与世贸组织定期同意的关于电子传输的免征关税延期宣言相比，TPP 明确禁止对电子传输征收关税，但并不禁止对国内税收的征收，这为参与国国内政策制定预留了空间。同时，TPP 触及跨境电子商务壁垒的根本性问题——歧视性待遇，尽管在"不对电子传输征税"标准下，并未要求成员国做出市场准入和国民待遇的承诺，但这一规定有助于减少跨境电子商务的歧视性待遇。另一方面，TPP 巧妙地解决了电子商务的分类问题。它将电子商务列为独立章节，既不划分为货

---

① 白洁，张达，王悦. 数字贸易规则的演进与中国应对 [J]. 亚太经济，2021（5）：53-61.

② 张茉楠. 全球数字贸易战略：新规则与新挑战 [J]. 区域经济评论，2018（5）：23-27.

物贸易，也不划分为服务贸易，从而避免了分类争论。同时，TPP 结合负面清单模式对新型电子商务开放作出规范，要求未列明禁止项目的新型电子商务方式直接承担开放义务，而负面清单模式则有效跳过了新型电子商务的分类问题，淡化了争议，为电子商务的开放和发展提供了有力保障。

综上所述，在一定程度上，TPP 作为全球数字贸易规则的标杆，为 WTO 电子商务谈判提供了重要的参考思路。其高标准、详尽的贸易规则体系，以及解决电子商务分类问题的创新方法，为全球数字贸易的发展注入了新的活力。特别值得一提的是，"新加坡—智利—新西兰"所签署的《数字经济伙伴关系协定》（DEPA），作为全球首个国际数字经济协定，采取了"模块化"的议题组合安排，允许各方自由地选择部分或全部议题进行谈判，从而提供了包容性的政府间数字经济合作制度框架，也有望成为全球数字贸易规则制定的一个重要路径选择。

■ 三、"美式模板"占领全球数字贸易规则高地

美国在全球数字技术领域中占据绝对领先地位，其先进的互联网技术极大地推动了美国数字经济和数字贸易的快速发展。早在 2011 年，美国的数字服务出口规模就已达到4000 亿美元，使其成为全球数字贸易的领航者。数字贸易对于美国的就业和经济复苏具有至关重要的作用。然而，传统贸易规则对数字产业全球扩张的限制和阻碍，给美国带来了不小的利益损失。因此，美国积极推动数字贸易规则的建设，在国内外均采取了措施，以进一步促进其数字贸易的发展。

在美国国内方面，美国是最早开展数字经济战略布局的国家之一。2013 年，美国发布了《美国与全球经济中的数字贸易 I》，首次明确提出了数字贸易的概念，并强调了发展数字贸易的重要性，这一法规为美国未来数字贸易的发展提供了制度保障。此后，美国出台了一系列数字经济战略，数字贸易成为其中的重要内容。例如，2015 年美国商务部颁发了《数字经济议程》，强调实现美国经济再次飞速发展、社会再次繁荣及产业保持国际竞争力的关键在于发展数字经济；2019 年 2 月，美国发布《美国主导未来产业》，较为清晰、详尽地设计了美国数字经济发展战略。同时，美国也在不断完善数字贸易的相关立法，通过法律手段保障国内数字产品的知识产权，推动电子商务的发展，并确立数字贸易在美国经济中的优先地位。

在国际层面，美国积极在 WTO 以外的区域自由贸易协议中推动数字贸易规则的建设。凭借其强大的数字贸易实力，美国在制定和推行符合自身利益诉求的数字贸易规则时具有显著优势，逐渐形成了数字贸易规则的"美式模板"。"美式模板"的理念源于美国2013 年提出的《数字贸易法案》，以实现自由开放的全球数字贸易推行数字贸易规则的形成，其发展历程大致经历了三个阶段：一是 TPP 以前的阶段，以美国—韩国 FTA 为典例，数字贸易规则的条款多为软性条款，主要处于界定基本概念的阶段；二是 TPP 阶段，开始提出更具进攻性的条款，旨在维护美国的利益，这一阶段在降低数字贸易壁垒和促进信息通信国际协作方面同时发力，制定了多项反映美国互联网企业实际利益诉求的条款，包括"数字产品的非歧视待遇""电子方式跨境传输数据"和"源代码"等；三是 TPP 之后的阶段，2018 年达成的《美墨加协定》（简称 USMCA）在全面继承 TPP 的基础上进一步

深入，体现了"美式模板"目前的雄心，该协议在"数据存储非强制性本地化"和"源代码"条款方面做出了更为严格的规定，包括排除了"监管例外""公众安全例外"等 TPP 的例外情况，以及加强了对源代码的保护，并将源代码的算法也包括在内。

当前，《美墨加协定》是数字贸易规则"美式模板"的最新范式之一。该协定所提出的数字贸易规则对美国而言具有整体稳定性与局部革新性的特征，然而，其浓重的贸易保护主义色彩使该规则内容缺乏包容性。同时，该规则本身也存在设计缺陷，容易陷入数字贸易规则适用和数字贸易发展规制的双重困境[①]。可以说，"美式模板"在全球数字贸易规则中占据主导地位，但其也存在一定的问题和挑战。未来，各国在推动数字贸易规则建设时，应充分考虑各方利益，加强国际合作，共同推动全球数字贸易的健康发展。

■ 四、数字贸易规则的完善路径

当前，数字贸易规则正面临诸多争议和困难，这些问题不仅制约了全球数字经济的健康发展，也对国际贸易秩序产生了深远影响。为了应对这些挑战，国际社会需要采取一系列完善策略，通过多边、区域和双边合作，寻找共识，制定科学合理、公正透明的规则，以促进全球数字贸易的健康发展。

（一）数据跨境流动

1. 建立统一的数据治理框架

数据跨境流动是数字贸易的核心议题之一，但各国在数据治理方面的立场存在显著差异。为了促进数据自由流动与隐私保护之间的平衡，国际社会需要建立统一的数据治理框架。这一框架应包括数据分类标准、数据传输规则、数据保护措施等，确保数据在跨境传输过程中既能满足商业需求，又能保护个人隐私和数据安全。例如，经济合作与发展组织（OECD）可以牵头制定全球性的数据治理标准，为各国提供参考和指导。

2. 加强国际合作与对话

各国应加强在数据治理方面的国际合作与对话，通过多边和双边机制，共同解决数据跨境流动中的问题。例如，亚太经济合作组织（APEC）可以通过定期召开数据治理会议，促进成员经济体之间的交流与合作，共同制定数据跨境流动的标准和规则。此外，世界贸易组织（WTO）也可以在现有的电子商务联合声明倡议（JSI）基础上，进一步推动成员方就数据跨境流动达成共识。

3. 实施分级数据管理

为了平衡数据自由流动与隐私保护，可以实施分级数据管理，根据不同类型的数据设定不同的传输规则。例如，对于敏感数据（如个人医疗信息），可以设定更为严格的数据传输标准，要求数据传输方采取额外的安全措施。而对于非敏感数据（如商品信息），可以放宽数据传输限制，促进数据自由流动。

---

① 张晓君，侯姣. 数字贸易规则："美式模板"与"中国—东盟方案"构建策略 [J]. 学术论坛，2022，45（4）：83-92.

（二）知识产权保护

1. 制定统一的知识产权保护标准

数字产品的复制成本低，盗版现象严重，给原创者造成了巨大损失。为了保护知识产权，国际社会需要制定统一的保护标准。例如，世界贸易组织（WTO）可以在《与贸易有关的知识产权协定》（TRIPS）的基础上，进一步完善数字时代的知识产权保护规则，确保原创者的合法权益得到有效保护。此外，国际知识产权组织（WIPO）也可以通过发布指导性文件，为各国提供知识产权保护的参考标准。

2. 加强跨国知识产权执法合作

各国应加强在知识产权保护方面的跨国执法合作，通过建立联合执法机制，共同打击侵权行为。例如，可以通过签署双边或多边合作协议，建立知识产权执法联络机制，定期交流情报信息，协调执法行动。此外，还可以通过国际组织平台，如世界知识产权组织（WIPO），加强成员国之间的合作与交流，共同应对知识产权保护挑战。

3. 提升公众的知识产权意识

提升公众的知识产权意识是保护知识产权的重要手段之一。各国政府和企业应加大对知识产权保护的宣传力度，通过教育、培训、媒体等多种渠道，提高公众对知识产权的认识和尊重。此外，企业也可以通过内部培训提升员工的知识产权保护意识，确保他们在日常工作中遵守相关法律法规。

（三）税收公平

1. 建立国际税收合作机制

税收公平是数字贸易面临的重要问题之一，大型科技公司通过转移定价等方式将利润转移到税率较低的国家，导致税收流失。为了确保税收公平，国际社会需要建立国际税收合作机制，加强各国之间的税收信息交流与合作。例如，经济合作与发展组织（OECD）可以通过制定全球性的税收合作框架，推动成员国之间的税收信息共享，确保跨国公司的利润在合理范围内分配。

2. 完善数字税收规则

各国应完善数字税收规则，确保跨国公司在享受数字贸易便利的同时，承担相应的税收责任。例如，可以通过引入数字服务税，对跨国公司在本国境内的数字服务收入征税。此外，还可以通过制定统一的税收标准，确保跨国公司在不同国家的税收负担相对公平。例如，欧盟已经通过了《数字服务税指令》，对跨国公司在欧盟境内的数字服务收入征税，为其他国家提供了借鉴。

3. 加强跨国税收监管

为了确保税收公平，各国应加强跨国税收监管，通过建立跨国税收监管机构，加强对跨国公司的税收审计和监管。例如，可以通过签署双边或多边税收合作协议，建立跨国税收监管机制，定期对跨国公司的财务报表进行审计，确保其税收申报的真实性和准确性。此外，还可以通过国际组织平台，如经济合作与发展组织（OECD），加强成员国之间的税收监管合作，共同应对跨国税收监管的挑战。

（四）就业市场变化

1. 加强职业技能培训

自动化和人工智能的发展可能导致部分传统就业岗位消失，同时创造出新的职业机会，这对劳动力市场结构产生深远影响。为了应对就业市场的变化，各国政府和企业应加强职业技能培训，帮助劳动者适应新技术的发展。例如，可以通过设立专项培训基金，支持劳动者参加技能培训和职业资格认证，提升其就业竞争力。此外，企业也可以通过内部培训，提升员工的技能水平，确保其在数字化转型过程中不被淘汰。

2. 推动就业结构调整

各国应推动就业结构调整，引导劳动力流向新兴行业和高技能岗位。例如，可以通过制定就业政策，鼓励劳动者进入信息技术、数据分析、人工智能等新兴行业，促进就业市场的多元化发展。此外，还可以通过提供创业支持和小额贷款，鼓励劳动者自主创业，创造更多的就业机会。

3. 加强社会保障体系建设

为了应对就业市场的变化，各国应加强社会保障体系建设，为失业者提供基本生活保障和再就业支持。例如，可以通过建立失业保险制度，为失业者提供一定的生活补贴和再就业培训，帮助其尽快重返工作岗位。此外，还可以通过设立专项救助基金，为因技术变革而失业的劳动者提供临时救助，减轻其生活压力。

（五）跨境执法与监管

1. 建立跨国执法合作机制

跨境执法与监管是数字贸易面临的重要问题之一。随着数字经济的快速发展，跨境违法行为也日益增多，如网络诈骗、侵犯消费者隐私等。为了确保跨境执法的有效性，各国应建立跨国执法合作机制，通过签署双边或多边合作协议，建立联合执法机制，共同打击跨境违法行为。例如，可以通过设立跨国执法联络中心，定期交流情报信息，协调执法行动。

2. 完善跨境监管规则

各国应完善跨境监管规则，确保跨国公司在不同国家的经营活动受到一致的监管。例如，可以通过制定统一的跨境监管标准，确保跨国公司在不同国家的经营活动受到相同的监管要求。此外，还可以通过建立跨国监管机构，加强对跨国公司的监管，确保其经营活动的合法性和合规性。

3. 加强跨国司法协助

为了确保跨境执法的有效性，各国应加强跨国司法协助，通过签署双边或多边司法协助协议，建立跨国司法协助机制，确保跨境案件的顺利审理。例如，可以通过设立跨国司法联络中心，定期交流司法信息，协调司法行动。此外，还可以通过国际组织平台，如联合国，加强成员国之间的司法协助合作，共同应对跨境司法挑战。

（六）可持续发展与环境保护

1. 推动绿色数字经济发展

数字技术的应用有助于提高资源利用效率，减少碳排放，促进绿色经济发展。为了推动绿色数字经济发展，各国应制定相关政策，鼓励企业采用环保技术和材料，降低数据中心能耗，减少电子废弃物的产生。例如，可以通过设立专项基金，支持企业进行绿色技术创新和改造，提高资源利用效率。此外，还可以通过制定绿色采购政策，鼓励政府采购环保产品和服务，促进绿色数字经济发展。

2. 加强电子废弃物管理

电子废弃物处理不当不仅会对环境造成污染，还会对人类健康产生危害。为了加强电子废弃物管理，各国应制定相关政策，建立电子废弃物回收和处理体系，确保电子废弃物得到有效管理和处理。例如，可以通过设立电子废弃物回收站点，方便消费者进行电子废弃物回收。此外，还可以通过制定严格的电子废弃物处理标准，确保电子废弃物处理过程中的环保和安全。

3. 促进数字技术在环境保护中的应用

数字技术在环境保护中的应用前景广阔，可以有效提高环境监测和管理的效率。为了促进数字技术在环境保护中的应用，各国应制定相关政策，鼓励企业开发和应用环保监测技术，提高环境监测和管理的智能化水平。例如，可以通过设立专项基金，支持企业进行环保监测技术的研发和应用。此外，还可以通过建立环保监测平台，整合各类环境监测数据，为环境管理和决策提供科学依据。

专栏阅读 10-2：中国加入 DEPA 和 CPTPP 的数字贸易规则探索

第五节　我国数字贸易规则构建

在跨境电子商务迅猛发展的推动下，数字出口已成为我国进出口领域的重要支柱之一，于 2017 年跃居第二大出口板块，成为我国经济发展的重要推动力。然而，当前我国的数字贸易规则体系尚存诸多不足，无论是制度框架、产品标准，还是在知识产权保护方面，均有待进一步完善。同时，我国数字贸易规则的构建面临来自发达国家的巨大压力。这些国家凭借其在规则制定方面的主导地位，给我国数字贸易规则的完善带来了不小的挑战，进而威胁我国数字贸易的长期稳定发展。此外，由于发达国家在数字贸易规则上的主张存在分歧，导致全球数字贸易治理陷入僵局。中国作为数字贸易大国，应主动对接高标准的数字贸易规则，深化参与全球数字贸易规则制定的程度，完善国内数字贸易治理体系和数据安全治理机制，以提升在国际数字贸易规则谈判与制定中的话语权和影响力[①]。

■ 一、我国数字贸易规则的主要差距

随着新一轮科技革命和产业变革的深入，全球数字经济焕发出蓬勃生机，催生了以数据为核心生产要素、数字服务为主导、数字订购与交付为主要特征的数字贸易。党的二十大报告明确提出，要推进高水平对外开放，加速发展数字贸易，助力贸易强国建设。党的二十届三中全会进一步强调创新发展数字贸易。数字贸易作为"双循环"新发展格局下的

---

① 焦朝霞. 全球数字贸易规则立场分歧、治理困境及中国因应 [J]. 价格理论与实践，2021（10）：40-44，133.

新兴贸易领域，已成为国际贸易发展新的趋势和引擎，正重塑商业格局和贸易模式，是构建对外开放合作新高地的关键路径①。

纵观全球，各主要经济体对数字贸易治理合作给予了高度重视。与数字贸易议题相关的贸易协定数量不断增多，议题范围也从传统领域向新兴领域拓展，如消费者隐私保护、数据跨境流动、数字产品非歧视性待遇、数字技术治理、数字平台治理等②。在我国，数字贸易近年来取得了快速发展，数字技术贸易创新能力显著增强，数字产品贸易国际竞争力大幅提升，数字服务贸易催生了众多新业态和新模式，数字贸易增长潜力持续释放，已成为对外贸易的三大支柱之一③。然而，在数字贸易规则的研究与制定方面，尽管我国积极参与全球治理，但在一些方面与国际上部分高标准数字贸易规则相比仍存在一定程度上的差距，如在跨境数据流动管理、数字知识产权保护、个人信息保护、数字产品待遇及数字贸易国际规则制定的话语权等方面，且规则发展进程也仍滞后于数字贸易的发展速度。具体而言，中国在数字贸易规则方面存在以下主要差距。

首先，国内传统贸易规则难以适应现代数字贸易的需求，而相关数字贸易的法律法规建设滞后。目前，我国主要以《中华人民共和国网络安全法》和《中华人民共和国电子商务法》为基础，但由于法治建设还不完善，存在覆盖内容不全面、可操作性不强等问题，导致我国在数字贸易规则方面缺乏主动权和可信度，只能被动接受和适应国际规则，可能长期受制于不利于我国数字贸易发展的国际规则，如"美式模板"和"欧式模板"。其次，我国还没有建立起数字贸易统计系统，使贸易数据存在严重缺失，难以准确地反映数字贸易的整体发展情况，难以识别推动数字贸易快速发展的关键因素，从而阻碍了数字贸易政策规则的制定。

可以说，我国在数字贸易规则建设方面还面临诸多挑战，这些问题的存在对我国数字贸易的持续健康发展构成了一定的阻碍。然而，我们也应清醒地认识到，这既是挑战，更是机遇。只有正视差距，积极采取有效措施加以改进和完善，我国才能在数字贸易的全球竞争中脱颖而出，实现数字贸易的高质量发展，助力贸易强国建设，推动我国经济在数字时代实现更高水平的开放与发展。

■ 二、我国构建数字贸易规则体系的主要思路

凭借互联网红利和庞大的内需市场，中国数字经济与数字贸易迅速崛起，已成为全球数字贸易的重要力量。未来，中国能否实现数字贸易的高质量发展，从数字贸易大国迈向数字贸易强国，关键在于能否抓住数字贸易发展的"机会窗口"，在全球数字贸易规则框架中赢得主动权、掌握话语权，建立起一套与自身发展利益相契合的规则体系。构建中国数字贸易规则体系，需要立足全球视野，准确把握国内外数字贸易的发展现状和趋势。

（一）突破数字鸿沟，大力推进数字经济发展

数字经济的迅猛发展，是促进数字贸易迅速崛起的一个重要原因。因此，在中国建立

---

① 李小牧，赵家章，苏二豆 . 中国数字贸易发展报告（2024）[M]. 北京：社会科学文献出版社，2024.
② 中华人民共和国商务部 . 中国数字贸易发展报告（2024）[R]. 北京：中华人民共和国商务部，2024.
③ 魏浩，卢紫薇 . 培育数字贸易竞争新优势 [N]. 经济日报，2024-10-28（005）.

数字贸易规则体系的同时，必须确保中国从数字经济大国发展到数字经济强国。尽管从世界范围来看，我国的数字经济规模已跃居世界第二，排在美国之后，但也应该认识到，当前的数字经济发展仍存在城乡和区域之间发展不平衡与不充分、数字经济尚未与实体经济实现深度融合等问题。同时，形成数字贸易"鸿沟"的原因多种多样，会加剧区域贫富差距、阻碍数字贸易治理达成共识及数据要素自由流动。因此，展望未来，中国作为数字贸易大国，不仅要通过区域经贸合作助力其他发展中国家实现新增长，更要抓住时代机遇，充分挖掘数字贸易的潜能，力求实现跨越性的发展。[①] 特别是要突破"数字鸿沟"，通过强化中西部及广大农村地区的数字基础设施建设，积极推进数字经济与实体经济深度融合，促进相关企业数字化转型，不断突破核心技术，促进数字经济创新发展。此外，要着力提高社会成员的数字素养，培育并集聚一批在数字经济领域处于领先地位的领军企业，并制定针对数字经济企业的财税政策，为数字经济发展提供支撑。

（二）探索数字技术与传统产业融合发展的新路径

在推动数字技术创新与传统产业融合发展的过程中，应积极探索传统产业数字化转型的新方向。具体而言，我国主要遵循以下路径：一是加速传统产业数字化转型及智能制造研发，推动制造、能源、材料、生物等传统产业与数字技术的融合创新，特别强调深度学习、人脑模拟、信息材料、生物传感等前沿技术的研发与应用，以实现传统产业的智能化升级；二是激励服务业领域的全面变革，鼓励通过数字技术与数字传媒、在线教育、数字医疗、智能物流、数字金融、数字公共服务等行业的融合，扩展数字服务的范围，推动数字经济的发展，进一步实现消费者需求的定制化，充分释放数字红利；三是加快数字技术与农业融合，发展数字精准农业，推动农副产品数据追溯等新模式、新业态的发展。同时，加强农业领域电商平台的多样化构建，提高农业数字化水平，促进农业现代化进程。在遵循这些路径的基础上，可以有效探索数字技术与传统产业融合发展的新路径，推动经济的高质量发展，以提供数字贸易规则所需的发展环境。

（三）立足比较优势，促进跨境货物贸易便利化

由于不同国家和地区数字贸易的发展基础、起点和环境都不尽相同，因此，它们在数字贸易结构方面的比较优势也存在较大差异，故而在制定数字贸易的国际规则时，各方的利益诉求也会有很大差别。基于此，我国应立足数字贸易发展趋势，建立具有中国特色的数字贸易规则体系，形成"中式模板"的数字贸易规则，不能一味地追随美欧日等发达国家，依据它们的数字贸易发展趋势提出的主张，而是要认识到我国数字贸易结构发展的比较优势，建立体现中国比较优势的数字贸易规则体系。

从中美两国的角度来看，在数字贸易发展的结构方面，美国的比较优势在于其强大的技术支持和良好的贸易环境所发展起来的数字服务贸易，"美式模板"的数字贸易规则重点是促进"跨境数据自由流动""数据存储设备以及数字技术非强制本地化""保证网络自由接入"。而我国的比较优势在于依靠国内完整的工业体系和强大的内需市场所支撑起来的跨境货物贸易方面，如果完全遵循"美式模板"，那么我国将很难在数字贸易方面与美

---

① 徐苑琳，孟繁芸. 全球数字贸易规则制定面临的问题与发展趋势 [J]. 价格，2018（4）：66-69.

国进行竞争，也会丧失自身已有的优势。因此，立足比较优势，我国应以跨境电子商务为轴，不断推进数字贸易的便利化设施和政策的完善，力求在跨境电子商务领域形成一个真正公正的规则框架，从而掌握相关议题的国际话语权。在今后的电子商务谈判中，我国应该灵活运用议题联系的战略，将"跨境电子商务"议题与"信息基础设施"议题、"跨境市场流通"议题相结合。必要时，可以考虑将上述三个议题与"网络安全与隐私保护"及"统一标准与法律保障"相结合，签订"一揽子"协议，以平衡谈判中各方所获得的利益，并有效缓解或补偿可能产生的不利影响①。

与此同时，要加速解决我国数字贸易发展内部的结构性失衡问题。目前，我国数字贸易的商业模式主要以跨境电子商务为主，且在全球范围内占有很大的市场份额。但是我国在数字产品、服务贸易领域发展较为滞后，而后者又是数字贸易的未来发展方向。据此，要通过制度创新、路径创新等解决数字贸易发展所面临的结构失衡问题，拓宽数字贸易的发展前景和国际竞争力。

专栏阅读 10-3：全球数字贸易博览会：共商合作、共促发展、共享成果

（四）推动全球价值链从中低端向高端迈进

数字贸易的兴起不仅改变了全球价值的创造模式，还重塑了全球价值链的贸易主体，并深刻影响了全球价值链的收益分配格局，进一步拓展了全球价值链分工的深度与广度②。随着全球化的不断深化，全球产品分工日益细化，从产业内分工转向产品内分工，并通过全球价值链的生产网络由不同国家协同完成。这种分工模式导致位于全球价值链不同位置的国家在国际贸易规则体系中的话语权与控制力各不相同。一般来说，中高端国家具备较强的话语权与控制力，而低端国家则相对较弱。

从全球视角来看，数字贸易网络的布局相对平衡，但是不同国家的网络地位存在很大差异。美德英法四个国家处在数字贸易网络的核心位置，而我国正迅速从边缘向中心靠拢。由于技术水平、制度和文化等诸多因素的影响，我国在建立数字贸易规则体系时，必须加强国际间的交流与合作，实现国内和全球价值链之间的有效衔接，积极推进数字产品有效嵌入生产流程，并强化对核心技术研发的支持力度，最终推动我国产业向全球价值链中高端迈进，提高我国在国际贸易中的话语权，为建立符合我国数字贸易发展需求的规则体系奠定坚实基础。为了推动我国数字贸易的崛起，可以遵循以下措施：一是提升技术水平，增强数字贸易的核心竞争力；二是完善知识产权保护制度，为数字贸易发展提供良好的法治环境；三是加快区域服务贸易协定的签订，拓展数字贸易的国际市场空间；四是把握数字贸易规则制定的主动权，积极参与国际规则制定；五是强化本土文化输出，提升我国数字贸易的文化软实力和品牌影响力③。

---

① 马述忠，孙睿，熊立春. 数字贸易背景下新一轮电子商务谈判的中国方案：机制与策略 [J]. 华南师范大学学报（社会科学版），2022（1）：104-115，206-207.
② 方英. 数字贸易成为全球价值链调整的重要动力 [J]. 人民论坛，2021（1）：53-55.
③ 陆菁，傅诺. 全球数字贸易崛起：发展格局与影响因素分析 [J]. 社会科学战线，2018（11）：57-66，281，2.

■ 三、我国构建数字贸易规则体系的发展方向

在构建我国数字贸易规则体系的过程中,现有数字贸易规则中的"美式模板""欧式模板"等拥有丰富的成功经验,为我国提供了参考依据。但不同国家发展情况不同,我国应以具有中国特色的数字贸易基本理念为指导,结合我国数字贸易的实际情况,建立我国的数字贸易规则体系。目前,在一定程度上,对标全球跨境电子商务规则、法律与标准,实施跨境数据流动分级分类管理制度,加快数字贸易相关立法及完善国内数字贸易规则体系建设等将成为我国构建数字贸易规则体系的发展方向。

(一)对标全球跨境电子商务规则、法律与标准

我国数字贸易的最大优势是跨境电子商务,我们应将这一优势作为构建数字贸易规则体系的立足点,以保护我国在数字贸易方面的利益。随着我国互联网基础设施的不断完善,电子商务展现出广阔的发展前景,其增速远超 GDP,约为后者的 2 ~ 3 倍。特别是以阿里巴巴为代表的互联网企业,通过科技融合与创新加速了跨境电商的发展,取得了显著成效。然而,跨境电子商务的碎片化、小额化、高频次等特征给相关规则、法律与标准的制定带来了挑战。因此,应结合自身特点,对标全球跨境电子商务的规则、法律和标准,指明我国数字贸易规则体系的发展方向,以积极参与全球数字贸易规则制定。为了实现这一目标,重点在于:一是要加强科学研究,明确跨境电子商务的发展趋势与障碍,并通过多边谈判解决发展难题;二是要加快信用体系建设,促进跨境支付便利化,保护网络消费者安全;三是要紧扣"一带一路"倡议,优先推动与沿线国家的跨境电子商务规则与法律制定,构建标准框架。

(二)实施跨境数据流动分级分类管理制度

美国是数字贸易大国,在信息加密方面具有很强的能力,因此,为促进其数字贸易发展,大力推进跨境数据的自由流通,并在一定程度上反对数字信息存储本地化。结合我国现状,我们应该在借鉴"美式模板"的基础上,实施分级分类管理体制。既要推动跨境数据流动,以促进数字贸易发展,又要确保国家安全和个人隐私。这是因为在我国乃至世界范围内,数字贸易的发展都离不开跨境数字贸易的自由流通。但是,若不顾及自身在全球价值链中的位置,全力推行跨境数据流通自由化,不但会对本国数字贸易的长期发展造成负面影响,而且对国家安全、个人隐私等都会造成一定风险。基于此,我国在建立数字贸易规则时,应朝着实行分级分类管理体制的方向发展,既不能因为担心国家安全而彻底阻断跨境数据的流通、阻碍本国数字贸易发展,也不能实施跨境数据的全面自由流通。应根据我国的实际,对跨境数据进行分级分类管理。具体来说,对涉及国家经济命脉的重点领域,如金融、石油、电力、水利等,应实施跨境数据流动限制,并在本国境内建立数据中心;对中小企业因提供服务而产生的跨境数据,如果不涉及国家经济命脉,可适度放宽数据自由流动的要求。同时,对各类数据进行归类,严禁政府数据、企业商业秘密及个人隐私等敏感数据的跨境流动与转移,对其他普通企业数据和个人数据则允许跨境流通。

(三)加快数字贸易相关立法

数字贸易相关立法会对跨境数据流动产生一定影响,进而对数字贸易的发展也产生一

定影响。完善的数字贸易规则体系是数字贸易健康可持续发展的重要支柱之一。同时，与英国、美国、日本等发达国家相比，我国在数字贸易方面的立法相对滞后。因此，在我国构建数字贸易规则体系的进程中，加快数字贸易相关立法仍是未来发展的重点。从数字贸易的发展态势来看，其规模不断扩大，形式日益多样，对经济增长的贡献越发显著。然而，与之相伴的是一系列亟待规范和解决的问题，如数据安全、隐私保护、知识产权等。在这样的背景下，立法成为保障数字贸易健康有序发展的基石。通过加快数字贸易相关立法，能够明确各参与方的权利和义务，为市场主体提供清晰的行为准则，有助于营造公平竞争的市场环境，吸引更多的企业参与数字贸易，推动产业的繁荣发展。同时，数字贸易相关立法能加强对数据跨境流动的监管，在保障国家信息安全的前提下，促进数据的合理利用和共享，提升数字贸易的效率和质量。此外，在构建数字贸易规则体系的过程中，加快立法还能增强我国在国际数字贸易领域的话语权和影响力。随着全球数字贸易规则制定逐渐成为国际经济合作的重要议题，我国积极推进相关立法工作，能够将自身的发展经验和理念融入其中，为国际数字贸易规则的制定提供有益参考，推动建立更加公正合理、包容普惠的全球数字贸易规则体系。

（四）完善国内数字贸易规则体系建设

从"美式模板"的数字贸易规则制度实践来看，国内数字贸易相关规则体系的完善是进一步推进国际数字贸易规则协定的重要基础，更是我国构建数字贸易规则体系的未来重点发展方向。数字贸易作为经济发展的新兴领域，正以迅猛之势改变着全球贸易格局。我国在数字经济领域已取得显著成就，数字贸易规模不断扩大，但当前我国的数字贸易规则体系亟待完善，主要表现为数字产品和服务的生产、支付等规则尚不健全，相关数字服务标准尚不规范等。因此，要实现数字贸易的可持续、高质量发展，完善国内数字贸易规则体系建设至关重要，且完善的规则体系能够带来一系列益处，如规范市场行为、维护国家信息安全和社会公众利益、加强监管协调等。在此基础上，在未来我国构建数字贸易规则体系的进程中，应结合自身国情与发展现状，合理利用现有的"美式模板""欧式模板"中的部分规则，弥补我国在数字贸易政策和规则方面的不足。同时，积极融入全球高水平数字贸易规则，以应对欧美等发达国家数字贸易的挑战。此外，借力"一带一路"倡议，实践数字贸易"中式模板"，并在实践中发现不足加以改进，与沿线国家开展双边数字贸易规则洽谈，建立相关纠纷解决机制和数字贸易合作机制，将数字贸易规则的"中式模板"在沿线国家推行开来。

本章小结

数字贸易合作是一个涉及多层面、多维度的复杂议题。当前，数字贸易规则的制定已经引起了世界各国的重视，各国在数字贸易规则的制定上都做出了很大的努力。一般而言，数字贸易国际规则的进展反映了全球数字贸易发展的动态和趋势，WTO框架下的数字贸易规则在不断调整和完善中寻求适应数字经济时代的新路径。构建全球数字贸易规则新框架是应对数字贸易发展挑战的必然选择，其中，TPP 为建立世界数字贸易规则提供了一个标准，而"美式模板"占据了数字贸易的制高点，对我国数字贸易发展带来了巨大的威胁。在此基础上，我们必须建立一套与我国数字贸易发展相适应的新规则，清楚地认识到构建我国数字贸易规则是我国在数字贸易领域实现可持续发展和提升国际竞争力的关键举措。

未来，随着数字技术的持续创新和全球数字贸易格局的不断演变，数字贸易合作将面临更多的机遇和挑战。我们需要密切关注数字贸易规则的发展动态，加强国际合作与交流，不断完善数字贸易规则体系，以推动全球数字贸易的繁荣发展，为世界经济增长注入新动力。

本章思考题：

1. 中国与欧美国家在数字贸易国际规则制定上的差异有哪些？
2. 未来数字贸易国际规则制定的趋势有哪些？
3. 美欧主导数字贸易国际规则制定对中国有哪些影响？应如何应对？

案例研讨：

本章研讨案例

延伸阅读：

[1] 张志明，林琳，周艳平. 区域数字贸易规则深化对亚太数字产业价值链合作的影响研究 [J]. 统计研究，2024，41（9）：72-85.

[2] 叶世雄，蔡一鸣. "丝路电商"国际合作如何影响中国数字服务贸易？[J]. 世界经济研究，2024（1）：89-104，137.

[3] 李宏兵，张少华. 数字经济国际合作赋能我国贸易高质量发展：机制、挑战与路径 [J]. 国际贸易，2023（12）：50-60.

[4] 孙玉琴，任燕. 我国与亚太新兴经济体数字贸易合作的思考 [J]. 国际贸易，2023（6）：25-35.

[5] 张蕴洁，冯莉媛，李铮，等. 中美欧国际数字治理格局比较研究及建议 [J]. 中国科学院院刊，2022，37（10）：1386-1399.

第十一章
数字贸易风险

→ **章首案例**

数字贸易本身蕴含的新型风险可称为"原生风险"。主要表现在三个方面：一是数字贸易过程中可能存在损害国家安全的危险隐患。数字贸易环境下，借助网络暴恐视频实施网络犯罪、网络恐怖主义及借用数字货币洗钱等犯罪行为可能增加，这些行为隐蔽性强、危险性大、涉及面广，对国家安全构成危害。美国白宫经济委员会的调查报告显示，2016年，由于网络恶意攻击（如商业破坏、专有信息窃取等），美国经济遭受高达 1.06 亿美元的损失。二是大数据时代，数字贸易中包含大量的消费者信息，其隐私更容易受到侵犯。例如，Facebook 作为美国数字贸易的典型代表，其于 2018 年 3 月发生的"数据门"丑闻再次引发公众对互联网上个人隐私保护的担忧。同时，第三方机构通过 Facebook 获取用户数据而遭美国和英国主管部门调查，再次暴露数字服务提供者在数据安全、风险评估和管理上的不足。三是数字贸易中存在侵犯知识产权、商业信息等风险。数字贸易中的假冒和盗版变得更加容易和难以控制，知识产权的保护难度增加。因此，危害国家安全的网络恐怖主义、对公共基础设施的网络攻击、大规模的消费者隐私泄露、对知识产权的侵犯及新型网络犯罪等都会成为数字贸易过程中潜在的"原生风险"。

资料来源：北大法宝法学期刊库《比较法研究》，2019 年第 1 期。

第一节　市场准入风险

在数字经济时代，随着互联网和信息技术的发展，数字贸易已成为推动全球经济发展的新动力。然而，在这一过程中，市场准入风险成为数字贸易中的一大挑战。

一、市场准入风险

市场准入风险主要指企业在进入新的数字市场时所面临的不确定性因素，这些因素可能导致企业无法顺利开展业务或面临较高的成本，从而影响企业的竞争力和盈利能力。市场准入风险主要包括政策法规、技术标准、数据流动限制等方面。其中，政策法规是市场准入风险中最直接的表现形式，各国为了保护本国产业或出于国家安全考虑，会制定相应的法律法规来规范外国企业进入本国市场的条件和程序。例如，一些国家可能要求外国企业在当地设立实体公司，或者与本地企业合作，这无疑增加了企业的运营成本。技术标准则涉及产品和服务的技术规格是否符合目标市场的规定，不符合标准的产品可能被禁止销售，这对于依赖标准化产品的科技公司来说是一个巨大的障碍。此外，数据流动限制也是市场准入风险的重要组成部分，随着全球对数据安全和个人隐私保护意识的增强，越来越多的国家开始采用严格的数据跨境传输规则，这不仅增加了企业的合规成本，也限制了数据驱动型企业的发展空间。

从形式上而言，市场准入风险可以分为法律风险、经济风险和技术风险等。法律风险主要来自目标市场的法律法规体系，包括外资准入政策、知识产权保护、消费者权益保护等方面的法律规定；经济风险是指由于目标市场的经济发展水平、货币汇率波动、通货膨胀率等因素导致的风险，这些因素可能直接影响到企业的投资回报率；技术风险则更多地体现在技术标准不一致、技术兼容性问题及技术创新速度等方面，特别是在快速变化的数字领域，技术更新迭代速度快，企业若不能及时跟上技术发展的步伐，可能会失去市场竞争力。

市场准入风险与贸易壁垒之间存在着密切的关系。市场准入风险在很大程度上可以视为一种隐形的贸易壁垒，它通过增加外国企业进入本国市场的难度和成本，间接达到保护本国产业的目的。因此，对于希望拓展国际市场的数字企业而言，了解并评估目标市场的市场准入风险，采取有效的应对策略，是确保成功进入并立足于该市场的关键。同时，国际社会也在不断努力，通过多边谈判等方式降低贸易壁垒，促进全球数字贸易的自由化和便利化，这对于降低市场准入风险具有重要意义。

二、贸易壁垒

数字贸易准入风险泛指数字贸易在市场准入层面面临的壁垒或障碍，主要指贸易壁垒。贸易壁垒是指在国家间跨境商品贸易与劳务交换过程中人为设置的各种限制。它具体表现为一国对境外商品和劳务进口所实施的一种限制措施。从广义上讲，任何阻碍正常良性贸易、扰乱市场自然竞争机制的人为措施，均可被视为贸易壁垒。

一般而言，传统贸易壁垒主要分为关税壁垒和非关税壁垒两大类。关税壁垒指进出口商品在经过一国关境时，政府对其征收进口税或其他具有同等作用的关税，通过高额税收来限制境外商品的进口，从而保护本国产品在国内市场的竞争优势。非关税壁垒则指除关税以外的各种限制商品跨境流通的措施，这些措施又可进一步细分为直接限制和间接限制。例如，国际经济主体在交易价格、交易条件、物流费用等方面施加的歧视性措施，以及贸易国家的政府施加的特殊贸易负担等。

在当今数字化高速发展的时代，数字贸易作为一种新兴的贸易形式，正日益成为全球经济增长的重要驱动力。然而，数字贸易的蓬勃发展并非一帆风顺，诸多贸易壁垒如影随形，对其形成了不同程度的限制与阻碍。这些数字贸易壁垒依据其表现形式和影响领域的不同，主要可分为数字产品贸易关税壁垒、数字产品贸易数据流动壁垒、个人数据流动的政策壁垒及限制外商直接投资的贸易壁垒。

（一）数字产品贸易关税壁垒

数字产品贸易关税壁垒直接影响数字产品在国际市场上的流通成本与竞争力，是传统关税概念在数字领域的延伸与演变。相较于传统的货物贸易，国际数字产品贸易在内容和形式上呈现出较大差异，导致传统的国际贸易规则和惯例难以适用，面临很大的冲击与挑战。例如，数字产品的载体是数据流，而非传统货物所依赖的磁带、光盘等有形载体；现行的海关估价体系中还缺乏数字产品贸易的内容支撑等。

当前，数字产品贸易中的关税壁垒现象日益凸显。以亚太地区为例，该地区的通信和信息产品出口在总出口中的比重要高于欧盟发达地区及拉美成员国相应产品的出口比重。这一现象反映出发达国家在数字产品进出口方面持谨慎态度，并可能设置了隐蔽的贸易壁垒。纵观全球，美国在数字产品贸易领域处于领先地位，而欧盟则相对落后。因此，欧盟在数字产品贸易的关税制度和政策上更为严格。尽管1998年欧盟将通过互联网销售的数字产品归类为劳务销售，并决定不征收关税，但仍对其征收增值税。而且，欧盟虽坚持不对从事数字产品贸易的企业征收关税的中立原则，却始终未同意对数字产品永久性免征关税。同样，对于其他发展中国家而言，由于自身在国际数字产品贸易中本就处于劣势地位，一旦免除关税，不仅会减少关税收入，还会增加对数字贸易进行有效监管的难度。由此不难想象，发展中国家对数字贸易征收关税是必然的选择，这将对数字贸易的国际化进程产生一定影响。

（二）数字产品贸易中的数据流动壁垒

数字产品贸易数据流动壁垒会限制数据这一关键要素在全球范围内的自由传输与共享，对数字贸易的高效开展构成重大挑战。数据本地化是数字产品贸易数据流动壁垒的具体表现，也是数字贸易壁垒的一个核心内容。受2013年斯诺登事件的影响，各国普遍加强了对数据本地存储的重视。与传统货物贸易相比，数字贸易依赖网络交易，随着虚拟经济的迅猛发展，各国越发重视数字经济领域的保护，甚至不惜采取限制性措施。

本地化概念自提出以来，其内涵主要经历了服务本地化、设施本地化和数据本地化三个阶段的发展。在许多国家实施本地化储存要求的同时，其他一些国家还规定数字贸易企业的数据须在本地进行处理，以防止数据的跨国传输，或要求数据跨境传输前必须征得数据主体的事先同意，抑或要求跨境传输前必须在本地进行数据复制等。其中，最为严格的当属禁止数据转发的政策，该政策目前主要应用于某些特定行业。时至今日，数字产品贸易中的本地化壁垒已逐渐演变为一种有条件的流动制度，即针对不同类型的数字信息采取不同严格程度的限制措施。一般来说，重要数据被禁止跨境流动，相关行业的技术数据及公共部门的数据在一定条件下限制流动，而普通个人数据则在满足安全要求的基础上允许流动。虽然这是一般的做法，然而，在国际数字贸易中，哪些数据属于重要数据，哪些属于普通数据，完全由一国的监管部门决定，这种不确定性使所谓的本地化要求很容易成为数字贸易的壁垒。

（三）个人数据流动的政策壁垒

个人数据流动的政策壁垒聚焦于个人数据的跨境传输与保护，涉及隐私、安全等多方面的考量。当前，个人数据流动的政策壁垒也在本地化措施的影响下逐渐成为数字贸易壁垒中的突出领域。随着各国对个人数据安全的重视程度不断提升，通过合同干预和问责制等手段加强对个人数据传输的监管已成为普遍趋势。

一方面，各国政府纷纷对数据控制者在数据管理上的安全责任作出明确规定，要求企业对其跨境数据流动的全过程安全负责。一旦出现不符合管理规定的个人数据泄露等情况，政府将会对相关企业进行严厉处罚。这一做法几乎在所有国家实施，但不同国家在执行力度上存在差异，有的国家执行非常严格。另一方面，政府还通过数据处理合同干预进行监管，要求涉及数据跨境流动的合同必须包含安全管理等相关内容。以欧盟为例，其相关要求非常严格，如数据保护主管部门制定了制式合同条款，所有需要进行数据跨境流动的业务都要签订这样的合同条款。从长远来看，随着大数据分析技术的不断发展，个人数据流动所蕴含的风险将更加受到各国的重视，个人数据跨境流动的安全监管政策壁垒将会进一步升高。

（四）限制外商直接投资的贸易壁垒

在国际数字贸易领域，投资限制是一种较为常见的壁垒形式，这种壁垒通常表现为一国政府对特定产业或某个企业的投资行为设定某种程度的限制条件。限制外商直接投资的贸易壁垒则从投资层面制约了数字贸易相关企业的跨国发展与资源整合，对数字贸易的产业生态和市场格局产生了深远影响。例如，在电信业，许多国家的投资往往都有本地化的所有权限制，这可能体现为对企业注册地的要求，或者是对企业董事会中本国成员数量的要求。此外，部分国家还在数字领域的外商投资规模、投资企业进货渠道及销售渠道等方面设置限制。

对于 IT 基础设施投资，一些国家和地区也提出具体要求，如要求企业须为其业务所涉及的全部本地数据流配备相应的服务器。在限制外商直接投资方面，美国等发达国家做法娴熟，常以国家安全为由进行限制。例如，自 2019 年以来，美国政府针对中国华为公司实施了一系列限制措施，这些措施虽基于似是而非甚至"莫须有"的理由，但所形成的贸易壁垒造成的伤害更大。近年来，限制外商直接投资的做法逐渐从发达国家向发展中国家蔓延，印度、俄罗斯等国家实施了较为严格的外商直接投资限制，这些措施在一定程度上保护了本地企业，但对国际数字贸易造成了较大限制 ①。

■ 三、防范市场准入风险的应对之策

在全球数字贸易蓬勃发展的大背景下，数字贸易壁垒可能成为阻碍其进一步拓展的重要因素。为有效应对数字贸易壁垒，我国需要从多个维度实施全面且深入的策略，以防范数字贸易风险，进一步推动数字贸易的可持续发展。

（一）建立健全相关法律规范

在当前复杂多变的国际数字贸易环境下，建立健全我国国内相应的法律体系具有至关重要的意义，这在一定程度上能规避美国及其他国家对我国的歧视性贸易政策。随着数字技术的飞速发展，数字贸易规模不断扩大，其涉及的领域和问题日益复杂。由于知识产权保护、数据隐私与安全及竞争法等是当前我国较为关注的议题，且相关法律规范亟待完善，因此，围绕这些内容建立健全我国相关法律法规具有重要意义。

（1）知识产权保护。要明确数字产品和服务的知识产权归属规则，无论是软件算法、数字内容创作还是电子商务平台的独特运营模式，都应受到严密的法律保护。通过加大知识产权执法力度，建立专门的数字知识产权审查和纠纷解决机制，避免因知识产权界定模糊而被他国以不合理的理由设置贸易障碍。

（2）数据隐私与安全。数字贸易高度依赖数据的流动和存储，须制定严格的数据保护法规，规范企业在数据收集、存储、使用和传输过程中的行为。对于涉及国家安全、公民个人隐私等重要数据，要有明确的分类分级保护标准。同时，在跨境数据流动方面，要确立清晰规则，在保障数据安全的前提下，促进合法、有序的数据跨境流动，防止他国以数据安全为由，无端对我国数字贸易企业进行限制。

（3）竞争法。数字平台的垄断问题、不正当竞争行为在新贸易模式下会呈现出新形式，要通过法律明确界定这些行为，防止国外企业利用市场优势地位对我国数字贸易企业进行打压。同时，也要规范我国企业在国际竞争中的行为，避免被他国以不正当竞争为借口实施歧视性政策。通过构建系统全面的法律体系，为我国数字贸易创造公平、有序、稳定的发展环境，有力抵御外部歧视性贸易政策冲击。

（二）提高企业实力，鼓励企业"走出去"

打铁还需自身硬。一般而言，非关税贸易壁垒实际上就是发达国家对发展中国家设置的障碍。进口国掌握话语权。尽管非关税壁垒是各国对我国出口贸易设置的阻碍，但也是对我国产品的一种要求。因此，在对其他国家的非关税贸易壁垒进行研究分析的同时，必须重视增强本国自身的实力，提高我国外贸企业的国际竞争力，促进贸易企业的自主创新，增强产品的核心竞争力，以高品质、高技术含量的产品赢得国际市场。推动中国企业"走出去"，是实现原产地多元化的有效途径。对外直接投资既可以选择那些对中国企业设置贸易壁垒的国家，也可以选择第三国。中国境外企业在东道国销售产品或出口，替代境内公司的出口，从而绕开目标国的贸易壁垒。此外，中国企业"走出去"，不仅能降低对

---

① 郑淑伟. 国际数字贸易壁垒的现状和我国的应对策略 [J]. 对外经贸实务，2019（7）：42-45.

特定市场的依赖风险，还有助于减少贸易顺差，改善与贸易伙伴的经贸关系。例如，中国企业在美国的迅速发展充分展示了中美经贸关系的紧密性，通过在美国投资并在当地市场销售产品，可以进一步加深两国经济的相互融合与依赖。

（三）实施多元化对外贸易战略

新中国成立以来，我国的对外贸易伙伴关系建设经历了从单一到多元的发展历程。新中国成立初期，我国对外贸易主要依赖苏联和东欧社会主义国家。1951 年，我国与其他社会主义国家的贸易额占全部对外贸易总额的比重达 52.9%。随着外交关系的不断拓展，我国的贸易伙伴逐渐增多，到改革开放初期已发展至 40 多个国家和地区。改革开放以来，尤其是加入世界贸易组织后，我国积极适应国际市场形势，深化与世界各国的经贸合作，贸易伙伴进一步多元化。2011 年，我国的对外贸易伙伴已扩展至 230 多个国家和地区，美国、欧盟、东盟、日本、韩国等成为主要贸易伙伴。进入新时代，我国实施更加积极主动的开放战略，推动对外开放向更大范围、更宽领域、更深层次发展，与全球 140 多个国家和地区建立了紧密的贸易关系[①]。除此之外，2013 年提出的"一带一路"倡议更是激发了新兴市场的活力，促进了双边贸易的快速发展。我国已成为共建"一带一路"国家中 114 个国家的前三大贸易伙伴，并且是其中 68 个国家的最大贸易伙伴；对共建"一带一路"国家的进出口额从 2013 年的 10.1 万亿元增长至 2023 年的 19.5 万亿元，年均增长6.7%，占我国进出口总额的比重也由 39.3% 提升至 46.6%。同时，我国与非洲和拉丁美洲的贸易额也大幅增长，在进出口总额中的占比分别由 2000 年的 2.2% 和 2.7% 提高到 2023年的 4.7% 和 8.2%。

因此，为了促进外贸经济的持续健康发展，我国需要加强对国际市场的全面开拓，实施更加多元化的国际贸易战略。这一战略的核心是在保持与欧美等发达国家贸易往来的基础上，积极拓展与其他国家和地区的贸易合作，形成多元化的贸易伙伴体系。通过实施这一战略，降低对单一市场的依赖，增强外贸经济的抗风险能力，为我国的对外贸易发展注入新的活力。

（四）加强政府力量

在当今国际政治经济格局中，我国综合国力日益强大，在国际事务中拥有了更坚实的话语权和影响力。我们应当积极地运用 WTO 的争端解决机制，只有这样才能遏制美国通过 WTO 结成企业联盟，将美国对我国实施贸易政策的歧视性做法诉诸 WTO。

国际贸易的顺利开展离不开公平、公正的规则和有效的协调机制，世界贸易组织（WTO）及其争端解决机制在其中扮演着关键角色。我国政府应当积极主动地利用 WTO争端解决机制，这成为维护国际经济秩序稳定的重要保障。以美国为例，为了维护自身利益，其时常利用自身在国际经济领域的影响力，试图通过 WTO 平台结成企业联盟，严重破坏了公平竞争的市场环境，并且其对我国实施的贸易政策存在诸多歧视性做法。这些歧

---

① 国家统计局网站 . 对外开放取得瞩目成就 经贸合作迈向更高水平——新中国 75 年经济社会发展成就系列报告之十一 [EB/OL]. 中华人民共和国中央人民政府（2024-09-18）[2024-11-01]. https://www.gov.cn/lianbo/bumen/202409/content_6975153.htm.

视性做法不仅损害了我国企业的合法权益，也对全球产业链和供应链的稳定造成了负面影响。基于此，我国政府通过将美国的不正当行为诉诸 WTO，以借助 WTO 的规则和国际舆论的力量，对美国形成有效制约。这要求我们深入研究 WTO 规则，培养专业的国际经贸法律人才队伍，积极准备翔实的证据和资料，在 WTO 争端解决机制的框架内，有理有据地应对美国的不合理行为，捍卫我国在数字贸易等领域的合法权益，维护公平、公正的国际经济贸易秩序。同时，向国际社会展示我国政府维护公平竞争、遵循国际规则的积极态度和坚定决心，从而规避潜在的数字贸易风险。

（五）完善我国的预警机制

自我国加入世界贸易组织以来，对外贸易环境发生了深刻变化。在经济全球化的浪潮中，众多国内企业积极投身国际市场，参与国际竞争。在此过程中，大量企业面临新的挑战，其中，对贸易伙伴国技术法规和标准的了解需求尤为迫切。一方面，贸易伙伴国的技术法规和标准是企业开展对外贸易活动的重要依据。这些法规和标准涵盖产品质量、安全、环保等多个关键领域，直接影响我国产品在国际市场上的准入和销售情况。许多企业深知，只有深入了解并遵守这些规则，才能使自身产品顺利进入目标市场，避免因不符合当地要求而遭受损失。另一方面，部分企业希望获取技术法规方面生动的实践案例，以吸取其他企业在面对不同国家技术法规时的经验与教训。通过对案例的研究，企业能更加直观地理解法规的内涵和应用场景，从而更好地指导自身的生产和出口策略。

一般来说，对于出口企业而言，能否及时获取贸易伙伴国的相关技术法规和标准信息意义重大，在某些情况下，这甚至关乎企业的生死存亡。在国际贸易中，一些国家可能会突然调整技术壁垒措施，如果企业未能及时知晓并做出相应调整，其产品可能会被拒绝入境、要求召回或者面临高额罚款等严重后果，这将使企业在经济上遭受重创，严重影响企业的生存与发展。

鉴于此，我国有必要建立国家级的专门机构来完善预警机制。该机构应具备强大的信息收集能力，通过多种渠道，如国际组织、驻外机构、行业协会、专业数据库等，全面收集我国主要出口商品在各个目标市场的相关信息。同时，该机构要深入研究这些出口商品的现状，包括生产规模、技术水平、市场份额、主要竞争优势等，以便准确把握我国出口商品的整体情况。此外，该机构应运用专业的分析方法和模型，深入剖析主要贸易国家可能采取的技术壁垒措施，综合考虑并分析国际政治经济形势、贸易保护主义倾向、国内产业发展动态等多种因素，提前预测贸易伙伴国可能出台的新法规、新政策及对现有技术壁垒的调整方向，助力我国政府和企业提前采取针对性的应对措施，有效降低技术壁垒对我国出口企业的不利影响，保障我国对外贸易的稳定和可持续发展。

第二节　信用支付风险

一、信用支付风险概念

在数字贸易蓬勃发展的背景下，消费者的个人信息已成为推动信息经济发展的关键要素。这些信息涵盖消费者的消费习惯、偏好、地理位置及购买经历等，对于数字贸易平台而言，其重要性是与日俱增的。为了实施更为精准有效的营销策略，数字贸易平台不可避免地需要获取、收集、存储、传输、利用及分析消费者的个人信息。

信用支付风险是指在交易过程中，由于交易双方中的一方或双方未能按照约定履行其信用责任，从而导致经济损失或信任度降低的风险。这种风险在数字贸易中尤为显著。同时，数字贸易的虚拟化特性，即交易双方在整个交易过程中无须直接会面，更导致了贸易活动的信用风险。信用风险主要包括买方信用风险和卖方信用风险两个方面。

（1）买方信用风险是指买方可能利用网络环境，使用伪造的信用信息骗取卖方的货物，从而让卖方承担货物损失的风险。

（2）卖方信用风险是指卖方可能未按照合同约定的质量标准与数量要求向买方提供产品，进而给买方带来经济损失的风险 [1]。

二、信用支付风险类型

在现代金融体系中，信用支付作为一种便捷的交易方式，为经济活动带来了极大的便利，但也伴随着多种风险。在数字贸易领域，信用支付的使用较为频繁，主要包括客户身份识别风险、恶意透支风险、报备制度不完善风险、交易过程中屏蔽银行风险及有关金融的风险等，这些风险类型相互交织，对金融秩序和相关主体的利益产生深刻影响。

（一）客户身份识别风险

在信用支付过程中，客户身份识别是首要环节。它贯穿整个信用支付流程的前端，对后续交易的安全性和合法性有深远影响，同时，其在不同环节表现出不同的特征，对数字贸易发展产生不同程度的影响。

（1）信息获取环节。由于数字贸易的虚拟性和跨地域性，客户在注册信用支付服务时，可能提供虚假或不准确的身份信息。不法分子会利用网络技术手段编造姓名、身份证号、联系方式等基本信息，绕过初步的身份验证程序。这种虚假信息的输入会增加识别难度，因为支付平台难以通过简单的线上手段完全核实信息的真实性。

（2）身份验证技术环节。一般来说，传统的基于密码的验证方式往往会因用户设置的密码过于简单或者因网络安全等问题而被窃取，从而导致身份冒用和信用支付风险。同时，一些新兴的生物识别技术，如指纹识别、面部识别等，虽然具有较高的便利性，但也可能受到攻击。例如，不法分子通过制作高仿真的指纹膜或者利用面部照片破解识别系统，从而伪装成合法用户。

---

[1]　马俊，邓丽明 . 企业开展电子商务的风险与对策 [J]. 商场现代化，2007（33）：135.

（3）与第三方数据共享和整合环节。数字贸易涉及众多环节和平台，为了提供更优质的服务，信用支付平台可能会与其他第三方机构共享客户数据。如果第三方机构的数据安全措施不到位，客户身份信息可能在传输或存储过程中被泄露，进而被不法分子获取并用于欺诈性的信用支付活动。

除了上述环节以外，在跨境数字贸易领域，客户身份识别也变得更加复杂。不同国家和地区对于身份信息的管理和验证标准存在差异，国际间的数据保护法规也不尽相同。这就导致在跨境信用支付业务中，可能出现客户身份信息在跨国传输和验证过程中的不一致性和监管空白，为不法分子提供了可乘之机，使他们能够利用这种差异和漏洞进行非法的信用支付操作，损害支付平台、商家和其他合法用户的利益。

（二）恶意透支风险

在数字贸易领域的信用支付体系中，恶意透支风险是一种极具危害性的风险类型，对金融秩序和相关方利益构成严重威胁。恶意透支是指申请虚拟信用支付的账户超过规定信用额度或规定期限进行透支。由于虚拟信用支付系统存在漏洞，一些不法分子可能利用这些漏洞进行恶意透支，从而形成了恶意透支风险，给支付机构造成经济损失。随着信用支付规模的扩大和恶意透支事件的增多，支付机构面临的资金流转风险日益加剧，成为一个不容忽视的风险问题。由于某些工作方面的偏差，虚拟信用支付的申请用户中不可能都是信用等级很高的用户。当某些用户处于某些特殊情况时，可能为了窃取利益，故意严重违约并逃避还款责任，进一步增加了支付机构的收款难度和经济损失[①]。

一般来说，恶意透支风险的产生往往源于主体的不良动机，包括消费观念扭曲、过度追求超出自身经济能力的物质享受及恶意欺诈等。行为主体通常会在短时间内频繁使用信用支付并进行大量交易，破坏信用支付市场的公平性和诚信环境，使得其他遵循规则的主体可能面临更严格的信用审查、更高的成本或更受限的信用额度，进一步影响整个数字贸易信用支付生态的健康发展。此外，在数字贸易蓬勃发展的背景下，恶意透支行为因网络的便捷性和信息传播的快速性而更具隐蔽性和传染性。不法分子可以利用网络平台迅速传播恶意透支的手段和方法，形成一种不良示范效应，诱导更多人参与其中，进一步加剧了恶意透支风险对数字贸易信用支付体系的破坏。

（三）报备制度不完善风险

报备制度不完善风险主要是指在数字贸易信用支付体系中，由于相关报备规则、流程及执行环节存在缺陷而引发的一系列风险。在数字贸易领域的信用支付风险范畴内，报备制度不完善风险是一个容易被忽视但影响深远的关键问题。一般来说，报备制度不完善风险不仅涉及报备流程的各个环节，还会衍生出一系列其他相关风险，从而对数字贸易产生影响。

从报备内容方面来看，若报备制度本身不完善，可能导致关键信息的缺失。例如，信用支付机构可能未全面报备用户的详细信用状况，包括用户在其他金融平台的信用记录、

---

① 肖振宇，张杰，谷瀛．虚拟信用支付的风险及防范研究 [J]. 牡丹江师范学院学报（哲学社会科学版），2015（6）：49-52.

负债情况等，使监管部门无法准确把握用户的综合信用水平，从而在评估信用支付风险时缺乏重要依据。同时，对于信用支付业务的交易模式、涉及的金融产品类型等内容的报备若不详尽，监管者将难以了解业务的全貌，无法针对性地分析潜在风险点，进而难以提供防范措施。

从报备流程环节来看，流程的不规范可能导致信息传递的延迟或错误。信用支付机构可能无法按照规定的时间和方式向监管部门报送数据，使监管信息滞后于业务发展。而且，在多层级的报备流程中，如果缺乏有效的监督和纠错机制，可能出现数据在传递过程中失真的情况，进一步影响监管决策的准确性，从而使不法分子在数字贸易信用支付中得逞。

从监管协调角度来看，不完善的报备制度在涉及多个监管部门时会暴露出更多问题。数字贸易信用支付业务往往跨越多个领域，需要不同监管部门协同管理。然而，若报备制度没有明确各部门的职责和信息共享机制，可能出现监管空白或重复监管的现象。例如，金融监管部门与贸易监管部门之间如果没有良好的信息沟通和协调，可能导致对信用支付风险的监管出现漏洞，无法有效防控风险在不同监管领域之间的转移和扩散。

报备制度不完善还会影响市场的透明度和稳定性。由于监管部门无法获取完整准确的信息，市场参与者难以对信用支付业务的整体风险状况形成清晰的认识。这可能导致市场主体在决策时缺乏足够的依据，进而引发市场的无序竞争或过度扩张。对于投资者而言，不透明的市场环境增加了他们的投资风险，可能影响整个数字贸易信用支付领域的资金流动和资源配置效率，在极端情况下，可能引发系统性风险，对整个经济体系造成冲击。

（四）交易过程屏蔽银行风险

在交易过程中，虚拟信用支付业务通常与第三方支付机构绑定，并通过其进行快捷支付，在这一过程中，银行信息被完全屏蔽。与传统的实体信用卡交易相比，这一过程缺乏银联清算系统和中国人民银行反洗钱系统的保护，从而增加了交易风险。由于第三方支付机构在法律支撑方面相对薄弱，其交易过程中的风险更加显著。

在数字贸易领域的信用支付风险范畴内，交易过程屏蔽银行风险是一种具有独特危害的风险类型。对于支付系统的稳定性而言，交易过程屏蔽银行增加了支付风险的不可控性。银行无法根据交易数据对支付系统的流动性进行合理调控，可能导致支付系统在面临大规模隐蔽交易冲击时出现资金链断裂或流动性危机。同时，由于银行无法对交易的信用风险进行评估和管理，信用支付体系中的信用评估模型可能会因为缺少关键数据而失效，进而导致整个信用支付系统对用户信用状况的误判，使信用风险在系统内不断积累和扩散。这种风险严重破坏了公平竞争的市场环境，导致合法的商家和消费者可能因为这些隐蔽交易带来的风险而遭受损失，进一步影响整个数字贸易信用支付市场的健康发展。

（五）金融方面的风险

在数字贸易领域的信用支付中，金融方面的风险是一个复杂且关键的要素，对整个信用支付体系的稳定运行具有至关重要的影响。主要包括利率风险、汇率风险、流动性风险、金融市场波动风险及信用风险传导与放大等。

在数字贸易领域，尤其是跨境数字贸易的信用支付场景下，汇率风险凸显。当交易涉及不同货币的结算时，汇率的波动会给交易双方带来不确定性。对于出口企业而言，如果本国货币升值，在以外币计价的信用支付交易中，其收到的本国货币金额会减少，这可能影响企业的利润水平，甚至可能使原本盈利的交易变为亏损。反之，对于进口商，若本国货币贬值，会增加进口成本。而且，汇率的大幅波动还可能影响金融机构在跨境信用支付业务中的资产和负债价值，若金融机构未能有效对冲汇率风险，可能面临巨大的汇兑损失。

与此同时，在金融体系内，信用支付的风险具有传导和放大效应。当个别消费者或企业出现信用违约时，可能引发连锁反应。例如，一家企业因经营不善无法偿还信用支付欠款，其债权人（可能是金融机构或供应商）的资产质量就会下降。如果这种情况在多个企业或行业中蔓延，金融机构的不良资产率会上升，可能导致金融机构收紧信贷政策，减少信用支付额度的发放。这不仅会影响其他正常企业和消费者的信用支付使用，还可能进一步抑制消费和投资，对整个数字贸易乃至宏观经济产生负面影响，使经济陷入恶性循环，信用风险在这个过程中不断被放大和传播。

■ 三、信用支付风险防范措施

在信用支付日益普及的现代经济环境中，风险防范措施至关重要，主要包括防范客户风险的措施、防范机构风险的措施、防范银行方面风险的措施及防范金融方面风险的措施，每个层面都相互关联且不可或缺，共同构成了保障数字贸易信用支付健康运行的防护网。

（一）防范客户风险的措施

为了有效防范客户在信用支付过程中面临的风险，可以采取以下主要措施：一方面，加强技术防伪手段。在客户端软件的设计过程中，应注重增加技术防伪要素的应用。通过采用具有专利性的技术设计，增加盗版的复制难度，使盗版软件难以模仿，从而有效防止客户信息的泄露。同时，为了方便客户辨别真伪，可以在软件设计中加入易于识别的防伪标识，进一步降低客户信息泄露的风险。另一方面，停用不安全的验证方式。在交易验证环节，应当停用二维码、条形码等存在安全隐患的验证方式。为了保障用户在客户端进行交易时的账户信息安全，可以积极采用新的、安全度更高的交易验证方式。这些新的验证方式应当能够确保用户在客户端进行交易时不会泄露账户信息，从而有效降低交易风险。

（二）防范机构风险的措施

有效防范支付机构在信用支付业务中面临的风险措施主要包括创新信息验证机制、强化日常监管体系、制定并执行严格的用户违约制度等。

1. 创新信息验证机制

在用户填写申请信用支付时，创新性地引入了一种新的信息验证方式。具体而言，用户须上传手持本人身份证的照片，审批机构则通过对比照片中的本人与身份证信息，来确保申请人与所填写的身份信息一致。这一举措有效防止了不法分子冒用用户身份信息进行欺诈的行为，从而大大降低了支付机构的风险。

2.强化日常监管体系

为了防范恶意透支等风险行为的发生，应建立完善的日常监管体系，通过借鉴或引用银联清算系统的先进经验，以及与人民银行的反洗钱系统、征信系统进行深度合作，可构建有效的第三方日常监管机制，为支付机构的风险防范提供有力保障。

3.制定并执行严格的用户违约制度

为了有效应对用户违约行为带来的风险，可以制定详细的用户违约制度。违约制度应涵盖用户违约行为的判定条件、违约后应采取的惩罚措施、违约通知方式及执行违约措施的部门和人员等关键要素。此外，只有加大违约打击力度，才能起到警示作用，降低支付机构的资金风险。

（三）防范银行风险的措施

在面对由第三方支付机构新型业务引发的银行风险时，可以采取以下防范策略：一方面，建立健全监管第三方支付机构新型业务的制度。随着科技的飞速发展，新型金融产品的涌现往往超前于相关法律制度的建设。因此，在第三方支付机构推出新型业务之际应迅速响应，加快相关法律法规的制定步伐，确保法律制度能够及时跟上新型产品的发展节奏，以法律手段明确新型业务的监管框架，为银行的风险防范提供坚实的制度保障。另一方面，加强对第三方支付机构的日常监管力度。除了构建完善的监管制度外，还应加大对第三方支付机构的日常监管力度。通过持续、全面的监管，及时发现并纠正第三方支付机构在业务运营中的违规行为，从而有效防范由此引发的银行风险。这一策略的实施，不仅有助于维护金融市场的秩序稳定，还能保障银行的合法权益不受侵害。

（四）防范金融风险的措施

鉴于虚拟信用支付业务与传统信用卡支付业务之间的相似性及其对后者可能带来的一定影响，为有效防范金融方面的风险，银联作为金融行业的重要参与者，需要与时俱进，紧跟市场发展的步伐，充分把握市场需求的变化。在此基础上，银联可以对传统信用卡业务进行优化升级，以提升其竞争力和适应性，从而降低虚拟信用支付业务带来的潜在风险，进一步确保数字贸易信用支付在新市场环境中的稳健发展。

专栏阅读 11-1：中国电动车遭遇 36.3% 的关税壁垒

第三节 信息数据风险

一、信息数据风险概念

在传统货物或服务贸易中，人们主要关注的是货物和服务的质量瑕疵可能引发的安全、健康及环境等方面的风险。然而，在数字贸易背景下，个人自治空间遭受外界侵入的可能性显著增加，这带来了全新的风险维度。

一般情况下，数字贸易促进了个人数据的自由流通，进而推动了数据的商品化利用。但在这一过程中，个人数据所蕴含的人格利益可能会被忽视或贬损，导致个体本身在某种程度上沦为被支配的对象，类似于"物"的地位。因此，在数字贸易环境中，除了需要关注产品及服务质量的风险外，企业和消费者还必须面对数据本身所带来的风险。

信息数据风险是指在数字贸易等涉及数据处理的活动中，由于数据的收集、存储、传输、使用和删除等环节存在不确定性因素，从而可能导致一系列对数据主体权益造成的损害，以及对数据利用者的业务运营和商业目标产生负面影响的潜在风险。这一风险可能贯穿数据收集、存储、传输、使用及删除等各个环节，并对企业的商业机密、消费者的个人隐私和权益等造成严重损害，从而对数字贸易的健康发展构成重大挑战。因此，应对这一风险加以防范。

■ 二、信息数据风险类型

在数字贸易蓬勃发展的时代背景下，信息数据风险是其中一个重要议题，它贯穿数字贸易的各个环节，对贸易活动的顺利开展和相关主体的权益保护构成严重威胁。这些风险类型多种多样，包括个人隐私泄露风险、数字贸易信息风险及未经许可的商业电子信息风险等。每一种风险类型都有其独特的表现形式和潜在危害，深刻影响数字贸易生态的稳定与安全。

（一）个人隐私泄露风险

大数据时代，数字贸易中涉及大量的消费者信息，个人隐私泄露的风险显著增加。历史上，如 2014 年中央紧急叫停支付宝和腾讯等虚拟信用卡支付产品与条形码面对面支付等业务的事件，就凸显了虚拟信用卡支付业务存在的不安全性。不法分子利用盗版软件窃取客户信息、二维码和支付条码进行诈骗等案例也屡见不鲜。例如，运用外观上被设计成淘宝、支付宝等内含病毒的盗版软件来骗取消费者的信任，并在支付结算环节，通过软件中的病毒获取消费者的用户信息，包括账号、密码及支付密码等，从而给用户带来财产损失。同时，二维码和条形码制作的简易性，也给不法分子提供了机会，使其可以打着优惠的幌子让用户扫描，然后将病毒传播到用户的手机中，从而导致用户被骗[1]；又如，脸书这样的美国数字贸易典型代表也面临个人隐私泄露的潜在危险，2018 年的"数据门"丑闻引发了公众对互联网上个人隐私保护的担忧[2]，恰好印证了上述说法。可以说，个人数据在数字贸易的流通和利用过程中，存在被泄露和滥用的风险，且数字服务提供者在数据安全、风险评估及风险管理等方面也存在不足，因此，个人数据隐私保护对数字经济环境的营造具有重要影响。

基于此，要合理合法地保护个人数据隐私，过于严格或过于宽松的个人数据保护制度，都会给数字经济带来负面冲击。一般来说，如果对个人数据的保护不足，就会影响消费者的信心；而对个人数据的过度保护，则会阻碍企业发展。此外，从国际贸易视角进行审视，企业也希望各国的个人数据保护制度更加标准化、透明化，具有非歧视性和可操作性，从而减少企业在国际贸易中的成本。

在个人数据保护越来越重要的今天，如何在全球或地区寻求个人数据的保护，已成为

① 刘帅.虚拟信用卡安全性分析 [J].金融科技时代，2015（5）：80-81.
② 彭德雷.数字贸易的"风险二重性"与规制合作 [J].比较法研究，2019（1）：172-186.

国际上的一个焦点。因此，近些年来，在贸易谈判中，个人信息保护条款作为非常重要的条件被写入贸易合约之中。

（二）数字贸易信息风险

数字贸易信息风险是指在数字贸易活动中，由于各种内外部因素的影响，使信息在其生命周期（包括产生、收集、存储、传输、使用和销毁等阶段）中出现不确定性，进而对数字贸易相关主体（如企业、消费者、监管机构等）的利益产生损害的潜在可能性。

1. 数字贸易信息收集过程中的风险

根据收集的程度或手段不同，在数字贸易信息收集过程中，存在过度收集和非法收集的风险。过度收集表现为：由于法律法规的制定往往滞后于时代的发展，一些企业就利用这一点大量收集用户的信息，甚至强制用户同意其获取相关信息，否则禁止用户使用其产品。一般来说，企业所收集的很多信息与它们向用户提供的服务并无关联，如导航软件记录用户行程并出售相关数据。同样，非法收集也是个人信息收集过程中的隐患，一些网站通过技术手段如 Cookies 技术在没有取得用户同意的情况下获取用户个人信息，包括用户的访问次数、时间和浏览记录等。

2. 数字贸易信息传输中的风险

在数字贸易信息传输过程中，恶意传播和不当泄露是主要的风险来源。大数据时代，信息的传播变得十分方便，但如何保障个人信息在这一过程中的安全就成为一个难题。不当泄露是指商家在收集信息的过程中，在未取得用户同意的情况下将信息泄露出去的行为，公民个人有权利选择其他更加安全的信息传播方式。而恶意传播的危害更大，主要是指某些主体出于不良动机，利用数字技术和网络渠道，对数字贸易相关信息进行传播，从而对个人、企业或者整个数字贸易生态造成损害的行为。例如，一些网络黑客通过散播木马病毒、利用软件漏洞获取用户个人信息，并在用户不知情的情况下将其散播出去。

3. 数字贸易信息使用过程中的风险

大数据时代，个人信息已经成为一种资源。一般而言，在数字贸易信息使用过程中，商家为了更好地推销自己的产品，往往会主动收集用户的个人信息。尽管这一行为在最初都有明确的目的和相关的规定，但是一些商家为了追求更大的利益，可能将收集到的个人信息出售给其他人。这就致使部分商家违背最初的承诺，进而给个人造成严重困扰。最严重的就是所谓的"人肉搜索"行为。搜索者利用被搜索者在网络上发布的个人信息对其个人隐私进行挖掘，并将其公布，诱导更多的人参与，从而给被搜索者的正常生活造成极大的干扰。

4. 数字贸易信息销毁过程中的风险

大数据时代，信息的存储方式发生变化，数字化存储在给人们带来便利的同时，也因其容易复制的特点导致难以销毁，这意味着每个人在网络上的行为最终都会留下数字痕迹。当用户在网络上进行操作后，相关数据就会被记录下来。尽管政府出台了一些规定，要求企业在保存一定年限后就要对相关数据进行销毁，但政府也常常会要求企业提供一些数据，导致公司权利和个人隐私发生冲突。

（三）未经许可的商业电子信息风险

未经许可的商业电子信息风险是指在数字贸易环境下，未经信息接收者明确同意而发送商业电子信息所带来的一系列潜在危害，包括对消费者权益的侵害、对市场秩序的破坏及法律合规风险等。

建立信任是数字经济中商业环境的基础要求，而在数字贸易环境中，消费者的知情权、安全权、公平交易权等基本权利很难得到充分的保障，且在消费者权益受到损害后，没有一个有效的纠纷解决机制。网络欺诈与未经许可的商业电子信息泄露严重影响了消费者对于企业和互联网平台的信任程度，恶化的交易环境将会大幅降低消费者参与数字贸易的信心与频率。此外，近年来，一些影响力较大的多边和双边自贸协定，如美澳 FTA、中澳 FTA 等近一半自贸协定开始包含消费者保护要素，但要素条文的内容多为方向性、原则性、鼓励性的规定，其涉及的措施虽多，但缺乏强制执行力，仅要求各国对电子商务中的线上消费保护予以重视、加强合作[①]。因此，建立有效的纠纷解决机制、保护消费者权益成为数字贸易中亟待解决的问题。

■ 三、信息数据风险防范措施

在数字贸易风险领域，信息数据风险已成为一个不容忽视的重要问题。为了有效防范这一风险，需要从合规措施、技术措施及法律法规措施三个方面入手，构建全方位、多层次的信息数据安全保障体系，从而保障贸易活动的顺利开展和各方权益的有效实现。

（一）合规措施

合规措施是企业和相关机构在数字贸易信息数据处理过程中的行为准则，以确保其操作符合行业规范和道德标准。从数据的收集、存储到使用和销毁等各个环节，都需要严格遵循既定的合规流程，避免因不当行为导致信息数据风险。

1. 明确管理责任

以互联网行业为例，互联网公司应设立严格的个人信息保护规定和流程，确保用户信息的安全。通过按部门和岗位划分责任，实现权责分离，确保每个账号与员工一一对应，并根据岗位赋予不同权限。这种管理方式有助于在安全事件发生后迅速定位责任人，降低安全风险。

2. 增强保密意识

一般来说，大部分个人信息泄露的原因在于内部员工。在互联网企业内部，这种现象发生的一部分原因就是员工对于个人信息的保护意识淡薄，为了获取利益或主动或被动地贩卖个人信息。以招聘软件为例，其掌握大量的用户和个人信息，此前，某招聘企业被曝曾有员工以 2 元一条的价格贩卖了 15 万条个人信息。为了避免这种情况的再次发生，无论是互联网行业，还是其他行业，均应对员工进行严格的保密教育，增强其保密意识。通过培训和教育，使员工认识到个人信息保护的重要性，避免因利益驱使而主动或被动地泄露用户信息。

---

① 孙文海. 大数据时代公民个人信息数据面临的风险及应对策略分析 [J]. 商业文化，2021（22）：26-28.

3. 制定管理制度

为了保护用户信息，大部分互联网企业都会制定一系列与个人信息安全相关的管理制度。这些制度涵盖信息的采集、存储、利用、销毁等各个环节，明确业务凭证管理要求，并对企业内部员工权限进行划分。同时，虽然数字化办公已经得到普及，但是大部分公司仍然保留了一部分纸质化办公。对此，每个企业应该结合自身特点选择集中管理或分类管理，对查阅、下载、复制等操作进行严格审批和登记。此外，企业还应定期进行自查，及时发现并修补信息保护工作中的漏洞。

（二）技术措施

技术措施是利用先进的技术手段，如加密技术、防火墙等，对信息数据进行有效的保护。

1. 防病毒软件与防火墙

在移动互联网时代，设备安全是保护个人信息的基础。一般来说，当今大多数人拥有智能设备已成为常态，计算机的安全往往容易受到木马和病毒的威胁，且病毒的入侵方式多样、种类繁多，会对每个人的信息安全带来极大威胁。数字化时代我们的设备中往往储存着大量的个人信息，因此保护设备的安全就是在一定程度上保护个人信息。防病毒软件和防火墙是抵御木马、病毒和非法访问的重要工具。其中，防病毒软件是为了抵御广泛传播的病毒所研发的软件，而防火墙则是为了防御非法访问。用户应根据自身需求选择合适的软件，并定期更新病毒库，以提高设备的安全性。

2. 数据加密技术

数据加密技术是保障信息安全的核心技术之一，在数字贸易领域发挥着至关重要的作用。在数据传输过程中，尤其是涉及个人信息传输时，数据加密技术展现出了卓越的防护能力。数据加密技术通过在传输信息的过程中对个人信息进行加密，来有效防止个人信息内容被他人盗用；即使信息被窃取，加密内容也无法被轻易解密，从而保护了用户隐私，进一步使用户在参与数字贸易活动时能够更加放心地提供个人信息，促进数字贸易的健康、稳定发展。

3. 身份认证技术

身份认证技术是指通过确认用户身份，防止未经授权的访问和操作的一种技术。目前，身份认证主要有授权协议和身份验证协议两种类型。使用身份认证技术的软件在操作时都需要进行身份验证，以保证操作的合法性。身份认证技术可以在一定程度上保证用户的个人信息安全。在现实的数字贸易生活中，这套身份认证系统已经得到广泛应用。例如，在进行跨境电商购物时，用户在下单和支付过程中需要进行身份验证，以确保交易的安全性；购买火车票、飞机票等在线票务时，严格的身份验证流程确保了票务资源不被非法占用，也保护了旅客的个人信息；在开通支付宝、微信的转账功能时，同样需要进行身份验证，通过多种手段核实用户身份，防止转账被不法分子恶意操纵。

（三）法律法规措施

法律法规措施从宏观层面提供坚实的保障，通过制定和完善相关法律法规，为数字贸易的健康发展和信息数据的安全构建坚实的法律屏障。不同层面的法律法规起到了不同程度的作用。

在立法层面，各国政府和国际组织纷纷制定了一系列专门针对数字贸易信息数据保护的法律法规，明确规定了数据所有者、使用者和管理者的权利和义务。例如，欧盟的《通用数据保护条例》（GDPR）对数据主体的权利进行了全面的界定，包括数据访问权、更正权、删除权等，同时对数据控制者和处理者提出了严格的要求，如数据处理的合法性基础、数据安全保障措施等。我国于2021年11月1日起实施的《中华人民共和国个人信息保护法》也保护了个人信息权益，规范了个人信息处理活动，并促进了个人信息合理利用。这种详细而全面的立法为数字贸易中的信息数据保护提供了明确的法律依据和标准，使企业和相关机构在处理数据时有法可依。

在执法层面，监管机构严格监督法律法规的执行情况。监管部门拥有强大的执法权力，能够对违反信息数据保护规定的行为进行严厉打击。对于那些未经授权收集、使用或泄露用户信息数据的企业，监管机构可以依据法律对其处以巨额罚款、责令停业整顿等处罚措施。例如，在一些国家，如果企业因数据安全漏洞导致大量用户信息泄露，监管部门会迅速介入调查，根据情节严重程度给予相应的处罚。这种严格的执法行动对潜在的违法者形成了强大的威慑力，促使企业重视信息数据的安全保护。

除此之外，法律法规的完善还促进了国际间的合作协调，并为用户提供了有效的维权途径。由于数字贸易具有跨国性的特点，信息数据常常在不同国家之间流动，单一国家的法律难以完全解决跨境数据保护问题。因此，国际间通过签订双边或多边协议来加强合作。这些协议规定了跨境数据传输的规则和条件，要求各国在处理涉及其他国家公民或企业的数据时，遵循相应的保护原则。同时，当用户发现自己的信息数据在数字贸易过程中受到侵犯时，可以依据相关法律向侵权方追究责任。可以说，法律法规从多个维度为数字贸易领域中的信息数据风险防范提供了全面而有力的保障，是维护数字贸易安全稳定发展的重要基石。

第四节　知识产权风险

■ 一、产权保护概念

在传统货物贸易领域，产权保护主要聚焦于货物商品的物权保护。然而，随着数字信息技术的飞速发展，数字贸易逐渐成为国际贸易的重要组成部分，产权保护的概念也随之发生了深刻的变化。在数字贸易环境下，产权保护的重点在于防范数据、算法、商业秘密等信息资产被黑客等不法分子窃取。

在数字贸易的产权保护范畴中，知识产权保护已成为贸易标的保护的核心内容。在当前数字贸易快速发展的时代背景下，呈现出贸易量不断增加与贸易场景日益复杂化相互交织的局面。一方面，贸易量的增长意味着更多的数字产品和服务在全球范围内流通，涉及的知识产权问题也更加多样化；另一方面，贸易场景的复杂化使知识产权侵权行为更加隐蔽和难以察觉。尤其是隐藏在企业特定贸易场景背后的知识产权侵权问题正逐渐成为影响企业稳健经营的一大隐患。

值得注意的是，知识密集型的产品和服务在数字贸易中所占的比重越来越大，已经成为其重要组成部分。这类产品和服务往往具有高度的创新性和专业性，其知识产权价值极高，然而，也正因为如此，与之相关的知识产权侵权规模和范围可能会更大[①]。一旦发生侵权事件，可能涉及大量的用户群体、广泛的地域范围及复杂的技术问题。这种侵权行为不仅会损害知识产权所有者的利益，还可能破坏整个数字贸易市场的公平竞争环境，阻碍数字贸易的健康发展。

二、产权保护困境

在数字贸易蓬勃发展的进程中，产权保护面临一系列复杂而严峻的困境，其中，产权界定不清晰、产权保护成本变化及知识产权保护困境是最为突出的几个方面。

（一）产权界定不清晰

在数字贸易领域，由于数字产品和服务具有无形性、易复制性等特殊属性，使得产权边界模糊，这为后续的产权保护埋下隐患。除此之外，数字贸易的跨国性会加剧产权界定的复杂性。不同国家的法律法规对产权的定义和保护范围存在差异，当涉及跨境数字贸易时，究竟依据哪国法律来界定产权成为棘手的问题。同时，数字贸易的动态发展过程使新的商业模式和技术不断涌现，如基于区块链技术的新型数字交易模式等，但现行的产权界定规则往往滞后，无法准确地对这些新事物进行产权界定，进而使产权保护失去了清晰的前提和依据，导致侵权行为难以被有效识别和遏制，产权所有者的合法权益无法得到有力保障。

在知识产权领域，数字贸易的蓬勃发展极大地加速了数字内容和服务的传播与扩散，对知识产权的完善提出了更为严格的要求。产权制度是市场交易的基础条件，清晰的产权归属和完善的产权保护机制能够确保权利人充分利用其财产的使用价值和交换价值，包括但不限于抵押、出租、转让等方式。在数字贸易领域，数字化产品和服务具有易于在计算机中存储、复制，并通过互联网实现快速传播与扩散的特点，若无法对产权人的利益进行有效保护，将严重阻碍数字贸易的进一步发展。以数字视频为例，根据 2019 年 6 月美国商会全球创新政策中心（GIPC）与美国国家经济研究协会经济咨询公司（NERA）联合发布的《数字盗版对美国经济影响》（Impacts of Digital Video Piracy on the U.S. Economy）报告，随着视频流媒体行业的快速发展，数字视频盗版行为急剧增多。每年约有 266 亿人次观看盗版美国电影，1267 亿人次观看盗版美国电视剧，这不仅给美国带来了高达 292 亿美元至 710 亿美元的经济损失，还导致 23 万人至 56 万人失业，更严重的是，它可能使整个产业发展陷入停滞状态。

（二）产权保护成本增加

在数字经济快速发展的背景下，产权保护的成本将增加，包括监测成本、维权成本以及预防成本等。

（1）监测成本。数字贸易的虚拟性和无边界性，使产权所有者需要在广阔的网络空

---

① 魏源. 外综服企业数字贸易探路 [J]. 中国外汇，2020（16）：18-20.

间和复杂的国际市场中监测侵权行为，利用先进的技术手段对大量数据和交易进行实时监控，需要投入高额的资金用于购买监测软件、聘请专业技术人员等，且随着数字贸易规模的不断扩大，这种监测成本将呈现持续上升的趋势。

（2）维权成本。由于数字贸易涉及不同的司法管辖区，各国法律程序和证据要求不同，当出现产权纠纷时，在不同国家间寻求法律保护需要耗费大量的人力、物力和时间成本。同时，在不同国家间收集和整理证据、翻译文件等工作也增加了额外的成本。此外，数字证据的易逝性和易篡改性也使维护证据的完整性和有效性的成本上升。以知识产权为例，信息传播的双向性和隐蔽性特征使侵权行为变得更加难以察觉，知识产权保护主体难以及时发现自身权益被侵害的事实，进而增加了维权分析的成本。加之我国现行的知识产权保护法律体系尚不完善，对于网络信息创作的知识产权保护和维权过程缺乏针对性的规定，这也在一定程度上提高了知识产权保护的整体成本，加剧了知识产权保护的难度[①]。

（3）预防成本。为了防止产权被侵犯，企业需要不断升级自身的数字加密技术、建立复杂的用户认证系统等安全防护措施，这对技术研发和设备更新提出了更高要求，导致预防产权侵犯的成本居高不下，进一步加深了数字贸易领域产权保护的困境，阻碍了数字贸易的健康可持续发展。

（三）知识产权保护困境

我国在应对数字贸易中的知识产权议题时，采取了多项措施，包括修订知识产权法律法规、完善知识产权审判机制、制定《中华人民共和国外商投资法》等，以回应相关议题，并针对大数据保护、数据跨境流动、源代码与网络安全等问题提出了中国对策。这些解决方案不仅遵循了现有的贸易规则，还充分考虑了本国产业的实际发展需求及国际协调方向。然而，在数字贸易的具体知识产权议题设定和贸易谈判中，我国仍面临诸多挑战，主要表现在知识产权海关（边境）执法及知识产权保护与不正当竞争联系紧密等方面。

1. 知识产权海关（边境）执法难题

一般来说，在数字贸易的交易中，并非所有交易标的物都能作为数字产品进行在线交付。因此，按照交易标的物的交付方式不同，电子商务可以大致划分为直接和间接两种。在国际数字贸易中，以实物形式提供的商品必须经过海关检验，但对于直接跨境交付的数字产品来说，监管则面临巨大障碍。如盗版数字作品或假冒商标的数字产品能够轻易通过互联网跨越海关，使有效监管变得困难。这种"执法不能"的情况与1998年世界贸易组织《全球电子商务宣言》宣布对电子传输暂时免征关税的声明如出一辙。虽然可能损害税收平等原则，但受限于监管技术的不足，特别是在支付行为通过虚拟货币进行时，海关、税收和外汇等监管部门更是力不从心。为实现平等对待有形传输和电子传输产品的目标，美国主张更为宽松的政策，降低有形运输产品的关税，而非对电子传输征税。

2. 知识产权保护与不正当竞争联系紧密

在数字经济中，当流量成为经营主体竞相追逐的对象时，新的不正当竞争形式层出

---

① 程晨. 数字经济时代下知识产权保护与信息共享平衡的法理检讨 [J]. 河北工程大学学报（社会科学版），2021，38（4）：51-57.

不穷。经营主体为提高曝光度、交易量和用户活跃度，可能采取刷单、流量转移和误导等不正当手段。特别是对新入市场的经营者而言，网络市场竞争的白热化迫使他们做出看似"理性"的选择。因此，网络环境中的"搭便车""攀附商誉""作品换皮"等侵犯知识产权的行为屡见不鲜。尽管有学者主张应当严格界定不正当竞争类型并慎重使用反不正当竞争法的相关规定。但在实际案例中，往往缺乏合适的法律规则进行引用，导致起诉被驳回，无法对这种不正当的竞争关系做出有效评价。此外，在数字经济背景下，知识产权保护与反垄断的关系也更为微妙。网络平台和服务提供商之间的"马太效应"使强者更强、弱者更弱，形成"垄而不断""赢者通吃"的现象，具有很强的网络外部性，使后来竞争者虽仍有机会进入市场，但难以获得市场红利。

■ 三、产权保护优化措施

在数字贸易蓬勃发展的时代背景下，产权保护成为确保其健康、稳定与可持续发展的核心要素。产权保护的规则体系错综复杂，是欧美等主要国家推行各自保护制度模式的重要内容。从版权保护延伸至平台责任与义务，各国均承担着提升产权保护水平的责任。一般来说，相关单位可以从明确数据权属、明确产权适用性及完善产权保护法规等方面入手，以维护数字贸易领域的公平与稳定。

（一）明确数据权属

在当今全球化的数字贸易浪潮中，数据蕴含着巨大的价值潜力，而明确的数据权属则是国家和企业从数据开放中获取收益的关键依据。通过清晰的权属界定，各方能够明确自身在数据价值链中的位置，从而合理地参与收益分配，促进数据资源的有效利用和经济价值的充分挖掘。

明确数据权属是产权清晰的重要内容，产权清晰是保障数据开放安全的重要前提，两者相辅相成。在数字贸易过程中，数据的流动和共享跨越了地域、行业和组织的边界，涉及大量敏感信息。明确的数据权属能够建立起严格的访问、使用和保护规则，因此，每一个数据主体都应清楚自己的权利和责任，防止数据被不当获取、滥用或泄露，确保数据在开放环境中的安全性和稳定性。更重要的是，明确数据权属是扫清数据市场化应用和数据产业发展障碍的关键环节。数据产业作为新兴产业，在蓬勃发展的同时也面临诸多挑战，其中权属不清导致的问题尤为突出。例如，数据交易中的纠纷、数据滥用引发的市场混乱等都将严重阻碍数据产业的健康发展。只有明确数据权属，才能为数据的市场化应用创造良好的环境，使数据产业在清晰的产权框架下茁壮成长。

就我国而言，政府数据权属关系需要从数据主权和数据权利这两个维度分别构建起完善的框架。在数据主权方面，基于国际数字贸易竞争日益激烈的背景，数据主权涉及国家对数据的核心掌控力，需要充分考虑对数据管理权和数据控制权的界定，以确保国家对数据的主权和有效管辖。在数据权利方面，涵盖数据人格权和财产权。数据人格权保障了数据主体的基本权益，如个人数据的隐私保护等；数据财产权则从经济价值角度赋予数据主体对数据的占有、使用、收益和处分等权利。在此基础上，应在保障国家利益不受损害的前提下，秉持合理、有序、有度的原则开放相关数据资源，充分发挥数据的价值。这意味着在国际数字贸易中，既要积极参与数据的国际交流与合作，推动数据资源的全球共享，又要谨慎权衡数据开放可能带来的风险，确保国家数据主权的完整和数据资源的安全利用，为数字贸易领域的产权保护优化奠定坚实的基础。

（二）明确产权的适用性

在数字贸易领域，明确产权适用性是保障交易秩序和各方合法权益的关键要素，也是产权保护优化措施中的关键一环。

要结合数字贸易的不同特性明确产权的不同适用性。从数字贸易的多元性来看，其涵盖从数字化商品销售到在线服务提供等广泛内容。不同业务所涉及的产权类型和适用规则存在显著差异。例如，对于数字化的软件产品，其版权归属和使用许可的产权界定方式，与在线咨询服务所涉及的商业秘密保护、服务品牌相关的商标权应用规则完全不同。这就要求我们对每一种业务类型所关联的产权形式进行深入剖析，依据其特点和市场规律明确相应的适用性。同时，技术的快速发展持续改变着数字贸易的业态，新兴技术如区块链、人工智能等在数字贸易中的应用催生出新的产权问题。以人工智能生成内容为例，其产权归属开发者、使用者还是其他相关方，目前尚无定论。对于这类因技术创新而产生的新情况，需要及时研究并明确其产权适用性，避免产权保护出现空白或模糊地带，保障数字贸易在新技术环境下依然能够遵循合理的产权规则有序发展。

更重要的是，明确产权适用性还需要考虑到数字贸易参与者的多样性。无论是大型跨国企业、中小微企业还是个体经营者，他们在数字贸易中的角色和地位不同，对产权适用性的理解和执行能力也有所区别。因此，在制定和明确产权适用性规则时，要确保规则的清晰易懂和可操作性，通过宣传、培训等方式，让不同规模和类型的参与者都能准确把握产权适用性，共同维护数字贸易领域的产权保护体系。特别是在跨境电子商务领域，要坚持跨境电子商务涉及销售需要知识产权许可的产品和服务原则，明确知识产权在跨境电子商务和信息通信技术环境下的适用性及数字贸易交易的权利属性。

（三）完善产权保护法规

完善产权保护法规是保障数字贸易健康、可持续发展的核心要点，也是构建公平、有序交易环境的关键基石，对于优化产权保护具有深远意义。

法规的完善应着眼于数字贸易的复杂性。数字贸易涵盖众多类型的数字产品与服务，从软件应用、电子书籍、在线音乐到各类数字化的专业服务等，每种类型都有其独特的产权属性。例如，软件可能涉及版权、专利以及商业秘密等多种产权形式的交织。因此，产权保护法规要全面覆盖这些复杂的内容，针对不同类型数字贸易商品和服务的特点，制定详细且具有针对性的条款，明确其产权的界定、归属及保护范围，避免出现法规空白或模糊不清的情况。同时，数字贸易是动态发展的，随着科技的不断进步，其形式和内容处于持续变化之中，这要求产权保护法规必须与时俱进，及时纳入新情况，通过深入研究和广泛的行业调研，对新的数字贸易模式下的产权问题进行明确规范，确保法规能够跟上数字贸易创新的步伐，为新兴的数字贸易业态提供有效的产权保护。

数字贸易具有天然的跨国性，交易可以在瞬间跨越不同国家和地区的边界。不同国家的法律体系和文化背景存在差异，可能导致在产权保护方面的冲突和不一致。为了避免这种情况，各国需要在国际组织和多边、双边协定的框架下，加强沟通与协调。例如，积极参与制定统一的国际数字贸易产权保护标准，或者通过双边协定解决两国之间特定的数字贸易产权纠纷问题。同时，要考虑发展中国家和发达国家在数字贸易发展阶段和能力上的不同，确保法规的制定能够平衡各方利益，促进全球数字贸易的和谐发展。

专栏阅读
11-2：加强知
识产权保护

第五节　网络安全风险

随着人工智能与大数据技术的广泛普及，隐私保护和网络安全问题日益突出。有效遏制大数据的滥用及非法盗用行为并强化网络安全措施，将对数字贸易的发展进程产生深远影响。为建立健全网络安全保障体系，自 2017 年 6 月 1 日起，我国实施《中华人民共和国网络安全法》，其中涉及一系列数字贸易的法律规则，为其健康发展提供了法律保障。

一、网络安全概述

广义的网络安全（cyber security）是指网络系统的硬件、软件及其存储的数据需要得到妥善保护，确保不会因意外或恶意行为而受损、篡改或泄露，从而保障系统持续、稳定、可靠地运行，确保网络服务不中断。在网络中，保障信息安全是网络安全的核心。根据相关资料的归纳整理，网络安全主要分为以下四种类型：系统安全、网络信息安全、信息传播安全、信息内容安全。对不同类型进行监督管理，以达到控制网络风险的目的。

二、网络安全风险

（一）技术风险

改革开放极大促进了我国自主技术的飞速发展，但我们也应清醒地认识到，在核心技术领域，我国仍存在一定的对外依赖，对核心技术的掌控能力尚需提升。不稳定的系统架构会导致系统在高并发访问、数据处理时出现性能瓶颈或崩溃，这种现状可能会对我国在网络设备基础上的数字贸易交易构成一定制约。此外，数字贸易流程中的硬件与软件设施缺乏统一规范的监管和技术防范措施，这些因素均不可忽视，它们构成了数字贸易发展过程中的多种限制条件。

（二）软件风险

由于部分软件开发企业人员经验不足、技术尚不熟练，导致其开发的电子商务软件在安全性方面存在不足，容易出现安全漏洞。这些漏洞为病毒和黑客提供了可乘之机，使其能够轻易侵入电子商务软件系统内部，进而带来巨大的经济损失。此外，尽管一些企业为了保障电子商务系统的网络安全，购买了专业的防病毒软件，但由于未能及时更新病毒防护数据库，导致软件的安全防护能力下降。给数字贸易过程埋下了风险隐患，可能对贸易环境的安全造成不利影响。

（三）数据安全风险

1. 数据采集风险

如图 11-1 所示，自 2019 年以来，工信部、国家网信办等相关部门已通报下架大量违规 App，取消数千家备案网站平台，这些违规 App 和平台大都涉及违规收集用户数据信息、侵犯用户隐私权益。近几年，工信部针对 App 的侵权行为进行了专项整治，对所有有问题的 App 进行了通报，并按照规定进行了相应的处理，包括责令整改、向社会公告、组织 App 下架、停止 App 接入服务、将受到行政处罚的违规主体纳入电信业务经营不良名单或失信名单等。

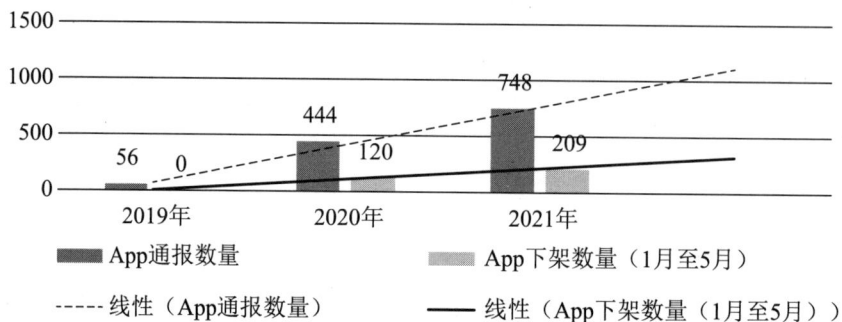

图 11-1　工信部年度 App 通报和下架数量变化趋势

数据来源：工信部。

此外，在数据收集环节，风险威胁涵盖保密性、完整性、可用性威胁等。保密性威胁指攻击者通过建立隐蔽隧道，对信息流向、流量、通信频度和长度等参数进行分析，窃取敏感的、有价值的信息；完整性威胁指数据与元数据的错位、源数据存有恶意代码；可用性威胁指数据伪造、刻意制造或篡改。

2. 数据存储风险

在贸易数据存储的环节，还有来自外部因素、内部因素、数据库系统安全等风险的威胁。外部因素主要有黑客、挖矿木马、恶意篡改等；内部因素包括内部人员偷盗数据、数据存储设备问题、错误配置等；数据库系统安全包括应用程序逻辑漏洞和数据库软件漏洞。

此类案例在国内外屡见不鲜。2020 年 1 月，微软意外地在网上曝光了 2.5 亿条客户服务和支持记录。泄露的数据包含客户电子邮件、IP 地址、地点、CSS 声明和案例的描述、案例编号、解决方案和备注等。微软确认了此次数据泄露并表示此问题是由微软内部案例分析数据库的配置错误导致的。作为数据处理方，经营者应加强法律意识，依法守法，对所储存的资料承担相应的安全责任。

3. 数据流动风险

数据流动过程中潜藏多种安全风险，并且在数据使用环节也会受到诸多因素的威胁，包括内部因素、外部因素、系统安全等。数据在流动过程中，若未采取足够的安全措施，可能会被恶意攻击截获或窃取。一旦敏感数据如用户个人信息、交易记录等被泄露，将对企业声誉、用户隐私乃至国家安全造成不可估量的损害。

近年来，受利益驱使，部分大型企业或高管违规大量贩卖个人信息。2019 年，一名 ID 为"f666666"的暗网用户在网上发布了一则消息，声称其掌握了某物流公司 10 亿条信息，并已在 2014 年年底进行了销售。这些信息涵盖客户的姓名、电话、地址等详细信息，且经过重新处理，重复率低于 20%。据悉，这批信息以 1 个比特币的价格被售出。

除此之外，数据安全风险还包括数据加工风险、数据传输风险、数据提供风险、数据公开风险、数据污染风险及数据合规风险等，对数据安全的保护成为数字贸易的重要议题。

■ 三、数据安全迎来发展机遇

（一）实战合规共驱安全产业

"十四五"时期，数字产业化和产业数字化的进程迅速加快，数据的倍增效应日益凸显。从国际视角来看，随着数据潜在价值的不断显现，各国围绕数据展开的战略竞争日益加剧。在数据安全成为国际共识的背景下，中国对安全发展给予高度重视，构建起了坚实的法律安全体系，形成了《中华人民共和国网络安全法》《中华人民共和国密码法》《中华人民共和国数据安全法》《中华人民共和国个人信息保护法》"四法共治"的新局面。这一格局使合规监管的职责更加明确、制度体系更加完善、技术创新更加活跃。

（二）数据安全成为国家战略

数据安全是关乎国家安全和发展的重大战略问题，应当从国家的视角出发，统一布局，创新发展。随着数据量的指数型增长，数据安全成为英美等国经济发展和国际竞争力提升的新引擎。

2019 年 2 月美国发布《国防部云战略白皮书》，提出"国防部将安全从边界防御转向聚焦保护数据和服务"。2020 年 2 月，欧盟发布《欧盟数字化战略》《数据战略》《人工智能战略》，在建立欧盟数据平台的基础上，实现数据主权和技术主权，从而实现数字经济时代的国际竞争力提升和领先。2020 年 9 月，英国政府颁布了《国家数据战略》，目的是要充分发挥其现有力量，促进政府、企业、社会团体和个人对数据的使用，推动数字行业和经济的增长，改善社会和公共服务，并努力使英国成为下一代数据驱动创新浪潮的领导者。在我国，2020 年《中共中央关于制定国民经济和社会发展第十四个五年规划和二〇三五年远景目标的建议》明确提出：保障国家数据安全，加强个人信息保护。2021年 6 月 10 日，中华人民共和国第十三届全国人民代表大会常务委员会第二十九次会议通过《中华人民共和国数据安全法》（自 2021 年 9 月 1 日起施行），这是我国首部关于数据安全的专门法规，同时也是国家安全领域的一项重要法律。

■ 四、网络安全管理

（一）建立"一中心两体系"

"一中心两系统"架构涵盖网络安全态势感知与管控中心、全面的网络安全防护及灵活的动态授信体系。目前，网络安全面临的最大挑战源自内部威胁。相关调研显示，超过85% 的网络安全风险源自内部，可能泄露敏感信息，带来重大损害。为了从根源上消除数据安全风险，构建数据安全系统是必由之路。

实现全球态势监控。利用先进的大数据分析、人工智能等技术，对全球范围内的网络流量、用户行为、系统日志等进行实时监控，及时发现并预警潜在的网络威胁。与全球网络安全组织、研究机构等建立信息共享机制，共同应对跨国网络攻击、数据泄露等安全事件。系统建立高效的应急响应团队，制定详细的应急预案，确保在发生网络安全事件时能够迅速定位问题、隔离风险、恢复系统，做到快速响应与处理，事后总结经验教训，不断优化应急预案和防护措施。

健全网络安全防护体系，主要包括边界防护、内部防护和应用防护等。通过防火墙、入侵检测系统、安全网络等设备，构建坚固的边界防御体系，防止外部攻击者入侵。同时，采用身份认证、权限管理、数据加密等技术手段，保护内部系统和数据的安全，对关键应用进行深度防护，防止应用层面的攻击，最终实现不同安全设备、系统之间的联动预防，形成立体的安全防护网。

完善网络安全合规与管理体系。遵守全球法规与标准，深入研究并遵守各国网络安全法律法规、行业标准及最佳实践，确保企业网络安全管理符合全球要求。定期进行网络安全合规审计，确保各项安全措施得到有效执行。在系统中需要在安全架构设计中融入人性因素，及时发现并应对内部人员的异常举动，同时有效监测并阻断内部攻击，确保网络安全管理的规范性和有效性。

（二）构建网络安全保障机制

数字贸易是一种以网络技术为基础的交易活动，网络风险是其信息风险的最直接反映，而区域贸易协定对此类风险的规制主要体现在三个方面：安全例外条款、网络事故预防与应对机制，以及网络风险识别与管理手段的协调。

区域贸易协定可通过传统安全例外条款来确保数字流通的安全性。以2019年发布的俄罗斯跨境运输限制案专家组报告为例，贸易协定中的一般安全例外条款可适用于网络安全保障措施。在《美国—墨西哥—加拿大协定》（USMCA）的第32.1条中明确规定，本协定不应被解释为要求一方透露或准许他人获取其认为与基本安全利益相冲突的信息，或采取其认为对维护国际和平与安全或基本安全利益必要的措施。这一条款基本上复制了《关税及贸易总协定》（GATT）第21条和《服务贸易总协定》（GATS）第14条的安全例外条款内容，维护了各国对安全利益的自我判断权，但并未具体列举安全利益的范围。

构建网络安全信息交流机制和事故预防体系至关重要。一方面，多数欧美国家在数字贸易合作条款中加强了网络安全信息的交流与合作，并要求缔约方尽最大努力在电子安全通信的法律规制、政策、执行和履行方面进行合作与交流；另一方面，美国在贸易谈判中积极倡导与缔约方建立提升网络安全事故应对能力的合作机制。《跨太平洋伙伴关系协定》（TPP）的第14条、第16条规定，缔约方认识到提高国内计算机的安全事故应对能力，以及利用现有合作机制识别恶意侵入网络或传播恶意代码并降低其发生概率的重要性。然而，由于网络安全事故涉及各国机密信息共享，TPP协定的规定仅停留在认识层面。相比之下，USMCA协定下的网络事故合作机制更加务实，提倡缔约方尽最大努力提升网络安全事故应对能力，加强在网络恶意攻击或恶意代码传播方面的合作，利用这些机制迅速处理网络安全事故，并交流意见和最佳实践经验。

区域贸易协定致力于在缔约各方间确立统一的网络风险识别标准及管制措施。网络安全本质上属于风险立法范畴。欧盟实施了全球最为严苛的风险管理标准，其立法基础在于预防性原则，即便网络安全风险尚未实际发生，也不构成其立法防范的阻碍。相比之下，美国采取以科学依据和成本效益分析为基础的风险识别与规制标准，并认为欧盟的做法将不必要的举证责任转嫁给了企业，从而显著加重了企业的合规成本 ①。

（三）强化数据保护与管理

数据已成为全球企业运营的核心资源，也是驱动业务增长和创新的关键要素。加强对个人信息保护、数据跨境流动、数据安全防护等方面的保护，对于确保网络安全和数据的完整性、维护用户隐私、促进业务可持续发展具有重要意义。

1. 遵循国际数据保护标准与法规

各国企业要深入研究《通用数据保护条例》（GDPR）、《加州消费者隐私法案》（CCPA）等国际知名数据保护法规，确保自身数据保护实践符合国际标准。通过积极加入国际数据保护组织，如国际隐私专业协会（IAPP）、国际数据保护工作组（DPWG）等，保障本国数据流动安全，共同提升全球数据保护水平。

2. 建立全球统一的数据保护体系

制定全球统一的数据保护政策，致力于覆盖全球的数据保护，明确数据收集、存储、处理、传输和销毁等环节的标准和要求，确保全球范围内数据保护的一致性。建立全球统一的数据访问控制系统，采用多因素认证、访问权限管理等手段，确保只有授权人员才能访问敏感数据，保证数据安全。

3. 加强跨境数据流动的安全管理

建立跨境数据流动的审批机制，对跨境数据传输进行严格的审查和评估，确保数据流动的合法性和安全性。积极采用先进的加密技术对跨境传输的数据进行加密处理，确保数据在传输过程中的保密性和完整性。

4. 利用技术手段提升数据保护能力

引入先进的数据保护技术，如大数据、人工智能、区块链等，提升数据保护的技术水平，实现对数据的实时监控、预警和应急响应。加强技术保障能力建设，推进防泄露、防窃取、匿名化等大数据保护技术的研发和应用，建立统一高效、协同联动的网络安全管理体系。② 同时，建立专业的全球数据保护团队，负责数据保护政策的制定、执行和监督，以及数据保护技术的研发和应用。

专栏阅读 11-3：全球数据跨境流动合作倡议发布

本章小结

数字贸易风险表现形式主要包括贸易壁垒、信用支付、信息数据、产权保护、网络安全五个方面，本章针对每一项提出了相应的预防措施。

① 王燕. 数字经济对全球贸易治理的挑战及制度回应 [J]. 国际经贸探索，2021，37（1）：99-112.
② 中国信息通信院. 数字贸易发展白皮书（2020）[R]. 北京：中国信息通信研究院，2022.

当前，我国数字贸易正处于快速发展阶段，将成为贸易增长的重要驱动力。然而，相较于欧美等发达国家，我国数字贸易当前仍面临出口竞争力不足、发展动力欠缺及法律法规体系不健全等挑战。同时，美国等发达国家力图构建由其主导的国际数字贸易规则，给我国数字贸易发展带来了外部压力，使数字贸易风险呈现复杂多样的特点。鉴于数字贸易已成为全球贸易的主要趋势，各国都在加速推进数字贸易的扩张与转型升级。本章为政府政策、法律法规、科学技术、个人意识等各方面的强化给出建议，旨在深入揭示数字贸易的风险，并为推动其未来发展提供参考。我国要抓住新一轮技术变革与产业结构升级所带来的新机遇，利用现有的优势条件，大力发展数字贸易。同时，应全面认识数字贸易的风险，有效防范潜在风险，采取有力的措施，以促进我国数字贸易经济实现高质量发展。

本章思考题：

1. 数字贸易壁垒可以分为哪几类？
2. 数据安全风险包括哪几种？具体表现有哪些？
3. 如何防范信用支付风险？

案例研讨：

本章研讨案例

延伸阅读：

[1] 茅孝军. 新型服务贸易壁垒："数字税"的风险、反思与启示 [J]. 国际经贸探索，2020，36（7）：98-112.

[2] 熊鸿儒，马源，陈红娜，等. 数字贸易规则：关键议题、现实挑战与构建策略 [J]. 改革，2021（1）：65-73.

[3] 王岚. 数字贸易壁垒的内涵、测度与国际治理 [J]. 国际经贸探索，2021，37（11）：85-100.

[4] 王伟玲. 数据跨境流动系统性风险：成因、发展与监管 [J]. 国际贸易，2022（7）：72-77.

[5] 李冬冬. 从安全例外到规制合作——数字贸易中网络安全问题治理范式之转型 [J]. 国际经贸探索，2023，39（10）：107-118.

第十二章
数字贸易展望

→ 本章要点

供应链数字化对社会和企业的影响

平台多元化的呈现形式

监管网络化的具体措施

→ 关键术语

供应链数字化　价值链重构　平台多元化　监管网络化

→ 章首案例

中国小商品城坐落于浙江省义乌市，创建于 1982 年，拥有 40 年的历史。在全球疫情背景下，义乌小商品城集团向数字化转变，向国际贸易综合服务商转型，开发运营数字贸易综合服务平台——Chinagoods，先后上线英语、阿拉伯语、西班牙语等多个国际站点，培养了 10 000 余家活跃商户，各类商品超过 500 000 个，累计完成了 160 亿元的销售额；建成投用 Chinagoods 共享云仓、环球义达供应链产业园、联动海外仓 120 个，上线国际物流专线 206 条，提升了市场贸易履约服务能力。

2023 年义乌市进出口总额达 5660.5 亿元，同比增长 18.2%。其中，出口额 5005.7 亿元，增长 16.0%；进口额 654.8 亿元，增长 38.7%。出口额首次突破 5000 亿元大关，实现"全年红"。同年，义乌新增电商主体超 18.8 万户，同比增长 49.8%；义新欧中欧班列开行 1277 列，增长 31.1%；快递业务量达 105.8 亿件，同比增长 16.4%。义乌市场持续迸发出的强劲动力与盎然生机，为全球贸易发展带去信心与活力，被联合国、世界银行和摩根士丹利等权威机构誉为"世界上最大的小商品批发市场"，是小商品流通、信息和展示中心。中国小商品城以 683.0235 亿元的成交额，连续 23 年登上全国专业市场的"头把交椅"。

资料来源：义乌市人民政府官网。

第一节　供应链数字化

■ 一、供应链数字化的概念

（一）传统供应链

1. 传统供应链的概念

传统供应链是一个涵盖从供应商到最终用户的整体功能网链结构，具体表现为：以核心企业为中心，连接配套零部件供应商、制造商、分销商，直至产品通过销售网络送达消费者手中（见图 12-1）。

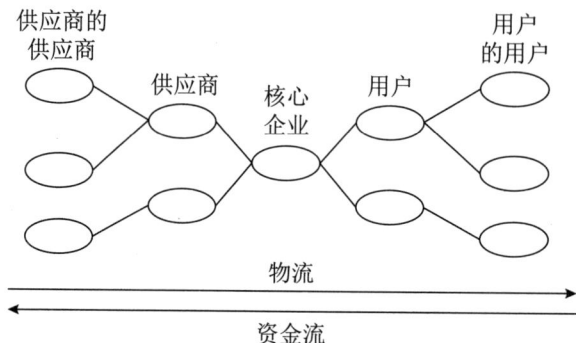

图 12-1　传统供应链

资料来源：中国知网。

供应链是一个包括供应商、制造商、分销商、零售商和消费者在内的多个主体的链条。供应链管理则是一系列计划、协调、操作、控制和优化的活动及流程，目的是把客户需要的商品在正确的时间，以正确的数量、质量和状态送达正确的地点，并以最少的代价完成这一整个流程。可见，供应链管理是一种具有整合和协同思维的经营方式，要求各成员企业在构成供应链体系中协同工作，以共同面对复杂多变的外部市场。

但是，在全球经济一体化的大背景下，企业要想有效地进行供应链管理并不是一件易事。其主要原因是，市场中无时无刻不涌现着大量的信息，其中蕴含着大量的机会，也意味着巨大的风险。供应链中的企业在获取有用信息的过程中常常会不知所措，难以做出正确的选择。因此，各成员企业之间必须进行充分的信息交流，以消除其内在的不确定性。对于我国企业来说，确定适合自己的信息化道路至关重要。本书认为实现供应链数字化是有效的措施之一。

2. 传统供应链的不足之处

（1）市场应对变化的能力迟钝。由于信息技术落后，容易出现信息失真的问题，导致供应链管理无法得到真正的实施，从而产生所谓的"牛鞭效应"（bullwhip effect），即消费者对某产品的实际需求与预测需求量之间客观上存在一定的偏差，通过订货量向上游批发商、制造商传递时逐级放大，导致信息无法实现真正共享。很显然，这种现象将会给企业带来严重的后果，如产品库存积压、服务水平下降、供应链总成本过高及定制化程度低等。这必然会降低企业的整体竞争力，最终使供应链内的成员蒙受损失。因此，弱化"牛鞭效应"的负面影响、提高供应链的敏捷性、降低供应链的成本、缩短产品的供货时间是提高供应链管理效果和赢得市场竞争优势的一种竞争手段。

（2）各成员企业之间缺乏信任。由于缺乏信息共享意识，供应链成员各自为政，彼此之间基本上处于一种利益冲突的状态，认为没有必要与其他成员共享部分敏感信息。尤其是对涉及商业秘密的信息一般不外泄，并以此作为各成员之间保持优势的措施之一。于是，各成员都想使自己的行为最优化，但由于信息不能共享，这些行为对整个供应链来说却不是最优的。从而增加了供应链的"内耗"，极大地影响了供应链的整体运作水平。电子商务时代的标志，就是信息通信技术的飞速发展和互联网的广泛运用。先进的信息技术使信息获取和传递成本非常低廉，从而解决了信息共享的技术问题。同时，为提高整个供应链的竞争优势，企业应在供应链的范围内提高信息共享的意识。电子商务客观上在要求对物流实施供应链管理的同时，也为实施物流的供应链管理提供了条件①。

（3）缺乏灵活性和创新性。传统供应链往往过于僵化，缺乏灵活性和创新性。在产品设计、生产流程、物流配送等方面，供应链各节点企业往往遵循既定的模式和规范进行操作，很少尝试新的方法和技术。这种保守的运营模式不仅限制了供应链的创新能力和竞争力，还可能因为无法适应市场变化而导致供应链逐渐衰退。此外，缺乏灵活性还意味着供应链在面对突发事件时难以快速调整策略，降低损失。因此，传统供应链需要引入更多灵活性和创新性元素，以适应不断变化的市场环境。

（二）供应链数字化

1. 供应链数字化的概念

供应链数字化是数字技术的发展应用，数字技术广泛运用于交易流通和生产管理过程。数字技术主要包含 ICT 制造和 ICT 服务两大领域。ICT 制造技术专注于提供诸如通信设备、存储设备、计算设备及感知设备等硬件产品的支持；ICT 服务技术则致力于提供各类生产性服务，涵盖通信服务、云计算服务及人工智能服务等。在交易流通环节，外贸企业、外贸服务机构及外贸监管机构正日益广泛地使用数字技术，包括智能手机、智能机器人等数字终端设备，以及互联网、搜索引擎、电商平台等基于数字技术的服务平台，这些应用显著提升了国际贸易的运作效率。在生产管理环节，企业的数字化转型促进了数字交付型服务外包的发展。一方面，人力资源、财务审计、后台支持等业务流程的外包在数字化方面取得了不断提升；另一方面，软件研发、平台支持、信息系统支持等信息技术外包业务也实现了大幅度增长，为国际分工带来了更多机遇。

2. 传统供应链与供应链数字化的区别

传统供应链与供应链数字化的最大区别在于供应链数字化将数字技术融入其中。从贸易方式角度看，贸易中的产品宣传、交易对接、合约签订、物流运输、服务交付、海关通关、支付结算、退税结汇、售后服务等几乎所有环节都呈现数字化发展趋势，出现智慧物流、海外仓、数字海关、线上展会、线上支付结算、线上财税服务等新业态、新模式，以及中小外贸企业使用较多的跨境电商平台和大型跨国企业使用的供应链管理系统。从贸易

---

① 刘岗. 电子商务环境下传统供应链管理模式 [J]. 中外企业家，2013（20）：90-91.

对象角度看，贸易中开始出现越来越多以数据形式存在的要素、产品和服务，出现了大数据交易市场、各类服务中介平台、云计算服务、区块链服务、数字学习、数字出版、众包、云外包、平台分包等新业态、新模式[①]。

（三）从传统供应链向供应链数字化转型

1.我国供应链管理的四个阶段

第一阶段：改革开放初期，科技发展尚处于滞后阶段，众多行业的产品面临供不应求的局面。在此背景下，企业倾向于生产单一化、标准化的产品，通过规模化生产降低成本，供应链并未在此阶段发挥显著作用。

第二阶段：随着客户需求的日益多元化，供应链管理人员开始积极参与竞争战略的规划，致力于根据产品和细分市场的特点选择适宜的供应链能力，并通过优化供应链网络流程与资源配置来构建这种能力。在这一阶段，供应链从以往的被动执行角色转变为企业竞争优势的重要来源。然而，此阶段企业面临人力资源紧张、成本高昂、行业准入门槛高、周期长及应变能力相对不足等挑战。

第三阶段：步入数字化时代，用户体验成为众多用户的关注焦点。数字化技术便于数据的便捷整理与直观展示，促使竞争逻辑从产品主导转向服务主导。在此阶段，供应链需要提供完整定制化的产品和服务组合，以提升用户体验和用户感受价值，这一阶段可称为"智慧和体验型的供应链"。

第四阶段：基于前三个阶段的积累，京东等企业凭借其供应链核心竞争力，开始构建生态圈，主要目的是打造合作共赢的生态环境。通过设计合作机制及运用数字化工具，吸引具有不同资源和能力的组织加入。这一阶段可称为"供应链＋生态圈"的发展阶段。

在这四个阶段（见表12-1）中，由于数字技术的发展，供应链管理不断变化，从传统供应链向供应链数字化的转型是必然趋势。

表 12-1　我国供应链管理的四个阶段

发展阶段	发展特点
第一阶段	科技疲惫期：产品供不应求 供应链不会参与其中
第二阶段	客户需求多样化 供应链从被动执行的角色成为企业竞争优势来源
第三阶段	数字化时代 "智慧和体验型的供应链"阶段
第四阶段	"供应链＋生态圈"阶段

资料来源：中国知网。

2.供应链数字化的发展要求

深入贯彻党中央、国务院关于推进贸易高质量发展的决策部署，以习近平新时代中国特色社会主义思想为指导，全面贯彻党的二十大和二十届三中全会精神，坚持新发展理念，立足新发展阶段，深化供给侧结构性改革，完善推动高质量发展激励约束机制，塑造

[①]　中国信息通信研究院 . 数字贸易发展白皮书（2020）[R]. 北京：中国信息通信研究院，2020.

发展新动能、新优势；坚定奉行互利共赢的开放战略，扎实做好高水平对外开放各项工作，以实现高质量发展为首要任务，不断增强社会主义现代化建设的动力和活力，不断推动经济实现质的有效提升和量的合理增长。

首先，数字化供应链的关键技术必须建立在数字技术和智能技术之上。其次，单一的数字供应链体系不能从根本上改变传统的供应链模式，上下游应用场景的紧密配合同样是至关重要的。从服务主体角度来看，若企业自身未能实现数字化转型，数字化供应链实施将难以落地，企业需要在思维方式、操作系统及执行层面全面进行数字化转型。同时，从服务对象角度看，实现商品库存、销售数据等信息的数字化，且能够精确到每个库存单位，是数字化供应链发展的关键前提。最后，数字化供应链不仅仅是一个单一的链条，它对整个实体经济生产模式的重塑具有深远影响。基于真实且海量的数据研究需求，数字化供应链能够将原有的大规模生产销售转变为以需求为中心的模式，从而实现对市场更高的柔性管理和更快的响应速度。

3. 供应链数字化的发展要求

按照国家政策导向，实体经济正加速向数字化转型迈进。为此，需要强化企业的数字化革新，引导实体经济企业加快生产设备的数字化升级，加快生产制造、经营管理及市场服务等环节的数字化融合，加快业务数据的整合与共享。同时，要加快行业的数字化升级进程，针对钢铁、石化、机械、电子信息等重点领域，制定并实施数字化转型路线，形成一系列可复制、易推广的行业数字化转型解决方案。在区域层面，着力打造制造业数字化集群，加快对重点区域制造业集群基础设施的数字化升级，推动智慧物流网络、能源管理系统等新型基础设施的共建共享。此外，积极培育数据驱动的新型业态与模式，引导企业借助工业互联网平台，实现消费与生产、供应与制造、产品与服务之间的数据流与业务流的互联互通，促进创新资源的在线集聚与共享，从而孕育出个性化定制、按需生产、产业链协调制造等新型模式，并推动平台经济、共享经济、产业链金融等新型业态的蓬勃发展。

4. 供应链数字化的发展趋势

目前，我国经济和社会正加速向数字化、智能化、健康化转变。供应链数字化是未来发展的必然趋势。

从整个供应链的发展趋势来看，商品供应链向服务链延伸，已经进入了与互联网和物联网深度融合的智能供应链发展新阶段，进一步降低了社会成本。在今后的一段时间内，数字经济将会成为推动我国经济发展的主要动力，各个行业的数字化转型速度将会大幅度提升。供应链是一个生态系统，如果所有的企业都能得到发展，那么整个供应链、整个行业都会得到持续的发展。当前，中国正处于从高速发展转向高质量发展的阶段，利用好人工智能等新技术，是提高企业整体素质的有效手段。

（四）数字化供应链和传统供应链的区别

1. 呈现状态不同

传统的供应链在很大程度上是静态的、呈线性的，是基于历史交易输入的规则运行，存在时间上的滞后，而全数字化供应链实时运行，是动态的、呈网络的，可以适应不断变化的环境。

2. 依靠的系统不同

传统的供应链通常依赖于独立的系统，根据机器输入做出决策。而在数字供应链中，来自 IT 系统和 OT（运营技术）系统的信息是集成的，包括采购、转换和物流管理中涉及的所有活动的规划和管理，且机器在人为监督下推动决策，本质上还是以人为主。

3. 处理问题的方式不同

在传统的供应链中，发现可能的问题并预测可能的影响需要大量的人工操作。例如，大多数公司需要根据 SKU（库存保有单位）对其最关键的供应商进行定期的供应链弹性评估，并手动列出如果这些链接中的任何一个中断，应采取哪些步骤来保持生产活力。然而，数字化供应链可以通过供应商共享质量和控制数据使公司能够预测问题并主动响应，而无须费力地预先计划。这在节省人力物力的同时，也可以降低运营成本。

■ 二、供应链数字化的主要影响

（一）对国内的主要影响

1. 推动构建新竞争优势

数字供应链构建了新的竞争优势，引领了新的产业。在传统模式下，制造业的国际竞争优势主要取决于要素价格、劳动生产率及产业集群效应等因素。随着数字技术在供应链管理中的广泛应用，一种依托于企业间高效协同的新型竞争力逐渐崭露头角。部分地区的企业已率先行动，将数字技术深度融入供应链与价值链，显著提升了与上下游企业的协同效率，同时大幅度降低了采购、营销及物流等方面的成本，从而形成了新的竞争优势。

2. 提高信息交流效率与精准度

数字化供应链让国内整个系统网络中的企业共同构建了一个统一的数据平台。根据上下游企业需求变动和供应情况实时更新数据信息，提高系统内企业间的沟通频次与精准度。此外，这种平台还能够对整个供应链可能遭遇的风险进行公示，监测法规变动、原料供应、市场波动等可能对供应链产生影响的因素，从而为整个数字化供应链系统中的企业建立统一的预警机制。

3. 改变了我国当前的贸易模式

供应链数字化对当前的贸易模式进行了巨大的改变，随之，贸易的分工和分配模式也会发生重大的调整。数字化供应链使各环节的信息更加透明，企业能够更准确地了解自身在供应链中的定位和角色。通过大数据分析，企业能够精准预测市场需求，从而进行更加精细化的产品生产和分工，提高生产效率。同时，借助人工智能和物联网技术，可以实现智能化的货物分配和调度，确保货物按时、按量、按质送达目的地，提高客户满意度，社会的贸易格局可能再一次重构。新的行业开始诞生，如"互联网＋智慧医疗"、智能物流、电子商务等。

（二）对国际的主要影响

1. 供应链数字化构筑外贸竞争新优势

供应链数字化对国际影响更大。信息技术对传统国际贸易最直接的影响就是信息传输方式的改变。相比于国内企业之间的贸易，外贸企业获取信息的方式烦琐、成本更高、效率更低。数字供应链的融合极大地提高了外贸公司之间信息传递的效率和质量。从信息获取的角度来看，网络搜索引擎和数字广告已经成为外贸企业获取国际市场动态的主要渠道。在传统的营销模式下，为了全面把握市场动态、政策变化及客户信用情况，进而降低外贸风险，企业往往需要对新客户进行深入的市场调研。信息技术的发展，让企业可以通过网络轻松获取来自海外的全面信息，极大地降低了信息搜寻的成本。在信息输出层面，互联网为商家提供了更为经济、高效的营销方式，并为外贸企业在网络上投放广告、开设虚拟店铺等开辟了全新的路径。物理时空和固定时间的硬性限制被打破，使买卖双方无须在特定时间与地点进行交易，而是拥有了无限的可能性和灵活性。

2. 全球化分工呈现精准化、精细化趋势

信息通信技术使市场更加公开、透明，信息流转更为迅捷，全球价值链中各个国家的定位、分工、分配关系均可能出现不同程度的变化。一方面，基于数字化技术，供应链各环节的信息更加透明和实时，企业能够更加清晰地了解自身在全球供应链中的位置和角色，并且通过大数据分析，将生产过程进一步细化，把不同生产环节分配给最适合的地区或企业，实现全球范围内的最优资源配置。企业能够更加专注于自身擅长的领域，形成专业化的生产和服务能力，有助于提升产品质量和技术水平，进一步推动全球分工的精细化。另一方面，企业可以直接通过大数据分析和人工智能技术，实现精准预测全球市场的需求和变化，并且根据市场需求的变化，及时调整生产计划和产品策略，实现精准化的生产和销售，进一步降低库存成本，提高库存周转率，提升全球分工的精准化水平。

3. 供应链数字化推动全球贸易便利化

供应链数字化实现了贸易效率的提高、贸易成本的降低，为全球贸易增长注入了新的动力。根据世界贸易组织的数据，近年来全球数字贸易持续增长，成为贸易发展的新亮点。数字化技术使贸易标的更加多样化，不仅包括传统商品，还涵盖数据、服务等数字化产品。同时，加强了产业链上下游企业之间的信息共享和协同作业，提高了整个产业的运行效率；推动了全球贸易结构的优化，增加了贸易的灵活性和多样性。供应链数字化的深入发展推动了跨境电商、云外包、众包等新型国际贸易模式的兴起，这些新模式打破了传统贸易的壁垒，为中小企业提供了更多参与国际贸易的机会；传统贸易规则已无法完全适应新的贸易形态，应促使各国政府和国际组织加快贸易规则的创新和制定，以适应数字化贸易的需求。

■ 三、供应链数字化转型问题

（一）消费端的数字化：电子商务

数字化转型的第一个层面是消费端，也就是我们通常所说的面向消费者的市场（To C），其核心形态体现为电子商务。在这一领域，中国的互联网企业展现出了显著优势，成为众多传统企业所向往的"原生"数字化典范。然而，随着消费互联网市场的日益饱和及监管环境的趋严，互联网企业开始将目光投向生产端（To B），主要是通过助力传统企业的数字化转型来开辟新的业务领域。

"中台""微服务"等技术概念，最初源自电商企业自身的信息系统构建和业务实践，随后逐渐拓展至其他销售导向的行业，如消费品与零售行业。在这些行业中，客户数据被视为数字化转型的核心要素，而与之相关的数字化应用则主要聚焦于营销分析领域，涵盖产品定位、营销策略管理、广告投放效果评估，以及客户画像构建与精准营销策略实施等多个方面。通过一系列的数字化转型举措，传统企业能够更有效地解决"产品如何精准触达目标消费者"的难题。

（二）生产端的数字化：智能制造

生产端（To B）构成了数字化转型的第二个重要层面，其核心在于智能制造的实现。相比于少数以数字化形式提供产品和服务的原生数字企业，大多数企业仍专注于实体产品的生产，它们构成了实体经济，其数字化转型以改善产品品质、提升运作效率、缩短研发周期为主要目的。

在此转型过程中，企业面临的首要挑战是将整体业务从实体空间映射至数字空间，即构建"数字孪生"体系，以此为基础实现数据采集、实时控制、资源统筹和智能调度。然而，从 To C 扩展到 To B 的技术供应商未必能胜任这一挑战。尽管中国的软件和互联网公司能够打造出如淘宝、微信等世界级的应用，但在复杂的企业级软件领域，包括传统的企业资源计划（ERP）和基于网络提供软件服务的 SaaS，中国企业的市场份额和规模与欧美企业相比，仍存在显著差距。这种差距的根源并非中国互联网企业技

术能力不足，而是对复杂工业运作流程的深入理解有所欠缺。与消费端数字化不同，生产端数字化的核心在于工业软件，其中蕴含了大量的数据、模型和工艺知识，需要长期的积累。这一直是中国工业的短板，要求互联网企业立即突破这一领域确实过于苛刻。因此，相较于过度依赖阿里、腾讯等供应商，企业更应依靠自身的力量，因为众多成功案例表明，以自身信息化部门为主导是推动数字化转型的有效途径。

（三）产业链的数字化：工业互联网

第三个层次是整个产业链的数字化，包括不同的产业和地区，甚至是更深层次的合作，大致对应着工业互联网。目前，工业互联网已成为我国加快制造业数字化转型和支撑经济高质量发展的重要力量。通过全要素、全产业链、全价值链的高效连接，工业互联网为制造业数字化、网络化、智能化发展提供了实现途径，是产业数字化的关键支撑。

在智能制造技术和信息技术深度融合的过程中，需要企业具备强大的技术整合能力和管理系统。然而，许多企业在这一方面存在短板，导致智能制造的实施效果不佳，难以充分发挥其潜力。在装备制造方面，智能制造的执行单元依赖于先进的机床和装备制造业。但是目前，我国在这一领域与欧美和日本等国家相比仍存在较大差距，特别是在工业机器人、3D 打印、高精度的测试设备等方面，限制了智能制造的发展。在基础数据平台方面，实现智能制造需要依赖 MES 和 ERP 等基础系统平台，但这些平台的核心技术往往掌握在欧美国家手中，导致我国在深度定制开发上受到限制，难以构建符合自身需求的数据平台。因此，发展工业互联网显得尤为重要。基于工业互联网，能够实现设备、系统和员工

之间的高效互联，提高生产过程中的协同性和自动化水平；通过实时监测和数据分析，发现生产过程中的瓶颈和问题，及时提供解决方案，提高生产效率并降低成本。此外，通过实时监测和数据分析，帮助企业及时调整生产计划和生产线，以应对市场需求变化和客户的个性化需求，提升供应链的灵活性和响应速度，增强企业的市场竞争力。

专栏阅读 12-3：
波音 787 飞机

第二节　价值链重塑

■ 一、价值链概述

（一）价值链的概念

价值链的概念最初由哈佛大学商学院教授 Michael E. Porter 在其专著《竞争优势》中进行了阐述。Porter 认为，企业是价值创造的核心主体，在价值创造过程中涵盖产品的研发、设计、采购、生产、销售、物流、售后和服务等经济活动。这些活动虽然各具特色，但相互关联，共同构成了企业的价值体系。高度数字化的发展不仅推动了价值链中高附加值经济活动成本的显著降低，如售后服务、原材料采购、销售及产品设计优化等，还进一步缩短了贸易周期，提升了企业的运营效率。

（二）价值链的发展

在竞争日益激烈的市场环境中，企业为求得生存与发展，必须在经济活动的每个环节力求效益最大化。这些环节构成了一系列相互影响、相互关联的动态价值增值活动，进而形成了企业的价值链。价值链的形成受市场需求、比较优势和规模经济等多重因素的推动。因此，企业需要不断创新与研发新产品，以满足市场的多元化需求，从而实现价值创造与增值，推动价值链的升级。同时，比较优势有助于降低企业经营成本，提升盈利能力与市场占有率，增加合作机会，吸引更多优秀企业加入，共同促进价值链的形成。在追求规模经济的过程中，企业会不断扩大核心环节的生产规模，并将非核心环节外包给具有优势的其他企业，以深化分工合作，进一步推动价值链的形成与发展。

（三）价值链的重要观点

价值链理论的基本观点是，企业并非在所有价值活动中都创造价值，而是限于价值链上某些特定的价值活动，这些活动构成了企业的"战略环节"。企业在竞争中的持久优势，本质上源于其在价值链特定战略价值环节上的卓越表现。行业的垄断优势同样源自该行业特定环节的垄断优势，掌握这些关键环节即掌握了整个价值链的主导权。

决定企业经营成功与否及效益高低的战略环节因行业而异，可能涉及产品开发、工艺设计、市场营销、信息技术、知识管理等。例如，在高端时尚产业，设计能力是关键；烟草行业侧重于广告宣传与公关策略；而餐饮业则强调选址的重要性。尽管不同行业的价值链有所不同，同一环节在不同行业中的作用也存在差异，但大型企业，特别是跨国公司，能够通过在价值链上的关键环节（即核心能力）进行跨行业扩散与转移，增强竞争优势。

跨国公司在国际营销中展现出全球跨行业的范围经济效应，这是通过最大限度地利用通用型要素和资源实现的，如生产设备、管理经验、市场营销技能和研发能力等。由于价值链的各个环节几乎都存在通用型要素，当两个行业的价值链关键环节需要相同的通用型要素时，跨国公司便能将其在一个行业的核心能力拓展至另一个行业，从而将范围经济效应转化为竞争优势。

二、价值链与供应链的区别

如图 12-2 所示，价值链与供应链存在四个方面的不同。

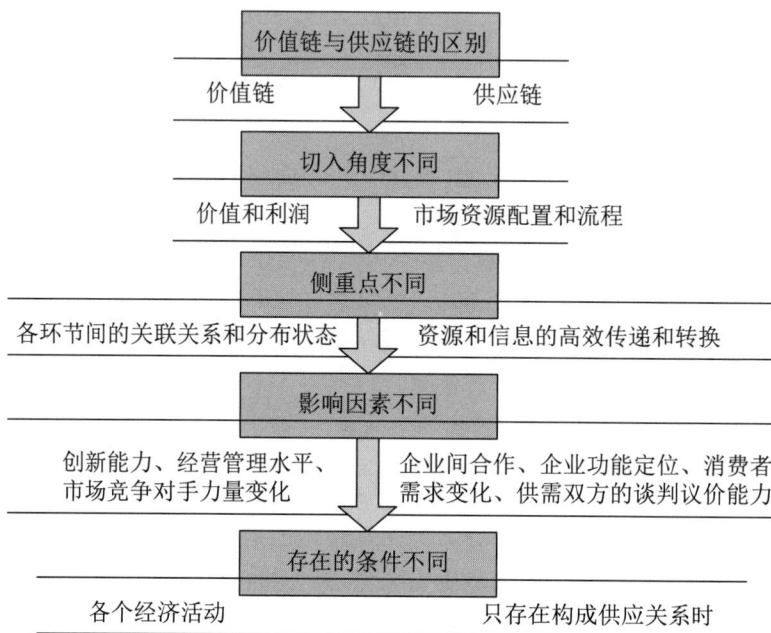

图 12-2　价值链与供应链的区别

资料来源：中国知网。

（一）切入角度不同

从价值和利润的视角出发，价值链的构建涉及多个价值主体，通过连接研发、设计、生产、物流、营销和售后服务等一系列价值创造环节而形成。在企业内部，各部门间紧密联系构筑了企业价值链，在更广阔的产业范围内，上中下游企业间的关联则构成了产业价值链。相较于价值链，产业链更侧重于分析不同产业间的关联程度与相互影响。供应链则是从市场资源配置和业务流程的角度出发，它是企业在追求竞争优势的过程中，对企业业务流程进行优化和再造的结果。作为一个完整的系统，供应链借助计算机科学和通信技术，对物流、商流、资金流及信息流进行协调控制与管理。

（二）侧重点不同

价值链侧重于从价值增值与创造的角度，探讨链上各环节间的关联与分布，强调每一环节均需贡献价值。而供应链则着重解析企业资源与信息的高效流通与转换机制，并从供应链物流供应的角度描述了供应链价值中各个企业或实体的关联和空间分布状况。

（三）影响因素不同

企业的创新能力、经营管理水平和市场竞争者的实力等都会影响企业的价值链。企业之间的合作壁垒、企业功能定位、消费者需求的改变和供求谈判的能力都会对供应链产生重要影响。

（四）存在的条件不同

价值链存在于各种经济活动中，也就是说，企业、团队、个体等在进行生产经营活动时都会产生价值，而供应链只有在构成供应关系时才存在。

■ 三、数字技术对价值链的影响

随着科技的发展，数字技术已在众多领域得到广泛应用，并对中国乃至全球的价值链产生了深远影响。对此，国际社会存在两种主要观点：一种观点认为生产流程再造及自动化生产、3D 打印、人工智能等技术降低了国家之间的分工协作，从而缩短了价值链的长度，减少了发展中国家参与全球价值链的可能性；另一种观点认为数字技术降低了协调和匹配的成本。例如，蓬勃发展的跨境电子商务为众多中小企业创造了走向国际的新路径，从而强化了全球价值链。

据统计，自 2008 年全球金融危机以来，全球价值链的参与度逐步恢复，且高收入国家的恢复速度超过中等收入国家。在东欧地区的高收入国家，全球价值链的前向参与度与增长尤为显著，超过了后向参与度，这标志着全球价值链生产活动的快速升级，以及跨国生产共享活动的复苏促进了产品内专业化的深化。而一些亚洲发展中经济体在全球价值链中的前向和后向参与度都有所下降，包括印度、中国、印度尼西亚和菲律宾等国。这种不同收入水平国家间的表现差异，可能正是数字技术所带来的两种不同效应的体现。

■ 四、价值链重构

（一）跨境数字产品和服务成为全球价值链的重要构成

全球范围内的数字化转型是大势所趋，数字技术、产品和服务对数字化转型意义重大。美国国际贸易委员会的一份研究报告从在线销售（电子商务）的比例、与信息技术（IT）相关的总投入采购的比例、从事数字职业的员工的比例、针对云服务的总 IT 支出的比例四个维度，分析了各行业的数字化强度，即某一特定行业企业在其业务中采用互联网技术的程度。从线上销售占比看，制造业货运、批发行业、旅行和住宿服务、信息服务和网络搜索服务的电子商务占公司总收入比重最大，均超过 20%；从 ICT 产品和服务投入看，电信广播业、政府采购、其他运输设备制造业、证券服务、专业服务等部门的数字化投入比例最高，超过 10%；从雇员占比看，信息产业、专业科学和技术服务业、企业管理部门信息化雇员最多，分别达到 19.0%、18.0% 和 12.1%。可以看出，数字技术、产品和服务在生产经营活动中应用的不断深化，正成为价值链中新的重要环节。由于高水平数字技术、产品和服务的供给者大多来自发达国家，发展中国家在借助发达国家力量进行传统产业数字化转型、推动效率提升的同时，需要更加注意分工关系的转变和潜在的价值链安全问题。

（二）数字产品和服务改变全球价值链，创造价值

20 世纪 80 年代以来，得益于国际生产分割技术的快速发展、信息通信技术的飞速进步及交通基础设施的不断完善，全球价值链逐步成为国际分工的主导形态。客观而言，全球价值链分工的快速演进在推动世界经济繁荣发展的同时，也存在一些问题和矛盾，如分工机会不均等、分工地位不平等、发展差距和收入差距不断扩大等①。在此背景下，重构全球价值链日益成为世界各国的共同需要，而在重构全球价值链的过程中，数字技术将通过数字贸易对全球分工产生影响，分工变化又会进一步影响全球价值创造和利益分配。

目前，"中游"的价值创造能力有所下降。服务的发展将加速流程自动化、模块化，这就意味着，价值链中部的企业更多地生产标准化组件，进而使各行业一线生产和制造环节的附加值有所降低。例如，旅游供应商为满足在线旅行社的需求，正逐渐规范其商品与服务；农业生产也日益标准化，以便更好地管理、监测及追踪。同时，"上游"与"下游"环节的价值创造水平得到提升。数字化服务的拓展将主要聚焦于生产前阶段（如更广泛的设计软件应用与数据驱动型服务）及生产后期阶段（如软件嵌入式服务与增强售后服务）。在此过程中，数字化服务呈现出更加分散化、可交易化的特点，从而有力支撑了复杂产品与服务的生产。为了顺应这一趋势，许多中间环节的制造企业开始向价值链两端延伸，以生产环节所储备的知识和信息为基础，开发前后端的数字化技术和服务，在推动企业自身数字化转型的同时，也向外输出数字服务。

第三节 平台多元化

■ 一、数字贸易平台的总体发展趋势

（一）数字贸易趋向于生态型产业平台

数字贸易平台正加速向生态型产业平台转型升级，构建新的产业供求关系和生态协同关系。在数字贸易平台的驱动下，产业链中的商流、信息流、物流和资金流"四流合一"，从而推动了这一转型进程。生态型产业平台通过强化其链接、感知与响应能力，有效打破了产业主体间及其与金融机构的信息壁垒，塑造了新的供需关系与生态协同模式，促进了生态成员间信息的迅速交换与响应，最终促进产业网络的优化升级，形成更高水平的价值生态系统。此外，生态型产业平台还将进一步推动农产品生产与加工、钢铁及机械加工等传统产业的数字化转型步伐，加大对供应链的赋能力度，从而助推我国经济在供给侧生产

---

① 戴翔，张雨，刘星翰.数字技术重构全球价值链的新逻辑与中国对策 [J]. 华南师范大学学报（社会科学版），2022（1）：116-129，207.

模式与需求采购模式上的双重革新。

（二）数字贸易趋向于数字平台服务

UNCTAD 将数字平台划分为交易类平台和创新类平台两大类。交易类平台是一个支持多边交易的线上场所，而创新类平台则是一个专注于促进合作创新的平台，如软件开发等。这些数字平台有效降低了 B2B、B2C 等交易环节的合作与交易成本，使国内及国际市场日益紧密联系，成为商品流通与创新研发不可或缺的关键性基础设施。中国在数字平台服务领域发展迅速，特别是在交易类平台方面，实物交易平台取得了显著进展，涌现出京东、淘宝、阿里巴巴等优秀平台。然而，在软件交易平台方面，中国所占市场份额相对较小。总体而言，中国的数字经济与数字贸易仍具备巨大的发展潜力与成长空间。

■ 二、数字贸易平台种类的多元化

跨境电商平台、国内电商交易平台、数字贸易服务平台等类型平台的出现，使数字贸易形式趋向多元化，无论是跨国交易还是国内贸易，都拥有各种值得信赖的平台可供选择，多元化的平台彼此促进，形成数字贸易平台多元化局面。

（一）电子商务平台

电子商务平台是协调和整合信息流、货物流、资金流的有序、关联和高效流动的重要平台。企业、商家、个人能够充分利用电子商务平台，如京东、淘宝、阿里巴巴等所提供的网络基础设施、支付系统等共享资源，以高效且低成本的方式开展商业活动。电子商务将传统商务流程电子化、数字化，一方面用电子方式替代了实物流，减少了人力与物力消耗，降低了成本；另一方面则打破了时空的局限，使交易活动能够随时随地灵活进行。随着跨境电子商务平台的崛起，电子商务的开放性和全球性特征为其带来了更多发展契机。

（二）共享经济平台

共享经济通常指的是一种新型经济模式，该模式以获取报酬为主要目的，基于陌生人之间物品使用权的暂时转移。其核心是整合线下的闲置物品、劳动力及教育、医疗等资源。还有一种观点认为，共享经济是人们公平享有社会资源，通过不同方式付出与受益、共同分享经济发展成果的过程。这一过程多以数字技术作为媒介来实现。共享经济正逐步成为数字贸易服务行业的重要力量。从宠物寄养共享、车位共享到专家共享、社区服务共享及导游共享，甚至移动互联网强需求的 WiFi 共享，这些新模式不断在供给端整合线下资源，同时在需求端持续为用户提供更加优质的体验。

（三）服务贸易平台

服务贸易平台是一种实现服务贸易高效有序运转的平台，对于数字经济与数字贸易的高效、有序运行起着关键支撑作用。它通过构建线上协作机制，帮助供需双方高效匹配数据、商品和服务资源的同时，促进研发创新与产业链协同，以实现服务贸易全流程的数字化整合与跨境交易效率和秩序性的显著提升。目前，美国企业主导了大部分全球性的数字平台服务市场，在为其他国家提供数字服务的同时也获取了巨额的经济收益。

专栏阅读 12-4：
"融驿站"和"园易融"平台

三、数字贸易平台的交易方式多元化

在当今数字化时代，数字贸易技术平台的发展呈现多元化的趋势。其已不再局限于对交易技术水平的单方面提升，而是更加注重全方位、多层次的发展。多元化交易方式的应运而生，推动了多元化功能的不断发展。

随着社会节奏的加快和生活方式的转变，人们在进行数字贸易活动时，往往更倾向于选择那些便利的方式。这一需求促使市场上越来越多的"一键式"平台如雨后春笋般涌现。这些平台以用户体验为核心，通过简化操作流程，让用户能够凭借简单的一键操作，如一键下单、一键支付、一键查询物流信息等，快速完成复杂的交易环节，极大地提高了交易效率。

同时，数字贸易平台的功能也在不断拓展和完善，逐渐趋于多元化。除了基本的商品展示和交易功能外，平台还融入了多种增值服务。例如，在客户服务方面，平台提供实时在线客服，能够及时解答用户的疑问，处理交易过程中出现的问题，保障交易的顺利进行；在数据分析方面，平台利用大数据技术，对用户的交易行为、偏好等数据进行深度分析，为商家提供精准的市场调研报告和营销策略建议，帮助商家更好地了解市场需求，优化产品和服务；在物流配送方面，平台与多家物流企业合作，为用户提供多样化的物流选择，同时实时跟踪物流信息，让用户随时掌握商品的运输状态；在金融服务方面，平台引入了供应链金融等模式，为商家提供融资渠道，缓解资金压力，促进交易的达成。此外，平台还注重社交功能的开发，通过建立用户社区、评论区等互动板块，增强用户之间的交流与分享，增强用户对平台的黏性和忠诚度。

专栏阅读 12-5：
支付宝交易方式
的多样化

综上所述，数字贸易平台不断创新和完善交易方式及功能，以适应市场需求和用户期望，推动数字贸易行业向更加便捷、高效、多元化的方向发展。不仅为用户带来了更好的体验，也为数字贸易市场的繁荣注入了新的活力，促进了经济的全球化和数字化进程。

第四节　监管网络化

一、监管网络化的必要性

（一）跨国数字化治理矛盾凸显

随着数字贸易的发展，数字服务跨越国境，数字贸易的提供者和消费者可能分别处于不同国境内，这使数字贸易治理问题变得更为复杂。以往数字贸易的方式不再适用于现在多样化的环境，因此需要借助监管网络化加强治理。

1. 不同国家的数字治理法律法规不同

在传统货物贸易中，当一个国家向另一个国家出口货物时，海关等外贸监管部门负责对各类商品的合规性进行严格检查，确保出口国的商品符合进口国的法律法规。具体而

言，海关等监管部门会对商品的质量、规格、安全性等多个方面进行细致的查验，防止不合格的商品流入进口国，从而保障进口国消费者的权益及国家的经济安全。

在当今数字化时代，数字化的产品和服务贸易迅速崛起。在这种贸易模式下，许多数字服务被提供到其他国家，但提供服务的企业在进口国往往缺乏实体存在，这使对企业进行直接监管变得极为困难。一方面，由于没有实体存在，传统的监管手段难以有效实施；另一方面，企业可能分布在不同的国家和地区，协调监管工作面临巨大挑战。贸易过程从传统的线下转移到了线上，进一步加大了对商品的检查难度。在线上贸易中，商品的形式更加多样化，数据的传输和存储也更加复杂，监管部门难以像对传统货物那样进行直观的检查，商品的检查难度加大。并且，不同国家在数字化产品和服务贸易方面的相关法律法规存在较大差异，对于监管部门来说，协调不同国家之间的法律差异、建立统一的监管标准和合作机制，是一项艰巨的任务。

2. 不同国家的数字治理标准不同

在数字治理领域，目前全球尚未构建统一的国际规则体系，各国间也缺乏有效的协调机制。各国基于自身利益考量，采取了多样化的数字治理模式，导致全球数字治理呈现碎片化和分散化的特征。在全球的数字治理模式中，美国和欧盟分别引领了两大主要的数字治理体系，这两大体系各有侧重，并都试图将自身的治理模式推广为国际规则和标准。与此同时，日本、中国、俄罗斯、印度、加拿大、澳大利亚、韩国等主要国家也在数字治理领域逐渐形成了各自的特点，但在全球数字治理的主导和话语权上，它们还不能和美欧相比，更多地扮演着国际数字规则制定的参与者和追随者角色。

鉴于此，建立主要国家间的数字治理协同框架显得尤为重要，并要在此基础上进一步推动构建全球统一的数字治理框架。为此，美国与欧盟已率先进行了尝试。2000年，双方达成了《安全港协议》，就数据传输标准、隐私保护等核心问题进行了协商，并采取了折中的处理方式，初步实现了双方数字监管治理体系的对接。然而，受"棱镜门"事件影响，欧盟于2015年10月宣布协议失效。随后，2016年2月，美欧进一步签署了《隐私盾协议》，在尊重欧盟对个人隐私保护关切的基础上，建立了一套新的数字合作监管和治理框架。2018年，欧盟通过GDPR之后，个人隐私保护得到了进一步升级，这预示着欧美之间的数字合作机制未来可能需要再次调整或升级。此外，在USMCA、日本与欧盟经济伙伴关系协定等双边和多边协定中，也对数字治理的相关问题进行了各自的规定。

（二）数字贸易的国际规则仍待完善

数字贸易已成为国际贸易的重要组成部分，在各国经贸发展中的地位日益凸显。然而，当前在数字贸易领域却面临缺乏统一国际规则的问题，现有贸易框架对于数字贸易的相关规定也存在诸多不一致之处。更严重的是，世贸组织的争端解决机制目前处于停滞状态，国际多边规则的制定工作也因此陷入困境。在此背景下，多边数字贸易框架的构建成为WTO亟待解决的一大难题。为了应对这一挑战，要对现阶段数字贸易的多边和双边规则进行整理与归纳，为未来在WTO主导下构建数字贸易规则框架提供有益的参考。尽管WTO目前尚未就数字贸易达成全面协议，但其已有的一些协议和宣言已涉及数字贸易的某些方面，如服务贸易总协定中的全球电子商务宣言、世贸组织的信息技术协议及与贸易有关的知识产权协议等。

1. 服务贸易总协定

该协定规定了服务部门应遵循的非歧视原则及透明度义务，并对电子商务所依赖的电信与金融服务做出明确承诺。然而，该协定并未具体涉及数字贸易、信息流通及其他潜在的贸易障碍，且通过电子途径进行的服务贸易同样被纳入此框架之中。

2. 全球电子商务宣言

WTO 成员方已制订出一套全面的电子商务工作计划，并对电子商务相关贸易多次实施了临时性关税免除措施。尽管多个成员国提交了旨在推动多边数字贸易谈判的提案与工作计划，但宣言中并未明确制定具体的关税与贸易规则。

3. 世贸组织信息技术协议

该协议的目的是消除针对互联网相关商品的关税，以降低企业在价值链中获取技术的成本。需要注意的是，该协议仅聚焦于关税领域，尽管它促进了作为数字贸易技术的产品贸易的扩大，但未包含可能对贸易造成重要限制的非关税壁垒。

二、我国数字贸易监管网络化策略

（一）打造协同治理体系

我国政府部门应建立高效的部际联席会议制度，开展联合执法，形成监管合力。社会各界通过建立互联网行业多方治理机构，就热点、重点与难点问题进行研讨磋商，推进政府依法行政、社会多方参与的协同治理体系。创新政府监管方式，积极运用大数据、人工智能等新技术提升治理水平，强化事中、事后监管。健全多层次信用制度，有效约束各方行为。加快培育信用服务市场，积极发展第三方信用服务，建立各平台间的守信激励与失信联合惩戒机制，提高个体失信成本，共同促进业态的健康发展。在开放环境下探索新监管体系，要扩大开放，遵循《中华人民共和国外商投资法》，进一步降低数字贸易壁垒，扩大增值电信业、电子商务等领域外商投资准入机制，完善监管，制定存储本地数据负面清单和跨境流动数据负面清单，强化平台垄断监管治理与数据要素市场监管治理。开展数字服务供应链安全、关键数据安全、市场体系安全等方面的研究，同时根据技术发展特点，迅速调整法律法规。

（二）完善国际综合服务支撑体系

为促进数字贸易的发展，应着手构建政府服务信息平台。该平台将专注于研究各国在数字贸易领域的法律、法规及政策，为企业提供准确、权威的国内外市场需求、投资环境、宗教文化及法律法规等信息。同时，推动数字贸易企业"走出去"，成立国际合作服务联盟，鼓励联盟成员在融资、智力支持、技术创新等多个维度开展协同合作，并拓宽国际信息化交流合作的渠道。建立企业国际化发展数据库，动态收集并持续更新"一带一路"倡议沿线国家和地区在信息化发展水平、政治稳定性、经济开放度、双边关系及当地税制等方面的信息，以更好地服务于企业的国际化进程。在此基础上，应大力发展国际信息服务与中介机构，构建资源共享平台，并加强与国外相关机构及我国驻外使领馆的沟通合作，从而为数字贸易企业提供更为丰富、实用的信息与指导，帮助企业有效规避国际化过程中的风险。

（三）构建适应开放需求的数字治理体系

健全数据流动风险管控措施，深入实施网络安全等级保护制度，着重强化对关键信息基础设施和数据安全的保障，完善网络安全保障体系，以提升网络安全保障能力和水平。同时，开展数据的分类分级工作，并建立国际数据跨境交换的规则体系。在开放环境下，深入探究原有数字经济监管治理逻辑或原则的适用性，评估其是否可能损害我国消费者、企业或政府的利益，以及是否存在重大的风险隐患。此外，探索构建对境外数字服务提供商的监管体系，确保相关法律法规能对境外企业形成切实约束。探索构建对境外输入数字产品和服务的监管体系，通过数字技术提升监管治理效率，确保输入数字产品和服务符合我国法律法规要求 ①。

本章小结

本章着重阐述了数字贸易在多个维度上的未来展望，包括供应链的数字化转型、价值链的重构、平台的多元化、监管的网络化等趋势。面对互联网的汹涌浪潮，传统贸易模式已难以满足数字时代的需求。供应链的数字化升级与贸易方式的革新不仅是增强供应链韧性的关键路径，也是削减产业成本、提升经济效能的必然选择。这一进程持续推动企业生产效率的提升与内部改革的深化。同时，价值链的重构使全球化格局发生了变化。平台的多元化发展极大地便利了人们的日常生活，为中小企业投身跨境电商、拓展多国市场提供了广阔舞台，使它们成为 B2B 跨境供应链的关键支撑力量。中小企业不仅能够借助跨境电商或数字平台，将产品推向更广阔的市场，还能通过这些平台进行跨境采购，为全球买家提供丰富多样的"本土制造"产品及定制服务，从而在全球供应链竞争中占据重要地位。监管的网络化则不断巩固着数字贸易的秩序。在中国特有的背景下，数字贸易与实体经济的深度融合正不断挖掘数字经济的发展潜力，有力推动数字贸易向高质量发展迈进。

本章思考题：

1. 简述供应链数字化的未来趋势。
2. 简述供应链数字化与价值链重构的区别。
3. 简述价值链重构的未来趋势。
4. 简述平台多元化的类型。
5. 简述在数字贸易全球化中，平台多元化和监管网络化的影响。

---

① 中国信息通信研究院 . 数字贸易发展与影响白皮书（2019）[R]. 北京：中国信息通信研究院，2019.

案例研讨：

本章研讨案例

延伸阅读：

[1] 马述忠，房超，梁银锋.数字贸易及其时代价值与研究展望 [J].国际贸易问题，2018（10）：16-30.

[2] 张俊娥.数字贸易重塑全球价值链的创新举措探讨 [J].新疆社会科学，2021（3）：48-59，166.

[3] 杨继军，艾玮炜，范兆娟.数字经济赋能全球产业链供应链分工的场景、治理与应对 [J].经济学家，2022（9）：49-58.

参考文献

[1] 白洁，张达，王悦. 数字贸易规则的演进与中国应对 [J]. 亚太经济，2021（5）：53-61.

[2] 白宇，赵欣悦. 数字化赋能贸易高质量发展 [N]. 人民日报，2022-09-02（007）.

[3] Caillaud B，Jullien B. Competing cybermediaries[J].European Economic Review，2001，45（4-6）：797-808.

[4] Cristian M，Elena E，Camelia V. Digital Marketing - An Opportunity For The Modern Business Communication[J].Annals of the University of Oradea Economic Science，2008（4）：982-987.

[5] 陈策，赵景峰. 异质性厂商贸易理论研究综述 [J]. 首都经济贸易大学学报，2010，12（3）：94-101.

[6] 曹虎. 数字时代的营销战略 [M]. 北京：机械工业出版社，2015.

[7] 陈子媛. 数字贸易战略比较与分析——以美国、欧盟、中国为例 [EB/OL].（2018-10-16）[2022-12-11]. https://www.sohu.com/a/259781530_652123.

[8] 陈维涛，朱柿颖. 数字贸易理论与规则研究进展 [J]. 经济学动态，2019（9）：114-126.

[9] 崔艳新. 加快推进"十四五"数字经济高质量发展 [N]. 经济日报，2020-07-24（011）.

[10] 钞小静. 新型数字基础设施促进我国高质量发展的路径 [J]. 西安财经大学学报，2020，33（2）：15-19.

[11] Curtis L，Fitt J，Stokes J. Advancing a Liberal Digital Order in the Indo-Pacific[M]. Washington: Center for a New American Security，2021.

[12] 钞小静，廉园梅，罗鎏锴. 新型数字基础设施对制造业高质量发展的影响 [J]. 财贸研究，2021，32（10）：1-13.

[13] 陈果静. 数字人民币离普及还有多远 [N]. 经济日报，2021-07-20（008）.

[14] 陈伟光，钟列炀. 全球数字经济治理：要素构成、机制分析与难点突破 [J]. 国际经济评论，2022（2）：60-87，6.

[15] 陈颖，高宇宁. 数字贸易开放的战略选择——基于美欧中印的比较分析 [J]. 国际贸易，2022（5）：49-55.

[16] 程明, 龚兵, 王灏. 论数字时代内容营销的价值观念与价值创造路径 [J]. 出版科学, 2022, 30 (3): 66-73.

[17] 程时雄, 陈琬怡. 数字经济助推贸易强国建设: 逻辑、困境与破解之道 [J]. 国际贸易, 2024 (5): 5-14.

[18] 蔡本田. 新加坡加快提升数字贸易竞争力 [N]. 经济日报, 2024-10-15 (008).

[19] 邓翔, 路征. "新新贸易理论"的思想脉络及其发展 [J]. 财经科学, 2010 (2): 41-48.

[20] 丁晓东. 构建全球数据竞争的中国战略 [N]. 学习时报, 2020-10-09 (003).

[21] 戴元初. 元宇宙: 媒介属性、进化路径与治理逻辑 [J]. 国家治理, 2022 (2): 21-26.

[22] 段伟文. 探寻元宇宙治理的价值锚点——基于技术与伦理关系视角的考察 [J]. 国家治理, 2022 (2): 33-39.

[23] 戴翔, 张雨, 刘星翰. 数字技术重构全球价值链的新逻辑与中国对策 [J]. 华南师范大学学报 (社会科学版), 2022, 255 (1): 116-129, 207.

[24] European Commission.Trade Policy Review - An Open, Sustainable and Assertive Trade Policy[Z]. Brussels, 2021-02-18.

[25] 樊瑛. 新新贸易理论及其进展 [J]. 国际经贸探索, 2007 (12): 4-8.

[26] 方英. 数字贸易成为全球价值链调整的重要动力 [J]. 人民论坛, 2021 (1): 53-55.

[27] 复旦大学国际问题研究院. 冷暖交织: 新冠肺炎持续下的中日关系 2021[R]. 上海: 复旦大学国际问题研究院, 2022.

[28] G20. 二十国集团数字经济发展与合作倡议 [EB/OL]. (2016-09-20) [2020-01-18]. http://www.g20chn.org/hywj/dncgwj/201609/t20160920_3474.html.

[29] 高升. 加快建设新型数字基础设施 [N]. 经济日报, 2020-05-11 (011).

[30] 高奇正, 张建清, 李舒婷. 投入贸易自由化、偏向性技术进步与企业生产率 [J]. 经济科学, 2022 (5): 31-43.

[31] 官华平, 郭滨华, 张建武. 数字贸易、技术扩散与劳动力技能结构 [J]. 国际经贸探索, 2023, 39 (5): 89-106.

[32] 国家互联网信息办公室. 数字中国发展报告 (2023) [R]. 北京: 国家互联网信息办公室, 2024.

[33] 国家统计局. 对外开放取得瞩目成就 经贸合作迈向更高水平——新中国 75 年经济社会发展成就系列报告之十一 [EB/OL]. (2024-09-18) [2024-11-01]. https://www.gov.cn/lianbo/bumen/202409/content_6975153.html.

[34] 海关总署. 海关总署公告 2018 年第 194 号 (关于跨境电子商务零售进出口商品有关监管事宜的公告) [EB/OL]. (2018-12-10) [2024-11-21]. https://www.gov.cn/zhengce/zhengceku/2018-12/31/content_5447414.html.

[35] 胡奇英, 胡婧, 陈祥锋. 现代供应链: 连接企业、城市、国家 [M]. 北京: 科学出版社, 2020.

[36] 黄舍予. 中国信通院院长刘多: "数字基建"在"新基建"中发挥核心作用 [N]. 人

民邮电，2020-4-22（001）.

[37] 韩国知识产权局，罗毅 编译 . 韩国知识产权局发布数字化知识产权创新战略 [EB/OL].（2021-03-17）[2024-11-22]. https://www.worldip.cn/index.php?m=content&c=index&a=show&catid=64&id=1655.

[38] 黄森，刘雨，呙小明 . 数字基础设施 OFDI 对中国与 RCEP 国家数字贸易质量影响研究 [J]. 亚太经济，2023（4）：60-73.

[39] 黄庆明，游传满 . 韩国新数字发展战略的背景和要点简析 [EB/OL].（2023-07-13）[2024-11-22]. https://news.qq.com/rain/a/20230713A0842M00.

[40] John Eatwell，Murray Milgate，Peter Newman. 刘登翰 译 . 新帕尔格雷夫经济学大辞典（第 2 卷）[M]. 北京：经济科学出版社，1996：666-667.

[41] 贾怀勤 . 数字贸易的概念、营商环境评估与规则 [J]. 国际贸易，2019（9）：90-96.

[42] 鞠雪楠，赵宣凯，孙宝文 . 跨境电商平台克服了哪些贸易成本？——来自"敦煌网"数据的经验证据 [J]. 经济研究，2020（2）：181-196.

[43] 焦朝霞 . 全球数字贸易规则立场分歧、治理困境及中国因应 [J]. 价格理论与实践，2021（10）：40-44，133.

[44] 金观平 . 中欧班列迎来新的里程碑 [N]. 经济日报，2022-02-11（001）.

[45] 金祥义，张文菲 . 人工智能与企业出口扩张：贸易革命的技术烙印 [J]. 国际贸易问题，2022（9）：70-87.

[46] 金观平 . 协同推进数字产业化和产业数字化 [N]. 经济日报，2023-09-08（001）.

[47] Kannan P K，Li H A. Digital Marketing：A Framework，Review and Research Agenda[J]. Social Science Electronic Publishing，2017（1）：22-45.

[48] 刘元春，廖舒萍 . 新贸易理论：缘起及其发展逻辑 [J]. 教学与研究，2004（4）：35-42.

[49] 李春顶 . 新—新贸易理论文献综述 [J]. 世界经济文汇，2010（1）：102-117.

[50] 李向文 . 数字物流与电子物流 [M]. 北京：中国财富出版社，2011.

[51] 吕雪晴，周梅华 . 我国跨境电商平台发展存在的问题与路径 [J]. 经济纵横，2016（3）：81-84.

[52] 李杨，陈寰琦，周念利 . 数字贸易规则"美式模板"对中国的挑战及应对 [J]. 社会科学文摘，2016（12）：58-59.

[53] 陆菁，傅诺 . 全球数字贸易崛起：发展格局与影响因素分析 [J]. 社会科学战线，2018（11）：57-66，281，2.

[54] 刘洪愧 . 数字贸易发展的经济效应与推进方略 [J]. 改革，2020（3）：40-52.

[55] 李小华 . 把握新型基础设施新特征 [N]. 经济日报，2020-7-16（011）.

[56] 蓝庆新，彭一然 . 日本"数字新政"战略动机与发展特征 [J]. 人民论坛，2020（25）：128-131.

[57] 李俊，李西林，王拓 . 数字贸易概念内涵、发展态势与应对建议 [J]. 国际贸易，2021（5）：12-21.

[58] 李庆四，魏琢艺 . 拜登政府对华的"弹性遏制战略"[J]. 现代国际关系,2021（5）：

9-15，59.

[59] 李宁. 数字丝路添彩一带一路"工笔画"[N]. 国际商报，2021-5-11.

[60] 刘晨哲，宾建成. 数字贸易国际规则的新进展 [N]. 中国社会科学报，2021-08-11（2227）.

[61] 蓝庆新，王强. RCEP 生效将有力推动我国高水平对外开放 [N]. 光明日报，2022-01-01（004）.

[62] 李扬子，杨秀云，高拴平. 后疫情时代数字贸易发展新趋势、困境及中国对策 [J]. 国际贸易，2022（11）：57-63.

[63] Lorenz L. Content marketing-The what，why and how[J]. Hudson Vlley Business Journal，2022，22（29）：501-502.

[64] 李俊，范羽晴. 加快建设贸易强国背景下我国发展数字贸易的战略思考 [J]. 国际贸易，2023（6）：14-24.

[65] 李宏兵，张少华. 数字经济国际合作赋能我国贸易高质量发展：机制、挑战与路径 [J]. 国际贸易，2023（12）：50-60.

[66] 李晓嘉. 美国数字贸易战略：趋势、影响与应对 [J]. 人民论坛，2023（14）：89-93.

[67] 李冬冬. 从安全例外到规制合作——数字贸易中网络安全问题治理范式之转型 [J]. 国际经贸探索，2023，39（10）：107-118.

[68] 李俊. 培育数字贸易竞争新优势 [N]. 经济日报，2024-01-25（010）.

[69] 刘建平，王鹏. 数字服务贸易国际竞争网络格局：中国战略地位凸显——基于整体、板块、个体层面的比较分析 [J]. 价格理论与实践，2024（5）：156-161.

[70] 刘洪愧，李欣波. 数字贸易开放进程中的潜在风险及应对 [J]. 改革，2024（8）：60-71.

[71] 刘萌. 我国数字贸易快速发展呈现三大特点 [N]. 证券日报，2024-09-19（A02）.

[72] 刘伟丽，陈腾鹏. 数字贸易与企业绿色技术创新 [J]. 暨南学报（哲学社会科学版），2024，46（4）：132-150.

[73] 李小牧，赵家章，苏二豆. 中国数字贸易发展报告（2024）[M]. 北京：社会科学文献出版社，2024.

[74] 马述忠，房超，梁银锋. 数字贸易及其时代价值与研究展望 [J]. 国际贸易问题，2018（10）：16-30.

[75] 茅孝军. 新型服务贸易壁垒："数字税"的风险、反思与启示 [J]. 国际经贸探索，2020，36（7）：98-112.

[76] 马述忠，潘钢健. 从跨境电子商务到全球数字贸易——新冠肺炎疫情全球大流行下的再审视 [J]. 湖北大学学报（哲学社会科学版），2020，47（5）：119-132，169.

[77] 马述忠，郭雪瑶. 数字经济时代中国推动全球经济治理机制变革的机遇与挑战 [J]. 东南大学学报（哲学社会科学版），2021，23（1）：77-89，147.

[78] 毛维准，戴菁菁. 对冲"一带一路"：美国海外基建"蓝点网络"计划 [J]. 国际论坛，2021，23（5）：55-75，157.

[79] 孟妮.数字贸易示范区如何打造？[N]. 国际商报，2021-12-07（003）.

[80] 马述忠，濮方清，潘钢健，等.数字贸易学 [M]. 北京：高等教育出版社，2022.

[81] 马述忠，孙睿，熊立春.数字贸易背景下新一轮电子商务谈判的中国方案：机制与策略 [J]. 华南师范大学学报（社会科学版），2022（1）：104-115，206-207.

[82] Mariko Togashi，走出去智库（CGGT）战略研究部 译.日本数据战略及双边、多边数字政策分析 [EB/OL].（2023-04-13）[2024-11-22]. http://www.cggthinktank.com/2023-04-13/100077728.html.

[83] 欧阳日辉，李林珂.区块链技术促进贸易创新发展的作用机制与路径 [J]. 国际贸易，2022（2）：47-57.

[84] 彭德雷.数字贸易的"风险二重性"与规制合作 [J]. 比较法研究，2019（1）：172-186.

[85] 庞妮，史春林.美国智库的中美数字竞争观点及中国应对措施建议 [J]. 智库理论与实践，2024，9（5）：119-128.

[86] 全球数字经济新图景 [J]. 中国科技奖励，2020（12）：55-60.

[87] 戚聿东，褚席.数字经济学学科体系的构建 [J]. 改革，2021（2）：41-53.

[88] 乔文汇.新疆立足区位优势发力跨境电商——做强通道经济，赋能产业升级 [N]. 经济日报，2022-01-21（012）.

[89] 齐慧.中欧班列累计开行超五万列 [N]. 经济日报，2022-02-09（010）.

[90] 全球技术地图.美国发展数字合作，挤压中国空间 [EB/OL].（2022-05-17）[2024-11-23]. https://news.qq.com/rain/a/20220517A08QQW00.

[91] Royle J，Laing A. The digital marketing skills gap: Developing a Digital Marketer Model for the communication industries[J]. International Journal of Information Management，2014，34（2）：65-73.

[92] 盛斌，高疆.超越传统贸易：数字贸易的内涵、特征与影响 [J]. 国外社会科学，2020（4）：18-32.

[93] 孙晋，阿力木江·阿布都克尤木，徐则林.中国数字贸易规制的现状、挑战及重塑——以竞争中立原则为中心 [J]. 国外社会科学，2020（4）：45-57.

[94] 数字经济大趋势 [J]. 中国中小企业，2020（12）：31-33.

[95] 孙杰.从数字经济到数字贸易：内涵、特征、规则与影响 [J]. 国际经贸探索，2020，36（5）：87-98.

[96] 盛斌，高疆.数字贸易：一个分析框架 [J]. 国际贸易问题，2021（8）：1-18.

[97] 孙文海.大数据时代公民个人信息数据面临的风险及应对策略分析 [J]. 商业文化，2021（22）：26-28.

[98] 盛斌，陈丽雪.多边贸易框架下的数字规则：进展、共识与分歧 [J]. 国外社会科学，2022（4）：93-110，198.

[99] 石建勋，朱婧池.全球产业数字化转型发展特点、趋势和中国应对 [J]. 经济纵横，2022（11）：55-63.

[100] 孙玉琴，任燕.我国与亚太新兴经济体数字贸易合作的思考 [J]. 国际贸易，2023

（6）：25-35.

[101] 史丹，聂新伟，齐飞.数字经济全球化：技术竞争、规则博弈与中国选择 [J].管理世界，2023，39（9）：1-15.

[102] 宋丹，徐政.新质生产力与数字物流双向交互逻辑和路径 [J].中国流通经济，2024，38（5）：54-65.

[103] 盛斌，吕美静，朱鹏洲.数字经济与全国统一大市场建设：基于城市层面的研究 [J].求是学刊，2024，51（3）：1-18.

[104] 世界贸易组织.全球贸易展望与统计 [R].驻迪拜总领事馆经济商务处.（2024-04-19）[2024-10-02]. http://dubai.mofcom.gov.cn/article/jmxw/202404/20240403504296.shtml.

[105] 谭观福.国际贸易法视域下数字贸易的归类 [J].中国社会科学院研究生院学报，2021（5）：45-56.

[106] 陶连飞.我省新电商产业蓬勃发展 [N].吉林日报，2024-01-18（001）.

[107] U. S. Agency for International Development. Digital Connectivity and Cybersecurity Partnership（DCCP）[R].Washington: The White House，2020.

[108] U. S. Department of States. Growth in the Americas：Activity Highlights[R]. Washington：The White House，2020.

[109] U. S. Department of State. Building Digital Solidarity：The United States International Cyberspace & Digital Policy Strategy.（2024-05-08）[2024-11-21]. https://www.state.gov/building-digital-solidarity-the-united-states-international-cyberspace-and-digital-policy-strategy/.

[110] 王霆，卢爽.数字化营销 [M].北京：中国纺织出版社，2003.

[111] 王亚炜.全息数字营销环境下的品牌塑造创新 [J].兰州大学学报（社会科学版），2014，42（3）：123-128.

[112] 吴永.全球数字经济十大发展趋势 [N].经济参考报，2018-09-18.

[113] 王慧芳，黄健.欧盟新产业战略塑造有竞争力的绿色和数字欧洲 [N].科技政策与咨询快报，2020-06-15（005）.

[114] 王天夫.数字时代的社会变迁与社会研究 [J].中国社会科学，2021（12）：73-88，200-201.

[115] 王术峰，何鹏飞，吴春尚.数字物流理论、技术方法与应用——数字物流学术研讨会观点综述 [J].中国流通经济，2021，35（6）：3-16.

[116] 王燕.数字经济对全球贸易治理的挑战及制度回应 [J].国际经贸探索，2021，37（1）：99-112.

[117] 王岚.数字贸易壁垒的内涵、测度与国际治理 [J].国际经贸探索，2021，37（11）：85-100.

[118] 武汉大学国家发展战略智库课题组.激发数字经济发展潜能 [N].求是，2022-01-16（002）.

[119] 王伟玲.数据跨境流动系统性风险：成因、发展与监管 [J].国际贸易，2022（7）：72-77.

[120] 王彦芳，蔡敏，戴越.数字贸易网络的拓扑结构、演化逻辑及影响因素 [J].财经

问题研究，2022（9）：56-65.

[121] 王晓文，马梦娟.美国对华数字竞争战略：驱动因素、实现路径与影响限度 [J].国际论坛，2022，24（1）：78-97，158-159.

[122] 王拓，李俊，张威.美欧数字贸易发展经验及其对我国的政策启示 [J].国际贸易，2023（2）：57-63，86.

[123] 王迎，纪洁，于津平.数字贸易发展水平如何影响一国对外贸易利益 [J].国际经贸探索，2023，39（12）：21-38.

[124] 魏浩，卢紫薇.培育数字贸易竞争新优势 [N].经济日报，2024-10-28（005）.

[125] 徐晋.平台经济学 [M].上海：上海交通大学出版社，2012：5-6.

[126] 修桂华，王淞春.物流信息系统与应用案例 [M].北京：清华大学出版社，2015.

[127] 徐苑琳，孟繁芸.全球数字贸易规则制定面临的问题与发展趋势 [J].价格月刊，2018（4）：66-69.

[128] 夏杰长.数字贸易的缘起、国际经验与发展策略 [J].北京工商大学学报（社会科学版），2018，33（5）：1-10.

[129] 谢富胜，吴越，王生升.平台经济全球化的政治经济学分析 [J].中国社会科学，2019（12）：2-81，200.

[130] 徐金海，夏杰长.全球价值链视角的数字贸易发展：战略定位与中国路径 [J].改革，2020（5）：58-67.

[131] 谢谦，姚博，刘洪愧.数字贸易政策国际比较、发展趋势及启示 [J].技术经济，2020，39（7）：10-17.

[132] 熊鸿儒，马源，陈红娜，等.数字贸易规则：关键议题、现实挑战与构建策略 [J].改革，2021（1）：65-73.

[133] 习近平.让多边主义的火炬照亮人类前行之路 [N].人民日报，2021-01-26（002）.

[134] 肖宇，夏杰长.数字贸易的全球规则博弈及中国应对 [J].北京工业大学学报（社会科学版），2021，21（3）：49-64.

[135] 薛路寒，王新猛.大数据技术对国际贸易的影响及对策——评《国际贸易数据分析与应用》[J].国际贸易，2024（5）：97.

[136] 徐兰，王凯风.数字经济内涵及测度指标体系研究综述 [J].统计与决策，2024，40（12）：5-11.

[137] 新华社北京，谷玥.学习《决定》每日问答 | 创新发展数字贸易需要把握哪些重点 [EB/OL].（2024-09-21）[2024-11-21].http://www.news.cn/politics/20240921/eab92f9237fc485583d1da36af6480f8/c.html.

[138] 姚曦，秦雪冰.技术与生存：数字营销的本质 [J].新闻大学，2013（6）：58-63，33.

[139] 阳翼.数字营销：6 堂课教你玩转新媒体营销 [M].北京：中国人民大学出版社，2015.

[140] 俞萍萍，张为付.对 20 世纪 80 年代以来 OFDI 理论研究评述 [J].现代管理科学，2015（6）：82-84.

[141] 闫德利，高晓雨 . 美国数字经济战略举措和政策体系解读 [EB/OL]. (2018-09-03) [2022-12-09]. https://blogec.blogchina.com/992046129.html.

[142] 杨淑华，廖婷 . 湖南 5G| 高速度大连接 体验湖南联通 5G 黑科技 [EB/OL].（2019-03-14）[2022-12-11]. https://3c.rednet.cn/content/2019/03/14/5214558.html.

[143] 岳云嵩，霍鹏 . WTO 电子商务谈判与数字贸易规则博弈 [J]. 国际商务研究，2021，42（1）：73-85.

[144] 余淼杰，郭兰滨 . 数字贸易推动中国贸易高质量发展 [J]. 华南师范大学学报（社会科学版），2022（1）：93-103，206.

[145] 杨继军，艾玮炜，范兆娟 . 数字经济赋能全球产业链供应链分工的场景、治理与应对 [J]. 经济学家，2022（9）：49-58.

[146] 杨晓娟，李兴绪 . 数字贸易的概念框架与统计测度 [J]. 统计与决策，2022，38（1）：5-10.

[147] 姚小涛，亓晖，刘琳琳，肖婷 . 企业数字化转型：再认识与再出发 [J]. 西安交通大学学报（社会科学版），2022，42（3）：1-9.

[148] 严宇珺，龚晓莺 . 数字人民币的时代机遇发展价值与未来进路 [J]. 学术交流，2023（2）：88-98.

[149] 叶世雄，蔡一鸣 . "丝路电商"国际合作如何影响中国数字服务贸易 ?[J]. 世界经济研究，2024（1）：89-104，137.

[150] 姚战琪 .5G 技术试点建设助力数字贸易国际竞争力提升 [J]. 学术探索，2024（2）：24-40.

[151] 张廷茂 . 网络营销 [M]. 石家庄：河北人民出版社，2000.

[152] 张则强 . 数字物流的信息化特征与驱动 [J]. 中国流通经济，2004（6）：14-17.

[153] 张光河，刘芳华等 . 物联网概论 [M]. 北京：人民邮电出版社，2014.

[154] 朱明洋，张永强 . 社会化媒体营销研究：概念与实施 [J]. 北京工商大学学报（社会科学版），2017，32（6）：45-55.

[155] 张茉楠 . 全球数字贸易战略：新规则与新挑战 [J]. 区域经济评论，2018（5）：23-27.

[156] 周念利，陈寰琦 . 数字贸易规则"欧式模板"的典型特征及发展趋向 [J]. 国际经贸探索，2018，34（3）：96-106.

[157] 张茉楠，周念利 . 中美数字贸易博弈及我国对策 [J]. 宏观经济管理，2019（7）：13-19，27.

[158] 宗良，林静慧，吴丹 . 全球数字贸易崛起：时代价值与前景展望 [J]. 国际贸易，2019（10）：58-63.

[159] 中国信息通信研究院 . 数字贸易发展与影响白皮书（2019）[R]. 北京：中国信息通信研究院，2019.

[160] 张夏恒，李豆豆 . 数字经济、跨境电商与数字贸易耦合发展研究——兼论区块链技术在三者中的应用 [J]. 理论探讨，2020（1）：115-121.

[161] 张群，周丹，吴石磊 . 我国数字贸易发展的态势、问题及对策研究 [J]. 经济纵

横，2020（2）：106-112.

[162] 中国信息通信研究院 . 数字贸易发展白皮书（2020）[R]. 北京：中国信息通信研究院，2022.

[163] 中国科学院网信工作网 . 新美国安全中心发布《设计美国数字发展战略》报告 [EB/OL].（2020-10-15）[2024-11-24]. http://www.ecas.cas.cn/xxkw/kbcd/201115_128416/ml/xxhzlyzc/202010/t20201015_4938503.html.

[164] 张俊娥 . 数字贸易重塑全球价值链的创新举措探讨 [J]. 新疆社会科学，2021（3）：48-59，166.

[165] 张宇，蒋殿春 . 数字经济下的国际贸易：理论反思与展望 [J]. 天津社会科学，2021（3）：84-92.

[166] 张建云 . 大数据技术体系与当代生产力革命 [J]. 马克思主义研究，2021（4）：58-68，164.

[167] 郑雪平 . 欧盟数字经济发展政策取向及成效 [EB/OL].（2021-04-12）[2024-11-24]. https://www.cssn.cn/skgz/bwyc/202208/t20220803_5462176.shtml.

[168] 张维 . 以内部供应链数字化对冲外部成本上升压力 [N]. 法治日报，2021-11-09（010）.

[169] 赵忠秀，刘恒 . 数字货币、贸易结算创新与国际货币体系改善 [J]. 经济与管理评论，2021，37（3）：44-57.

[170] 张国成 .2022 年全球数字经济行业市场规模及发展前景分析数字经济规模占全球 GDP 比重超 40%[EB/OL].（2021-12-01）[2022-12-08]. https://www.qianzhan.com/analyst/detail/220/211201-a94eb2f3.html.

[171] 中国电子信息产业发展研究院，赛迪（青岛）区块链研究院 . 中国区块链年度发展白皮书（2021）[R]. 北京：中国电子信息产业发展研究院，2022.

[172] 中华人民共和国商务部 . 中国数字贸易发展报告（2022）[R]. 北京：中华人民共和国商务部，2023.

[173] 张琦，陈红娜，罗雨泽 . 关注数字贸易国际规则构建与走向 [N]. 经济日报，2022-1-20（010）.

[174] 赵爱玲 . 从参与者到引领者，工商界寻求亚太经贸更大空间 [J]. 中国对外贸易，2022（2）：15-17.

[175] 张蕴洁，冯莉媛，李铮，等 . 中美欧国际数字治理格局比较研究及建议 [J]. 中国科学院院刊，2022，37（10）：1386-1399.

[176] 祝嫣然 . 解读二十大报告：高质量发展是首要任务 [N]. 第一财经日报，2022-10-25（A02）.

[177] 张晓君，侯姣 . 数字贸易规则："美式模板"与"中国—东盟方案"构建策略 [J]. 学术论坛，2022，45（4）：83-92.

[178] 张雪春，曾园园 . 日本数字贸易现状及中日数字贸易关系展望 [J]. 金融理论与实践，2023（2）：1-8.

[179] 赵瑾 . 跨越式发展：数字时代中国服务贸易发展战略与政策 [J]. 财贸经济，

2023，44（3）：103-116.

[180] 中华人民共和国商务部 . 商务部等 9 部门关于拓展跨境电商出口推进海外仓建设的意见 [EB/OL].（2024-06-12）[2024-11-21]. https：//www.gov.cn/zhengce/zhengceku/202406/content_6956847.html.

[181] 程靓 .《全球数字经济白皮书（2024 年）》发布：主要国家产业数字化占比高达 86.8%[N]. 北京商报，2024-07-02.

[182] 周若馨 . 创新发展数字贸易（有的放矢）[N]. 人民日报，2024-08-30（009）.

[183] 张志明，林琳，周艳平 . 区域数字贸易规则深化对亚太数字产业价值链合作的影响研究 [J]. 统计研究，2024，41（9）：72-85.

[184] 中华人民共和国商务部 . 中国数字贸易发展报告（2024）[R]. 北京：中华人民共和国商务部，2024.

[185] 中国信息通信研究院 . 全球数字经济白皮书（2023）[R]. 北京：中国信息通信研究院，2024.

[186] 中国信息通信研究院 . 全球数字经贸规则年度观察报告（2024）[R]. 北京：中国信息通信研究院，2024.

教师服务

感谢您选用清华大学出版社的教材！为了更好地服务教学，我们为授课教师提供本书的教学辅助资源，以及本学科重点教材信息。请您扫码获取。

≫ 教辅获取

本书教辅资源，授课教师扫码获取

≫ 样书赠送

国际经济与贸易类重点教材，教师扫码获取样书

清华大学出版社

E-mail: tupfuwu@163.com
电话：010-83470332 / 83470142
地址：北京市海淀区双清路学研大厦 B 座 509

网址：https://www.tup.com.cn/
传真：8610-83470107
邮编：100084